中国社会科学院创新工程学术出版资助项目

欧洲的分与合

中东欧与欧洲一体化

朱晓中 主编

中国社会科学出版社

图书在版编目 (CIP) 数据

欧洲的分与合：中东欧与欧洲一体化 / 朱晓中主编 . —北京：
中国社会科学出版社，2017.7
ISBN 978 - 7 - 5203 - 0224 - 1

Ⅰ. ①欧… Ⅱ. ①朱… Ⅲ. ①欧洲—历史—研究
Ⅳ. ①K500.7

中国版本图书馆 CIP 数据核字 (2017) 第 086594 号

出 版 人	赵剑英	
责任编辑	周晓慧	
责任校对	无　介	
责任印制	戴　宽	

出　　版	中国社会科学出版社	
社　　址	北京鼓楼西大街甲 158 号	
邮　　编	100720	
网　　址	http://www.csspw.cn	
发 行 部	010 - 84083685	
门 市 部	010 - 84029450	
经　　销	新华书店及其他书店	

印　　刷	北京明恒达印务有限公司	
装　　订	廊坊市广阳区广增装订厂	
版　　次	2017 年 7 月第 1 版	
印　　次	2017 年 7 月第 1 次印刷	

开　　本	710 × 1000　1/16	
印　　张	22.25	
插　　页	2	
字　　数	338 千字	
定　　价	96.00 元	

凡购买中国社会科学出版社图书，如有质量问题请与本社营销中心联系调换
电话 : 010 - 84083683

写在前面的几句话

随着冷战局面的形成，欧洲大陆正式分裂为东、西两部分。在欧洲东部，在苏联领导下，东欧国家和苏联组成了以经互会和华约为支撑物的社会主义阵营（东方集团或苏联集团）。在西欧，出现了以美国为首的北约和西欧国家组成的欧共体。两大阵营在政治、经济和军事领域进行了长达40多年的全面对峙和竞争。为了全面同西方集团进行对抗，苏联要求东欧国家服从于苏联战略的需要和指挥，并在政治、经济和军事上不断加强对东欧国家的全面控制。

政治上，苏联控制了几乎所有东欧国家的政治生活；在苏南冲突之后，苏联要求东欧国家放弃所谓的人民民主道路，共产党和亲苏派纷纷在东欧国家上台执政，并对东欧国家所谓的"铁托分子"进行政治公审，在肉体上消灭所有"反苏分子"。苏联在东欧国家大力推行苏联模式社会主义，对所有试图寻找"第三条道路"的行为进行无情镇压（1956年匈牙利、1968年捷克斯洛伐克），勃列日涅夫主义盛行一时。

经济上，东欧国家被要求建立苏联模式的经济体系。为显示社会主义经济的活力与强大，苏联与部分东欧国家组建了经互会，实现生产专业化和协作，致使部分东欧国家不切实际地放弃了本国的比较优势，遵循所谓的"国际分工"。在经历了最初的经济复苏和发展之后，由于苏联模式内在的矛盾，未能根据世界经济的变化和新趋势进行自我调整，苏联集团成员国的经济在与欧共体和其他西方国家的竞赛中逐渐落伍。

军事上，为阻止德国加入北约，苏联于1952年提出缔结对德和约主张。1954年1月在柏林4国外长会议上，与会者未能就建立欧洲集体安全体系和签署欧洲集体安全条约等问题达成共识。1954 年 10 月美、英、法等西方国家签订《巴黎协定》，决定终止对联邦德国的占领，吸收它加入北约组织，并允许其重新武装。在此情况下，苏联等 8 国于 11 月 29 日至 12 月 2 日在莫斯科举行欧洲国家保障欧洲和平与安全的会议，宣称鉴于联邦德国正在加入反对欧洲其他国家的军事集团和重新军国主义化，参加这次会议的国家将在组织武装部队和建立联合司令部方面采取共同措施来保证自己的安全。在占领德国的四大国于 1954 年柏林外长会议上未能就德国欧洲集体安全和签署奥地利和平条约等问题达成协议，为了同以美国为首的北约抗衡，苏联同除南斯拉夫之外的其他东欧国家建立了华沙条约组织，旨在抗衡北约。

由此可见，在苏联集团中，东欧国家在政治上受控制，在经济上被动地在东方集团内形成"国际分工"，在军事上没有真正的指挥权，因此，在冷战期间，东欧国家只能被视为"准主权国家"，它们在冷战期间的作用充其量是"配角"。

20 世纪 80 年代中期以后，苏联新领导人入职克里姆林宫，开始"改革"并在国内外的若干重大政策方面奉行"新思维"。在国际关系方面，主张缓和东西方关系，共建欧洲大厦。在经济方面，1988 年 6 月，经互会和欧洲经济共同体相互承认；在政治和军事方面，1988 年 12 月，苏联领导人戈尔巴乔夫在联合国大会上宣布，苏联决定在两年内裁军 50 万人，并从东欧国家撤出 6 个坦克师。匈牙利、波兰、民主德国、保加利亚和捷克斯洛伐克随后也相继宣布单方面裁军。1989 年 3 月，华约与北约开始举行欧洲常规武装力量谈判。

1989 年下半年开始的东欧国家政局剧变和苏联解体，致使欧洲形势乃至世界形势都发生了巨大变化。虽然无缘躬逢其盛，但这些变化对后世的影响对旁观者来说依然历历在目。

首先，东欧政局剧变、苏联集团解散（1991 年），结束了第二次世界大战以后以意识形态和社会制度为标志的两大集团的对立局面，打破了欧洲的雅尔塔体系。

其次，在东欧剧变过程中，美苏两国首脑在马尔他会晤（1989 年 12 月 2—3 日），就欧洲的局势达成谅解：苏联重申对东欧的局势不加干涉，而美国则表示无意从中获得多方面好处。这次会晤被认为是向世界宣布冷战的结束。

最后，两个德国重新统一（1990年10月3日），使得雅尔塔体系的一个最明显的标志——德国的分裂——不复存在。统一后的德国划属北约，从而打破了华约和北约之间的均势。

1990年11月19日，欧安会第二次首脑会议正式开幕，这次会议标志着战后欧洲旧秩序的最终结束和新的和平进程的开始。11月21日，与会34国首脑签署了《新欧洲巴黎宪章》。同时，北约和华约成员国发表《联合声明》宣布：双方"不再互为敌手，相互间将建立新的伙伴关系并友好相处"，最后告别了雅尔塔体系。以此为发端，世界范围内两极对抗的格局逐渐消亡。

1991年6月，曾经维系东欧与苏联关系的两大支柱——经济互助委员会和华沙条约组织——不复存在。苏联（俄罗斯）以文明的方式从捷克斯洛伐克、波兰和匈牙利撤出了它的驻军。同年7月1日，华约组织签署本条约停止生效的议定书，宣告整个组织最终解体。（中）东欧作为苏联（俄罗斯）卫星国的时代已经结束了。

冷战结束不仅改变了世界的形势和战略格局，也极大地改变了中东欧地区的战略地位和地缘政治性质。从主观方面来说，政局剧变使得中东欧国家的性质发生了根本性变化。在政治上，从中央集权制向议会民主制演变；在经济上，从计划经济向市场经济过渡；在价值观上，认为欧洲是文明的实体，自己原本是这块土地上不可分割的一部分，与西欧有同源的基督教精神。受这种文化和价值观取向的制约，中东欧国家普遍提出"回归欧洲"的口号，并将其作为国家发展目标，希望通过加入欧洲和跨大西洋一体化的机构和进程来实现其同西欧的文化认同。

这种文化和价值观取向决定了中东欧国家对外政策必然要发生变化，即淡化意识形态，在国际关系中奉行国家利益至上原则，对外关系的重点从东方转向西方，在结束苏联（俄罗斯）的政治、经济和军事结盟关系的同时，扩大和加强同西欧（方）国家的政治、经济和军事同盟关系，众多中东欧国家先后表达了希望加入北约的强烈愿望。

与此同时，欧洲和美国对中东欧地区的政策也发生了变化。其目标是：努力在这一地区取得和平与稳定，建立民主、实现经济转型和现代化，并通过制度框架（北约和欧盟）使中东欧国家彻底脱离俄罗斯的影响，并最终成为西方的一部分。为此，北约和欧盟在多个场合表示欢迎中东欧国家加入西（欧）方的政治、经济和军事组织。同时，欧共体/欧盟特别规定了加入该组织的技术标准和一般标准。

结果，中东欧国家的政治、经济和外交转型与加入欧洲一体化进程相互交织，并使中东欧国家的转型带有强烈的外部约束性。欧盟提出的入盟标准不仅明确了中东欧国家转型的方向，而且自1998年以来其连续发布的候选国年度评估报告又成了督促中东欧国家不断改革并确定其转型速度的添加器。

自20世纪90年代中期以来，北约和欧盟的扩大进程并肩而行，并相互加强。自1999年以来，北约已经实现了4次东扩，中东欧16国已有14个国家加入其中。与此同时，2004—2013年，欧盟也已经实现了3次东扩，中东欧16国中的11国已经成为欧盟新成员国。在柏林进程的推动下，西巴尔干国家也在为入盟而努力。如果欧盟的扩大进程持续不断，一个自由和完整的欧洲有可能成为世界现代史上最灿烂的一页。而且，这也是自罗马帝国以来，欧洲第一次有可能以和平的方式实现统一。

1945年以来，欧洲历史展现出鲜明的分与合特征。在这个分与合的历史进程中，中东欧国家的历史角色也发生着积极的变化。脱离苏联集团之后，中东欧国家不再是被动、受约束和听从大国训令的小伙伴，而是成了拥有自主选择权的真正意义上的主权国家。

随着转型的接近完成，经过二十多年的转型和发展，并日益融入欧洲一体化，绝大多数中东欧国家的面貌焕然一新，已经成长为一支不容忽视的力量。在政治上，中东欧国家，特别是维谢格拉德集团国家在欧盟诸多重大问题上的立场日渐鲜明，甚至与公开的欧盟官方立场相左。近年来，维谢格拉德集团国家领导人不断呼吁欧盟进行实质性改革，要求将决定成员国发展道路的"主权"从布鲁塞尔交还给欧盟成员国；在入盟后选择发展道路上，匈牙利和波兰等国家剑走偏锋，尝试在欧盟框架内寻找适合本国发展的"民族道路"；在难民问题上，维谢格拉德集团国家拒绝接受欧盟关于成员国的难民分配方案，坚称欧盟的这一政策不符合本国利益，将大批难民拒之国门之外；在跨大西洋关系方面，不少中东欧国家在北约框架之外不断增强与美国的双边安全联系，成为跨大西洋关系中的一道新的风景线。在经济上，随着转型不断深化，中东欧国家日益融入欧洲经济一体化进程或欧洲经济圈之中，多数中东欧成员国的经济增长速度快于欧元区国家，正在成为欧盟经济发展新的增长点。从一定意义上说，这是自近代以来，中东欧国家在欧洲政治、经济和军事中第一次寻找到属于自己的位置。

欧洲的分与合不仅反映了康德以降欧洲历史的演化、冷战的生成与消弭、欧洲一体化不断深化与扩大的影像，欧洲的分与合也与民族国家理论、转型与发展理论，以及欧洲一体化理论有涉，而且，在今天欧洲的发展进程中，上述理论被赋予了新的内涵，理论边际亦得以延展，迫切需要人们在新的历史条件下重新检视这些理论，正确认识其理论功效。

既然中东欧国家在欧洲各领域中的作用日益凸显，有必要重新检视和正确看待中东欧国家在欧洲一体化中的地位和作用。为此，必须突破既有的忽视（中）东欧国家在欧洲现代历史发展中应有地位的历史观，利用新公布的相关档案材料和最新研究成果，重新检视（中）东欧国家在欧洲分与合演化中的历史地位和作用，特别是政局剧变之后中东欧国家通过"回归"（加入）欧洲而对欧洲一体化进程的积极参与。本书虽以历史和国际关系为基础，但力图避免局限于单纯的历史或国际关系，而是尝试呈现（中）东欧国家在欧洲整合进程中从"准民族国家"到真正意义上的"民族国家"再到"欧洲（欧盟）国家"，从被动服从到主动参与的转变过程，给（中）东欧国家历史地位和作用以应有的评价。

因此，在研究中，我们首次突破欧洲研究中的西欧中心论传统方法，立足中东欧，从欧洲分与合的角度考察欧洲历史的发展进程，这或许有助于丰富和深化欧洲研究的广度和深度。

以往的中东欧研究大多为国别、案例研究，欠缺系统性、理论性，甚至科学性。本书尝试在地区研究框架下整合多学科资源，在欧洲一体化、民族国家和转型理论的指导下研究欧洲的分与合。同时，通过实证研究进一步推动上述理论的发展。

在学术上，（中）东欧研究长期属于斯拉夫研究范畴。随着越来越多的中东欧国家"回归欧洲"，中东欧问题又与一般的欧洲问题有越来越多的共性，使得传统上属于斯拉夫研究范畴的东欧研究需与欧洲研究相结合，扩大中东欧研究的基础和视野，增添新的研究范式。

在实践上，研究（中）东欧国家在欧洲分与合中的历史地位和作用，有利于人们进一步认清中东欧国家在欧洲联盟和国际事务中的作用，更为恰当地处理同欧盟及其成员国的多边和双边关系，为构建新时期的中欧关系，以及中国与中东欧国家合作和"一带一路"建设提供建设性良策。

本书是一部集体著作，各章的执笔分别是：王一诺（第一章、第三章、第四章）、朱晓中（第二章、第六章、第十章）、高歌（第五章）、左娅（第七章、第八章）、姜琍（第八章、第十二章）、徐刚（第九章）、鲍宏铮（第十一章）。

如同任何一个作品一样，虽然作者尽可能地朝既定目标前行，但行程中不可避免地会遇到各种羁绊。本书是研究中东欧问题的一个新的尝试，作者力图尽可能多地反映研究对象的客观现实，并给出尽可能接近事实的分析和评估。虽然本书所述内容反映了作者迄今为止的认识水平，但未必反映了我们所要讨论的全部内涵，很可能存在作者尚未认识到的若干问题。因此，我们期待读者的发现、指正和争鸣，以便我们不断矫正前进的方向，推动我们在中东欧研究的道路上走得更远。

是为序。

朱晓中

2017 年 3 月于海淀区万柳公寓

目　　录

第一编　欧洲分裂时期的(中)东欧

第二编　中东欧"回归欧洲"

第三编　中东欧国家入盟与欧洲一体化的新阶段

第 一 编

欧洲分裂时期的(中)东欧

"中东欧"是欧洲的中部和东部的简称,处于欧、亚、非三大洲的交会处,面积约占欧洲的2/3,人口约是欧洲人口的1/2。"有些人将这片土地叫作东欧;有些管它叫中欧;还有一些人按照更严格的地域划分,将其称为中东欧。但这些称呼无一例外地指代欧洲大陆的心脏地带,是存在于西欧和俄罗斯之间的多个国家的家园。"① 现在,学界经常出现并使用的"中东欧"概念,基本上是对纯地理意义概念的复原。但从地理位置上看,尽管德国、奥地利和希腊在地理上属于中欧,但因其较早融入了西欧组织,人们习惯上将其归入西欧。而"东欧"概念,则带有更多的地缘政治色彩,在冷战时期几乎成了苏联集团的同义词。同时,这也使中欧的概念逐渐被人淡忘。冷战结束后,人们(包括中东欧国家的民众)日益接受客观地理含义上的"中东欧"概念。目前,学界比较认同的概念是将冷战时期这一地区称为"东欧",冷战后则采用统称的"中东欧"概念。本编的研究对象主要是传统的东欧,即波兰、捷克斯洛伐克、匈牙利、南斯拉夫、保加利亚、罗马尼亚、阿尔巴尼亚和德意志民主共和国(也称东德或民主德国)八个国家。

---

① [美]耶鲁·瑞奇蒙德:《解读东欧人》,徐冰、于晓言译,中国水利水电出版社2004年版。

第一章 苏东集团的形成：另一个
欧洲的出现

　　第二次世界大战后，有关国际秩序的安排与此前有所不同，其"缔造和平"的过程不仅体现在大国权力与意志上，而且带有强烈的意识形态色彩和强制行为。首先，美国的凯南电报（1946 年 2 月 22 日）与苏联的诺维科夫报告（1946 年 9 月 27 日）为美苏两国日后的外交政策奠定了互不妥协的基调①；其次，斯大林演说（1946 年 2 月 9 日）、丘吉尔"铁幕"演说（1946 年 3 月 5 日）、杜鲁门主义（1947 年 3 月 12 日）又强化了苏联与西方国家间的不安全感，为其互为攻讦的敌视行为增添了不确定性，乃至火药味。② 再到美国的"马歇尔计划"（1947 年 7 月）与苏联的"莫洛托夫计划"（1947 年 7 月）的提出③，美苏双方更是在经济领域展开了互为遏制与对抗的

---

　　① 凯南报告，源于时任驻苏联代办的美国外交家乔治·凯南于 1946 年 2 月 22 日向美国国务院所发的一封长达 8000 字的电报。该电报对苏联内部形势和对外政策进行了深入分析，提出了对付苏联的长期战略，也就是遏制政策。诺维科夫报告，是指时任苏联驻美国大使尼古拉·诺维科夫于 1946 年 9 月 27 日为参加巴黎会议的苏联代表团所做的题为"战后美国对外政策的长篇报告"。该报告断定了美国对外政策中的霸权特征。

　　② 斯大林演说，是斯大林于 1946 年 2 月 9 日在莫斯科选民大会上发表的竞选演说。该演说揭示了第二次世界大战的起源、性质，并高度赞扬了苏联社会主义制度在战争考验中所取得的巨大成绩。对此大体有三种不同解读：一是将其视为苏联"第三次世界大战的宣言"，二是看作苏联发起的"冷战的信号"，三是这仅是苏联对世界格局所做的一种判断。丘吉尔"铁幕"演说，是指英国前首相丘吉尔在美国发表的题为"和平砥柱"的反共演说。杜鲁门主义，是美国哈瑞·杜鲁门总统于 1947 年 3 月 12 日致国会的国情咨文，其中表达了对社会主义国家的敌视，这被看作美苏战时同盟关系的结束与冷战正式开始的标志。

　　③ 马歇尔计划，以时任美国国务卿乔治·马歇尔命名，又称"欧洲复兴计划，是 1947 年美国对二战后被战争破坏的欧洲进行经济援助、协助重建的计划，旨在'扶植西欧、拉拢东欧'。莫洛托夫计划，是 1947 年苏联为抵制美国的"马歇尔计划"而与东欧国家签订的加强经济联系、援助东欧发展的一系列贸易协定。

政策。而以美国为首的军事组织"北大西洋公约组织"（1949 年 4 月 4 日）的建立则标志着美国控制欧洲、遏制苏联、称霸世界战略的具体实施与全面展开。由此，欧洲迅速地分裂为两大对立阵营，即以美国为首的西方资本主义阵营和以苏联为首的东方社会主义阵营。而东欧国家的命运也再次被操控在大国手中。随着苏联军队的入境驻扎，东欧国家均被纳入苏联的势力范围。更确切地说，东欧国家已被深深地嵌入苏联影响的轨道里。由于苏联与东欧国家在地缘、制度、意识形态上的一体化，苏联与东欧国家也由此开始了长达 40 多年的捆绑式同盟关系，以对抗以美国为首的西方集团。人类历史上最大的一次欧洲分裂出现了，一个呈现出政治对峙、经济分割、军事竞赛、意识形态迥异、文化冷战特征的新的国际秩序出现了。冷战时代的到来实则意味着另一个欧洲的出现。

第一节　苏联采取"阵营对抗战略"的缘起与发展

第二次世界大战后，苏联"阵营对抗战略"[①] 的缘起与发展大体上经历了三个时期与三种状态：1945 年第二次世界大战结束至 1953 年斯大林逝世为初建时期的防御状态；1953 年至 1964 年为赫鲁晓夫巩固时期的局部进攻状态；1964 年至 1985 年为勃列日涅夫发展时期的全面进攻状态。这三个时期与三种状态和战后东欧国家的命运紧密相联，造成其至今难以抚平的历史伤痛，同时也构成了美苏两极对抗中的重要一极，集中反映了战后国际关系的主要内容框架。

一　斯大林初建时期的防御状态（1945—1953）

在第二次世界大战尚未结束时，1943 年，在苏联外交人民委员会的领导下，苏联成立了三个负责制定苏联外交目标的委员会，并形成了名为"迈斯基备忘录"（迈斯基时任苏联外交部副部长）、"葛罗

---

① 关于"阵营对抗战略"概念的起源、内涵和组织形式等，可参见郑羽的《赫鲁晓夫时期苏联对外战略调整概论》（《苏联东欧问题》1987 年第 1 期）和《阵营对抗：冷战开始后斯大林的对外战略》（《东欧中亚研究》1992 年第 2 期）两篇文章。

米柯报告"（葛罗米柯时任苏联驻美大使）和"李维诺夫委员会报告"（李维诺夫时任苏联外交部副部长）三份重要文件。[①] 这充分体现了苏联对战后欧洲及更大范围的安排设计和保障自身战略利益的外交构想，并对可能出现的英美强国的反应与存在的困难做出了预测。但事后证明，这三份文件存在着一个非常明显的缺陷，就是极大地低估了美国对战后欧洲的战略目标与领导能力。对于美国将领导欧洲并实施干涉主义的霸权政策不仅严重预见不足，而且可以说是丝毫没有察觉，这导致文件中弥漫着与美国合作的乐观气氛——只看到友好合作的一面，而没有深刻认识到意识形态与社会制度差异所带来的不可调和的一面，特别是苏联对美国是其谋求自身利益的首要牵制因素的认识相当模糊。

然而，对于东欧国家的战后安排，苏联的立场从来都是清晰而坚定的。第二次世界大战未结束时，东欧国家的命运就已"被决定"。就是说，东欧国家在与自己命运相关的重大抉择问题上往往没有参与权与发言权，常常被动地接受大国对战后势力范围的划分与安排：在1943年11月28日—12月1日的德黑兰会议上，斯大林、罗斯福、丘吉尔三巨头就已将战后如何处置德国和波兰问题的账单开列出来了；1944年10月9—26日，丘吉尔和斯大林在莫斯科以一纸"百分比协定"就将巴尔干地区的归属问题解决了（罗马尼亚：俄国90%，其他国家10%；希腊：英美90%，俄国10%；南斯拉夫、匈牙利：各占一半；保加利亚：俄国75%，其他国家25%）。事后丘吉尔回忆说："事情就这样解决了，比把它记录下来还要快。"[②] 在1945年2月4—11日的雅尔塔会议上，三国首脑斯大林、罗斯福、丘吉尔就战后东欧国家归于苏联势力范围达成共识。这也印证了斯大林在1945

---

① 戴超武：《斯大林、苏联外交与冷战的起源》，《俄罗斯研究》2013年第1期。苏联在1943年下半年相继成立了三个委员会，即"和约与战后重建问题委员会"（又称"李维诺夫委员会"）、"停战问题委员会"（又称"伏罗希洛夫委员会"）和"赔偿由希特勒德国及其仆从国给苏联造成损失的委员会"（又称"迈斯基委员会""赔偿委员会"）。其中，"迈斯基备忘录""葛罗米柯报告"以及"李维诺夫委员会报告"等文件构成了苏联战后外交政策的基本构想。

② ［英］温斯顿·S. 丘吉尔：《二战回忆录》下册，康文凯、宋文等译，江苏人民出版社2000年版，第1059页。

年 4 月所说："这次战争和过去不同了：无论谁占领了土地，都会在那里推行他自己的社会制度。将自己的社会制度推行到他的军队所及之处。不可能有其他情况。"① 可以说，雅尔塔会议实质上是默认了苏联在东欧自行其是的特权地位。

1947 年 9 月 22 日，日丹诺夫代表苏共中央在组织苏联共产党情报局成立大会上发表演说，在此基础上该会议通过了《关于国际形势的宣言》。该宣言指出："战后国际舞台上的基本政治势力已重新配置，世界形成了帝国主义反民主的阵营和反帝国主义的民主阵营。"② 由此两个阵营的说法被普遍应用。同时，这也被看作苏联的冷战宣言。

在以维护国家安全利益为首要目标的苏联对外政策中，东欧国家自然是其不可或缺的一道重要防御屏障。然而，东欧国家却一直难逃被大国牵着走的命运：由第一次世界大战后被西方国家视为反对苏联的"防御线"彻底转变成受命于莫斯科，并以反对西方国家为目标的新的"防御线"。应该说，在苏联阵营建立初期，苏联主要着眼于自身的战后疗伤与战后复兴，以及巩固自身阵营，对外并未采取进攻态势。斯大林最初的设想是"外线防御，内线进攻"，即对美国和西方采取保守防御的策略，而集中力量对阵营内部进行整肃，建立苏联在东欧的"安全带"。这时苏联的底线是不能超出《雅尔塔协定》所规定的势力范围。

但是，对战后德国问题的处理则使得苏联与西方国家的分歧越来越大，苏联试图"改变西柏林四国共管的地位，从而彻底根除西方国家在东欧的残余影响"③，于 1948 年 6 月 24 日切断了柏林与西方占领区的交通，试图阻止美英法三国盟军出入西柏林，以排斥三国盟军在西柏林的地位，由此引发了第一次柏林危机。面对西方国家的应对与

---

① Джилас, М. Беседы со Сталиным / Милован Джилас. М.: Центрполиграф, 2002. 221 с.

② 李锐、吴伟、金哲编著：《列国志·华沙条约组织与经济互助委员会》，社会科学文献出版社 2010 年版，第 23 页。

③ 张盛发：《赫鲁晓夫与 1958—1961 年柏林危机》，《上海师范大学学报》1993 年第 4 期。

舆论回应，斯大林反驳说，"那不是封锁，那是防御措施"，是基于雅尔塔会议上确定的不可变动的势力范围而言的。可见，苏联此番言行的潜台词是：这是我的势力范围，我要保护它。我怎么保护是我的权力。由此，此次柏林危机被看作冷战交锋的开始，也是一次军事实力的对比，最终以苏联撤销封锁而结束，但同时也导致了德国的分裂——德意志联邦共和国（也称西德或联邦德国，成立于 1949 年 9 月 20 日）与德意志民主共和国（也称东德或民主德国，成立于 1949 年 10 月 7 日成立）。

可以说，冷战交锋就在苏美双方按照各自的价值观和思维模式改造世界的相互试探和危机管控中拉开了序幕。应该承认，这一过程是双向互动的，谁先谁后，谁先激活谁并不重要，重要的是相互遏制、相互对抗已成为其必然的选择。

二　赫鲁晓夫巩固时期的局部进攻状态（1953—1964）

如果说雅尔塔体系为美苏两大阵营的对抗埋下了伏笔，斯大林时期的苏联安全观逐步从寻求大国合作到趋于有限扩张再到阵营对抗，那么他的继任者赫鲁晓夫则是继承并发挥了斯大林的"阵营对抗战略"，并继续将东欧国家控制在苏联手中。

赫鲁晓夫的这种雄心与底气主要来源于其对日益增长的苏联实力充满了自信。赫鲁晓夫认为，到 20 世纪 50 年代末 60 年代初苏美实力已大体相当，尤其在军事方面苏联的核力量优势已逐渐显现。同时，1954 年的日内瓦会议和 1956 年的苏共二十大使苏联与西方和东欧国家的关系也出现了积极的变化。"如果说，斯大林时期苏联主要是借助于军事和政治手段输出苏联模式的社会制度的话，那么，赫鲁晓夫则试图通过'和平共处'、'和平竞赛'来显示苏联模式的社会制度的优越性。"[1] 缓和与西方国家的关系，开展"去斯大林化"运动，倡导并力行改革，为东欧国家适度减压与松绑等举措似乎为一直被阴霾笼罩的东西方关系带来一丝曙光。而苏联经济与军事实力的大

_____

[1]　张盛发：《赫鲁晓夫与 1958—1961 年柏林危机》，《上海师范大学学报》1993 年第 4 期。

幅增长也使得此时苏联的对外政策呈现出一定的进攻态势，这主要体现在 1958 年的第二次柏林危机、1961 年的第三次柏林危机和 1962 年的古巴导弹危机上。鉴于西柏林特殊的地理位置，以及一系列看似乐观的形势与事态走向，"赫鲁晓夫再次挑起柏林危机，既是为了巩固由斯大林建立起来的苏联'安全带'，同时又是建立同美国平起平坐的大国地位的第一次尝试"①。赫鲁晓夫以通牒形式限英、法、美三国在 6 个月内撤出西柏林驻军，随后于 1961 年 8 月筑起了阻止东、西德人员间自由往来的柏林墙，他的种种强硬措施强化了德国的分裂局面，更将人类一度推到核战争的边缘。同样，1962 年的古巴导弹危机（源于苏联将带有核弹头的导弹冒险运至古巴并进行部署，美国则要求撤除导弹）也造成了冷战期间苏美之间最激烈的一次对抗。虽然，这三次危机最终均因苏美双方的妥协与克制而得以和平告结，但也可以看出苏联的这几次攻势均是在没有对形势与事态进行详细研判（甚至存在误判）的情况下做出的冒险行为。事态发展的最终结果也导致了苏联"核武器制胜论"的彻底破灭。

可以说，战后初期苏联与美国都在扩展本国在国际社会上的竞争力与影响力，都想获得基本利益，甚至是非分利益（带有明显的霸权因素），只是苏美双方采取的方法有所不同（当然，也不排除个别时候使用相同方法）。从这个意义上说，苏美双方走向战后对抗在所难免，双方都有过相互遏制与相互对抗的意图与行动，且均不甘示弱。而东欧是苏联体现社会主义阵营成就感与满意度的核心区，三次柏林危机也从侧面反映了两大阵营的聚焦点。

三　勃列日涅夫发展时期的全面进攻状态（1964—1985）

在苏美双方不断试探、此消彼长的回合较量中，东欧国家显然成为苏联对抗美国等西方国家的前沿，苏联也不失时机地考验着东欧国家对其保有的忠诚度。勃列日涅夫时期，苏联经济和军事实力有了显著提升，使之具有了与美国平起平坐的资本。虽然，勃列日涅夫曾表

---

① 张盛发：《赫鲁晓夫与 1958—1961 年柏林危机》，《上海师范大学学报》1993 年第 4 期。

示会延续赫鲁晓夫时期的和平共处、以缓和为主的战略政策，但从现实情况看，这更多的是一种政治谋略，缓和并不妨碍同美国争夺，并不会阻止其整肃来自内部的威胁，它只是苏联主动出击、全面进攻战略的服务工具。

因为不容忽视的是，在这一过程中勃列日涅夫始终牢牢地掌控着从斯大林时期就积聚起来的权力，继续巩固与发展着苏联对东欧国家的绝对统治，并以强制性的政治控制在东欧树立起苏联权威。更为重要的是，他将权力中的军事能量充分释放，并将苏联的强权政治与霸权主义发挥到了极致。虽然，勃列日涅夫对苏联和东欧也进行了一些政治经济改革的探索与尝试，但勃列日涅夫时期最突出的则是彰显并释放了苏联的军事能量。也就是说，在东西方两大阵营的对抗中，苏联将军事手段放到了突出的战略位置上：苏联在中东、非洲、东南亚等地区进行军事援助、势力渗透以及建立海外军事基地等都在频频向美国挑战，以此显示苏联迅速膨胀的军事力量，以及以侵略扩张为目的的全球进攻战略；苏联继续凭借成立于 1955 年由苏联主导，东欧国家参与的政治军事组织——华沙条约组织（简称"华约"）操控并调教着不听话的东欧国家。1968 年，华约军队针对同是华约成员国的捷克斯洛伐克内出现的政治民主化运动进行了残酷的军事干涉。勃列日涅夫对此所奉行的理论依据是，当国内外社会主义敌人的行动威胁到社会主义阵营这个大家庭的共同利益时，苏联必须加以干涉，而且不惜动用武力。勃列日涅夫为苏联一系列充斥着霸权色彩的行为寻找借口的言论被统称为"勃列日涅夫主义"（"有限主权论""社会主义大家庭论""国际专政论"等）。而 1978 年苏联出兵阿富汗也无疑延续了苏联强大的霸权基因。

但是，这种进攻型军备竞赛和对外扩张的结果，不仅恶化了苏联的外部环境，也对苏联自身经济的发展带来了致命的打击。巨额的军费开支与军事工业的发展导致国内生活消费品极度匮乏，居民生活困难，国内怨声载道，社会主义制度在国民心中黯然失色，苏联与东欧国家经济危机与政治危机日益加深、加重。此时，西方思想、文化生活开始渗透、深入。1982 年 11 月，勃列日涅夫病逝，他的继任者安德罗波夫和契尔年科在位时间较短，政局一度处于勃列日涅夫时期的停滞状态。因此，到了戈尔巴乔夫时期，"阵营对抗战略"已成强弩之末，毫无攻势可言，并逐步走向退缩乃至消弭。此部分内容详见第四章论述。

从总体上看，20世纪40年代末以苏联为首的东方阵营与以美国为首的西方阵营的初步形成及其以后40多年的冷战，反映了欧洲分裂、隔绝的悲苦历史。一方面，它固化了欧洲的分裂状态；另一方面，它支配了战后的国际体系。冷战对抗对整个世界秩序产生了巨大的影响，并且一直持续到今天。苏美两个霸权中心当时争相管理世界秩序，虽然造成了一定的均势格局，但最终还是浪费、消耗乃至吞噬了大量的人类物质与精神资源的精华，不符合现代社会发展的趋势。让一个霸权中心来管理处在全球化中的世界，不仅不受欢迎，而且也力不从心，这只是霸权主义奉行者一厢情愿地沉浸在其构筑的强横自大的幻觉中而已。

第二节　（中）东欧的安全带作用与苏联的全面控制

一　（中）东欧对苏联的重要性

回溯几个世纪以来东欧国家的历史，会发现东欧国家被异族统治和压迫的时间相当长，要么是大国相互争夺的对象，要么是列强的仆从，而自己当家做主的时间并不长，常饱受战乱、瓜分、听任大国摆布之苦。也就是说，东欧国家的命运一次次地被绑缚在大国战车上。而冷战的开始，更使东欧国家处于大国对抗的前沿。

东欧地区对于苏联的重要性不言而喻。"从地理位置上看，东欧是紧靠着苏联的欧洲领土，即苏联的中心地区，并且在历史上经常成为外敌入侵俄国的通道和入口。所以，东欧便成为斯大林建立战后苏联安全带和势力范围的必争之地。"① 而且，植根于苏联传统思维中的国家安全就等同于领土扩张和控制的观念，使得苏联在东欧地区的

---

① 沈志华、张盛发：《大国合作到集团对抗——论战后斯大林对外政策的转变》，《东欧中亚研究》1996年第6期。

控制欲格外强烈。

　　尽管，在第二次世界大战后，苏联先后的几个领导集团对东欧的地位与作用重视的侧重面有所不同，但是，东欧地区作为维护苏联国家安全的屏障，与西方接触和推进世界革命的前沿，以及意识形态斗争的基地和展示社会主义国家形象的橱窗等作用已成为苏联领导人共同的基本认识。具体而言：一是作为维护苏联国家安全的屏障，即通常所说的"安全带"作用。鉴于东欧天然形成的地理位置，苏联对东欧的控制意味着获得了一个以维护苏联国家安全为首要目标的缓冲地带，以此来防御西方国家可能的进攻。因为，在当时战争方式与技术未得到改变与发展时，国家安全在很大程度上指的是领土与军事安全，还未涉及潜在的经济安全与文化安全等方面。即便"在核武器时代，东欧缓冲地带的价值远不如从前区域性常规战争时代那么重要"①，但是仍不可忽视欧洲地面部队进攻—防御的作战功能与价值。对苏联来说，东欧的"安全带"作用从未减弱。

　　二是作为意识形态斗争的基地。社会制度和意识形态上的巨大差异是造成苏美阵营对峙的首要因素。在苏联看来，面对西方的意识形态渗透和政治渗透，东欧国家担负着艰巨而光荣的使命。苏联与东欧国家及东欧国家内部通过政府、政党、军事等渠道建立起高度集中统一的意识形态管理体制，广播、电视、报业、通讯社、出版社等新闻传播机构必须成为推行社会主义意识形态的有效工具。而官方意识形态的霸权地位也使得东欧成为抵抗和反击西方意识形态渗透的庞大基地。在无产阶级国际主义的宏大目标下，团结一致，共同对外必然成为以苏联为盟主的东方社会主义阵营凝聚内部人心的强大精神支撑。

　　三是作为与西方接触和推进世界革命的前沿。苏联在保障国家安全的前提下，也在适时地缓和与西方国家的关系，通过具有地理优势的东欧国家了解西方国家及其对东方阵营的各种行为举动。可以说，苏联是透过意识形态的三棱镜和东欧"卫星国"来观察世界的。同时，苏联也有意让东欧国家在推进世界革命进程中起到模范带头作

---

　　① ［美］J. F. 布朗：《苏联与其东欧盟国的关系》，商正、郭济祖译，商务印书馆1980年版，第7—8页。

用，并对其他地区的民族解放与共产主义运动给予必要的经济与军事援助，以体现输出效应。

四是作为展示社会主义国家形象的橱窗。在苏联的意识形态中，社会主义制度是比资本主义制度先进许多的制度（自认为是"后资本主义"发展阶段），应该营造出比资本主义国家更美好、文明、富强的国家形象。而具有地理位置优势的东欧国家正处于与西方国家接触的前沿，也由此成为展示社会主义国家形象的橱窗，其中德意志民主共和国更具有义不容辞的责任。当然，苏联无疑是当时社会主义国家形象塑造的总设计师，有权对不符合要求的国家进行处理，以此彰显苏联制度的优越性及其强大的效仿性。

二　苏联对（中）东欧实施全面控制

在苏联看来，牢牢地把控住东欧，使其按照苏联意图行事已成为苏联对外战略的重要抓手，否则，东欧国家的分崩离析、苏联"光杆司令"的地位则是极为窘迫和难堪的，也是苏联所不能容忍的。因此，东欧国家的战后安排问题无疑成为苏联对外政策中最重要、最关键的优先方向。

战后初期，苏联的设想是处于军事控制之下的苏联西部邻国——东欧国家，应该成为苏联的友好邻邦。因此，面对东欧国家于20世纪40年代中期展开的追求民族复兴和社会进步的人民民主变革，苏联基于巩固自身边界安全和力求其能为己所用的考虑，对东欧国家人民民主政权的建立给予了极大的支持和帮助。所谓东欧人民民主政权，其政治体制"既不同于西方的议会民主，也不同于苏联的苏维埃制度"，主要是组建多党联合政府，也就是说，东欧共产党若想参与和影响国家的政治生活，必须经过议会选举。当然，这离不开苏联的重要协助。其经济变革则主要限于土地改革、消灭大地产以及对重要的工业与银行实行国有化。① 而苏联支持东欧国家联合政府的前提是其必须与苏联保持友好，并支持苏联的外交立场。可见，1944—1947

---

① 东欧人民民主变革的进展程度在每个国家表现不同，这主要取决于东欧国家的内部条件和阶级力量对比。

年作为东欧发展史上的一个特殊时期，充分反映了处于过渡期的东欧社会体制的多元化，以及苏联在这一进程中的重要作用。特别是在1945年、1946年以及1947年中期，苏联领导层有关东欧国家"向社会主义过渡"问题的立场是：在某种程度上给予东欧国家一定的自由发展空间。1946年，斯大林在谈及波兰社会发展时曾表示："东欧国家的民主正在向社会主义靠拢，没必要建立无产阶级专政和苏联体制"，"东欧国家的新民主建设完全可以有别于其他国家"①。但是，时隔不久，东欧人民民主变革的自然发展进程就被人为打断了。斯大林开始致力于将东欧国家转变为苏联控制下的卫星国。1947—1948年，东欧国家被强加上斯大林社会主义模式，走上了"加快社会主义建设"的道路，也正是这时，东欧国家开始被称为社会主义国家，尽管此时，它还未能从根本上体现出东欧国家社会政治体制的本质。②

此后，在政治方面，东欧国家被全面纳入苏联模式的发展轨道上，并严格受控于苏联，这也是苏联保证势力范围不受侵犯的必然举措。其中，成立于1947年9月的共产党情报局，以及爆发于1948年的苏南冲突对此起了重要的推动作用。其实，这两个重要事件的本质昭然若揭：苏联意欲加强对东欧国家的控制，但南斯拉夫独立自主的外交立场及其行为则与苏联的战略意图产生了严重冲突。对此，俄罗斯学者认为："1948年的苏南冲突在冷战初期强化了西方的反苏立场，而削弱了苏联的影响，特别是在巴尔干地区。"③ 很明显，苏联需要的是对其极度忠诚的盟友，而不是"对苏不友好"的"另类"分子。在苏共的领导下，批判南斯拉夫共产党也由此成为共产党情报局的主要活动内容。④ 南斯拉夫最终在一些"莫须有"的罪名下被开除出共产党情报局。这导致的后果是：加速了东欧国家由多党联合执政向单一共产党政权的转变过程，同时将各国共产党之间的表面平等"光明正大"

---

① *Восточная Европа в документах российских архивов 1944 – 1953 гг* Т 1. 1944 – 1948 гг М. : Новосибирск. 1997. С. 475 – 458，511.

② И. И. Орлик. *Центрально-Восточная Европа во второй половине XX века* Т 1. становление 'реального социализма' (1945 – 1965). М. : Наука. 2000. С. 36.

③ Там же. , С. 250.

④ 孔寒冰：《东欧史》，上海人民出版社2010年版，第304页。

地演变为苏联领导党与其他被领导党之间的关系，但这种"不平等的苏东国家关系却被苏联用党际关系和意识形态掩盖起来"①，这也就为苏联强行扶植其所信任的东欧国家的领导集团打开了方便之门。正是从 1948 年起，在苏联的支持或施压下，东欧国家加速取缔政府中的反对党派以及亲西方人士的活动。其中，共产党和社会民主党被迫合并，其他政治党派被挤到政治生活的边缘，其活动也受到了压制，而一些右翼的自由民主党代表则受到排挤。在联合政府解体之际，东欧国家相继建立了共产党一党政权（各国表现形式虽有所不同，但实质一样），东欧共产党一党集权制正式确立。此外，苏联借讨伐南斯拉夫之名，在东欧各国的共产党内部开展了反"铁托主义"的大清洗，进而巩固苏联在东欧国家的领导地位，而"这个牵强附会的指控过程，其情形正如同 20 世纪 30 年代在苏联发生的大清洗一样"②。此后，苏联经验被坚定地套在东欧国家的头上。尽管这期间仍有一些东欧政治活动家致力于本国社会发展道路的探索，但最终他们所进行的这种如履薄冰的尝试都以悲剧收场，或被捕，或被长期监禁，或被冤判死刑。遭此迫害的著名政治活动家有匈牙利的阿·萨卡希奇（А. Сакашич）和拉斯洛·拉伊克（Л. Райк），罗马尼亚的什·福里什（Ш. Фориш）和勒·帕特拉什卡努（Л. Патрашкану），捷克斯洛伐克的勒·诺沃梅斯基（Л. Новомеский）和勒·斯兰斯基（Р. Сланский），保加利亚的尼古拉·佩特科夫（Н. Петков）和特拉桥·科斯托夫（Т. Костов），以及波兰的哥穆尔卡（В. Гомулка）等。③

可见，1948 年由于尖锐的政治冲突和苏联的外部干涉，东欧国家的政权已转移到了以"建设社会主义"为目标的共产党人手中。其中，苏联领导层的决策无疑具有决定性意义。但这也反映出东欧国家共产党薄弱的思想理论基础和缺乏实践经验。他们在无力解决社会政治和经济改革所遇到的困难时，只能将苏联经验视为万能模板和普遍准则。

---

① 孔寒冰：《东欧史》，上海人民出版社 2010 年版，第 304 页。

② И. И. Орлик. *Центрально-Восточная Европа во второй половине XX века Т 1. становление 'реального социализма' (1945 – 1965)*. М. : Наука. 2000. С. 261.

③ Там же. , С. 39.

在经济方面，由于第二次世界大战给东欧国家造成了巨大的经济损失。东欧国家政府的首要任务之一就是恢复经济潜力和解决社会问题。[①] 但在缺少资金、原料和技术的情况下，东欧国家进行战后恢复和建设国家经济的任务异常艰巨。而且，东欧国家迫于苏联压力拒绝了美国于 1947 年出台的旨在"扶植西欧、拉拢东欧"的"马歇尔计划"，代之以苏联的"莫洛托夫计划"。[②] 很明显，从苏联角度来看，这既能安抚东欧国家，有助于其经济发展，又能加强苏联与东欧国家，以及东欧国家之间的政治联系，同时也能把原先与西方国家的贸易关系全部转向苏联和东欧国家之间，进而建成一个与西欧相抗衡的苏联东欧经济合作网络，并可为"进一步成立联系更密切、合作性更强的区域性经济组织"奠定基础。1949 年 1 月 25 日，苏联与东欧国家代表正式签署并发表了《关于成立经济互助委员会的公报》。经济互助委员会（简称"经互会"）正式成立。此后，随着经互会组织机构及其职能的逐步发展和完善，经互会逐渐成为一个苏联领导下的"孤立于统一的世界经济之外的封闭型的经济集团"。[③]

在军事上，战后初期苏联不断加强对东欧国家的控制。1947 年后，苏联在东欧国家又增派了驻军，其所派驻的联合兵种部队（由地面部队和战术支援飞机组成）的总兵力规模为近 30 个师，50 余万人，相当于战时苏联的一个方面军，超出 1947—1948 年英、法、美

[①]　И. И. Орлик. Центрально-Восточная Европа во второй половине XX века Т 1. становление 'реального социализма' (1945 – 1965) . М. : Наука. 2000. С. 56 – 57.

[②]　苏联为防止东欧的离心倾向和加强苏联东欧经济一体化，在 1947—1949 年与东欧国家签订了一系列双边贸易协定和友好互助条约。

[③]　胡舶：《冷战阴影下的匈牙利事件：大国的应策与互动》，中国社会科学出版社 2004 年版，第 13—14 页。现今，中东欧国家对第二次世界大战后的苏联东欧国家经济关系一直存有争议（俄罗斯亦然）。其争议点主要在于苏联"是提供援助，还是攫取利益"? 对此，中东欧国家大多认为，苏联通过经互会对其资源进行了剥削与掠夺。它们与苏联的经贸关系，不利于本国以能源和原材料为主的生产结构，并导致其商品没有竞争力，更加深了它们对苏联的经济依赖。而苏联凭借东欧国家向其提供重要的民用产品的优势，得以集中精力发展军事工业，增强军事实力，进而保持与美国的战略均势，维持社会主义超级大国的地位。显然，东欧国家只能被动地服务于苏联，并逐渐被纳入苏联高度集中统一的计划经济体系中。

三国驻西欧军队的三倍以上。① 同时，"苏联的军队以及秘密警察已成为苏联在东欧国家享有治外法权的工具，使其可以遏制该地区任何潜在的抗拒苏联的倾向"②，以保证共产党政权在东欧国家的建立。而且，苏联通过与东欧国家签署《友好合作与互助条约》，实际上已形成了以苏联为首的苏东同盟集体安全体系③，这为苏联于"1949—1953 年间开展军事复兴计划提供了又一理由"④。此外，在这一体系形成过程中，苏联还对东欧国家的军队组织进行了改革（人事大清洗，培训东欧军队，提供数量可观的苏联武器等），以实现军事一体化。时任苏联北方集团军司令的罗科索夫斯基元帅就曾担任波兰的国防部长。⑤ 可见，苏联通过以上措施进一步巩固了在东欧国家的绝对地位，这对稳定东欧国内局势，抗衡美国的冷战攻势起到了至关重要的作用。

第三节　（中）东欧国家的建构与回应

1944—1953 年，东欧国家的政治、经济和军事已逐渐被纳入苏联的轨道上。苏联在东欧国家通过扶植亲苏政党，掌控国家权力，运用组织工具等方式，保证东欧国家成为苏联最可靠的盟友。尤其在1949—1953 年，东欧国家与苏联之间不平等的同盟关系得以确立。苏联也正是在这一时期对东欧国家的内部生活进行了最为直接的、公开的干涉，从全面监控到直接支配，并要求东欧国家的民族国家利益必须严格服从于东方阵营（集团）的需要，接受苏联的最高统治。这最终导致东欧国家（除南斯拉夫外）的快速苏维埃化，在政治、经济、军事等方面成为苏联的"卫星国"，被迫接受和遵从苏联的

---

① ［美］托马斯·沃尔夫：《苏联霸权与欧洲 1945—1970》，冷向洋译，上海人民出版社 1976 年版，第 14—15 页。

② 同上书，第 26 页。

③ 胡舶：《冷战阴影下的匈牙利事件：大国的应策与互动》，中国社会科学出版社 2004 年版，第 18 页。

④ ［美］托马斯·沃尔夫：《苏联霸权与欧洲 1945—1970》，冷向洋译，第 56 页。

⑤ 1949—1956 年，罗科索夫斯基应波兰政府邀请并经苏联政府同意，曾担任波兰部长会议副主席兼国防部部长。

决议。

历史证明，东欧国家被强加了一个"格格不入的新的社会制度"，但是东欧国家在被动移植苏联模式的过程中也表现出了两大显著特点：一是官方建构的强大形塑力；二是民间建构的未来导向性。

一 官方建构的强大形塑力

东欧国家在移植苏联模式的过程中完成了与苏联具有高度同质性的国家社会转型，其主要体现在六个方面：一是在政治上实行了党政合一的高度集权的政治体制。二是在经济上建立了高度集中的计划经济体制。三是在军事上通过苏联顾问机制，直接翻版了苏联军队建设及相应的安全、警察等强力部门，以此推进东欧国家机器的建设。苏联顾问机制对苏联模式的移植起到了固本强基的奠基性作用①。四是在外交上一律以苏联的立场为圭臬，东欧国家没有自行决定外交事务的权力，实际上处于半主权国家的状态。苏联的"社会主义大家庭论""有限主权论"等实则成为限制东欧国家自主性的理论桎梏。五是在社会思想文化领域，一切社会组织与形态都必须在官方的严密监控与统一掌控中。以党和国家利益为重，社会本位优先于个体本位，社会阶层相对固化，而且没有公民的独立人格与自由思想的空间。文化专制成为统摄人们精神生活的主要方式。大规模粗暴地践踏人权的现象屡见不鲜，成为极权主义统治下沉重的历史记忆。六是在现代化进程中，苏联模式及其模式下的东欧国家，不仅没有达到共产主义的理想社会境界（如人的自由、全面发展和社会公正等），同时也不及资本主义国家的物质生活水平，而且没有避免生态环境资源的恶化。整套社会发展指标远远落后于西方发达国家，使东欧国家的民主、法治、富裕、文明的水平长期低于西欧国家。

但不可否认的是，党政合一的高度集权体制，使东欧国家在推行苏联模式的官方建构中具有强大的形塑力。而这种特殊的政治结构是苏联模式的核心结构，由此派生出与其相适应的经济结构、社会结构和文化结构，共同覆盖着国家制度建构的各个方面，并渗透到社会生

---

① 徐元宫：《苏联顾问与斯大林模式移植东欧》，《炎黄春秋》2011 年第 8 期。

活的各个领域。东欧国家官方建构的形塑力就在苏联的制度设定、话语建构、社会氛围等方面不断强化，从而形成了一种无法停顿、无所不包、无时不显的状态。捷克人说："东欧社会主义国家权力机构政治化是权贵们特权的有效保障，一个特权集团以共产主义的名义占据了军队、警察、法院、传媒机构以及政府机关中所有的领导职务，他们把这种领导职务变成了个人捞取物质利益、社会地位和优越性的工具，并利用联合统治的力量垄断了整个国家的一切活动乃至公民的思维。"[①]

可以说，官方建构主导地位的确立，不仅成功地改造了东欧的国家制度与组织形式，而且使语言和观念也毫不费力地发生了改变，并传递给了下一代。"1961 年柏林墙建成后，东德政府普遍采取的方式是让父母和孩子一起发誓，不再接触西方媒体，在校学生有时也被鼓励讨论他们在家看到的节目内容，以此来帮助情报部门收集信息，用来作为他们反对父母的手段。"[②] 这种令人难以置信的可怕行为不仅侵入了孩童的美好记忆，而且深深地烙在了东欧国家的集体记忆里。人们生活在一个"一切都被一个制度、一类声音、一种思想所取代"的时代。特别是，由苏联及东欧国家政府操控下的官方建构更将东欧国家带入了一种难以想象的精神困境。文学艺术创作的政治审查制度已从侧面表明："谁掌握了权力，谁就可以控制语言——不单是靠检查制度的恐吓，同时还靠改变文字的内涵。"[③] 这种思想上的禁锢无疑更具摧毁性。

毋庸置疑，无论是苏联还是东欧国家，官方建构揭示了苏联是如何改造东欧国家的，以及东欧国家又是如何被改造的鲜活的历史进程，同时也凸显了官方建构强大的形塑力与传染力。这种"从物到人的所有东西都成了国家的管辖和治理对象：不仅生产资料和劳动者本身被国有化，而且连人的思想也被国有化了。从经济基础到上层建

---

① 转引自金雁《国家机器上的癌变——东欧的秘密警察是怎样形成的》，《经济观察报》2013 年 1 月 21 日。

② 同上。

③ ［波兰］切斯瓦夫·米沃什：《被禁锢的头脑》，乌兰、易丽君译，广西师范大学出版社 2013 年版。

筑，社会的所有领域都被国家所控制"①，更被当作一项神圣的共产主义事业来完成，其中对人类基本价值观——生命、自由和人权等的践踏更是毫无节制、毫无道德顾忌的。然而，历史证明："这种制度对人和社会的全面压抑和控制，使任何试图建立经济繁荣、政治民主和文化昌盛的现代化社会的努力都归于空想和徒劳。"②

二　民间建构的未来导向性

由于苏联模式的强行植入，东欧国家在政治经济结构、国家治理、对外政策、社会生活等方面不仅显示了强大的自我复制功能，而且还要完全听命于苏联，与苏联保持高度一致。显然，东欧国家已成为具有排他性的苏联阵营的派生物。一切都要唯苏联旨意马首是瞻。东欧各国的执政者能否坐稳权力宝座也取决于其与苏联的关系及其对待苏联盟主的态度，这不仅成为官方的政治高压线，而且对民间思想也持有高度的敏感性。因此，从表面上看，在官方建构上似乎是社会稳定，风平浪静，但是在民间建构上则是控制与反控制、遏阻与反遏阻的斗争相生相长，此起彼伏，犹如疾风掠草，风劲草伏，风缓草起，从容大气，波澜壮阔。这种民间建构在东欧国家的表现就是民众运动。可以说，在专制与自由、压抑与解放、短缺与富裕的对比与竞赛中，东欧民众以其特有的方式揭示了苏东阵营内部并非"铁板一块"的真实形貌。在一定程度上，也体现了民间建构的合理性，以及代表着"第二社会""第二经济""第二文化"的活跃与崛起。此外，一国的民族传统和宗教信仰也足以构成抵御官方建构的屏障。

应该说，1953 年斯大林的逝世和 1956 年苏共二十大的召开是苏联与东欧国家关系史上具有划时代意义的两件大事，它使苏共的党内斗争与苏联对东欧政策的调整紧密联系起来。其中，苏联内部保守派与改革派的分歧主要在于后斯大林时期苏联对东欧国家政策的调整是否具有必要性和必然性。最终，斯大林的继任者赫鲁晓夫力压保守派，对苏联的内政外交进行了一系列调整，主要措施有：否定对斯大

---

① 张盛发：《苏联解体原因再探》，《俄罗斯研究》2001 年第 4 期。
② 同上。

林的个人崇拜，缓和与西方的关系，并在维持东方阵营内部团结的基础上，改善苏东关系，尤其是改善了与奉行自治和不结盟政策的南斯拉夫的关系（1953 年苏南关系恢复正常化），同时也尝试对斯大林时期苏联对东欧的控制模式进行一定程度的改变，即给东欧国家一定的自主性，承认东欧国家向社会主义过渡的多样性。可以看出，苏联对东欧国家的政策已显露出了些许松动迹象，东欧国家似乎也即将面临一个"改革的年代"。尤其在面对东欧国家内部存在的各种问题（僵化的政治体制、不堪的经济状况、强烈的反苏情绪等）时，东欧国家亲苏派与改革派之间的斗争一直未间断。而此后东欧国家所发生的事情也印证了英国历史学家艾伦·帕尔默的观点。他认为，1956 年的"这种意识形态上的修正必然对各华沙条约国产生深远影响：对其中某些国家则是一种危险的令人陶醉的酒"①。

其实，斯大林逝世后没多久，东欧国家内部那些被长期掩盖起来的矛盾就已开始显露：

东欧人民已不愿生活在斯大林体制下，他们对国家领导者的不信任感日益增强，并要求撤换领导者，以及彻底改变国家的社会经济和政治生活现状。② 可见，苏联模式在东欧国家的不适及其弊端已逐渐显现。虽然 1953 年匈牙利和民主德国的当权政府在苏联的支持和帮助下进行了局部经济改革，以消除社会的不满情绪，并防止类似的情况在其他东欧国家发生，但这种在苏联体制及其容忍度内实行的被迫改革显然未能彻底改变东欧国家的现状。而且不容忽视的是，东欧人民自第一次公开反对国家制度起，就已经开启了国家爆发社会政治危机的连锁反应。同时，这也导致了东欧国家追求独立自主的发展道路与苏联纠正东欧国家偏离行为之间的较量。1956 年的波兰和匈牙利事件，以及 1968 年的捷克斯洛伐克事件就是其最好诠释。但最让东欧国家惊恐不已的是，苏联会以突然动用武力的方式迫其就范。虽然这只是苏联长期控制东欧国家中的一个惊险插曲，但曲调之高、之

---

① ［英］艾伦·帕尔默：《夹缝中的六国——维也纳会议以来的中东欧历史》，于亚伦译，商务印书馆 1997 年版，第 400 页。

② И. И. Орлик. Центрально-Восточная Европа во второй половине XX века Т 1. становление 'реального социализма' (1945 – 1965). М. : Наука. 2000. С. 312.

烈、之炫，令东欧国家上至政治精英、下至平民百姓至今仍愤愤不平，而且经久难忘。

总体来看，东欧国家内部的争议点主要在于是否以改革来改变不利现状，苏联关注的则是东欧国家的改革是否在自身可忍可控的范围内及其内部的反苏情绪。由于东欧国家长期遭受苏联粗暴干涉内政及其对民族自主权的剥夺，其内部反苏情绪高涨。同时，东欧国家的一些有限改革也不断受到东欧内部亲苏派以及苏联的关注和干涉，这致使东欧人民要求改善待遇，争取有尊严的生活的呼声始终得不到回应，而且争取民族独立的斗争又屡遭镇压，甚至连思想也遭到严密禁锢，由此大规模求自由、争独立的民众运动（以学生、工人、农民为主力军）便应运而生。① 而这种民众运动又恰好可把东欧人民、执政党和苏联三者间的矛盾有机地结合起来。其中，1956 年的波兰和匈牙利事件，以及 1968 年的捷克斯洛伐克事件（亦称"布拉格之春"）具有一定的典型意义，这三大重要事件中的民众运动主要具有以下三个导向性作用：

首先，揭示了苏联模式的极权本质和极端不合理性。1956 年波兰和匈牙利事件表面上是人民群众的政治和经济诉求与政府当局改革不力之间的矛盾，实质上是东欧人民要求摆脱苏联模式和苏联控制的一种抗争。对此，苏联的回应则是军事镇压。尽管 1956 年的波兰事件以政治手段加以解决，逃过了苏联的军事干预，因为"克里姆林宫明白，当时不可能同时在波兰和匈牙利两个国家动用军事干涉"②。而匈牙利事件在遭到苏联军事干涉后，被定性为"旨在消灭社会主义制度的反革命暴乱"。直到 20 世纪 80 年代下半期，匈牙利社会主义工人党中央委员会才公开拒绝了这种带有偏见性的评价，确认该事件

---

① 不可否认，东欧国家的民众运动中也存在着一些不利支流，即演变为无序暴乱，需要因势利导。

② Отв. ред. А. В. Мальгин，М. М. Наринский. *Белые пятна чёрные пятна : Сложные вопросы в российско польских отношениях* М. : Аспект Пресс. 2010. С. 461. 1956 年 10 月 23 日发生的匈牙利事件，致使波兰问题退居次要位置。因为苏联领导层需要特别关注几近失控的匈牙利局势。也许正是这几天的匈牙利事件使波兰"十月事件"免遭苏联的军事镇压。

是"人民起义"。1990 年春,匈牙利议会用特别法重新审议了这个问题,将其恢复为起义时所用的名称——革命,并表明匈牙利事件的本质是人民反对斯大林暴政,争取国家独立。[①] 匈牙利事件后,有 20 余万人逃往西方,面对苏联的霸权行为,人心向背不言自明。虽然1956 年 3 月赫鲁晓夫的"苏共二十大秘密报告"是东欧人民愤怒情绪蔓延的一个外部动力,但不可否认的是,"苏联尽管实行了'非斯大林化',但并未停止实行帝国主义和侵略政策。'匈牙利的教训'(12 年后的'捷克斯洛伐克教训')即是鲜明例子,而这也成为共产主义在东欧国家多年合法化(一般情况下是保持东欧国家稳定)的一个重要因素。这种情况一直持续到 1989 年"[②]。可见,东欧国家所进行的有限改革,其前提必须是与苏联保持友好,不放弃社会主义,并保留在华约组织内。其中,华沙条约组织的成立,虽具有东西方对抗的背景,但这一政治军事组织在其以后的发展中无疑成为苏联协调东欧国家外交活动的中心,成为苏联监控东欧盟国的工具。1968 年捷克斯洛伐克的悲剧也正在于此。1967—1968 年布拉格的改革派对僵化的社会体制所进行的民主改革,遭到了内部保守派的反对,也引发了苏联和其他华约成员国的强烈反应。随着民主改革过程中矛盾的不断激化,以苏联为首的华约成员国(民主德国、保加利亚、匈牙利、波兰)对捷克斯洛伐克进行了军事镇压。这对捷克斯洛伐克而言,"军事干涉代表着背信弃义,并毁坏了苏联的政策信誉","加剧了共产主义运动危机,以及社会主义阵营的矛盾"[③]。很明显,苏联的军事干涉无疑给苏联以及东欧国家内部带来了许多不利影响。但事实表明,苏联决不会放弃对东欧国家的支配地位和统治权。1968 年捷克斯洛伐克事件发生后,苏联为其侵略行径所做的辩护(1964 年10 月,苏联已进入勃列日涅夫统治时代,此事件成为"勃列日涅夫

---

① И. И. Орлик. *Центрально-Восточная Европа во второй половине* XX *века Т I. становление 'реального социализма' (1945 – 1965)*. М.: Наука. 2000. C. 341.

② Отв. ред. А. В. Мальгин, М. М. Наринский. *Белые пятна-чёрные пятна: Сложные вопросы в российско-польских отношениях* М.: Аспект Пресс. 2010. C. 467.

③ Б. А. Шмелев. *Центрально-Восточная Европа во второй половине* XX *века Т II. от стабилизации к кризису (1966 – 1989)*. М.: Наука. 2000. C. 282 – 283.

主义"① 形成的根由）就已说明一切，即政权远比政策重要。苏联也将由此永远背负着这一野蛮的侵略烙迹。

其次，动摇了东欧执政党的执政地位，并催生了反对派和各种公民社会组织。虽然上述三大事件因苏联的干涉和镇压最终都回到了苏联轨道，恢复了"正常化"，但它无疑也挑战了东欧国家共产党和工人党的执政地位，尤其是共产党政权。面对带有强烈反苏情绪的民众运动，东欧国家内部分化严重，改革派和亲苏派斗争不断。其中，在苏共二十大召开的背景下，1956 年 3—4 月波兰成千上万名党员、知识分子和群众就波兰当局反对哥穆尔卡重返波兰领导层的问题展开了广泛讨论，这改变了波兰社会的政治气候。波兰当局被迫进行自我批评，并做出让步，即调整政权实施方式。波兰党内领导层也随之分化为两派：亲苏派（坚持行政命令方式）和改革派（要求脱离苏联的政策）。而随后发生的波兹南事件（1956 年 6 月）更促成了波兰党内应对政治危机的部署：从 1956 年 10 月 12 日起，哥穆尔卡开始参与波兰政治局的工作，② 并着手实行政治经济改革，尤其是成功抵制了苏共的干涉，巩固了波兰主权。但好景不长，波兰的"民主化"道路很快出现转向（哥穆尔卡的"蜕变"正合苏联胃口），经济形势恶化，社会不满情绪激增，由此又引发了大规模的社会危机（1968 年 3 月事件，70 年代的 12 月危机，1980—1981 年事件）。虽然它们最终都被政府当局镇压，但在波兰内部逐渐形成了反对派和自由工会组织，这使波兰当局执意充当苏联仆从的立场受到了某些牵制。尤其是1980 年成立的团结工会逐渐成为对抗波兰党和政府的中坚力量，其政治影响深远。与此同时，面对深重的社会危机和人们的不满情绪，匈牙利内部也出现了分化，执政当局只有依靠苏联的支持和按照苏联

———————————

① 为对 1968 年苏联入侵捷克斯洛伐克的侵略行径进行辩解，勃列日涅夫抛出了所谓的"社会主义大家庭论""有限主权论"和"国际专政论"等理论，以此掩饰苏联的对外扩张及其对东欧国家政治和思想的控制。

② Отв. ред. А. В. Мальгин，М. М. Наринский. *Белые пятна- чёрные пятна：Сложные вопросы в российско- польских отношениях* М.：Аспект Пресс. 2010. С. 453 – 454. 哥穆尔卡 1947 年因反对共产党和工人党情报局，违抗了苏联意志而在 1948 年被指责具有反苏倾向，进而被暂停了党的领导职务。1951 年被捕，1954 年获释后也没有参与国家政治生活。

的条件才得以巩固其统治。但改革派最终遭到了排斥，有的甚至被处以极刑（如纳吉·伊姆雷）。值得注意的是，成立于 1954 年底的裴多菲俱乐部（是就匈牙利形势展开讨论，并公开发表政见的论坛）在匈牙利事件中发挥了重要的舆论动员作用，它使"匈牙利党内的反对派与广大民众汇合到一起，猛烈冲击了拉科西政权的基础"，而且"首都以外的各大城市也纷纷效法裴多菲俱乐部，建立了类似的论坛"①。可见，这种由经济学家、历史学家、哲学家、记者、教师、大学生等广泛参与的论坛组织，充分反映了公民透过公民组织推动社会发展的一种民主参与。在 1968 年的捷克斯洛伐克事件中，由于捷克知识分子反苏最为激烈，从而遭到了政府当局的严厉压制。而这些无法压抑的反苏情绪正是 1977 年"七七宪章"运动的主因。它提出的更具纲领性的主张（唤醒公民意识、维护公民权利、参与公共事务等），为 1989 年后东欧国家公民社会的建立积攒了思想力量和民众基础。但同时，苏联也意识到"东欧国家民众认识的提高是 1956 年后普遍出现反共产主义运动的主要因素之一。于是对东欧国家开始严密监控和干涉，以此来恢复对东欧国家的控制"②。东欧国家由此处于执政当局和苏联双重残酷的思想和政治监督下。东欧知识分子的地下出版物（或称"萨米亚特"）便是在这样特殊的背景下诞生的，他们争自由，反对极权，还曾因捷克政府审讯"七七宪章"的签署者而进行签名抗议。

最后，它孕育了引发 20 世纪 80 年代末"东欧剧变"的长期效应。对东欧国家而言，1956 年匈牙利事件和 1968 年"布拉格之春"，无不是一个鲜明的提醒：东欧国家需在改革与苏联容忍度内小心行走，并要时刻提防苏联的武力威胁。但事实表明，一旦改革涉及政治经济的根本制度时，东欧国家的改革无不以夭折而告终，以致在很长一段时间里，包括 20 世纪七八十年代，东欧国家的发展道路不得不在改革引发危机，危机又蕴含着再次改革的循环圈里打转。遵循苏联模式，还是探索符合自身国情的发展道路，几乎贯穿了东欧社会主义

① 候凤菁：《裴多菲俱乐部真相》，《炎黄春秋》2008 年第 5 期。
② Mark Kramer. "*The Demise of the Soviet Bloc*," *Europe-Asia Studies*, Nov. 60, 2011.

发展的整个历史时期。尽管 1956 年波兰和匈牙利反抗苏联权力的行为，可以说是赫鲁晓夫实行"去斯大林化"运动的一个合乎逻辑的后果[①]，但以苏联看来，当阵营团结受到损害时，镇压仍是最直接而有效的补救方法，即使这种粗暴的军事干涉会使其陷入另一种困境。而 1968 年苏联对捷克斯洛伐克的军事入侵虽然恢复和显示了苏联的军事威望，但无疑也暴露了"勃列日涅夫主义"的霸权本质。可见，1956 年匈牙利事件和 1968 年"布拉格之春"的表面结果是苏联及其对外政策的胜利，但实际上，这预示了苏联领导层的外交战略已陷入深刻危机，尤其当苏联继续实行强硬的军事战略时。也就是说，"苏联对东欧国家改革的遏阻政策往往会造成苏联模式的弊端在东欧国家不断放大，各种矛盾持续累积"，[②] 而当内部矛盾淤积到一定程度，并超过苏联"堤坝"的负荷时，必将一触即发，倾泻而出。

由此可见，"苏维埃帝国"下东欧国家的集体命运，并没有为推进欧洲文明带来具有普遍意义的借鉴性经验，反而成为欧洲文明史上的一次倒退和结构性摧残。两个欧洲的产生俨然成为那个时代两个世界的鲜明对比。

---

① ［美］托马斯·沃尔夫：《苏联霸权与欧洲 1945—1970》，冷向洋译，上海人民出版社 1976 年版，第 112 页。

② 郭洁：《东欧剧变的"苏联因素"探析》，《历史教学》2010 年第 18 期。

第二章 东欧与欧共体的关系

第一节 1945—1990 年的东西欧经济关系

冷战时期，东欧国家同包括欧共体在内的西欧国家的经济关系大体上可以分为四个发展阶段。

第一阶段，第二次世界大战结束至 50 年代中期 。

这一阶段东西欧国家经济关系的基本特征是，由于冷战的爆发，以苏联为首的东方集团和以美国为首的西方国家集团在政治、军事乃至经济上处于全面对抗，相互处于隔绝状态。

1948 年，面对凋敝的欧洲，美国适时提出一项复兴欧洲的"马歇尔计划"。起初，苏联、东欧国家都对该计划表现出了很大的兴趣，但不久苏联就退出了会谈，随即东欧国家也"退出"。"马歇尔计划"最后只有 16 个西欧国家参加。对欧洲国家来说，1948 年是转折的一年，西欧国家接受"马歇尔计划"，开始了经济复兴之路；东欧国家则在苏联的领导下进行"苏维埃化"，建立高度集中的计划经济模式。

为了对西欧在"马歇尔计划"下所谋求的团结表示形式上的对抗，更主要的是为加强经济上的互助合作，1949 年 1 月，保加利亚、波兰、捷克斯洛伐克、罗马尼亚、匈牙利和苏联六国政府代表在莫斯科举行经济会议。针对面临的政治和经济形势，会议认为有必要成立经济互助委员会，互相提供技术援助、原料、粮食、机器设备等，并交流经济工作经验。同年 4 月，上述六国和阿尔巴尼亚（1949 年 2 月加入，1962 年起不再参加活动）在莫斯科举行了经互会第一次会议，正式宣布该组织成立。①

　　1949 年 11 月，以美国为首的西方国家成立了"巴黎统筹委员会"②，旨在防止和限制西方的战略物资、高技术及其产品流向社会主义国家（苏联、东欧和中国）。被列入禁运清单的包括三大类物资，③约占当时国际市场上全部流动商品的 50%。④苏联为抗衡西方，同时也为自身经济发展的需要，提出"统一的世界市场的瓦解"和建立东西方"两个平行市场"的理论，将东欧国家的经济发展和对外贸易完全纳入其经济体系之中。这期间，东欧国家的对外经济联系基本上局限在当时的社会主义国家之间，主要是在经互会范围内，而同西欧国家的经贸往来则降到近乎隔绝的水平。

　　在这期间，有若干因素阻碍了东西欧经济关系的发展。第一，在两次世界大战期间，苏联是世界上唯一一个社会主义国家。它当时处于西方资本主义国家的包围之中。十月革命之后，苏维埃俄国经历的西方资本主义的经济禁运（1917—1921 年）和整个经济对立，使苏联严重担心过多地发展同西方国家的贸易会使苏联严重依赖同西方的贸易关系。⑤冷战的爆发，进一步加剧了苏联对依赖西方经济的担心，这种担心影响了整个社会主义集团同西方国家的经济关系。在欧洲分

---

　　① 民主德国 1950 年 9 月加入，1990 年 10 月德国统一后退出经互会。60 年代以后，经互会突破欧洲区域，蒙古、古巴、越南先后加入，同时吸收了一些观察员国家。

　　② 其正式称呼应为"输出管制委员会"，因其总部设在巴黎，故俗称"巴黎统筹委员会"。最初的成员国有美国、英国、法国、荷兰、比利时、卢森堡六国，1950 年上半年，挪威、丹麦、加拿大、联邦德国参加进来；1952 年，葡萄牙、希腊、土耳其、日本加入，1987 年和 1989 年，西班牙和澳大利亚先后加入其中，至此共有 17 个成员国。

　　③ 国际军用品武器清单；国际原子能清单（包括核反应设备和零件、材料）以及国际工业和商业清单。巴统从未公开过管制清单，但这些清单的内容会反映在成员国的管制清单上。巴黎统筹委员会各主要成员国都有自己的出口管制法规和管制清单，它们的清单既要与巴黎统筹委员会保持一致，又必须向其公民开诚布公，以使出口商遵照执行。详细内容可参阅黄志平编著的《美国、巴统是怎样进行出口管制的》，中国对外经济贸易大学出版社 1992 年版，第 4—8 页。

　　④ 黄嘉敏等主编：《欧共体的历程：区域经济一体化之路》，对外贸易教育出版社1993 年版，第 246 页。

　　⑤ P. Knirsch, "Trade of the European Countries with the West: Its Development with Special Regard to the European Community," in D. Kim and W. Gumpel（eds.）, *New Directions in East-West Relations*, *Institute of East and West Studies*, Yonsei University, 1987.

裂为两大集团，特别是在朝鲜战争中，整个西方国家对社会主义国家实行禁运之后，苏联的担心进一步加剧。

第二，20 世纪 50 年代初期，苏联模式的工业化推广到东欧国家。在这种工业化模式中，外贸一体化所占的比重很小。更重要的是，这是一种使东欧小国不顾比较优势，发展一种自给自足式经济的实践。

第三，经互会国家实行苏联模式的计划经济。这种经济模式的重大缺陷之一是，它不能将整个外贸，特别是同西欧国家的外贸纳入国民经济计划中来。①

第二阶段，50 年代中期到 60 年代末期。

这一阶段，东西欧经济关系的基本特征是，苏联官方对欧共体的态度经历了从敌视到默认其存在的变化过程。欧共体也因种种因素而开始尝试同东方集团进行接触。尽管东西方关系有所松动，东西欧国家的经济往来有所发展，但程度有限。

在欧共体建立之初，苏联视其为资本主义阵营的加强，是为剥削者垄断阶级利益服务的封闭的小集团，是对东欧具有侵略态势的北约的经济工具，有损于苏联的利益。苏联认为，"西德帝国主义"将利用欧共体加强其战争潜力，会寻求用原子弹武装自己。苏联的政论家和经济学家们在对欧共体的"本质"进行分析后得出结论说，欧共体的内部矛盾会导致其解体。②

但事实与苏联官方的期望相反，欧共体非但没有解体，反而进一步加强了。事实迫使苏联不得不改变对欧共体的看法和评价。1962年，苏联对欧共体的看法发生了重大变化。尽管依然强调资本主义的矛盾，声称欧共体会破坏"社会主义国家"的贸易，但苏联已将它视为执行欧洲经济共同体条约过程中取得重大进展的经济和政治实体。苏联官方认同意大利共产党人的如下看法：共同市场推动了投

---

① 在西方学者的著作中，这种制度障碍通常被认为是经互会国家自给自足式经济的主要原因。有关这一论点的详细讨论可参见 R. W. Campbell, *Soviet Economic Power. Its Organization, Growth, and Challenge*, 2nd ed. (Boston, 1966), p. 99.

② See Text of "17 Theses" by the Institute of World Economy and International Relations, *Miravaya ekonomika I mezhdunarodnye otnosheniye* (MEMO), 1/1957 and Kommunist, 9/1957.

资、现代化、外贸和工资增长。①但苏联在法律上依然不承认共同体。

20 世纪 60 年代，欧共体对苏联和东欧的关注很少。除了"德国内部贸易及其相关问题议定书"（民主德国同联邦德国的贸易不包括在欧共体共同商业政策的条款之内，例如，联邦德国可以免征民主德国的关税）之外，欧洲共同体条约中没有规定该组织同东欧国家关系的特殊条款。随着西欧各国经济的迅速复苏和增长，西欧和美国贸易竞争升温，开辟东欧和苏联市场有助于解决西欧国家间的市场问题。同时，西欧国家，特别是欧共体经济实力的增长也使美国对西欧的控制力量相对减弱。这两方面的原因使得西欧国家率先放松对苏联和东欧的经济封锁和禁运成为可能。西欧国家的这些行为使得东西欧经贸关系有所改善。但从总体上说，这一阶段东欧与西欧国家的经贸规模不大，发展速度缓慢。

由于出现了缓和的气氛，欧共体成员国开始同苏联和东欧国家逐步建立或恢复政治和经济关系。1964 年，英国第一个同苏联签订了为期 15 年的信贷协定。1965 年，法国同苏联签署了科技交流协定，1966 年，欧共体放开了针对东欧国家的许多进口配额。1966 年，意大利同苏联签订了相同的协定。这类协定中最重要的是 1970 年联邦德国和苏联签订的莫斯科协定。这是联邦德国维利·勃兰特政府奉行的"新东方政策"的第一个成果。②

从 60 年代中期起，欧共体委员会也开始同东欧国家建立非正式接触，以处理其农产品出口问题。1965 年，波兰第一个同欧共体签订了这样的条约，随后保加利亚、匈牙利和罗马尼亚也签订了类似条约。

---

① "32 Theses" by the Institute of World Economy and International Relations, *Miravaya ekonomika I mezhdunarodnye otnosheniye* （MEMO）, 9/1962 and Pravda, 26 August 1962.

② 联邦德国社民党提出的对苏联和东欧的外交政策，1969 年 10 月，勃兰特政府上台后开始实行。勃兰特宣布"与西方合作"，"与东方和解"，在作为北大西洋公约组织和欧洲经济共同体成员国的提前下，主张承认欧洲各国的边界现状，改善同苏联和东欧国家的关系，使之进一步"正常化"；在德国问题上，承认德意志民主共和国是第二个德意志国家，但不认为它是"外国"，主张建立"一个民族、两个国家"的特殊关系，以此换取联邦德国和民主德国之间往来的加强，希望在欧洲和平环境中，对民主德国用"通过接触促其演变"的办法实现德国统一。

第三阶段，70 年代至 80 年代中期。

这一阶段的基本特点是，在缓和的形势下，东欧国家同欧共体及其他西欧国家的经贸联系发展迅速。苏联和东欧国家强调"缓和物质化"，从西欧引进建设所急需的资金和技术设备。而西欧国家，特别是联邦德国和法国，强调利用缓和来扩大对东欧和苏联的经济贸易关系，为其工业品和农产品开拓新的市场。在这一背景下，这一时期成为冷战时期东欧国家同西方和欧共体经贸关系发展最快的一个阶段。

1970—1980 年，保加利亚、罗马尼亚、捷克斯洛伐克、波兰、匈牙利和民主德国对西方经济合作与发展组织国家的贸易总额由 84.2 亿转账卢布增加到 326.2 亿转账卢布，10 年里增长了 2.8 倍。在东欧国家向西方国家的出口中，西欧国家始终占 80% 以上，其中又以欧共体国家所占比重最大，一般在 60% 左右。东欧国家从西欧国家的进口，也以西欧尤其是欧共体国家为主。但就东欧国家对外贸易的总体水平而言，经互会内贸易依然是东欧国家对外贸易的主要对象。因此，尽管东西方国家间贸易有所增长，东欧同西欧和欧共体的经贸关系依然处于较低的发展水平。

冷战期间，由于南斯拉夫联邦在东西方之间所处的特殊地位，欧共体同南斯拉夫建立了较其他东欧国家密切得多的经贸关系。欧共体希望借此向东欧国家昭示，拒绝承认欧共体的国家将不能获得某种好处。[①] 1970 年，欧共体同南斯拉夫签订了贸易协定，给予南斯拉夫最惠国待遇，建立欧共体—南斯拉夫联合委员会，以处理可能出现的问题。1971 年，欧共体给予南斯拉夫普惠制待遇。1973 年，欧共体同南斯拉夫签订了第二个贸易协定，向南斯拉夫提供了更多的关税减免和降低进口关税。至此，南斯拉夫 1/3 以上进入欧共体的产品享受了零关税或低关税待遇。1980 年，该贸易协定被新的合作协定所取代。合作协定使南斯拉夫的农产品可以更多地进入欧共体市场，而对欧共体 70% 的制成品出口享受零关税。1982 年，欧共体的一项新条款规定，对南斯拉夫纺织品进口放松限制，南斯拉夫大约 50% 的纺织品

---

① 有关南斯拉夫同欧共体的贸易协定见 Patrick F. R. Artisien and Stephen Holt, "Yugoslavia and the EEC in the 1970s," *Journal of Common Market Studies*, June 1980.

享受免税进口待遇。

同时，该合作协定使双方的合作范围扩大到金融、劳务和科技等领域。在金融方面，南斯拉夫可以从欧洲投资银行获得贷款来改善交通基础设施（这也符合欧共体的利益，它可以将希腊同欧共体的其他成员国联系起来）。在劳务合作方面，在欧共体成员国有许多南斯拉夫移民劳工。由于罗马尼亚奉行独立于苏联的对外政策，欧共体在1974年也向罗马尼亚的某些出口产品提供了普惠制。在这一阶段，南斯拉夫和罗马尼亚是普遍优惠制的主要受益国。

应该强调的是，即使在东西方贸易的黄金时期（1966—1975年），东西方贸易额也不足世界贸易额的3%。1975年，东西方贸易总额不足中东欧国家贸易总额的30%。[1]到80年代中期，欧共体同经互会国家的经贸关系依然处于简单活动水平上。经互会一直拒绝同欧共体签订贸易协定，使得欧共体绝大多数对东欧的经贸政策是单方面的，不是以协定的形式出现的。在此期间，欧共体依然对采用国家贸易政策的国家实行进口配额。

表 2.1　　　　　1958—1989 年东欧与欧共体贸易额　　　（百万埃居）

	1958	1960	1965	1970	1975	1980	1985	1986	1987	1988	1989
民主德国											
出口	57	95	177	219	496	865	947	1037	1086	1264	1644
进口	61	91	166	230	519	951	1832	1626	1390	1400	1636
平衡	-4	3	11	-10	-25	-86	-884	-553	-304	-136	28
波兰											
出口	197	209	315	604	2745	2892	2733	2389	2332	2756	3953
进口	229	278	438	689	1733	2805	3572	2948	2907	3360	3855
平衡	-32	-69	-123	-85	1013	87	-839	-559	-575	-604	98
捷克斯洛伐克											
出口	136	178	283	556	1068	1045	1966	1944	2078	2170	2388
进口	143	184	281	478	874	1544	2272	2108	2055	2211	2556

---

[1] 《简明帕氏新经济学辞典》，中国经济出版社 1991 年版，第654页。

续表

	1958	1960	1965	1970	1975	1980	1985	1986	1987	1988	1989
捷克斯洛伐克											
平衡	−7	−6	2	87	194	−139	−306	−164	23	−41	−168
匈牙利											
出口	72	134	195	416	980	1619	2486	2450	2373	2354	2988
进口	70	103	198	372	713	1430	2014	1888	1996	2158	3393
平衡	2	32	−4	44	267	189	473	562	376	196	405
罗马尼亚											
出口	56	105	255	500	1105	1772	1157	987	651	614	692
进口	72	111	224	462	989	1826	2910	2483	2489	2234	2536
平衡	−16	−7	31	38	116	−55	−1753	−1496	−1178	−1620	−1844
保加利亚											
出口	30	63	152	231	231	689	805	1639	1472	1406	1465
进口	33	50	127	191	222	507	586	549	519	462	528
平衡	−2	13	25	40	466	299	1053	923	936	944	937
阿尔巴尼亚											
出口	2	4	9	15	37	64	101	65	56	−	−
进口	1	1	2	8	26	57	76	125	56	−	−
平衡	1	4	7	7	11	7	25	−60	1	−	−
经互会所有国家											
出口	936	1392	1949	3965	12183	17231	23539	20254	19217	20746	25742
进口	1086	1524	2502	3982	9141	20501	33972	24884	24479	24884	30015
平衡	−151	−131	−533	−18	3042	−3271	−10433	−4630	−5262	−4138	−427

说明：不包括两个德国之间的贸易额。

资料来源：Eurostat。

第四阶段，1985—1990 年：欧共体转向广泛的东方政策。

这一阶段的特点是，随着戈尔巴乔夫缓和东西方关系的努力初见成效，东西方政治和经济关系有了较大改善。1988 年 6 月，欧共体和经互会相互承认，随后，欧共体同东欧国家签订了一系列贸易和合作协定，开始了东西方经贸关系的新时期。1989 年，东欧国家政局发生剧变之后，欧共体对中东欧国家实行内容更广泛的"新东方政策"。

1984 年 12 月，经互会首脑会议表示有兴趣发展同欧共体的关系，并准备签订"适当的协定"以推动同欧共体的经贸关系。①同年 10 月，经互会正式向欧共体发出明确的信号：经互会准备同欧共体签订协定、声明或其他文件。这是经互会第一次明确表示，可以同欧共体签订不包含贸易内容的协定。②

1988 年 6 月 25 日，经互会与欧共体在卢森堡签署了联合声明，结束了两大经济集团 30 多年互不承认的局面。该声明确立了欧共体和经互会的正式关系，在双方共同感兴趣的问题上进行合作，并就未来合作的领域、形式和方法达成了一致。联合声明为双方进行经济和科技合作创造了条件。

联合声明签订之后仅 3 个月，欧共体便同匈牙利签订了经济和贸易合作协定（9 月 26 日），③该协定于 1988 年 12 月生效。随后欧共体同波兰签订了类似协定（1989 年 12 月生效）。捷克斯洛伐克在 1988 年 4 月同欧共体签订了贸易协定，但是，由于当时捷共领导人抵制改革，该协议未能真正实施，因而捷克未能从该协定中获益。在捷克实现自由选举之后，贸易协定被贸易和合作协定所取代（1990 年 11 月开始生效）。1990 年 10 月，欧共体同罗马尼亚达成贸易和合作协定，该协定取代了 1980 年签订的贸易协定。但欧共体借 1990 年 6 月罗马尼亚的镇压事件为借口，直到 1991 年 3 月才使该协定生效。从 1987 年起，欧共体和南斯拉夫在 1980 年贸易和合作协定的基础上增加了财政支持项目。到 1991 年中期，欧洲投资银行向南斯拉夫提供贷款约 5.5 亿埃居。④

1989 年下半年，东欧国家相继发生政局剧变。欧共体委员会一方面强调必须对中东欧国家变化了的形势做出反应，另一方面加强了同中东欧国家进行经贸合作的步伐。到 1990 年 10 月，欧共体同所有

---

① 苏《真理报》1984 年 6 月 16 日。

② John Pinder, *The European Community and Eastern Europe* (London, 1991), p. 23.

③ Ministry of Foreign Affairs: Fact Sheets on Hungary, No. 1 - 2, 1994.

④ John Pinder, *The European Community and Eastern Europe* (London, 1991), pp. 25 - 26.

经互会国家都签订了贸易协定。这些协定是欧共体和东欧国家第一代贸易和合作协定，其框架是相同的，协定的期限为 10 年。①至此，欧共体单方面向所有中东欧国家提供了较之贸易协定更加优惠的关税减让和配额。更重要的是，这些协定不仅成为欧共体深化同经互会国家关系的出发点，也为后来的第二代经贸协定的达成奠定了基础。

在加强同中东欧国家经贸关系的同时，欧共体还通过"法尔计划"对中东欧国家的经济改造进行援助。1990 年，欧共体承诺在 1991 年和 1992 年分别为"法尔计划"拨款 8.5 亿埃居和 10 亿埃居。②从此，欧共体转向制定广泛的以援助和贸易为主要内容的新东方政策。

90 年代以来，随着中东欧国家经济转轨的开始，欧共体对这些国家的贸易政策发生了很大变化。这些改变有的是欧共体成员国单独做出的，有的是在欧共体水平上做出的。这些贸易政策的改变反映了东西欧经济关系中的一些基本变化。

在东欧剧变发生之初，西方国家想在"24 国援助计划"和"法尔计划"的框架内对中东欧国家的经济转轨进行援助，但这两个计划都有时间和范围上的限制。③而欧共体想以契约的形式同中东欧国家就贸易和经济协作建立长期的合作关系。最初，这一设想并未成为欧共体对中东欧政治和经济变化做出反应的一项特殊政策，而只是欧共体对外经济关系中的一个"标准程序"。从 1988 年 9 月到 1991 年 3 月，欧共体同所有中东欧国家签订了双边贸易和合作协定，并向波兰、匈牙利、捷克斯洛伐克三国提供了普遍优惠制。④这就是所谓"第一代"贸易和合作协定。这些协定对中东欧国家具有重要的政治和经济意义。在政治上，欧共体不再认为中东欧国家是政府垄断经济型国家；在经济上，欧共体计划在 10 年内同中东欧国家（同波兰和保加利亚

---

① 只有同波兰签订的条约期限是 5 年。

② 夏庆杰：《欧洲共同体经济》，人民出版社 1994 年版，第 147 页。

③ 有关"24 国援助计划"和"法尔计划"的内容可参阅 S. S. 内罗《新欧洲：东西方变化中的经济关系》，纽约，1991 年，第 8 章。

④ A. Calinos, Central Europe and EU: Prospect for Further Integration, RFE/RL Research Report, July 22, 1994, No. 29, p. 20.

是在 5 年内）进行贸易、商业和经济方面的合作。值得注意的是，这些协定的共同基础是市场自由化原则。这一"基础"为欧共体日后在"欧洲协定"中引入"政治条件"埋下了伏笔。

第二节 冷战时期东欧国家与联邦德国的关系

冷战时期，德国与东欧国家的关系是东西欧国家关系中一组经典的关系，它展示了东西欧国家如何从对立走向和解。德国同中东欧国家的经济联系可以追溯到 19 世纪。但德国两次争夺欧洲大陆霸权的努力及种族清洗一度割裂了它此前已经同东部邻国建立起来的商业网络。[①] 第二次世界大战结束后，在欧洲的国际关系中，德国与（中）东欧国家的关系是一组复杂的关系。[②] 其流变在一定程度上也可以说表征了欧洲大陆奥得—尼斯河东西两侧关系从冷战到解冻的过程。

威利·勃兰特说，第二次世界大战后联邦德国的所谓新东方政策与三个地理主体有关：苏联、德国以东国家，以及民主德国。在所有三个地区，联邦德国的目标只有一个，即保卫和平、缓和紧张局势、改善双边关系和为欧洲的和平秩序做出贡献。然而，联邦德国改善与东欧国家关系的路途充满坎坷，它经历了改善与东欧国家双边关系到推出针对苏联集团的新东方政策的艰难历程。

一 奥得—尼斯河边界和被驱逐德意志族人问题

第二次世界大战后两个德国与东欧国家的关系主要聚焦于两个问

① Robert Mark Spaulding, Osthandel and Ostpolitik, *German Foreign Trade Policies in Eastern Europe from Bismarck to Adenauer* (Providence: Berghahn Books, 1997), pp. 15 – 61; Ivan Berend and Gyorgy Ranki, *Economic Development in East-Central Europe in the 19ᵗʰ and 20ᵗʰ Centuries* (New York: Columbia Univ. Press, 1974), pp. 156 – 70.

② 有关 1945 年之后德国与中东欧国家关系的讨论可参阅：Jonathan Rynhold, The German Question in Central and Eastern Europe and the Long Peace in Europe after 1945: An Integrated Theoretical Explanation, *Review of International Studies*, Vol. 37, No. 1, January 2011, pp 249 – 275. https://www. academia. edu/5399038/The_ German_ question_ in_ Central_ and_ Eastern_ Europe_ and_ the_ long_ peace_ in_ Europe_ after_ 1945_ an_ integrated_ theoretical_ explanation .

题：德国边界的重新划定；因领土变更而产生的被驱逐德意志族人问题。

联邦德国成立后，改善它与东欧国家双边关系成为其对外关系中的重要议程。这当中，有关（联邦）德国战后边界和德意志族人问题是横亘于联邦德国与部分东欧国家关系中最棘手的问题。

在1945年2月召开的雅尔塔会议上，美、英、苏三大国首脑初步决定，战后德国和波兰的边界应大致以奥得河和卢萨蒂亚尼斯河为界，该边界线在港口城市什切青和希维诺乌伊希切以西与波罗的海相会。在1945年7月召开的波茨坦会议上，三大国首脑最终决定，将原德国的11.2万平方公里土地割让给波兰，以此作为交换寇松线以东被苏联占领的18.7万平方公里的土地。[①] 1950—1990年，这条472公里的奥得—尼斯河线成为民主德国和波兰的边界。[②]

最初，在苏联占领下的德国东部和西方盟国占领下的德国西部两个实体都不承认奥得—尼斯河为战后德国与波兰的最终边界。1949年10月7日，在德国苏占区成立的民主德国最初不承认奥得—尼斯河为民主德国与波兰的最终边界。1950年7月6日，在苏联的政治压力下，民主德国和波兰签署了《兹戈热莱茨条约》[③]，民主德国和波兰两国执政党称两国的边界为"和平和友谊的边界"。

而在联邦德国，政府一直以"波兰西部边界的最终确立应待签署最终和平协定"，因而拒绝承认奥得—尼斯河为德国的东部边界。德国政府还明确表示，一俟德国统一，联邦德国将提出1937年1月1日之前属于德国而现在被划归苏联和波兰管辖的全部领土要求。

战后德国的东部边界向西移动，这不仅意味着德国要失去纳粹德

---

① 这些土地相当于波兰第二次世界大战前东部领土的45%，其上居住的居民多达1200万，其中430万人讲波兰语。如今，这些土地分属乌克兰、白俄罗斯和立陶宛。1945年8月16日，由波兰共产党人组成的"国家统一临时政府"与苏联签署了边界协定，正式接受雅尔塔会议上确定的割让第二次世界大战前波兰东部领土（Kresy）给苏联的决定。

② 第二次世界大战后德国失去的领土相当于1937年12月31日德国版图的25%。

③ 该条约的全称是《关于划分既定和现有波—德国家边界的协定》。条约签署地为波兰称之为"收复的领土"上的下西里西亚境内的兹戈热莱茨。

国依靠侵略所获得的土地，而且，原来居住在这些土地上的大约1200多万德意志族人因领土变更而被迫迁徙或被中东欧国家（主要是捷克斯洛伐克、波兰）和苏联驱逐（见表2.2）①。而数以百万计的波兰人、罗马尼亚人、乌克兰人和匈牙利人也因领土变更而不得不在东欧地区异地定居。②

表2.2　　　　　　从东欧国家中被驱逐的德意志族人统计　　　　　（人）

	1944/1945 被驱逐的德意志族人人数
南斯拉夫	550000
波兰	7000000
罗马尼亚	785000
捷克斯洛伐克	3274000
匈牙利	597000
共计	12130000

说明：（原）德国东部地区包括如下地区：东普鲁士、东波美拉尼亚、东勃兰登堡、西里西亚、但泽（今波兰格但斯克）。

　　20 世纪 50 年代中期之后，联邦德国一直奉行"哈尔斯坦主义"，不承认奥得—尼斯河为联邦德国新的永久性边界，也不接受驱逐德意志族人的合法性。在政治舆论上，西德左、右翼政党的政治家们都把波茨坦会议之后同盟国的"暴行"同纳粹的暴行相提并论，与魏玛时期对《凡尔赛条约》的批评如出一辙。③ 1953 年，联邦德国通过法

---

　　① 联邦德国统计局根据 1950 年的人口统计，利用所谓"人口平衡法"测算出迁徙过程中死亡的人数为 210 万。1965 年慕尼黑出版的三卷本《被驱赶地区德意志族人命运总汇》中也认可这一数字。

　　② 1944 年 9 月 9 日，苏联和波兰代表签署了关于在乌克兰和白俄罗斯波兰人重新安置的文件，9 月 22 日，苏波双方签署了关于在立陶宛波兰人重新安置的文件。根据这些文件，在乌克兰以西领土上的 75 万波兰人和犹太人被逐出，白俄罗斯和立陶宛分别逐出 20 万波兰人。逐出行动持续到 1946 年 8 月 1 日。有关第二次世界大战后领土变更和民族迁移问题的更多讨论可参阅 Mark Mazover, *Dark Continent*（Knopf, New York, 1999）, pp. 214 – 221.

　　③ Daniel Levy and Natan Sznaider, "Memories of Universal Victimhood: The Case of Ethnic German Expellees," *German Politics and Society*, 23 : 2（2005）, pp. 1 – 28. http: //www. stonybrook. edu/commcms/sociology/people/faculty/GPS%20Universal%20Victimhood. pdf.

律，规定政府有义务保存德意志族人的文化传统。每年的"家园日"则是为强调西德和失去土地的德意志族人之间一体关系而设立的。此外，还专为德意志族人建立了档案馆和纪念馆。①

在第二次世界大战后，特别是在联邦德国成立后的第一个 10 年政治中，被驱逐德意志族人发挥了重要作用。② 在 20 世纪 50 年代，来自不同地区、代表 300 万被驱逐者的被驱逐者联合会（Bund der Vertriebenen）成立。当时，被驱逐的德意志族人大约占联邦德国人口的 16%—20%。③ 1953 年，被驱逐者党也是基督教民主联盟政府的联盟小伙伴。但是，对被驱逐者的支持和相关的民族主义言论远远超过被驱逐者联盟的范围。联邦德国资助一项大规模计划，为被驱逐者登记造册，作为将来归还其财产的事实基础。④ 与此同时，各种被驱逐者组织声称，被驱逐者拥有重返家园的权力，除共产党之外，所有政党都支持这一观点。⑤ 到 20 世纪 50 年代末，被驱逐者联合会的政治重要性有所下降，但被驱逐者依然被认为是非常重要的政治选民。

自联邦德国成立到 20 世纪 60 年代中期，被驱逐者议程一直制约着联邦德国对东欧国家政策。⑥ 阿登纳上台后一直拒绝承认民主德国，也不接受以奥得—尼斯河作为联邦德国的永久边界，坚持以 1937 年

①   Jonathan Rynhold, "The German Question in Central and Eastern Europe and the Long Peace in Europe after 1945: An Integrated Theoretical Explanation," *Review of International Studies*, Vol. 37, No. 1, January 2011, pp 249 – 275. https: //www. academia. edu/5399038/The_ German_ question_ in_ Central_ and_ Eastern_ Europe_ and_ the_ long_ peace_ in_ Europe_ after_ 1945_ an_ integrated_ theoretical_ explanation.

②   Pertti Ahonen, *After the Expulsion: West Germany and Eastern Europe 1945 – 1990* (Oxford: Oxford University Press, 2003).

③   在民主德国，大约 25% 的居民是被驱逐者。1950 年，民主德国与波兰签署了《兹戈热莱茨条约》，承认奥得—尼斯河线。同时，民主德国政府禁止被驱逐者成立任何协会，禁止在公共话语中讨论这一话题。Phillip Ther, "Expellee Policy in the Soviet-occupied Zone and the GDR, 1945 – 53," in Rock and Wolff, *Coming Home to Germany*, pp. 56 – 76.

④   David Conradt, "Changing German Political Culture," in Gabriel Almond and Sidney Verba (eds.), *The Civic Culture Revisited* (London: Sage, 1980), pp. 227 – 8.

⑤   Rainer Schultze, "The Struggle of Past and Present in Individual Identities: The Case of German Refugees & Expellees from the East," in Rock and Wolff, *Coming Home to Germany*.

⑥   Pertti Ahonen, *After the Expulsion: West Germany and Eastern Europe 1945 – 1990*, Oxford University Press; 1 edition (January 1, 2004), pp. 11 – 2.

的边界为国家的边界。在 1970 年之前，联邦德国的官方地图，包括
各级学校中使用的地图依然显示为 1937 年的边界，而不是 1945 年由
波茨坦会议确定的边界。阿登纳坚持称被驱逐德意志族人拥有重返家
园和获得赔偿的权利。阿登纳和其他领导人还不时发表强硬的领土修
正主义的声明。庆幸的是，阿登纳及其继承者都声言不以武力达到这
些目标。当然，西德拒绝承认现状加深了东欧国家对它的不信任感。
虽然被驱逐者问题引起德国国内的政治共鸣，但这一问题毕竟没有引
起欧洲地区的不稳定。

二　从对立转向新东方政策

实际上，20 世纪 60 年代中期，联邦德国与东欧国家的关系已现
缓和端倪。1963 年和 1967 年，联邦德国分别同波兰和捷克斯洛伐克
互设了贸易代表机构①，与罗马尼亚建立了外交关系，并和南斯拉夫
恢复了外交关系。这一系列外交行动使联邦德国与东欧国家的关系有
了突破性进展。1969 年威利·勃兰特在担任联邦德国总理之后，采
取积极行动，奉行著名的 "新东方政策" （Neue Ostpolitik），联邦德
国事实上接受了第二次世界大战后在东欧形成的现实。德国与苏联集
团国家关系因此实现了实质性突破。

1970 年 8 月，联邦德国与苏联签署了《莫斯科条约》，联邦德国
放弃了自决和重新统一的要求，事实上承认民主德国的存在和奥得—
尼斯河边界；1970 年 12 月 7 日，联邦德国和波兰签署《华沙条约》，
联邦德国和波兰承诺互不诉诸武力，承认现存的奥得—尼斯河边界；
1972 年 12 月 7 日，联邦德国和民主德国在东柏林签署《基础条约》②，
两个德国相互承认，从而为两个德国获得国际承认铺平了道路；1973
年 12 月 11 日，联邦德国和捷克斯洛伐克签署了《布拉格条约》，两国

---

① 有关联邦德国和波兰与捷克斯洛伐克互设贸易代表处问题的详细讨论可参阅 Claus
Hofhansel, Multilateralism, German Foreign Policy and Central Europe （Routledge, London & New
York, 2005）, Chapter 3, pp. 23 – 52.

② 该条约的全称是《关于联邦德国和民主德国之间关系基础条约》。根据该条约，两
个德国互设 "常驻使团"，即事实上的大使馆，但联邦德国在理论上依然自认为是唯一代
表。1973 年 9 月 18 日，两个德国同时加入联合国。

在外交上相互承认，德国宣布废弃 1938 年《慕尼黑协定》，承认现有共同边界不可破坏，放弃所有领土要求。① 此前，在 1971 年 9 月 3 日，苏、美、英、法四国在西柏林正式签署《西柏林协定》。② 通过这一系列条约，联邦德国不仅缓和了与苏联、波兰、民主德国、捷克斯洛伐克及其他东欧国家的关系，也缓和了整个欧洲的局势。

勃兰特东方政策的经济效应是营造了易于进行东西方贸易和投资的环境。东方政策为联邦德国的公司和银行向苏联和东欧国家进军铺平了道路。勃兰特认为，深化同中东欧国家的经济联系会使苏联领导人做出政治让步。如果东方集团国家获得西方的技术、市场，就会开放政治合作的大门。为此，联邦德国政府开始为同东欧进行商业活动的联邦德国商界提供援助。第一，联邦德国东欧经济委员会（Ost-Aus-schuss der Deutschen Wirtschaft，成立于 1952 年）成立了匈牙利和捷克斯洛伐克研究小组，以扩大信息传播和评估东欧国家市场机会和风险。第二，借东欧国家改革之机推动联邦德国的公司向东欧国家进行直接投资，鼓励联邦德国的公司与东欧国有企业建立合资企业。1975 年，联邦德国同波兰、捷克斯洛伐克和匈牙利签署技术和工业协定，工业机械的出口不断增多。③ 到 80 年代末期，联邦德国已经同苏联集团国家建立了 100 多家合资企业（多数在苏联）。在东欧，联邦德国与匈牙利建立的合资企业较多。到 1989 年，匈牙利全部合资企业中的 1/3 是与联邦德国共同建立的，匈牙利 1/3 的外贸同联邦德国进行。④ 第三，

---

① 由于联邦德国和捷克斯洛伐克在第二次世界大战之后没有签署过任何条约，因此，《布拉格条约》也具有两国和平条约的意义。由于捷克斯洛伐克联邦解体，捷克斯洛伐克西部与德国的共同边界被分割，变成捷克语德国的边界。有关联邦德国东方政策的讨论可参阅：Carole Fink and Bernd Schaef（eds.），*Ostpolitik，1969 – 1974：European and Global Responses*，New York：Cambridge University Press，2009.

② 《西柏林协定》规定：1. 四国共同保证今后不在柏林使用武力，只用和平手段解决争端。2. 美、英、法三国声明，西柏林不是联邦德国的一部分，也不受其管辖，但仍保持和发展与联邦德国的关系。3. 同意苏联在西柏林设立总领事馆，苏联保证联邦德国与西柏林"交通畅通"。《西柏林协定》消除了召开欧洲安全与合作会议的主要障碍，对欧洲局势的缓和、两德关系的正常化有着重要意义。

③ Friedrich Levcik and Jan Stankovsky，*Industrial Cooperation between East and West*，London：Macmillan，1979，pp. 168 – 69.

④ "Germany/Eastern Europe：German Firms Lead Integration，" United Kingdom，Oxford：*Oxford Analytica* Ltd.（Jan. 14，2004）. ProQuest. Accessed on April 26 2013；Newnham，Deutsche Mark Diplomacy，pp. 185 – 227.

联邦德国政府通过赫尔姆斯信贷担保公司①，开始为向东欧国家进行投资的德国公司提供担保。

联邦德国推行新东方政策之时，正值东欧国家进入经济停滞期。此前，重工业一直是驱动东欧国家经济增长的主要途径，但此时，这种粗放式增长方式已表现出明显的颓势，东欧国家开始寻找新的振兴经济的方式。1971 年，经互会成员国通过了《社会经济一体化综合纲要》。② 该纲要放宽了成员国同西欧国家的贸易限制，减少了外贸垄断，允许成员国单个企业与联邦德国以及其他市场经济国家进行双边贸易。1973 年之后，匈牙利和波兰允许外国企业在其领土上建立使团，进行市场调查和投放广告。捷克斯洛伐克和匈牙利的本国企业与外国公司建立了长期、跨国合作框架，以分享技术经验和生产方法，并在东欧国家生产产品。波兰在 1976 年也开始效仿这种经济行为。东欧国家领导人希望通过这些新规则来加速本国的技术创新。③

三 新东方政策与东方集团的改革

1969 年，威利·勃兰特担任联邦德国总理之后，采取积极行动，奉行著名的"新东方政策"（Neue Ostpolitik），联邦德国事实上正式接受了第二次世界大战后在东欧形成的现实。

联邦德国正式借东方政策和东欧国家改革之机推动本国公司开始慢慢向东欧国家进行直接投资。到 20 世纪 70 年代末，联邦德国在东欧国家建立起大量合作性工业企业，工业机械的出口不断增多。

———————

① 建于 1917 年的经营信用保险业务的一家私营公司，1926 年受国家指定做出口保险业务。1960 年以后，该出口信贷保险公司的活动被纳入每年的联邦预算法案，每年从联邦政府财政预算中获得一定数额的保险资金。

② Randall W. Stone, "Satellites and Commissars: Strategy and Conflict in the Politics of Soviet Bloc Trade," *Princeton Studies in International History and Politics* (Princeton, N. J.: Princeton University Press, 1996), p. 35; Ivan Berend, *Economic History of Twentieth Century Europe: Economic Regimes from Laissez-Faire to Globalization* (New York: Cambridge Univ. Press, 2006), pp. 166 – 69.

③ Friedrich Levcik and Jan Stankovsky, "Industrial Cooperation between East and West," *Soviet and Eastern European Foreign Trade* 14/ 1 – 2 (1978), pp. 56 – 73; Harriet Matejka, "Foreign Trade Systems," in Hans-Hermann Höhmann (ed.), *The New Economic Systems of Eastern Europe* (Berkeley: UC Press, 1975), pp. 443 – 79; Kornai, *The Socialist System*, pp. 346 – 47.

正是联邦德国在冷战中期推出了"新东方政策",同东欧国家建立起经济联系,才使得统一后的德国借欧盟扩大之势不断加大自身在欧盟中政治和经济优势的同时,凭借其政治善意(推动欧盟和北约向中东欧地区扩展)和强大的经济实力,在中东欧地区建立起其他欧洲国家无可比拟的经济和政治影响力。

1989 年,民主德国局势发生了急剧变化。自同年 5 月起,大批公民出走联邦德国。10 月初,许多城市相继爆发了规模不等的示威游行,要求放宽出国旅行和新闻媒介的限制等。10 月 18 日,民主德国总统昂纳克宣布辞职。11 月 9 日,"柏林墙"开放。11 月 28 日,联邦德国总理科尔提出关于两个德国实现统一的"十点计划"。1990 年 2 月 13—14 日,民主德国总理莫德罗首次访问联邦德国。3 月 18 日,民主德国人民议会实行自由选举,德梅齐埃任总理后,两德统一的步伐大大加快。5 月 18 日,两德在波恩签署关于建立货币、经济和社会联盟的国家条约。8 月 31 日,双方又在柏林签署两德统一条约。1990 年 9 月 12 日,《关于最终解决德国问题条约》在莫斯科签署,为 10 月 3 日两德统一铺平了道路。

根据《关于最终解决德国问题条约》,第二次世界大战的四个胜利国(苏联、美国、英国和法国)放弃所有他们原来在德国享有的权利。该条约的另一个重要规定是:德国确认如今国际社会所承认的与波兰的边界,以及 1945 年以来德国的所有领土变更,放弃未来任何对奥得—尼斯河以东领土的声索。该条约规定,统一德国的领土是两个德国的领土,禁止任何未来的领土声索。1990 年 11 月 14 日,德国同波兰签署了德波边界条约。①

---

① 联邦德国议会在批准该条约时,来自基督教民主联盟/基督教社会联盟的 13 位议员表示反对。相关描述和讨论可参阅 Philip D. Zelikow and Condoleezza Rice, Germany Unified and Europe Transformed: A Study in Statecraft Harvard University Press; Reprint edition (April 25, 1997).

第三章　（中）东欧与苏联的关系

著名地缘政治学家麦金德在 1904 年曾写道："在现代欧洲的政治版图上最明显而重要的对比，就是占据欧洲大陆一半的俄罗斯的广袤空间与一组小面积的欧洲国家之间的对比。"① 然而，历史上的俄罗斯与中东欧国家的这种对比关系，显然更多呈现出的是强大与弱小、霸权与奴役、俯视与仰视的对比。这种对比关系在第二次世界大战后不仅尤为明显，而且还催生和形塑了号称"苏东集团"与"社会主义阵营"的政治力量，以及权力与地位的重新分布。

本章为摆脱以往泛泛而论、陈陈相因的东欧与苏联关系的论述窠臼，选取了三个具有典型意义的论述视角：经济改革探索；能源外交和思想文化体制，以期从较为宏观、综合、现代的视野，厘清东苏关系中的冲突、博弈与挑战，并使史论相对符合实际的历史进程，尽可能地诠释出历史的真实。

第一节　经济改革探索视野中东欧与苏联的关系

一　东欧各国对传统的苏联经济模式的改革探索

传统的苏联经济模式成形于苏联 20 世纪 30 年代，是以中央集权的计划管理为特征的经济模式。国家管理经济的基本方法是下达指令性计划指标，并对企业生产、流通和分配等方面的活动实行全面控制

① Елена Студнева. *Восточная Европа между евразийской и евроатлантической политикой* . Международная жизнь. 2011. No. 10.

与监督，国家与企业之间的关系是管理与被管理的关系。东欧国家
（南斯拉夫除外）移植苏联模式后，这种传统经济模式被视为天经地
义、不可更改的典范，是建设社会主义的必由之路。但这种模式在实
践中，愈来愈暴露出明显的弊端，特别是像苏联这样的大国，其弊端
的危害性、影响面更为严重。因此，改革也日益提到议事日程上来，
而且在经济形势恶化时，改革就成了生死攸关的大问题。正如匈牙利
经济学家 L. 萨默埃里所说："由于过去几十年的改革努力（50 年代
初改革从南斯拉夫开始），改革已逐渐被理解和接受，对于所有国家
来说，社会主义经济没有也不可能有一种单一的有效的和必须遵循的
模式。苏联的改革过程也证明，苏联早期的模式和它目前所确立的模
式都不能被认为是一种必须效仿的范例。"[①]

　　从改革阶段上看，大致经历了四个时期：一是 20 世纪 50 年代的
有限尝试时期，由南斯拉夫肇始，后由 1956 年非斯大林化的推动，
主要涉及波兰、匈牙利、捷克斯洛伐克等国，在不触动中央集权体制
的前提下，有一些农业领域、扩大企业财权的局部改革；二是 20 世
纪 60 年代中期的大规模功能性改革时期，如南斯拉夫的"新经济措
施"（1965 年），民主德国的"计划和管理国民经济的新经济体制"
（1963 年），捷克斯洛伐克的"布拉格之春"（1968 年）等均规模空
前、影响深远，呈现出改革的浪潮，但多在苏联的干预下无法维持下
去；三是 20 世纪 60 年代末到 70 年代末的改革停滞倒退时期，除南
斯拉夫外，东德等国都有不同程度的改革倒退迹象，亦步亦趋地追随
着苏联的改革，保守主义明显；四是 20 世纪 80 年代到 90 年代初的
新一轮综合性改革时期。这一时期东欧各国经济危机与政治危机并
存，经济改革与政治改革相互联动、嵌合，由此导致 20 世纪 80 年代
末到 90 年代初东欧各国彻底告别苏联模式，进而接受欧美模式的和
平转型，改革最终演变为革命，并宣告了苏式社会主义的终结。

　　从改革内容上看，针对传统模式的集权控制和计划指令的弊端，
分散决策、市场导向成为改革的总体内容。具体可分为以下几个方

---

① ［匈］L. 萨默埃里：《对东欧经济改革的分析》，高新军译，《经济社会体制比较》
1989 年第 4 期。

面：第一，下放计划管理权。实行宏观决策（中央）、中观决策（地方）、微观决策（企业）三个层次的管理体制。第二，基本建设项目投资多元化。实行国家预算拨款、银行贷款和企业自有资金的多渠道投资体制。第三，开放生产资料市场。第四，改变统收统支财政体制，扩大地方与企业利润留成比例。第五，扩大企业定价权。第六，实行经营劳动成果与报酬挂钩的职工收入分配体制。第七，改变由国家垄断的外贸体制。第八，扩大农业和流通业的私营成分。第九，精简、合并管理国民经济的机构。

以现今的眼光来看，这些改革内容并没有什么值得称赞的地方，大多仍处于有限的经济政策调整或试验的范畴内。然而，若将这些改革内容置于当时的历史背景来审视的话，这些改革无疑还是具有突破性意义的。在此方面，捷克斯洛伐克经济学家奥塔·希克和匈牙利经济学家科尔奈都对貌似不可更改的苏式社会主义模式进行了突破性、创新性的理论探索，并将其相对转化为高层决策，所以捷克斯洛伐克和匈牙利的经济改革始终走在前列。① 南斯拉夫则属于一开始就与苏联决裂，并根据自己的理解来进行实践的社会主义国家，所以它既避免了苏联模式所带来的固有弊端与缺陷，也没有重复这些错误。它在工厂和企业管理方面的"自治"实验，既有灵活性的一面，又蕴含了潜在危险性的一面。其他东欧国家的经济改革也并非整齐划一地体现了上述改革内容，有着截然不同的重点与措施。波兰学者将东欧国家经济改革分为两种类型，即"市场参数"改革模式（南斯拉夫、匈牙利、捷克斯洛伐克）和"国家参数"改革模式（东德、罗马尼亚、波兰、保加利亚）②。在联邦德国科隆专门研究东欧的研究者眼中，东欧国家的经济改革也分为两种模式，即松散和合理化的管理计划经济（东德、波兰、保加利亚、罗马尼亚、阿尔巴尼亚）和社会

---

① 参见奥塔·希克的《第三条道路》（张斌译，人民出版社 1982 年版）和雅诺什·科尔奈的《短缺经济学》（李振宁、张晓光、黄卫平译，经济科学出版社 1986 年版）、《社会主义体制——共产主义政治经济学》（张安译，中央编译出版社 2007 年版）等著作。

② ［波］泽林斯基：《东欧经济改革中的政治与经济》，丑晓东译，《经济社会体制比较》1986 年第 4 期。

主义市场经济（南斯拉夫、匈牙利、捷克斯洛伐克）①。这两种分类有异曲同工之妙，都符合东欧经济改革的实际情况。

从改革的作用与效果上看，东欧国家在仿效苏联进行消除社会主义建设过程中所产生的经济矛盾时，它们并不打算寻找非社会主义道路的解决之道，而是坚信社会主义经济改革的可能性，并继续挖掘社会主义的创造潜能。在这样的思想基础上，东欧各国在不同时期进行了不同的经济改革探索活动，并以此体现出其与苏联及传统的苏联模式之间特殊的复杂关系。因此，东欧的经济改革在多数时期并未形成大刀阔斧、伤筋动骨地全面深化改革的环境，更多呈现出的则是在技术层面上修修补补、时改时退的状态。其原因正如西方学者早就指出的那样："在东欧这种斯大林主义主要特征不变的情况下，任何改革都要首先由莫斯科来推动。"② 由此也引发了这样的评价："经济改革不是出路。小改小问题，大改大问题，不改反倒没问题。" 当然，这里说的"没问题"，指的是经济发展没有出现大的波动。事实上，东欧国家中对改革持保守态度的民主德国也没有创造出不改革而获得经济快速增长的奇迹。进入 20 世纪 80 年代，随着人们思想的日益活跃，匈牙利开展了一场"对于改革进行改革"的全民大讨论，其认识水平更加深刻，认识视野的全球向度日益明显——这无不体现了将国家发展道路置于现代化背景下的一种思考。匈牙利著名经济学家科尔奈曾说："经济体制改革并非像在商店里买东西，把苏联和匈牙利等国的各种好东西都买下来，联结在一起，拿回来就是。"③ 这无疑是清醒的认识。但同时也需看到，在全面改革时机尚不够成熟的情况下，采取一些改革措施总比什么都不做要好——至少在一定程度上动摇了不可更改的苏联模式。

纵观东欧战后 40 余年，改革的步伐虽然不是一直向前，但也不

---

① 霍曼：《七十年代的经济改革——没有其它选择的政策》，朱民译，《现代外国哲学社会科学文摘》1983 年第 10 期。

② ［英］本·福凯斯：《东欧共产主义的兴衰》，张金鉴译，中央编译出版社 1998 年版，第 115 页。

③ 罗宗：《佐藤经明谈苏联、东欧各国的经济改革和经济形势》，《上海经济研究》1983 年第 3 期。

乏间续的探索之旅。这固然有亦步亦趋苏联时断时续改革声音的原因，也有经济发展停滞、民众不满倒逼改革的缘故。特别是 20 世纪 80 年代以后，苏东集团普遍表现出"社会主义经济滞胀"的特征：投资膨胀、消费疲软、外债失控、重复建设、市场乏力。由于脱胎于同一母体，东欧国家所承受的经济压力与苏联所面临的压力有极大的相似之处。但对于东欧国家来说，其 60 年代中后期与 80 年代中末期的改革有着显著不同，究其原因主要有二：60 年代中后期的改革政策尚处在经济领域，只是往返或徘徊于有效、无效甚至是负效之间；而到了 80 年代中末期，改革的触角已经跃出经济领域，对国家意识形态的合法性及其功能和作用提出了挑战，以致使国家在很短的时间里变得失调、失衡乃至失效。如果说，60 年代中后期的改革来自于国家上层为了弥补苏联模式的明显缺陷的话，那么 80 年代中末期的改革则是发源于底层，为抛弃苏联模式，并伴之以民族主义的争自主的政治革命，是一场体现民众集体行动能力的社会变革。所以，这也从另一个角度证明，进入 20 世纪 80 年代的东欧社会主义经济，其发展红利已经用尽，其弊端甚至危害越来越大，已危及政体的存亡，而苏联的情况则更为糟糕。但不可否认和低估的是，东欧经济改革的历史，不仅在社会主义操作层面上对苏联模式具有创造性对立的样本作用，而且具有经济学上的试验意义和理论开拓价值，但这种深远意义在欧洲现代史上还远远没有揭示出来。

二　1985 年前东欧国家经济改革止于政治改革探因

与 1985 年戈尔巴乔夫上台后动员整个社会反思，甚至是反对旧制度不同，1985 年以前，苏联自身及其东欧盟国的经济改革依然是止步于政治改革的。这种由上层启动和主导的经济改革，为什么会出现较为成功的、人为切割开的经济改革与政治改革？

首先，霸权结构制约内部改革。从政治学角度看，苏联认为，东欧在其结构上不啻是苏维埃帝国内部关系的扩展，占居首位的盟主地位的霸权结构决定并制约着同盟国的政治、经济体制。盟主国与从属国之间，既存在着命令与服从，不允许讨价还价的硬权力关系，又具有一定程度的同化与协商，允许在此基础上进行权力分配的软权力关系。苏东集团内部这种硬权力与软权力的运用，双管齐下、恩威并济，为的就是保证霸权结构的稳定性。

在相当多的时候，软权力应用于经济改革领域，而硬权力则使用在政治改革领域。只要东欧国家经济改革到了"换档期"，就一定会被换成减速挡，甚至是倒挡，其原因就是硬权力在发挥作用，即硬权力是不容违逆的。由此可见，苏联一直坚信并奉行着社会主义制度的优越性和掌控权力的不可触动性。而苏联之所以为东欧国家提供公益产品（包括经济援助等），是因为苏联期望能从中获得预期的政治和经济收益，更是巩固与发展社会主义阵营亦即维护霸权结构的需要，同时根据从属国的各自表现决定提供公益产品的额度和范围——这也体现了权力中奖赏与惩罚两种约束方式。而软权力的关键效用在于认同。东欧国家对盟主的忠诚认知及其自我定位，不仅来源于苏联恩威并济的驯服和强力灌输，同时也深受东欧国家自身民族传统及其政治文化的影响。当苏联不满东欧的经济改革，并对其亮红灯时，东欧各国就会以各自的民族性格进行回应，积极或消极地执行苏联强制的命令。比如，波兰人的武断，捷克人的谨慎，匈牙利人的坚毅，东德人的刻板等，但这些差异性的表现依然统一在对苏联的忠诚度的范围内，没有影响到苏联霸权的支配力或影响力。正如美国人所分析的那样："虽然匈牙利的改革是'综合性'的，但它是苏联可以接受的，因为它排除了工人管理，保留了党对社会统一的领导作用，并保证苏联和其他成员国在匈牙利的政治和对外关系中享有优先权"，同时"通过华沙条约国军队 1968 年对捷克的入侵，苏联就清楚地表明，它不会容忍在东欧进行一种由市场力量左右经济，实行工人管理，从而削弱了党对经济、政治和社会生活控制的经济改革（南斯拉夫除外）"，可见"苏联评价东欧的经济改革，是以实现苏联对该地区的政治和经济控制为依据的"[①]。

其次，苏东集团合作（联合经济或捆绑式经济）经济利益阻碍着改革的推进。从经济学角度看，苏联认为，社会主义计划经济是能够

---

① ［美］莫里斯·博恩斯坦：《东欧的经济改革》，张振第译，《国际经济评论》1981年第 3 期。

保证其正常运转和发展的自给自足的经济体系；从区域经济一体化的角度看，强化社会主义阵营的经济实力，既是体制内经济分工的需要，也是应对西方冷战，保持自身立于不败之地的需要。因此，社会主义阵营国家的经济政策都是以苏联的中央计划体制，国家主导的工业化、农业集体化等政策为基准的。东欧国家的经济改革只能在技术层面上做一些修修补补的调整性工作，而且苏东集团对非官方的经济组织极为敏感，并将其视为对苏东集团整体经济利益的削弱。

苏联一再强调社会主义阵营内部的团结一致，虽然其隐含着同盟内部相互依赖的规则，以避免走向无序或混乱，但在经济改革问题上，苏联能够容忍的是弥补低端链上管理手段的缺陷，如调整局部行业结构，部分放权与建立责、权、利相结合的职工收入分配机制等，而对处于高端链上的政治管辖权，社会主义阵营行为模式与声誉，社会主义阵营的整体经济实力、合作利益等问题则保持着高度敏感性，不允许出现考验高端链问题合法性的机会。因为苏联认为，增加高端链问题的掌控强度会极大地减少无序现象。这种投入与产出的收益账，苏联算得很清楚。同样，虽然社会主义阵营内具有一定的合作惯性，但若没有适当成熟的时机与充分条件，经济改革的步伐仍然或必然会止步于政治改革的门槛前。特别是，经济改革措施一旦被扣上反社会主义的帽子，必然会戛然而止。

西方社会"苏联学"① 的发生，从一个侧面说明了苏联在社会主义阵营内部所进行的大规模的"社会实验"的影响力。对此，苏联则有着自己明确的责任意识：捍卫社会主义成果，增强社会主义阵营的经济实力，与西方及其发展模式划清界限。事实证明，苏联做着一系列自认为是建设而实则是破坏的自成体系的工作。

最后，意识形态合法性倒逼着经济改革的停滞。从社会学的角度来看，苏联领导层深谙国家意识形态的作用就是引导民众的理性思维和情感意识符合统治集团的价值取向，并使其成为执政体系合法性的坚强支撑。所以，经济改革但凡涉及动摇国家意识形态基础的认识、

---

① 关于"苏联学"的概念界定及其研究内容，西方学术界一直存有争议，但均承认苏联是其主要研究对象。

意见、理论、舆论等都必须处于掌控范围内。一旦放纵，则意味着丧失国家意识形态主导权，意味着将动摇执政体系合法性的根基。苏东集团所奉行的统治制度是不能突破社会主义这个底线的，而且苏东集团所恪守的政治律条也是不可挑战的。在苏联看来，捷克斯洛伐克20世纪60年代中期兴起的改革浪潮，已经逾越了这个底线，并有传染蔓延之势。1968年6月27日，捷克斯洛伐克《文学通讯》发表了作家瓦丘利克执笔并有70多位科学家、艺术家、作家签名的《2000字宣言》。① 勃列日涅夫当天很快就看到了宣言全文，并立即给捷共领导人打电话，大声训斥道："这是对社会主义的威胁，是反革命的宣言书！"更可怕的是，这成为华约50万军队入侵捷克斯洛伐克的一个理由。一篇《2000字宣言》竟引来50万军队的入侵，真可谓文字力量大，军队都害怕。历史的影像清晰地定格在让入侵者和被入侵者都倍感困惑的两幅画面上：一幅是说着流利俄语的大妈们在向钻出坦克车的西伯利亚小伙子们讲述什么是民主、自由，什么是入侵时，西伯利亚小伙的困惑面孔；另一幅是说着德语的士兵（东德出动了两个师）出现在布拉格街头时，捷克人面临的困惑：怎么一夜之间法西斯又回来了？这是苏联发动的对捷克斯洛伐克改革的围剿，其理由就是"保卫捷克斯洛伐克社会主义制度，不仅是你们的任务，也是我们的任务"（1968年7月16日华沙会议五国给捷克斯洛伐克的联名信）②。可见，苏联这种坚决打击反共势力的进攻思想以一种非常快速（出兵干涉）的方式，并通过撤换领导人的做法，成功地应用在了处理捷克斯洛伐克改革浪潮危机的"纠偏"实践中。当然，苏联的快速回应，也包含着防止和避免改革传染给其他国家的考虑。特别是，民主德国处在社会主义阵营的最前沿，它强烈反对捷克斯洛伐克改革的态度，也在一定程度上助长了苏联予以军事干涉的决心。经历了"布拉格之春"之后，在苏联的主流媒体上，改革已成了忌讳词汇，并且有恢复斯大林主义的趋势。在苏联看来，"布拉格之春"式的改革偏离了社

---

① 《2000字宣言》是"布拉格之春"最著名且影响最大的具有改革性质的纲领性文件。

② 赵启强：《"布拉格之春"四十周年祭》，《炎黄春秋》2008年第10期。

会主义轨道，是将社会主义国家引向资本主义的洪水猛兽，必须全面遏制。于是，意识形态宣传急剧转变。在 1969 年斯大林诞辰 90 周年之际，苏共领导人本想安排大量纪念活动，终因东欧国家的反对而大部分被取消。查阅 20 世纪 70 年代苏联的官方文件，"改革"一词已经不见踪迹。勃列日涅夫在 1967 年 10 月庆祝十月革命 50 周年大会上，提出的"发达社会主义"概念，等于宣布苏联不需要改革，是完美的社会主义。从此，浑噩、僵化、停滞成为苏联社会的普遍现象，同时也成为整个苏东集团国家意识形态衰败的表象。

总之，把握住政治改革的闸门，意味着执政者从未想与民众进行权力博弈和互动，意味着在不确定的政治权力竞争中要降低丧失权力的机会，这样才能保障政治集团的利益不受侵犯，也由此决定了执政者必然取消不利于统治权力的任何改革做法。这就是苏联让东欧国家经济改革止步于政治改革的底牌——市场力量和社会力量必须无条件地屈从于国家力量——而国家权力却由超级政党所独占。

正因为上述原因，1985 年以前，东欧各国的经济改革既有触发点与间歇期，低烈度与强暴发相夹杂的特征，也有为彻底告别苏联模式的开悟与新生做积累与准备的孕育过程。这最终为东欧国家的和平、全面转型提供了试验的场所。因此，到 1988 年，东欧国家已有人看出经济改革必定会引发政治改革的趋势，比如匈牙利的萨默埃里就曾指出："由于改革的趋势和逻辑与为现存社会秩序提供合法性的意识形态教条相互冲突，对这种意识形态的任何修正都会危及整个制度的合法地位。"①

第二节　能源外交视野中东欧与苏联的关系

一　东欧各国在苏联能源外交中的地位

能源是苏联最重要的外交资源，是增强苏联地缘政治分量的利器，并成为巩固苏东集团内部关系的巨大磁石。由输油管道和输气管

---

① ［匈］L．萨默埃里：《对东欧经济改革的分析》，高新军译，《经济社会体制比较》1989 年第 4 期。

道构成的苏联庞大的能源外交管网，在巩固和发展与东欧国家关系方面发挥了巨大作用。能源外交在一定程度上也成为苏联与东欧关系的基础。对于苏联这种能源丰富且出口占全球较大份额的国家来说，更是将能源外交作为国家实现其对外战略目标的一个政策工具，并运用得相当娴熟。苏联凭借世界上最丰富的石油、天然气储藏量的客观优势，展开了石油、天然气输出战略，并成为苏联与美国争夺欧洲及全球利益的重要战略手段。法国地缘政治学家菲利普·赛比耶—洛佩兹在《石油地缘政治》中指出："石油与地缘政治之间的密切关系，是其他任何原材料都无法企及的。"①

苏联是东欧国家能源需求的最主要供应国，东欧各国在苏联能源外交中的地位，一直取决于社会主义阵营内经互会国家之间的政治经济需要，也取决于世界政治发展的总体趋势。从整体上看，保持供应与需求结构的稳定成为苏东集团各方利益的最大公约数。苏联一方面作为供应国，把能源视为掌控东欧各国经济命脉的砝码，并在"经济一体化"方针下将东欧国家的能源消耗由以煤为主转变为以石油、天然气为主。② 同时，通过东欧国家对苏联的忠诚度来进行分配，以及调节出口数量与出口价格。另一方面，苏联也将对东欧国家能源出口的控制权作为与西欧国家之间进行能源贸易的市场资本，赚取外汇，以抵制美国对苏联的政治遏制，突破西方的政治制裁。

20 世纪 50—80 年代，东欧国家（罗马尼亚除外）的油气进口几乎都来自苏联。1976—1980 年，东欧国家从苏联进口了 37800 万吨石油、900 多亿立方米天然气。③ 虽然东欧国家与苏联之间的油气供

---

① ［法］菲利普·赛比耶—洛佩兹：《石油地缘政治》，潘革平译，社会科学文献出版社 2008 年版。

② 东欧国家的煤炭储量分布不均，但相对于极其贫乏的石油资源来讲还算丰富，所以在 20 世纪 60 年代以前，东欧国家的燃料动力工业几乎全部来自国产煤。但在 20 世纪 60 年代以后，苏联为自身利益需要，将石油和天然气作为东欧国家主要的能源消耗品，这不仅扼杀了东欧国家煤炭工业的发展，剥夺了东欧国家的能源自主权，而且加剧了东欧国家对苏联能源供应的依附。

③ 英国经济学家情报研究有限公司：《到一九八〇年为止的苏联石油》，商务印书馆1975 年版。转引自于春苓、杨超《冷战时期苏联对欧洲的能源外交》，《西伯利亚研究》2010 年第 4 期。

应受苏东集团内部不同时期政治关系的影响，但这无疑也加强了苏联在东欧国家中的政治影响力。

保加利亚是苏联在巴尔干地区的忠实盟友，也是苏联所有东欧盟国中最富有合作精神的国家。保加利亚 2/3 的能源需求需靠苏联供应。1967 年，保加利亚从苏联进口石油 452.7 万吨，1971 年上升到 795.9 万吨；1983—1985 年每年从苏联进口天然气达 100 亿立方米。波兰的煤炭储量虽在东欧国家中最为丰富，但并不能满足国内经济发展的需要，其所需的石油和天然气也几乎全部依靠苏联供给。1967 年，苏联对波兰的石油输出为 553.2 万吨，1971 年为 995 万吨。匈牙利与苏联的油气合作虽受 1956 年匈牙利事件的影响，但苏联仍是匈牙利的主要石油供应国。1970 年，苏联向匈牙利输出石油 475.9 万吨，1975 年达到 650 万吨，1980 年达到 1200 万吨。[①] 民主德国和捷克斯洛伐克同样几乎完全依靠苏联的油气供应。其中，1971—1975 年，民主德国从苏联共进口石油 6320 万吨，而 1980 年一年就进口了 1890 万吨石油。捷克斯洛伐克每年从苏联进口石油则超过 1900 万吨，天然气 80 亿立方米。[②]

由此可见，油气供应成为苏联与东欧关系的重要黏合剂。而且，东欧国家一直充当着苏联能源进口国和消费国的角色。这也可看作经互会之间的"资源统筹"。但若将东欧国家的能源问题放在苏联能源外交的背景下来考察的话，则不难看出东欧国家能源地位的相对脆弱性及其在能源处理问题上的被动性，尽管其间不乏讨价还价的动态博弈之举。最终，这构成了苏东集团内部乃至国际形势与油气国际市场之间变动与反应的互动关系。

二 苏联对东欧国家能源外交的特点

（一）政治意义大于经济意义

苏联的油气贸易完全由国家操控，所以较为明显地体现了油气贸

---

① 英国经济学家情报研究有限公司：《到一九八〇年为止的苏联石油》，商务印书馆 1975 年版。转引自于春苓、杨超《冷战时期苏联对欧洲的能源外交》，《西伯利亚研究》2010 年第 4 期。

② 王东：《当前东欧国家面临的能源问题》，《今日苏联东欧》1984 年第 5 期。

易为国家利益和对外战略利益服务的宗旨。特别是对东欧国家来说，更是政治意义大于经济意义——东欧国家长期以来，一直以低于国际市场很多的价格获得苏联的油气供应，苏联也以此抑制东欧国家的离心倾向。西方关注与研究苏联能源问题的学者早就注意到了这一点，尤其是苏联石油贸易的政治化。阿瑟·克林霍福在其《苏联和国际石油政治》一书中专门剖析了苏联与东欧国家之间的能源供应关系，并做出如下判断："苏联将继续满足其他经互会成员对石油和石油产品的大部分需要——甚至意味着进口，然后再出口，因为供应石油是苏联控制经互会的杠杆。即使苏联国内生产衰退、需要进口更多的石油，它对东欧石油输出的石油总量仍将继续增长。"这种"把石油运向东欧代替运向西方对苏联是一种非常昂贵的选择"，但"苏联在交换中得到的是政治上的稳定，忠诚的盟国"①。这种政治账重于经济账的思维与做法，在一定程度上揭示出苏东关系的本质。

（二）低于国际石油市场价格

不言而喻，"东欧与苏联的政治、经济和军事关系，从某种程度上可以说，是苏联向它们提供廉价的能源，尤其是石油来维持的……""更为重要的是，苏联向东欧提供的石油是低于国际石油市场价格的一半并以卢布结算的。苏联《真理报》评论员叶夫根尼·沙什科夫称，1971—1980年，苏联就是以这种方式向经互会六个东欧社会主义国家提供了755亿美元的间接补贴；另据美国《华尔街日报》估计，如果东欧国家按国际市场价格购买苏联的石油和天然气，苏联每年将多收入100亿美元以上。"②可见，这种低于国际石油市场价格的能源供应，无疑为东欧国家带来了经济上的重大收益。同时，苏联在能源外交中也收获了东欧国家在政治经济上的稳定和忠诚。

但这种长期的低价格的能源供应，必然为苏东关系带来诸多隐患和问题：首先，苏联单纯依赖石油出口，导致国家经济结构发展不平

---

① 转引自〔美〕德华·休伊特《苏联能源：供应与需求——评六种关于苏联能源的著作》，金戈译，《共产主义问题》1980年第1—2期。

② 转引自王能全《苏联能源工业发展现状及前景》，《世界石油经济》1991年第1期。

衡，由此累积和引发了一系列政治经济问题；其次，能源供应状况受国内石油产量和国际形势（如世界石油危机）等客观因素的影响，长期以低价格出口给东欧国家，终将成为苏联的负担；最后，为缓解或解决上述难题，苏联自 1975 年以后就不得不改变以 5 年为基期的价格作价方法，根据供货年份前 5 年世界市场价格每年确定一次，并提高了向东欧国家出口燃料和原材料的价格以及进行限量供应，这些政策的调整必然会使东欧国家面临严重的能源危机，并加剧其经济社会问题。

（三）冷战印记明显

基于上述两点特征，苏联能源外交政策明显带有浓厚的地缘政治和意识形态色彩。特别是以能源供求关系为代表的经互会国家之间事实上已经形成了相对封闭的市场体系，在这个封闭的市场体系里自给自足，并与西方资本主义市场相隔绝。在这一体系中，苏联自然是处于核心的控制地位，苏联一方面依照东西方关系的发展适时调整能源政策；另一方面，也一再提醒同盟国，即便确有需要与西方资本主义国家进行能源或其他品种的贸易往来，也要加倍提高警惕，防止上当受骗。可见，东西方之间意识形态上的差异与对立无不反映在能源领域，并使这一时期的能源贸易常常带有冷战色彩。

同时，从 1977 年起，"苏联已不发布能源输出或输入数量的资料，不再公布（苏联）各地区各种载能体生产的重要数据资料"[1]。在经互会发表的年鉴中，也只能找到一些零散的、不完整的数据资料，这种向西方封锁苏联能源生产、销售、进出口资料的做法，反映了苏联的冷战思维——不让对手掌握自己的战略商品情况。这也在无形中给美国中央情报局增加了一份工作——千方百计搜集上述数据资料，并形成分析报告。

三　能源外交的持久性

1960—1980 年是苏联油气产量增长最快的时期，为苏联出口大

---

① ［美］德华·休伊特：《苏联能源：供应与需求——评六种关于苏联能源的著作》，金戈译，《共产主义问题》1980 年第 1—2 期。

量石油、天然气奠定了基础。俄罗斯莫斯科国际关系学院能源外交和地缘政治中心主任 C. 3. 日兹宁早就指出："多年来石油美元一直在帮助国家领导层'艰难度日'。"①"据统计 1974—1984 年苏联出售石油与石油产品获得的收入，最保守估计达 1760 亿外汇卢布，折合 2700—3200 亿美元。这笔巨额的'石油美元'为当时苏联渡过经济难关起了重要的作用，在很大程度上也掩盖了苏联经济停滞和下滑的严重性，缓解了种种矛盾。"② 苏联经济依赖能源发展的特点也由此延续下来，从而使能源外交具有了持久性。同时，这也意味着能源工业是苏联国民经济的支柱产业，它不仅是支撑苏联经济增长的重要因素，也是推行对外政策的重要资源。苏联利用能源保证了国家安全，实现国家利益最大化。为此，苏联对东欧实施能源外交的目标主要有二：

首先，建立稳定的东欧国家能源销售市场，加深东欧国家的能源依附。

出于自身利益和保障社会主义阵营经济发展的需要，苏联油气产品的出口首要的是保障东欧国家的能源需求。1961 年，苏联向东欧国家供应石油的"友谊"输油管道线开始投入使用，1979 年，苏联向东欧国家供应天然气的输气管道线也开始投入使用。数据显示，"1971—1975 年，苏联向东欧国家（包括古巴）提供的原油和石油产品数量达 30300 万吨，比 1966—1970 年间增加了 0.8 倍"③。从总体上看，"经互会国家 91% 的煤、92% 的石油、79% 的天然气是由苏联提供的"④。而且，战后初期至 70 年代中期，苏联与东欧国家间的原油贸易，主要采取向东欧国家提供补贴和优惠的方式，即苏联向东欧国家出售的原油价格仅是世界原油市场售价的 20%。这种情况到

---

① ［俄］C. 3. 日兹宁：《俄罗斯能源外交》，王海运、石泽译，人民出版社 2007 年版，第 3 页。

② 陆南泉：《俄罗斯经济陷入低速增长期的三大因素》，《东方早报》2014 年 9 月 2 日。

③ ［日］小川和男、逸平：《苏联能源供需关系的现状及其展望》，《国际石油经济》1981 年第 2 期。

④ 转引自陈之骅《勃列日涅夫时期的苏联》，中国社会科学出版社 1998 年版，第 196 页。

1975 年有所改变。虽然东欧国家对苏联提高燃料原材料价格表示了强烈不满，但它们对苏联能源供应的严重依赖，已是一个不争的事实。同时，苏东集团内的能源关系将出口国、进口国及过境国三者的利益紧密联系起来，这意味着能源供应链上的所有参与方应共同承担风险，因为苏联一直认为没有需求的稳定性与安全性，就没有供应的稳定性与安全性。

其次，通过加强与东欧国家的能源合作，加大双方间的利益交集。

东欧国家对 1975 年后苏联原油提价和限量供应表现出极大的恐慌和强烈不满，为解决自身能源危机，纷纷寻求摆脱苏联能源依赖的途径，如充分挖掘和开发本国能源潜力，控制能源消费的增长速度，尤其是石油消耗，并加强与其他国家的能源合作等。[1]

由此看来，东欧国家已日益意识到能源依附的潜在风险，并千方百计地摆脱对苏联能源的依附。同时，苏联为自身利益考虑，也在千方百计地加强这种依附。为保障东欧国家的正常能源供应，苏联向东欧国家施压，要求东欧国家参与苏联的油气开发和建设项目，这不仅需要东欧国家的劳动力、技术和设备，同时还需要东欧国家的资金投入。据统计，"1976—1980 年，东欧国家向苏联总共投资 88.9 亿卢布用于共同建设。1985 年的共同项目投资，经互会国家将达 800—900 亿卢布，其中相当大部分由东欧国家承担。最后，随着这些项目的建成，东欧国家在经济上更加深了对苏联的依赖"[2]。与此同时，苏联充分利用自身在核能领域的丰富实践经验，帮助东欧国家发展核电，如参与核电站的选址、建筑，以及最后处理用过的燃料等，这无疑使苏联成为东欧国家日常能源流的重要枢纽。

可见，加强和巩固与东欧国家的能源关系已成为苏联对外政策的一个重要目标。因为这些项目计划的实施，无疑使东欧国家在经济结构布局乃至经济政策上，都要以苏联的需要为转移。而且，现今这个

---

[1] 董拜南：《当前东欧国家的能源问题》，《外国经济参考资料》1982 年第 3 期。

[2] 李锐、吴伟、金哲编著：《华沙条约组织与经济互助委员会》，社会科学文献出版社 2010 年版，第 294 页。

能源杠杆仍发挥着重要作用。世界能源开发与利用的历史证明，获取能源资源与保证能源安全已成为当今国际政治经济竞争中的主要驱动力，这种由争夺能源资源而发生的利益对抗将是世界形势持续动荡不安的一个主要成因。

第三节　思想文化体制视野中东欧与苏联的关系

一　文化专制与审查

　　思想文化体制是苏联模式的重要组成部分和支柱。苏联模式的极权性要求思想文化的高度一致性、标准性和对权力规训的服从性。这样的思想文化体制必然要求每一个人都必须服从于国家机器的运转。东欧各国秉承苏联对意识形态管控的方法，牢牢地控制着文化权。文化专制自然成为统摄人们精神的主要方式，一切不符合极权统治的思想文化都会被描绘成影响伟大社会主义事业的羁绊。这种排他性的选择，并不仅仅出于狭隘和偏见，而是文化专制建构的必然需要。因此，由移植苏联模式而来的思想文化体制，尤其是东欧各国的文化审查制度自然是题中应有之义。

　　南斯拉夫共产党领导人吉拉斯是较早对苏联模式进行批判与反思的理论家之一，他在考察苏联的文化谎言中发现："这种文化专制制度就是窒息并压制任何它不同意的求知活动，也是窒息并压制一切深刻及富于创造性的东西，然后把自己的文化谎言强加于人。在这种制度之下文化管制的恐怖活动，以禁止其他不同的思想为目的，其惊人的专制形式造成了对人类思想难以置信的压制和摧残。每个渴望思考真理的人在这种严酷条件只能保持缄默。"① 这种"专制统治最恶劣的表现就在于它强迫人们不要像平常那样去思想，强迫人们表达不是他们自己的思想"②。专制自然伴随着恐吓，而且这种恐吓手段是超出道德的，是没有底线的，因为它容不得任何形式的质疑和追问，任

---

　　① 左春和：《文化的谎言与危机》，共识网，2013 - 03 - 19，http：//www.21ccom.net/articles/sxwh/shsc/article_ 2013031879329. html。
　　② 同上。

何偏离高度信从轨道的思想与行为，必将一律处于打击之列。

　　由于所处的地理位置，民主德国成为贯彻苏联思想文化体制的急先锋，实行了更为严厉的思想钳制手段。德国莱比锡大学在 2007 年承担了"民主德国的秘密读者"的交流项目，其中，该项目的组织者之一莱比锡大学图书学教授齐格弗里德·洛卡蒂斯对民主德国的文化审查制度做了如下概述："文化部的出版社与图书贸易总局作为图书审查的枢纽，扮演着东德统一社会党中央委员会下国家行政机关的角色。……出版社每出一本书事先都要通过所谓的发行许可审查，这是一种经典的系统化预审查模式。……从档案卷宗和图书馆到旧书交易再到海关，形成了各种为秘密读者带来挑战的审查机关，砌成了国家文学政策这堵看不见的墙。"① 齐格弗里德·洛卡蒂斯教授作为禁锢时代的历史见证者与亲历者，可以说，在检视"在专制下读书"这一特有现象时，其叙述无疑是最有力，也是最接近真实的。

　　在遍布各个部门的审查体系中，"图书馆的审查是指对图书接收的审查，以阻碍现有的思想财富继续传播，于是读者成了关注对象"②。海关和邮局的审查作用在柏林墙建立后显得格外重要，海关的工作口号是"不放过敌人"。这样做的目的，无非是割断自身与外界的交流，从而形成相对封闭的系统，以堵住一切可能接触、沾染西方视听出版物的渠道，进而达到不断把自身神圣化，西方妖魔化的效果。

　　在审查机构中国家安全部的影子也无处不在。在民主德国，国家安全部（德语简称"斯塔西"）是一个拥有无限权力且让人惧怕的执法机关。斯塔西由克格勃（苏联国家安全委员会）派生而来，它在移植苏联文化专制的同时，充分发挥了德国人发达的工具理性特点，将侦听、监视、拍照、录像、跟踪、私拆信件等环节进行得井然有序，是其他国家无法比拟的。③ 但越深入了解它，就越令人有一种参

---

　　① ［德］齐格弗里德·洛卡蒂斯、英格里德·宗塔格：《民主德国的秘密读者——禁书的审查与传播》，吴雪莲译，社会科学文献出版社 2013 年版，第 3—4 页。

　　② 同上书，第 339 页。

　　③ 金雁：《在历史中公开质问自己的责任——东欧秘密警察是怎样形成的》（下），《经济观察报》2013 年 1 月 29 日。

观超现实主义世界的惊悚之感。而且，它所建立起来的告密网络堪称历史之最，这里不仅有文化专制的内容，而且扩展为只要对领袖和政府不满意、不信任，对国家政策有抱怨，就一律被视为是危害政府、背叛国家的敌对者，并予以惩罚，这种被学者称为国家机器上的"癌变"现象是东欧国家维持统治的惯用手段。

1967 年 6 月 27 日，捷克斯洛伐克第四次作家代表大会上，一位作家上台宣读了苏联作家索尔仁尼琴谴责苏联审查制度的信，愤慨地表达了审查制度的流毒在捷克斯洛伐克也同样存在。然而，这样的呼吁得到的却是更为严厉的检查和追责——1968 年争取改革的民主运动"布拉格之春"遭到苏联镇压，之后作为这场运动的发起者和主力军的捷克斯洛伐克的许多作家及其作品（以往作品与新作品）遭到禁止，作家们开始了沦落与流亡生涯。

总之，东欧国家与苏联的文化体制表现出极大的同一性，即用各种恐怖或不人道的手段营造了一个谎言世界，而这种"主观性强，透明度低"的审查制度，承担更多的是文化专制与思想禁锢的政治功能。然而，这种用苛刻、恐怖手段人为形塑出来的国家文化思想环境，也将当权者的愚昧无能与恐惧不安更加暴露无遗。

二　颠覆性写作与传播

为了与审查制度相抗争，为了突破谎言世界的包围，20 世纪六七十年代，苏联东欧各国的出版界产生了一种叫做"萨米亚特"（俄语 самиздат，也称作"萨密兹达"）的文学现象，特指未经官方许可的地下出版物，也是一种秘密写作、印刷和发行被政府禁止的文学作品的方式。这明显是苏联极权制度的产物。同时，这种致力于揭露社会黑暗现实的颠覆性的写作与传播也构成苏东文学史上不可或缺的精彩一页。

"萨米亚特"的主力军主要是作家、学者，其传播方式多是通过打字稿、复印稿、手抄稿相互传阅，也有从邻国带入境的，也有采取团体活动形式的，如东德大学毕业生组织的名为"阿多诺圈"的青年地下读书会。其中，一位参与者这样回忆道："文学圈特别之处在于它的组成，来此相聚的人均来自截然不同的生活领域。这算得上一种微型公共领域。我终于觉得不再是孤单一人。借用阿伦特的话就是终于战胜了孤立，终于进一步击退了渗透于我所接触到的社会各个角落的专制。"① 由此可以看出，当局钳制、禁锢思想的手段是徒劳的，思想的活力犹如石缝中顽强生存的野草，具有"野火烧不尽，春风吹又生"的韧劲和穿透力。这种颠覆性的写作与阅读，在苏联和东欧国家逐渐形成了强大的共鸣，产生了巨大的需求效应——有了预付款的读者，有了更多专业学者的加入，获得了持不同政见者的支持，同时也催生了苏联东欧国家特有的文化和学术生存共同体，东欧国家最为明显。

在东欧国家中，捷克斯洛伐克的"萨米亚特"获得了最为充分的发展。曾起草 1968 年《2000 字宣言》的捷克斯洛伐克作家瓦楚利克在回忆录《施瓦森堡的挂锁》中描述了捷克斯洛伐克"萨米亚特"文学的产生过程，并给这一未经许可的丛书取了个隐喻的名字——"挂锁"。捷克作家伊凡·克里玛，以捷克人特有的面对生活的荒谬仍保持轻松快乐的理性态度，诠释了"布拉格精神"——"只要熬过来，不幸的经历总是值得的"。而这种理性态度与精神在他的小说《我快乐的早晨》中体现得淋漓尽致。尽管克里玛的作品在国内遭到禁止，但却以"地下文学"的形式广为流传，并与哈维尔、昆德拉等人的作品一同成为捷克当代文学史重要的组成部分。②

享有"保加利亚的索尔仁尼琴"之称的保加利亚流亡作家乔治·马尔科夫通过撰写回忆录《被扼杀的真相》，让许多保加利亚人了解到国家平静生活表面下的真相。他以自己的方式反抗极权，揭示了国家作为苏联后花园的"无主权"本质，这一切正如其墓碑所刻的那

---

① 景凯旋：《阿多诺圈》，《财经》2014 年第 3 期。
② 南京大学景凯旋教授对克里玛的小说《我快乐的早晨》作了如下评价："这是一部有关记忆的书，面对那个特殊的年代，克里玛唯一想要做的就是经历它，写下它。对一个民族来说，有些经历是不可以遗忘的。时间如冬天的河流，结冰的日子也会过于平淡，但只要有民族记忆存在，大多数普通捷克人的那段经验就不会被忘却，它在冰冻的水面下流淌，等待解冻的日子"。"他真实地写出了一个服从的社会背后掩盖着的不服从，我们从中可以感受到他对现实的基本态度：活下去，并且要记住。"景凯旋：《活下去，并且要记住——捷克作家克里玛和他的〈我快乐的早晨〉》，共识网，2014—02—01，http：//www.21ccom.net/。

样——为了自由。

匈牙利的出版创作，较之其他东欧国家相对自由，但仍需遵循"艺术必须证明现实合理"的原则。匈牙利作家米卡罗斯·哈拉兹提曾在《天鹅绒监狱》一书中描述和分析了这种"审查制度的文化"，该书自然是以地下出版物的形式发行的。20 世纪 80 年代，哈拉兹提成为匈牙利第一份"萨米亚特"杂志《讲述者》的主要撰稿人和编辑。

波兰的"萨米亚特"始于 20 世纪 70 年代中期，1976 年诞生了波兰第一份"萨米亚特"刊物《记录》，波兰政治学家亚当·米奇尼克是其主要撰稿人。在刊物上时常能看到反抗极权，提倡改革，以及探讨知识分子神圣责任的文章，也有流亡在外作家的作品。这些都成为波兰年轻一代知识分子投身"团结工会"运动的思想动力。

流亡在国外的罗马尼亚犹太作家诺曼·马内阿一直坚持用罗马尼亚语写作，在其随笔集《论小丑》中以一种超然的视角评论了专制体制下独裁者与艺术家之间的关系。

从整体上看，匈牙利的第一份"萨米亚特"杂志《讲述者》，波兰的《记录》，捷克斯洛伐克的《挂锁》等刊物，试图突破审查制度，揭示现实真相，抗拒来自苏联东欧官方的各种非人性化、虚饰性的权力话语，还原并捍卫真实生活，回归人性与生命本质，这在当时无疑极具颠覆性。"正如美国作家罗斯在采访克里玛时所感觉到的：在一个谎言社会里'萨米亚特'成为'真实的唯一监护人'。①"

与此同时，这些颠覆性的写作与传播，孕育了东欧各国民众新的政治意识、责任意识和公民意识，成为极权统治时期新的精神启蒙和走出精神迷茫与困顿的起点。值得注意的是，以捷克"布拉格之春"为标志，苏联和东欧知识分子反抗极权体制的运动逐渐进入了一个相互呼应、支持的新阶段。"萨米亚特"现象及其传播的政治理念日益扩大成为苏联与东欧知识分子的普遍认知。也就是说，到 20 世纪七八十年代，苏联东欧各国知识分子坚持人道主义立场的相互声援已成趋势，在一定程度上形成了"萨米亚特共同体"。1978 年，时逢"布

---

① 景凯旋：《萨米亚特——见证自由的文学》，《书屋》2006 年第 10 期。

拉格之春"10周年，波兰"保卫工人委员会"成员米奇尼克与捷克"七七宪章"成员哈维尔会面并商谈建立联合出版社的可能；1979年，苏联赫尔辛基协议监督小组与波兰"保卫工人委员会"发表联合声明，要求释放被捕的捷克"七七宪章"领导人；同年，匈牙利哲学家杰诺斯·基什访问波兰，在与米奇尼克的交流中发现两人在读书经历、体制思考、价值观等方面拥有太多相似的地方。① 由此可见，"萨米亚特"在一定程度上为1989年东欧剧变的到来奠定了充分的思想与舆论准备，"也为1989年后东欧新民主建立的神话传奇增添了一道色彩，多种多样的萨密兹达刊物不仅促进了苏联、波兰和捷克现代文学的发展，也为反对派独立政治运动的产生以及铁幕的落幕起到了重要作用"。②

"萨米亚特"的意义不仅在于"在一个不能自由表达的年代，它却像一个自由人一样表达过"，而且昭示了在争取普遍人权的斗争中，苏联与东欧民众始终处在同一战壕里。

三　路径依赖下的内化与排斥

僵化封闭的管理体制，呆板虚假的苏维埃文化宣传，高度集中的文化权力运行轨迹，单一生硬的社会主义发展方式，形成了苏东思想文化管理体制的路径依赖。这种路径依赖显然只是权力的强制，并不是历史的宿命。然而，大多数人则将在这种路径依赖的体制中生活工作视为再正常不过的事情。共同的意识形态已然使苏东之间的文化联系与交流日益紧密。正如李兴、成志杰所披露的那样："东欧各国为推进苏维埃化也做了很多的工作，如捷克斯洛伐克改变原来受西方传统影响的教育制度，代之以苏联的教育制度。……匈牙利在文化方面全盘照搬苏联模式。罗马尼亚效仿苏联的做法，由罗共完全控制意识形态、人文科学和艺术的研究。在民主德国，学习苏共党史成为全党内教育的基础。……还出版了俄罗斯作家和20世纪20—30年代苏联

---

① 景凯旋：《走向团结》，《财经》2012年第32期。
② ［德］齐格弗里德·洛卡蒂斯、英格里德·宗塔格：《民主德国的秘密读者——禁书的审查与传播》，吴雪莲译，社会科学文献出版社2013年版，第527—528页。

文学的大量作品。与此同时，苏联对民主德国作家和艺术家作品的兴趣也大增。"①

可见，在没有别的文化参照物的情况下，苏联与东欧国家共同建构社会主义文化，并抵制西方文化的入侵。由此，苏东集团间的文化关系在结构、内容、方法上产生内化也在情理之中。但如果非要追问欧洲小国是否也能有文化创新能力和文化影响力的话，笔者认为，法国学者亚历山德拉·莱尼尔—拉瓦斯汀的《欧洲精神——围绕切斯拉夫·米沃什、雅思·帕托什卡和伊斯特万·毕波展开》一书已给出了最好的答案。书中提到的三位思想家分别是 1980 年诺贝尔文学奖获得者波兰诗人切斯拉夫·米沃什（1911—2004 年），捷克斯洛伐克哲学家雅思·帕托什卡（1907—1977 年）和匈牙利思想家伊斯特万·毕波（1911—1979 年）。这三位来自东欧国家的思想家"经历了二十世纪这个地区的全部动荡和不幸，是多重灾难与苦难的目击者和承受者"，但同时也是灯塔般的人物，以传递人类精神的伟大业绩为人们所敬仰。

东欧国家的历史命运虽然带有几许无奈，但也激发了许多知识分子关于欧洲未来、欧洲精神的积极探索，为此，很多人贡献了自己的作品、智慧乃至生命。面对苏联的霸权统治与高压政治，这三位东欧国家的思想家敢于审视源于苏联的整套思想文化体制，解放被禁锢的头脑，勇于将人们的自由精神从集体无意识化的泥沼中拯救出来，并把责任和良知看得高于生命。

米沃什的"波兰情结"在其带着语言一起流亡的苦难经历中得以充分展现，他同时努力为被禁锢头脑的人们寻找着答案——回到人类基本的善恶观念上；帕托什卡则尝试从伦理、哲学的角度思考欧洲的文化，他认为，道德存在的意义在于让人成为真正意义上的人，而缺乏道德目标的政治，则是与人为敌；毕波则试图解决少数统治者与大多数民众之间的互动关系，同时将多数民众在政权鼓动下的狂热与热

①　李兴、成志杰：《论苏联与东欧关系中的政治文化因素》，《俄罗斯学刊》2013 年第 5 期。

情定义为"政治上的歇斯底里症"，并得出这一症状根源于恐惧的结论。① 可见，上述这些可看作是对极权统治膜拜进行抵制与对抗的一个范本，同时也是东欧国家在苏维埃文化桎梏下迸发的文化创新和思想影响力的生动体现。

小国也有大担当，这不仅是道义上的，而且是付诸实践的。它既体现了对欧洲文化传统精华部分的继承和光大，又展现了人类的责任与担当精神，同时也证明了欧洲精神具备某种意义上的优越性和必然性。欧洲精神无疑是人类精神的重要组成部分。

总之，通过综合与挖掘上述三个研究视野，即经济制度改革的试验视野，地位格局的互动视野和思想文化的管控视野，以揭示第二次世界大战后东欧国家与苏联之间的关系。同时，东苏关系也成为战后欧洲史不可或缺的一个重要组成部分。纵观第二次世界大战后的欧洲史，联合与分裂、自主与统治、民主与专制的思想相伴其间，并引领和驾驭着欧洲政治版图的变更，这可看作是人类追求文明和现代化道路上的一个试验，或者说体现了一种试错精神，由此构成了欧洲日后发展的一个前提和基础，同时也为欧洲现代史留下了不可磨灭的清晰印记。当然，试验的成本与代价无疑是极其巨大的。

---

① ［法］亚历山德拉·莱尼尔—拉瓦斯汀：《欧洲精神——围绕切斯拉夫·米沃什、雅思·帕托什卡和伊斯特万·毕波展开》，范炜炜、戴巧、翁珊珊、吴幼梅译，吉林出版集团有限责任公司 2009 年版。

第四章　戈尔巴乔夫时期苏联对(中)东欧的政策及其后果
(1985—1989年)

第一节　政策演变概述

20世纪七八十年代，国家与社会、经济发展水平与人民群众需求、维护本国稳定与人民诉求间的矛盾与冲突在东欧国家日益严重。对此，东欧执政当局从苏联讨教来的解决办法，无非全副武装的坦克和监狱，同时将这种严厉的镇压方式美其名曰"不再向社会主义的敌人作出让步"。但这种高压政策显然不仅无助于解决东欧国家日益恶化的经济颓势，而且使人民群众对现存制度的不满越积越多，对东欧执政当局的反对声也日渐强烈并无处不在。

与此前东欧国家发生的危机相比，1989年东欧国家发生的变化，虽也是自上而下的改革和自下而上的压力以及外部环境相互作用的结果，但不容忽视戈尔巴乔夫时期苏联政策的推力作用，以及东欧各阶层所进行的反极权体制的运动。最终，这些因素相互融合导致了"作为一个世界现象的社会主义的解体"。

简言之，戈尔巴乔夫时期苏联对东欧国家的政策演变大体可分为延续阶段和调整阶段。这既反映了戈尔巴乔夫执政的特点，又是国际国内形势的发展使然。

一　延续阶段（1985年3月—1987年12月）

第二次世界大战后，苏联领导人一直将东欧视为自己国家边界的自然延伸，强调了所有社会主义国家的命运是联系在一起的要求与立场。1985 年 3 月 11 日戈尔巴乔夫上台，在其执政的很长时段内苏联与东欧的关系仍在此基本框架内。

虽然 1989 年东欧国家发生的重大变化与戈尔巴乔夫时期苏联外交政策的重新调整有着直接的关键性联系。现今，许多西方人在对戈尔巴乔夫当年的行为赞赏有加的同时，也会批评其未能控制住苏联当时的动荡局面，而大多数俄罗斯人则将其视为毁掉一个超级大国的叛国者。① 然而，事件的发展本身在当时却是一个渐进的、偶然的或意想不到的逻辑进程。"戈尔巴乔夫在执政之初并没有打算放弃苏联对东欧国家的控制，也并未预见到由他发起的国内和国外的变革会导致东欧共产主义的消亡。同样，也从来没预料到东欧共产党统治最终会垮台。相反，他认为所实行的改革是在加强而不是削弱社会主义阵营。"② 应该说，戈尔巴乔夫早期的政策与勃列日涅夫的政策显示了较强的连续性。勃列日涅夫认为，东欧共产党政权的安全，无论是受到来自内部，还是外部的威胁都被视为对苏联安全的威胁。同样，戈尔巴乔夫也曾强调："虽然社会主义国家都经历了严重的内部和外部的挑战，但这些国家没有一个重返旧体制，这是一个值得为之骄傲，并有望为之坚持到底的事情。"③ 可见，戈尔巴乔夫仍试图继续坚持"捍卫社会主义成果"，并无意放松对社会主义东方阵营的控制，还维护和加强着与社会主义同盟者东欧国家在政治、经济、军事和思想上的联系。

1985 年 4 月 26 日，苏联与波兰、匈牙利、保加利亚、罗马尼亚、捷克斯洛伐克、东德六国签署了延长华约组织有效期（戈尔巴乔夫建议并坚持将时限延长至 30 年）的议定书，并强调继续加强内部合作与团结。随后，戈尔巴乔夫对波兰当局在 1981 年危机中的"戒严令"及其对团结工会的镇压表示支持。戈尔巴乔夫的愿望是推动苏联与东欧盟国之间更大的整合与凝聚力，并将此看作对以往苏联领导人在东

---

① ［英］罗德里克·布雷斯韦特：《戈尔巴乔夫：东欧转型的关键人物》，FT 中文网，2009.11.09，http://www.ftchinese.com/story/001029586/ce。作者为英国前驻莫斯科大使，这是他为英国《金融时报》撰写的稿件。

② Mark Kramer, "The Demise of the Soviet Bloc," *Europe-Asia Studies*, Nov. 60, 2011.

③ Ibid.

欧问题上所采取相同政策的一个回应。与此同时，戈尔巴乔夫向苏共中央政治局保证，苏联作为世界社会主义的领导者和军事保卫者，将像以往执政者一样继续维护兄弟国家的社会主义成果。1986 年 3 月第二十七次苏共代表大会通过了新的方案，该方案进一步阐明了"互助""社会主义国际主义"对苏联集团捍卫社会主义成果的重要性。这无疑反映了勃列日涅夫主义的实质。①

从 1985—1986 年召开的苏联高层会议，以及与东欧高层官员的一系列双边和多边会议中可以看出，戈尔巴乔夫重申了加强苏联集团纪律、一致行动以及凝聚力的必要性，仍在敦促东欧国家要与苏联一起追求更加紧密的军事、政治和经济一体化。他的一些言论或只言片语仍能让人清晰地联想到"勃列日涅夫主义"，这也进一步否定了戈尔巴乔夫早期阶段决定从东欧国家撤离，并不再给予援助的说法。②至 1987 年，戈尔巴乔夫无论是在公开还是私下场合，在关于苏东集团的问题上，仍保持着谨慎的态度，并没有出现苏联与东欧国家在军事政治关系上放松的迹象。也就是说，1985—1987 年，东欧国家与苏联的关系变化不大。尽管苏联对东欧国家的早期政策已给双方关系遗留了太多的问题，对此，戈尔巴乔夫希望有所改善（1987 年 4 月他在访问捷克斯洛伐克期间，并未否认 1968 年苏联出兵入侵布拉格是干涉捷克斯洛伐克的内政），但这并不能导致事情发生根本性的改变。

二　调整阶段（1988 年 1 月—1989 年 12 月）

变化始自 1988 年。1988 年是苏联在许多国内和国际关键问题上发生转折性变化的一年。苏联与东欧的关系也不例外。苏联对东欧政策转变的第一个显著信号释放于 1988 年 3 月戈尔巴乔夫访问南斯拉夫期间。苏南双方签订了联合公报，其中苏联承诺无条件地尊重"平等和互不干涉原则"，尊重各国共产党的独立自主，尊重社会主义国家自身所定义与理解的发展道路。虽然联合公报中的大多数条款被严

---

① Mark Kramer, "The Demise of the Soviet Bloc," *Europe-Asia Studies*, Nov. 60, 2011.
② Ibid.

格限定于处理苏联与南斯拉夫之间的关系，但"平等""独立""互不干涉"等词语也被实质性地适用到所有社会主义国家间的关系上，并取得了一定的效果。苏联承诺为东欧各国政府提供更大的内部政治自由和以市场为导向的经济改革自由。① 这也就意味着苏联对东欧政策总体松动和大幅度实质性调整势在必行。

（一）允许东欧国家探索符合自身特点的国家发展道路

不可否认，1987年12月戈尔巴乔夫的"新思维"改革②为亟须泄压的社会主义东方阵营打开了一个缺口。"生病"的苏联，"愤怒"的东欧均已表明以往经济政策的失败和政府经济管理的无能。东欧国家政府的公信力显著下降。1988年，已积累足够权力的戈尔巴乔夫意识到了苏联需要集中力量进行国内建设，并需重新调整与东欧国家的关系，推进政治体制的改革。他改变了以往苏联对东欧国家所实行的遏阻政策和军事霸权，强调在相互平等、独立和互不干涉的基础上尊重东欧国家走自己的发展道路，并表示愿为东欧国家内部的政治民主化改革和以市场为导向的经济改革提供自由空间，消除斯大林主义的残余，倡导"人道的民主的社会主义"，并主动削弱苏联在东欧政治生活中的影响。

因此，当"改革之风"从苏联吹到社会主义阵营时，长期被掩盖的社会不满大量浮现。面对东欧国家内部发生的大规模反体制、反苏联的抗议活动，戈尔巴乔夫坚决禁止对东欧国家采取直接的军事干预，而且要求东欧国家执政党自主处理国内事务。此时的波兰共产党正面临着在1981年就已被取缔的"团结工会"重新开始活动的情况，于是在1988年9月派出一名高层人士与戈尔巴乔夫商讨，得到的回答是："波兰领导层应自行确定战略，并做出自己的决策"③。1989年2—4月，波兰政府与团结工会举行了圆桌会议并达成妥协，随后团

① Mark Kramer, "The Demise of the Soviet Bloc," *Europe-Asia Studies*, Nov. 60, 2011.

② 主要源于戈尔巴乔夫于1987年12月应美国出版商要求所撰写的《改革与新思维》一书，该书系统论述了苏联历史与现实中所面临的一些重大问题，并对此提出了新的看法，尤其是就苏联对外政策阐述了新的政治思维。

③ ［英］罗德里克·布雷斯韦特：《戈尔巴乔夫：东欧转型的关键人物》，2009年11月9日，http://www.ftchinese.com/story/001029586/ce。

结工会在议会选举中获胜，波兰由此成为东欧国家中第一个非共产党执政的国家。关于戈尔巴乔夫改革与20世纪80年代后半期波兰所发生变化之间的关系，波兰内部看法分歧，其基本观点有三：一是苏联领导者迫使雅鲁泽尔斯基改变波兰；二是从时序上看，苏联的宪政改革和人民代表选举决定了圆桌会议的安排、波兰宪法的改变以及众议院和参议院的选举；三是从概念角度看，波兰初始阶段的变化可看作苏联帝国部分思想的突变。① 客观地看，尽管波兰内生的反抗力量很强大，但如果没有苏联的容忍和支持，波兰的政治民主化和经济自由化改革则难以推进，东欧国家也就根本不可能产生圆桌会议和议会选举。"要么促成一个稳定的、非共产党政府，要么不惜任何手段坚持正统的共产党统治，显然戈尔巴乔夫选择了前者。②"

（二）在东欧单方面减少军事力量并避免军事干预

苏联调整东欧政策的另一明显迹象是戈尔巴乔夫1988年12月发表的一个具有里程碑意义的讲话："两年内，苏联将单方面在东欧削减军事力量（减少50000人部队、5300辆坦克、24枚战略导弹）。③"这是在苏东集团和西方世界都引起震动的一件大事。戈尔巴乔夫试图向内外部力量证明：军备削减不仅展示着我们新的政治思维，也标志着新的苏联与东欧关系的开始。更为重要的是，戈尔巴乔夫将削减军备看作拯救自身经济的最佳途径。戈尔巴乔夫做出苏联单方面削减军备的决定，虽然备受苏联军方的质疑与指责④，但显然已成为国家的既定政策。这可从1977年就已领导华约组织的最高统帅维克托·库利克夫元帅及其副手被解职一事中获得进一步证实。可以说，苏联高级军官被解职，以及后来苏军从东欧撤军，标志着由苏联军队领导的华约组织作为一个具有内聚力的有效军事联盟的结束。⑤ 当然，这是

① Отв. ред. А. В. Мальгин，М. М. Наринский. *Белые пятна́ чёрные пятна：Сложные вопросы в российско-польских отношениях* М.：Аспект Пресс. 2010. С. 570.

② Mark Kramer，"The Demise of the Soviet Bloc，"*Europe-Asia Studies*，Nov. 60，2011.

③ 转引自 Mark Kramer，"The Demise of the Soviet Bloc，"*Europe-Asia Studies*，Nov. 60，2011.

④ 苏联元帅与将军们认为，这是一项危险的、具有误导性的、不可接受的决定。而且没有要求西方阵营（北约）进行相应的军备削减，令人不可理解。

⑤ Mark Kramer，"The Demise of the Soviet Bloc，"*Europe-Asia Studies*，Nov. 60，2011.

后话。

在 1988 年底和 1989 年最初的几个月里，面对东欧国家可能出现的政治体制改革及其引发的内部危机，苏联一度置身于错综复杂甚至棘手的态势中。然而，所有事态表明，1988 年底戈尔巴乔夫放弃了"勃列日涅夫主义"，为东欧内部变革打开了方便之门。但苏联领导人所面临的真正问题不在于是否应该坚持"勃列日涅夫主义"，而是能否避免"赫鲁晓夫困境"①，怎么防止反体制反苏抗议运动的发生。为了避免苏联以往所犯的军事决策失误，戈尔巴乔夫艰难地促成了苏联在东欧"不使用武力"的高层共识，即不惜一切代价避免直接的军事干预；寻求实现和平而快速转型，以在东欧建立新的政治秩序。②这不仅抢先化解了"赫鲁晓夫困境"，为东欧国家早期阶段能够和平转型发挥了积极的主动性作用，而且还具有里程碑式的意义。

(三) 与东欧国家反自由反民主的强硬派抗争

长期以来，受官方建构浸染的东欧国家的强硬派官员，不甘心在自由化民主化面前丧失以往的统治权。尤其波兰、罗马尼亚、民主德国、捷克斯洛伐克当局认为，面对国内变革的压力，如果需要，他们可能将会采取极端镇压手段，并且希望获得苏联的默许或直接支持。对此，戈尔巴乔夫表示维护欧洲的社会主义，但也愿意接受任何可能出现的结果："在过去，欧洲国家的社会和政治秩序已经发生了变化，并在未来可能再次发生变化。然而，这完全是由本国人民自己决定的事情，也是他们的选择。任何对他国内政的干涉和试图对他国主权的限制，包括朋友和盟友或其他任何人，都是不允许的。"③ 这彻底打消了东欧政权强硬派试图借助苏联进行军事干预的希望。

1989 年 6 月 4 日，波兰统一工人党在大选中败给了团结工会，失

---

① "赫鲁晓夫困境"即指随着 1956 年苏联"解冻"政策的推行，释放了阵营内部的离心力，进而导致在东欧国家发生了许多的"背离运动"。对此，一方面，如果不进行军事干涉，那么苏联内部的反对派将会指责执政者，并会不遗余力地驱使他们下台。另一方面，如果进行军事干涉，那么将不利于苏联的国内改革和东西方关系的改善。

② Mark Kramer, "The Demise of the Soviet Bloc," *Europe-Asia Studies*, Nov. 60, 2011.

③ 转引自 Mark Kramer, "The Demise of the Soviet Bloc," *Europe-Asia Studies*, Nov. 60, 2011.

去了统治权。在新政府组阁时，波兰统一工人党仍进行了最后努力以削弱甚至否认新政府的成立，并希望苏联继续给予支持。然后，戈尔巴乔夫的态度是：这属于波兰内政，接受并支持波兰出现的任何政府，波兰统一工人党应避免与团结工会进行昂贵的、长期的对抗。1989 年 7 月下旬，波兰建立了由团结工会领导的非共产党政权。由此可见苏联领导人在这一过程中所起的重要作用，这与 1980—1981 年苏联强烈要求波兰统一工人党尽快严厉制裁团结工会的做法相比出现了一个惊人的逆转。而且，面对罗马尼亚当局对波兰国内发生变革的谴责，以及为逆转这一形势而呼吁社会主义国家采取联合军事行动的主张，苏联也给予了严厉回击：波兰统一工人党比任何人都有资格判断这样的行动是否值得。苏联将拒绝采取任何损害波兰主权的措施。波兰新政府成立后，匈牙利开放了与奥地利的边境，此举被东德当局认为是背叛了社会主义，但这无疑为东德人进入联邦德国打开了方便之门。东德人的大量逃离加剧了东德国内局势的动荡，东德政权越来越受到质疑，于是迫切希望用武力镇压抗议，但这并未获得苏联的支持。38 万苏联驻东德军队已接到命令，严守军营，不得出动。此后，在一系列事件的发展中，东欧强硬派的气焰屡屡受挫，希望屡屡落空，他们不得不接受被苏联抛弃的现实。

从整体上看，戈尔巴乔夫时期苏联东欧政策的松动与实质性调整，成为改变东欧地区复杂政治局面的先决因素（当然，不是必备因素）。东欧地区事态发展的压力，往往会迫使苏联采取不受欢迎的行动——武力镇压，但戈尔巴乔夫却刻意抵制它。可见，戈尔巴乔夫在处理苏联与东欧关系上较为明智地选择了避免大规模暴力冲突，即坚决避免对东欧国家动用武力，这有效地剥夺并压制了东欧执政当局试图对民众运动采取暴力镇压的选择与意图以及一些不确定因素。同时，也对东欧国家自由化民主化改革起了重要的推力作用。从这个意义上说，苏联在东欧国家和平转型过程中发挥了积极主动的作用。尽管，东欧国家变革的进展速度、影响范围和最终结果大大地超出了戈尔巴乔夫的期望和预想。当然，这是另外一个问题了。

第二节　政策演变的原因

一　新思维导向：改革、反思与修正

　　1985 年后，苏联模式的弊端在苏联与东欧国家日益严重并显现。对此，苏联试图谋求积极改善与东欧国家关系的新途径。戈尔巴乔夫的《改革与新思维》集中体现了苏联对外政策调整的思路与方向，并在一定程度上反映了苏联收缩乃至放弃与西方阵营对抗的思维。目前，有关"新思维"的评价毁誉不一。有人将其看作富有勇气和远见的"大胆行为"，也有人将其视为"妥协退让""出卖社会主义"，还有人认为新思维不新，它只是苏联与美国争霸的另一种手段或策略，更有人认为新思维是破坏性思维而不是建设性思维，等等。但不可否认的是"戈尔巴乔夫对外政策的新思维无论广度还是深度都是苏联历史上的创举，其实质是批判并纠正苏联过去所犯的霸权主义错误，这是实现国内加速发展战略、改善国际形象、挽回国际影响的需要，同样也是真诚的、实在的"。毕竟，"在苏联领导人中，戈尔巴乔夫是第一个公开承认苏联在处理与兄弟国家关系上犯有错误的人"，"承认苏联模式不是社会主义的样板"，"承认社会主义国家在交往中应该平等互利、互相尊重、互不干涉"①。而且，在不同场合均反思、批判并修正了自身以往在东欧国家关系上所犯的错误观念和做法。②现在回过头来看，这种评价还是经得住时间检验的。

　　与此同时，苏联还积极倡导和敦促东欧国家实行改革。在苏联看来，"苏联与东欧是同一体制的产物，两者互为依存。当年苏联为维护旧体制有赖于东欧的稳定，现在戈尔巴乔夫要进行改革同样需要东

---

① 阎铸：《对苏联霸权主义的再认识》，《苏联东欧问题》1988 年第 5 期。

② 在 1986 年阿尔巴尼亚解放 42 周年之际，苏联公开承认自己过去在对阿关系上犯有主观主义和唯意志论的错误；1987 年苏联与波兰成立了一个联合委员会，共同着手解决两党、两国的历史遗留问题，承认在苏波关系史上有过消极时刻；1989 年 8 月，苏联连续刊文谴责 1968 年入侵捷克斯洛伐克的行径。同年 12 月 4 日，苏联、波兰、民主德国、匈牙利、保加利亚五国领导人在莫斯科华沙条约组织首脑会议上发表联合声明，即宣布那次入侵"是对主权的捷克斯洛伐克内政的干涉"。

欧积极配合"①。关于这场社会主义制度的改革在苏联和东欧国家民众中大体有两种态度倾向：一种是对社会主义制度充满敌意，趁机弃之而后快；一种是对市场化改革半信半疑，欲拒还迎。因东欧国家的社会主义制度本身就是强行移植过来的，所以大多数人持前一种态度；在苏联，则多数持后一种态度。② 可见，苏联试图通过改革来解决现有苏东关系中存在的问题，以及化解自身的内部危机，然而"戈尔巴乔夫的改革药方对已根深蒂固的联盟弊病及东欧离心倾向似已为时过晚"③。

但仍值得强调的是，虽然外界对戈尔巴乔夫的新思维一直诟病不断，但是在调整东欧国家的政策上，戈尔巴乔夫的确实践了他的新思维，这一功绩不可否认。尽管某些理论的阐述还有理想化和自相矛盾的地方，然而并不可能完全摆脱苏联过去政策的烙印，但上述"大胆"的行为和姿态，相对于过去来说，无疑是一个了不起的进步。按照戈尔巴乔夫自己的说法，《改革与新思维》一书的"相当大一部分是用来阐明新的政治思维和对外政策的哲理的"④。这里的"哲理"一词使用得大了些，其实称作常识或许更为贴切。特别是，苏联对东欧政策的调整——包括决定避免在东欧地区使用任何武力镇压，推动自由化政策等——这一方面反映了苏联在东欧逐渐丧失乃至放弃霸权影响的过程，另一方面也是让一切观念、异态回归常识、回到常态的过程。与戈尔巴乔夫的前任们相比，无论是在与东欧国家关系的指导思想方面，还是在处理具体事务的态度方面，戈尔巴乔夫更充分地体现了民主和平等的精神。更为重要的是告别了传统的帝国理念。即使戈尔巴乔夫在1989年之前，并没有预料到在东欧发生的变化会彻底改变这一地区，也没有预料到德国统一在东西方关系中会变得如此突

---

① 许新、潘德礼、陈联璧、姜毅：《超级大国的崩溃——苏联解体原因探析》，社会科学文献出版社2001年版。

② 程晓农：《谁是导致前苏联解体的罪魁祸首》，2014年12月6日，http：//news. sina. com. cn/cul/2004 – 12 – 06/1590. html。

③ 许新、潘德礼、陈联璧、姜毅：《超级大国的崩溃——苏联解体原因探析》，社会科学文献出版社2001年版。

④ ［苏］米·谢·戈尔巴乔夫：《改革与新思维》，苏群译，新华出版社1987年版。

出，但这一作为应载入史册。

二　实质性动力：为国家减负与拯救自身经济

东欧国家的重要性显然是在冷战的背景下凸显出来的，一旦没有了冷战这个时代背景，东欧国家的重要性及其对苏联的依赖问题也许会重新考量。基于国家安全和阵营对抗战略的需要，苏联将具有战略价值的东欧国家收入囊中，并给予了东欧国家各方面的援助，这已成为苏联领导人最为重视的优先项目，但也导致了在保证东欧国家内部稳定和经济发展上"消耗了太多资源和高层注意，以至于负担的意味大于战略利益的意味"的结果。① 据统计，1972—1981 年，东欧国家从苏联获得的贸易补贴总额达 1019 亿美元。而且，为巩固华约组织，以及对第三世界的过度扩张（如1979 年直接入侵阿富汗），苏联也付出了庞大的军事开支，这极大地延缓了苏联经济的发展速度。勃列日涅夫也承认，如果不是为了维护华沙条约，苏联人民生活得会更好一些。也就是说，苏联超级大国的地位是建立在恶性膨胀的军事力量、高投入高产出的粗放型经济，以及牺牲人民生活水平的基础上的。对此，苏联不得不靠借债度日。有统计数据显示：1985 年苏联财政赤字为 180 亿卢布，1986 年为 497 亿卢布，1987 年为 571 亿卢布，1988 年为 901 亿卢布，1989 年达到 920 亿卢布。1991 年苏联外债总额达到 1200 亿美元。每年仅利息就需支付 600 亿美元。②

可以说，到20 世纪 80 年代中期，苏联国力透支严重，国内经济问题愈发明显，经济发展几近停滞，东欧国家的经济也随之出现溃败之象，并对苏联更加依赖，东欧国家日益成为苏联沉重的经济包袱。出于为国家减负和拯救自身经济的考虑，苏联决定重新调整外交和军事政策，改变对东欧国家以往的政策，开始鼓励东欧国家的改革，冷落反对改革、依赖苏联的东欧国家保守派。从苏联角度看，苏联已自顾不暇，对东欧的援助难以为继，东欧国家这一经济包袱越早卸掉越好。因此，戈尔巴乔夫希望东欧国家通过改革解决好自身问题，以减

---

① 亨利·基辛格：《大外交》，顾淑馨、林添贵译，海南出版社1998 年版，第503 页。
② 转引自李冠乾《苏联史研究》，首都师范大学出版社1996 年版。

轻苏联的负担。这也成为苏联调整东欧政策的实质性动力。

三 理想化目标：延续影响力，谋求西方经济援助

对苏东集团来说，到戈尔巴乔夫时期无论是内部环境，还是外部环境都悄悄地发生着变化。随着东欧以往经济改革的失败，苏联的军事威慑，民众怨声载道，东欧国家对强行移植过来的苏联模式产生了越来越强的抗体作用，人心向背也是不言自明。虽然，戈尔巴乔夫清醒地看到了时代的变化，适时地调整了对东欧国家的政策，但正如前面所述，戈尔巴乔夫的改革药方对于积重难返的苏东集团显然为时已晚，而且他的某些理论政策和具体实施也与维护苏东集团的目标相冲突，似乎也存在着一个"戈尔巴乔夫困境"，在政治、经济、军事上逐步弱化乃至消除苏联在东欧国家惯有的干涉能力，反而加强了对苏联影响力能持续多久的质疑。同时，他更错估了苏联模式所能承受的改革边界、限度与速度，以及东欧国家改革的幅度与力度。所以，在东欧国家发生的变化最终没能达到他的期望，而且超出了他的预料。

与此同时，苏东集团在与西方的抗衡中也渐露败象。为了扭转颓势，戈尔巴乔夫确定了缓和与西方国家（特别是美国）关系的目标，为苏联东欧内部经济发展及其改革争取良好的国际环境。这也与当时两个背景性变量直接相关：一是美国全球战略出击。20世纪80年代后期，美国开始改变原来奉行的收缩战略，对苏联采取了强硬政策，包括提出"星球大战计划"。对此，苏联必须对国内国际局势做出新的评估。二是迫于和美国军备竞赛的压力与国内经济发展的需要。苏联已经意识到苏联国防建设所取得的成就是以经济畸形发展为代价的。这种代价的后果是国民经济增长率大幅下降，人民群众的怨气日益上涨。这也成为戈尔巴乔夫"加速国民经济发展战略"（1985年4月）提出的背景。国防建设要给经济发展让路。但是戈尔巴乔夫试图通过谋求西方经济援助，获取西方技术、资金、信贷等，以解苏联的燃眉之急。事实证明，这种过分相信西方，甚至有依赖成分的意图和做法是行不通的，理想化成分较多：一方面，西方投资者对苏联国内局势仍存疑虑；另一方面，西方的援助往往贴有政治标签。

总体观之，历史上不可一世的帝国大多难逃因过度扩张而衰落的

命运。苏联帝国也不例外。正如美国学者保罗·肯尼迪在《大国的兴衰》中所说："如果一个国家把它很大一部分资源不是用于创造财富，而是用于军事目的，那么，从长远看，这很可能会导致该国国力的削弱。同样，如果一个国家在战略上过分扩张（如侵占大片领土和进行代价高昂的战争），它就要冒一种风险：对外扩张得到的好处，很可能被它付出的巨大代价抵消掉。"①

到戈尔巴乔夫时期，苏联"阵营对抗战略"已经走到了尽头，妥协与退让成为这一时期的特征。但不可否认的是，这些妥协与退让（包括裁军及从东欧撤军、签署中程弹道导弹条约、削减欧洲常规军备条约、削减核战略武器条约、支持德国统一等）对国际局势朝着缓和与多极化的方向发展起到了至关重要的作用。也可以说，戈尔巴乔夫主动为结束冷战迈出了关键一步。当然，从谋略战术上讲，有些地方不够老谋深算，有的步伐可能过急过快，有的步伐却没能跟上。特别是内外政策的环境效应与配套工作明显没有做到协调与合拍；在某些并不熟悉的领域面前，往往盲目自信。这里，需要按其本来面目理解戈尔巴乔夫结束冷战的贡献，既不夸大，也不贬低。因为在某些历史节点上，领导人的作用始终不容忽视。戈尔巴乔夫也不例外。尽管，更多的时候戈尔巴乔夫的书生气太过，并精于推卸责任，而不善于作出决断，尤其在大风浪面前缺少应有的果敢与担当。

第三节　政策演变带来的后果

在苏东关系中，苏联的干预和控制常被作为一种外在的约束力量，但不应忽视它在苏东关系中所起的某些决定性作用：苏联模式的移植使东欧国家与苏联生硬地捆绑在一起，同时通过对东欧各国执政党的控制进而间接或直接地（武力干涉）掌控东欧国家的社会发展。但这次由苏联释放的"改革风暴"与以往赫鲁晓夫的"适度改革"和勃列日涅夫的"摧毁改革"有所不同：苏联当局对东欧国家改革

---

① ［美］保罗·肯尼迪：《大国的兴衰》，陈景彪等译，国际文化出版公司2006年版，第36页。

初期的容忍和放任明显地推进了东欧国家快速、和平、合法转型的进程。而这也正是东欧国家内部转型要素累积到一定程度终会导致质变的过程。

一　释放解缚空间并对苏联产生反弹效应

如果说戈尔巴乔夫对东欧国家改革采取不干涉政策的初衷是想使其与苏联改革相互支持与呼应，并通过改善同盟关系来重新加强苏联的国际地位与树立新形象的话，那么客观形势的发展却超出了苏联的预想——东欧国家正好利用这一机会极力摆脱苏联的束缚，再也没有谁对同盟关系感兴趣了。特别是几十年来，东欧国家对苏联模式及其控制的不满与反感已成气候。而且，除执政党外，东欧国家内部反对派和社会团体已经形成规模，并且在国家政治生活与公共领域开始产生巨大的政治影响力。

自波兰第一个以"圆桌会议"这种和平方式进行国家转型后，其快速的、和平的转型进程在其他东欧国家以惊人的速度迅速传播开来。在匈牙利，迫于公众舆论，匈牙利当局对1956年事件进行了迟到的历史审判，对其做出重新评价，并为纳吉平反和重新安葬。同样以圆桌会议的方式（匈牙利党、反对党和社会团体参加）协调并确定了国家体制，实现了和平过渡。其中，最大的反对党匈牙利民主论坛在选举中获胜，组成了在议会中占多数的联合政府。同时，匈牙利开放了其与奥地利的边界，允许东德人自由通过奥地利，进入西德。这一举措也引发了东德政局的改变。东德政府试图阻止东德人民经匈牙利、奥地利、捷克斯洛伐克以及其他国家外逃，但已无法并无力扭转急剧变化的时局，只能步步退让。1989年11月9日，1961年筑起的"柏林墙"轰然倒塌，标志着东德共产主义统治的结束和两德统一运动的到来。就在"柏林墙"倒塌当天，保加利亚也出现骚乱，保共中央总书记托多尔·日夫科夫被迫辞职。随后，保共和反对派就实行政治多元化和举行自由选举等议题达成共识。在议会选举中，保共（后改组成社会党）沦为在野党。与此同时，捷克斯洛伐克的抗议逐渐升级，并拉开了"天鹅绒革命"的序幕，捷共的统治被严重削弱并被排除在新组建的政府之外。罗马尼亚也结束了齐奥塞斯库的独裁统治时代，建立了多元化的民主政体。至此，苏联的六个华约成员国均已和平、稳定地（除罗马尼亚发生流血暴乱外）脱离了社会主义东方阵营。此外，一直坚持独立自主的南斯拉夫和在1968年就已退出华约组织的阿尔巴尼亚也均受改革的感染，发生了政治剧变。还需提及的是，1989—1990年，东欧国家发生的迅速的、根本性的政治经济变革，致使苏联在该地区的影响力急剧下降，华约组织和经互会也逐渐失去了存在的基础。虽然苏联试图以改革来挽救，但为时已晚。随着这两大组织的解体，以及苏联军队陆续从东欧国家境内撤离①，东欧国家与苏联不平等的集团关系也面临着彻底解缚。

　　还需提及的是，1989年东欧剧变的另一触点与以往危机一样：东欧民众对自身所处的生活环境及其状况的不满成为引发国内危机、促使国内改革的直接原因。俄罗斯谚语——"没有面包到处都是忧愁"，显然也适用于东欧国家。也就是说，"无论东欧国家在剧变前夕存在怎样的差异，民众的不满往往成为东欧国家所共同具备的一种能促成'一推就倒'的因素"②。从柏林墙的倒塌来看，这似乎是由某个偶然因素（误解指令）的推动所致，但当穿越柏林墙的东德人民由"涓涓细流"逐渐演变为不可阻挡的穿越浪潮时，东德人民要求摆脱不满意的生活状况，向往民主和自由的美好生活愿望就已充分显现。连德国现任总理默克尔也曾私下承认，当年她作为东柏林市民，第一次越过柏林墙是为了去百货大楼购物。然而，这种社会生活水平方面的明显差距，往往被苏联及其追随者所忽视或屏蔽（苏联自身也是），因为苏联对东欧国家的一贯政策是干预和控制（破坏政治

---

　　① 鉴于1956年匈牙利因宣布退出华约组织而遭受苏联武装入侵，中东欧国家此次要求退出华约组织，表现谨慎，先要求苏联军队从中东欧国家尽快撤离，并与苏联就撤军问题进行积极谈判。最终，苏联/俄罗斯军队以文明的方式从匈牙利（1991年6月16日）、捷克斯洛伐克（1991年6月27日）、波兰（1993年6月17日，主要争议在于撤军时限、财政补偿和过境问题）境内撤离。华约和经互会的快速解散是苏联始料不及的。自东欧国家提出退出华约到华约正式解散，历时非常短。1991年7月1日，存在四十多年的华约组织正式解散。与之类似，经互会也因东欧国家不满于苏联的继续领导，于1991年6月28日举行的经互会第46届会议上决定正式解散。详见郑羽主编《俄罗斯东欧中亚国家的对外关系》，中国社会科学出版社2007年版，第188—189页。
　　② 郭洁：《东欧剧变的"苏联因素"探析》，《历史教学》2010年第18期。

民主，阻断对苏联模式所进行的尝试性改革和进行思想监控等），甚至是动用武力。但如果绕过民主和自由，只在围墙内谈生活改善或美好生活，只会给人以荒诞之感。柏林墙的倒塌便是最好的说明。

　　苏东集团的和平解体是戈尔巴乔夫重新调整苏联对东欧政策意想不到的后果。与以往不同的是，戈尔巴乔夫的前任领导人往往是依靠武力在东欧"捍卫社会主义成果"，而面对1989年东欧国家的一系列变化，苏联展现了战后历史上从未有过的克制和强大的容忍度。应该说，在很多时候，苏联能够中止或者逆转东欧的改革进程，然而苏联则试图加速改革进程。这一想法通常是深思熟虑的，但有时也是随意的。同时，这也表明苏联对东欧国家形势的变化，不仅预见不足，而且没有战略可言。更为重要的是，苏联对东欧剧变及将会产生的后果也缺乏预见性思维，以及一个清晰、明确的应对策略。

　　1990年3月20日，苏共中央国际部在呈递给苏共中央的报告中虽然承认，"在东欧国家执政的共产党陷入的危机通常同这些国家形成的社会主义指令性管理模式相关"，但认为这给苏联带来的影响只是"在党的层面上讨论国家间问题的机会在降低"，丝毫没有警觉地认识到这将给苏联带来巨大而深刻的潜在影响。1990年4月5日，戈尔巴乔夫对这份报告作了极为简单、笼统的签发："同意苏共中央国际部在1990年3月20日的报告中阐述的一些想法（附后）。相关党组织和机构在实践工作中应遵循这些想法。"[1] 从这种近于敷衍的官方回应中可以看出，苏共中央同样没有意识到自身将会步东欧后尘，面临丧失执政合法性的危险。然而，时隔不到一年，1991年1月22日，苏共中央不得不承认苏联已面临极为复杂而尴尬的形势："以往苏联同东欧国家关系的模式崩溃了，但是还没有找到一种新模式来取代旧模式……在西方积极地向该地区渗透的情况下，这被看作是我们利益的损失，被看作是在没有考虑我们在物质和精神上的巨大投入情况下对苏联退出以前的联合体没有做出有效合理的解释。"毫无疑问，"苏联以往在东

---

　　① 苏共中央政治局第184号会议纪要摘录（1990年4月5日），俄国档案原文复印件汇编：《苏联历史》第26卷，第169—177页。崔海智：《关于苏联解体的俄国档案》，共识网，2014年2月18日。

欧享有的地位和起到的作用都发生了巨大的转变"。苏联只能寄希望于"东欧国家采取对我们友好的政策,不使它们成为反苏主义的源泉,不能在对外方面扮演苏联国内民族分裂主义和离心倾向催化剂的作用,不成为赞同对欧洲政治版图进行重新计划的政治力量的领路人。""无论在任何情况下,东欧地区都不应成为苏联军事安全上现实的或者潜在的威胁。"① 实际上,这时苏联的声音已经十分微弱了,在一波未平的手足无措中,早已来不及感受并应对另一波"山雨欲来"的危险。因为东欧剧变对苏联所产生的反弹效应已经显现:

第一,引发了苏联各加盟共和国走独立发展道路的思潮。由于苏联本身根深蒂固的民族问题,东欧国家的示范作用,以及苏联领导人的无力应对等因素均在一定程度上增强了波罗的海三国由向苏联争取更多权力转变为要求完全独立的勇气。随后,高加索地区民族情绪高涨;同时构成苏维埃社会主义共和国联盟主要构架的乌克兰、白俄罗斯、俄罗斯三个加盟共和国也挑头单干,趁机火中取栗;而较为落后的中亚地区的加盟共和国等于被抛弃,这样的局势推演下来,导致本就存在缺陷的联盟结构立即坍塌。可以说,1989 年东欧剧变的"多米诺骨牌效应"对苏联各加盟共和国同样适用。

第二,导致政府公信力下降,执政基础动摇。东欧剧变发生得如此迅速,导致苏联在该地区的影响力急剧下降。但此时苏联也面临着内部危机,自顾不暇。各派政治力量忙于权力斗争,苏联政府缺乏对东欧剧变做出清楚合理的解释,而且也未能实行行之有效的经济改革,这些都导致国内民众由最初的迷茫发展到最后的愤怒,从期盼改革发展到怀疑、厌倦改革,经济形势严重恶化,国内局势濒临失控,以致国内外反对派有机可乘。毫无疑问,东欧国家发生的这场改革像"一架接到命令的飞机,但关于如何着陆,在何处着陆,绝对没有指示"②。戈尔巴乔夫稳步地消除苏联在东欧影响的政策,实际上也逐

①　苏共中央书记处关于东欧局势之发展及苏联政策的决议（1991 年 1 月 22 日）,俄国档案原文复印件汇编:《苏联历史》第 26 卷,第 288—300 页。崔海智:《关于苏联解体的俄国档案》,共识网,2014 年 2 月 18 日。

②　[荷]马柯:《在欧洲:跨越二十世纪之旅》,张晓虹译,花城出版社 2011 年版,第 454 页。

步削弱了他自己的政治命运。东欧国家共产党一旦失去了苏联的强大支撑，根本无力单打独斗，这也就造成了共产主义政权在东欧乃至苏联的全面溃败。

第三，苏联内部结构压力和西方外部结构压力交相迸发。1985年后的苏联内外交困，在国内政治、经济、民族等方面均潜伏着危机。而且，在国内治理方式上的接连失序、失衡、失误，导致政治精英与民众对联盟架构的认同感严重缺失。军队面对复杂的国内矛盾又丧失了采取行动的能力（这应该是一件好事）。在国际方面，以美国为首的西方在全球政治、经济、战略等方面开始占据主导性优势，并在思想文化、价值观等方面加强了"和平演变"的力度，苏联不得不在妥协、退让中以求自保。可以说，戈尔巴乔夫面临着一个处于关键时刻的苏联。而东欧剧变无疑使各种危机因素找到了汇集点和爆发点。

二　开启国家与社会重构进程

东欧国家的和平转型是通过"圆桌会议"和"议会选举"的方式来实现权力接替与转移的，这也成为东欧国家摆脱苏联模式向民主过渡的主要方式。而20世纪60—80年代由民众或反对派展开的反对极权制度的运动，为现代民主和公民社会的形成奠定了一定的思想基础。如果将东欧国家的这次转型放在更长远的历史进程中来看，它是东欧国家摆脱苏联模式，融入和适应时代潮流的一个必然结果。虽然这只是历史的一瞬，但也证实了任何霸权行径都不会持久，东欧国家的主体地位终会被还原这一逻辑。

在新旧体制对照下，东欧国家的国家与社会重构，即转型进程的起点不言而喻：原来"传统体制下国家机器职能中最小最弱的部分恰恰是转型过程中最需要强化的部分"，即法治、私有财产的合理保障，社会的和平安定，人民自由，有尊严的生活等一切关涉人的正常化生活的领域和空间在不断放大，"原来的无所不在、无所不管的国家机器在缩减或衰弱"①。

---

① 丁学良：《转型社会的法与秩序：俄罗斯现象》，《清华社会学评论》2000年第2期。

也就是说，国家和社会重构意味着国家定位与治理体制的转换，以及社会现代化的起步：包括摆脱四十多年苏联极权统治的束缚，构建一个运转有效的民主制度与基于法治的国家，为由计划经济体制向市场经济体制转换奠定必要的基础；建立一个有序有效、有法有礼、生机勃勃的公民社会，它包括保障公民的权利与自由，比较完善的社会保障制度，非政府性质的社会组织，相对独立的大众传媒机构等。同时，国家重构与社会重构具有双向同构、相互复生的契合机制，以加快东欧国家向民主国家过渡。

但由于东欧国家内部民主化和自由化积累的程度有所不同，导致东欧国家在转型时序、路径和方式上存在差异。正如匈牙利雅诺什·科尔奈所分析的那样："波兰和匈牙利为一方，罗马尼亚为另一方。前两个国家的反对运动已经组织了一二十年，并且在自由化趋势所呈现出的转折点到来之前，它们已经向前推进了很长时间。而罗马尼亚的经典社会主义体制却以极端形式被保留下来，无端的暴政一直持续到齐奥塞斯库统治的最后一天。"① 这从侧面阐明了东欧国家转型过程中独有罗马尼亚发生了流血事件的原因。如前所述，东欧国家进行过经济管理体制的改革，但其往往败在政治体制的门槛前，也就是说在苏联霸权面前，其根本性的政治体制改革已成禁区。直至1989年东欧政局发生剧变，东欧政治转型才得以启动，同时也为其经济转型扩展了空间。或者说，政治转型可为经济转型把控方向和边界，经济转型的成果又可为政治转型提供合法化基础。

当然，开启国家与社会重构的进程也必然意味着要面临并承担严峻的挑战：由于东欧地区国家和社会重构的起始点较低、初始条件不利，难免在最初实施阶段会付出很大代价，并带来些许悲观或失望。而且，一些在旧制度中受益，在经济变革中遭受损失的东欧民众也会反对这一进程。但正如一切新生事物在开始时都很稚嫩、脆弱一样，东欧在国家与社会重构进程中的政治民主化、经济市场化、社会现代化也必然会经历一个从不规范到相对规范的过程。随着第一部门（政

---

① ［匈］雅诺什·科尔奈：《社会主义体制——共产主义政治经济学》，张安译，中央编译出版社2006年版，第402页。

府）、第二部门（企业）、第三部门（非政府组织和非营利组织）各司其职、逐步到位、协调互动，东欧国家的国家与社会重构进程尽管艰难，但目前来看均已步入正轨，并重构着新的价值、新的力量与新的秩序，当然也会产生新的局限与新的问题。但不同的是，所有这些就其本质而言，在东欧历史上是从未出现过的。

值得注意的是，巴尔干地区（主要指前南斯拉夫社会主义联邦共和国，简称"南斯拉夫"）由于民族、宗教、领土矛盾与大国干预等因素，在政权更替中发生了地区动荡，流血冲突，甚至战争，呈现出与欧洲联合趋势相悖的"碎片化"现象，这是 20 世纪 90 年代的悲剧，同时也延缓了该地区国家与社会重构的进程，为冷战后欧洲安全体系的构建抹上了沉重而血腥的一笔。南斯拉夫最终分裂为五个国家。[①] 可见，该地区的分裂与战争不仅给自身带来了一系列消极后果，也为战后欧洲安全体系的构建带来诸多隐患。应该说，国家社会转型是一个漫长而艰难的跋涉，绝非轻而易举、一蹴而就的。因为每个国家的转型模式都受其具体的历史承接、外在动力与现实条件的制约。然而，东欧国家毕竟走上了独立自主、多样化的现代化道路。这是它们应该享有的冷战结束的"和平红利"。"东欧人喜欢用汤因比的一句话来形容苏联模式的垮台，'从文明衰落所造成的痛苦中学到的知识可能是人类进步最有效的工具'，而现在他们正在从摆脱旧模式的痛苦中走向复兴。"[②]

三　回归欧洲，结束分裂

戈尔巴乔夫在东欧问题上的极大容忍与退让成为改变战后欧洲格局的一个重要变量因素。1990 年 11 月 9 日，柏林墙的开放及东德局势的发展，将德国统一问题提上日程。然而，戈尔巴乔夫在德国统一及其未来军事政治地位问题上的逐步妥协与退让也出乎西方国家的预料。因为"虽然冷战结束后苏联不再能够在国外运用武力或以武力相

---

① 斯洛文尼亚、克罗地亚、马其顿、波斯尼亚和黑塞哥维那（波黑）、南斯拉夫联盟（2003 年 2 月 4 日，更名为塞尔维亚和黑山。2006 年 6 月 3 日，黑山宣布独立）。

② 金雁：《我们应该从苏东剧变中吸取什么》，《经济观察报》2011 年 1 月 29 日。

威胁，但戈尔巴乔夫在德国统一的谈判中仍可扮演捣乱者的角色，从而提高他在国内的政治地位。虽然他不能关闭德意志民主共和国的边境并在东德重新强加一个傀儡政权，但他也无需为统一唱赞歌"①。尽管苏联明白德国统一将使华约、北约的军事力量，以及欧洲的政治版图发生重大变化，但此时的苏联已失去对国内外政治局势的控制力。1990年10月3日德国统一，并最终加入北约。显然，德国问题不是孤立的，它既是欧洲分裂的聚焦点，也是欧洲统一的前奏曲，在东西方关系中处于枢纽地位。

正如四十多年前东欧国家全面学习苏联模式一样，四十多年后则发生了大逆转——东欧国家新政府无一例外地全面西向。东欧国家历来将欧洲视为自身的"精神家园"。对东欧国家而言，"回归欧洲"的政治含义是"向国内外昭示它们欲摆脱苏联的政治、经济和军事控制及其影响，迅速发展同西方的政治、经济和军事关系这样一种新的地缘政治趋向，并认同西方现行的政治价值取向和经济制度"②。因此，东欧国家面对自身的"欧洲归属"从来都是坚定而明确的，这在东欧国家的文明属性、民众心理和媒体导向方面得以充分体现。

第一，文明属性。东欧国家虽然并不处于西方文明的中心，但其对西方文明的认同从未减弱。东欧国家普遍认为，自身在历史上与西方文明密切相连，只是第二次世界大战后受到苏联强权胁迫而导致分裂，现再度回归欧洲理所当然。③ 根据（中）东欧国家对自身历史文化的认同，可将其划分为三大文明圈：波兰、匈牙利、捷克、斯洛伐克、克罗地亚和斯洛文尼亚属于天主教文明圈，它们与西欧文明同源；罗马尼亚、保加利亚、塞尔维亚、黑山、马其顿属于拜占庭东正教文明圈，它们与俄罗斯斯拉夫—东正教文明接近；阿尔巴尼亚和波黑则属于伊斯兰教文明圈。基于此，（中）东欧国家在积极融入西欧社会和发展欧洲化的过程中也就存在着"回归"欧洲和"加入"欧

---

① 许新、潘德礼、陈联璧、姜毅：《超级大国的崩溃——苏联解体原因探析》，社会科学文献出版社2001年版。

② 朱晓中：《中东欧与欧洲一体化》，社会科学文献出版社2002年版，第21页。

③ 洪茂雄：《罗马尼亚史——在列强夹缝中求发展的国家》，三民书局2008年版，第182—183页。

洲之别。而且，愈靠近西欧文明的国家，其欧洲化的发展速度则相对较快。因此，"从特定的意义上说，'回归欧洲'是中东欧部分国家的历史和文化特性使然，是这些国家的文明属性决定的"。①

第二，民众心理。（中）东欧国家身处大国"夹缝"中的历史境遇，使它们具有十分强烈而敏锐的历史感，尤其是与苏联有关的历史记忆则令其更加难忘，其中以波兰为甚。冷战结束，（中）东欧国家无一例外地选择加入北约和欧盟，这既是出于自身政治、经济和安全等方面的考虑，也是作为独立国家的主权体现，更是从民众层面反映了摆脱苏联控制的意愿。民意对苏联的反感与抵制达到了前所未有的高潮，进而强化了东欧国家的欧洲归属感。而对"欧洲人"身份的认同"不仅仅是军事硬件和黄油配额的问题，也是一个心理转换过程"，最重要的是"可以获得巨大的心理收益，摒弃长期以来所背负的复杂的民族卑微心理"②。

第三，媒体导向。东欧发生剧变期间，东欧国家媒体发表了一些过激的言论，导致与苏联媒体间的唇枪舌剑。这自然有多年来受苏联控制，一旦松绑后的反弹因素，但其中也不乏对历史记忆沉淀后的思考和真知灼见。1990 年 4 月 4 日，匈牙利《人民自由报》曾说："1945 年是一个悲剧时代的结束，又是另一个悲剧时代的开始，是苏联占领的开始，他们把一种与我们格格不入的社会制度强加给我们。"③ 进一步看，"东欧国家主流价值基本上有两个维度：一个是和 1945 年以前的传统对接，一个是与母体的欧洲文化对接。他们提出的口号是建立'共同的欧洲家园'，重返我们的'欧洲价值'。剧变中提出的口号是'回到 1947 年以前去！回到 1918 年的第二共和国时期！回到欧洲阵营中去！'他们不承认 1945 年是真正的解放，认为那仅仅是更换了占领者，而 1989 年才是二战真正的结束"④。这种强烈的社会情绪表达在一定程度上也预示着东欧剧变是一种历史的必然。

①　朱晓中：《中东欧与欧洲一体化》，社会科学文献出版社 2002 年版，第 21 页。

②　朱晓中：《双东扩的政治学——北约和欧盟扩大及其对欧洲观念的影响》，《俄罗斯东欧中亚研究》2003 年第 2 期。

③　转引自金雁《昨日金戈铁马，今天文化交融》，《经济观察报》2013 年 7 月 9 日。

④　金雁：《我们应该从苏东剧变中吸取什么》，《经济观察网》2011 年 2 月 11 日。

在国际关系的现实主义理论中，"同盟"被解释为维护成员国安全和扩大国家权力的手段。也就是说，权力与安全是理解双方结盟关系与行为的关键。苏联对东欧国家的控制，就是苏联权力政治与大国主宰思维的反映，以致东欧国家成为具有排他性的苏联阵营的派生物。纵观第二次世界大战后东欧与苏联的关系史，则会发现东欧国家走过的是一条强行植入苏联模式、排斥抵抗、镇压服从、最后离弃的道路。当人们事后回想起东欧剧变时，常常聚焦于它的"改革病毒"的传染性之大上，这固然是其民主运动迅速取得成就的原因之一，但不应忘记的是，东欧国家在苏联集团内部争主权、求自由的尝试一直未曾彻底消弭。而且，东欧国家与苏联的最后离弃则是以人心向背的决裂方式展现的，这无疑宣告了苏联极权统治体制的失败。也就是说，在短缺与富裕、专制与自由、压抑与解放的对比与竞赛中，苏联遭受惨败，同时也证明了苏联模式的破产在所难免（因为苏联自身也未能幸免）。历史终于还原出了公平。

第 二 编

中东欧"回归欧洲"

第五章　中东欧国家因何"回归欧洲"

中东欧国家政局发生剧变后，普遍提出"回归欧洲"的口号①，并将其作为外交战略的优先目标。它们要回归的"欧洲"，"更多的是理念而非地域"②，是拥有希腊、罗马、基督教的共同文化渊源，经历了文艺复兴、地理大发现、宗教革命、启蒙运动和资产阶级革命、遭遇了两次世界大战的"欧洲"，"是一个利益共享和相互合作的和平、繁荣与国际化的共同体，是一个'思想的欧洲'，代表了人权，代表了商品、思想和人员的自由流动，代表了日益深化的协作与团结"③。欧盟是今日"欧洲"的最佳制度体现，"回归欧洲"因而"代表着一种具体的和可以达成的政治目标"④，即加入欧盟。⑤

---

① 有文献称：第一个在公开演讲中提出"回归欧洲"的波兰政治家是 1989 年上台的、来自团结工会的总理塔德乌什·马佐维耶茨基。1990 年 1 月 30 日，他在欧洲委员会发表的讲话中使用了这一提法。参见 Aleks Szczerbiak, *Poland Within the European Union: New Awkward Partner or New Heart of Europe?* (Routledge, 2012), p. 210. 这或许是"回归欧洲"口号的首次出现。

② ［美］托尼·朱特：《论欧洲》，王晨译，中信出版集团股份有限公司 2014 年版，第 4 页。

③ 同上。

④ ［美］托尼·朱特：《战后欧洲史》（下），林骧华译，新星出版社 2010 年版，第 579 页。

⑤ 一般来说，"回归欧洲"还指加入北约，但北约毕竟只是一个安全组织，并且不纯粹属于欧洲，"在中东欧国家许多领导人的眼中，它的作用不同于欧盟。如果北约被看作是保护者，那么被保护的正是欧盟的欧洲"。参见 Martin A. Smith, Graham Timmins, *Building a Bigger Europe: EU and NATO Enlargement in Comparative Perspective* (Ashgate Publishing Ltd., 2000), p. 167. 从更宽泛的意义上讲，"回归欧洲"还不仅指对外关系上与欧洲融为一体，而且指国内体制上与欧洲国家趋同。本书取"回归欧洲"的狭义，即加入欧盟。

第一节　"回归欧洲"的历史基础

中东欧本是欧洲的一部分，这句话不仅针对显而易见的地理范畴而言，更是指在相当长的时间内，中东欧的发展与整个欧洲的历史沿革息息相关。"古代的希腊文明就发源于巴尔干半岛，随后罗马帝国的统治又把罗马文明带进这个地区。"① 在 4 世纪开始的欧洲民族大迁徙中，中东欧的主要民族形成。在此基础上建立的封建国家身处东罗马帝国和神圣罗马帝国之间，为生存和发展彼此博弈，并与东罗马帝国或神圣罗马帝国展开较量，其中多数地区或长或短地被并入两个帝国，其宗教和文化受到两个帝国的影响。东罗马帝国影响下的保加利亚、塞尔维亚、阿尔巴尼亚、马其顿和黑山等地信仰希腊东正教，受拜占庭文化浸染；神圣罗马帝国影响下的波兰、捷克、斯洛伐克、匈牙利、斯洛文尼亚和克罗地亚等地则信仰罗马天主教，文化方面融入了许多德意志因素。罗马尼亚地区虽然也信奉东正教，受拜占庭文化的影响，但是，在 2—3 世纪的 100 余年间作为罗马帝国达契亚行省的经历留下了难以磨灭的文化印迹，至少在语言文字上，罗马尼亚族是中东欧唯一使用罗曼语族语言文字的民族。受拜占庭文化影响，信仰东正教的中东欧南部诸国较之受德意志文化熏陶、信仰天主教的北部国家或许欠缺某些进步的潜质，因为"西方为新的文明打下了基础；而拜占庭却一直躺在光辉灿烂、占压倒优势的遗产上"，"一直无力冲破过去的桎梏"，"变成了一个陈旧的、与时代不合的存在物"②，以致有学者把中东欧南部与北部的分界线作为"欧洲文化的边界"③。这条边界因奥斯曼帝国和奥地利哈布斯堡王朝对中东欧的占领和统治而变得更为清晰。

---

① 陈乐民：《20 世纪的欧洲》，生活·读书·新知三联书店 2007 年版，第 106 页。
② ［美］斯塔夫里阿诺斯：《全球通史：1500 年以前的世界》，吴象婴等译，上海社会科学院出版社 1999 年版，第 417 页。
③ ［美］塞缪尔·亨廷顿：《文明的冲突与世界秩序的重建》，周琪等译，新华出版社 2010 年版，第 138 页。

一　奥斯曼帝国统治下中东欧南部地区的偏离

14 世纪中叶，奥斯曼帝国开始向中东欧南部地区扩张，入侵保加利亚、马其顿、阿尔巴尼亚等地。1389 年，在科索沃，由塞尔维亚人、阿尔巴尼亚人、保加利亚人、匈牙利人和克罗地亚人等组成的巴尔干联军惨败于奥斯曼军队，中东欧南部地区各族人民"从此进入屈辱和停滞的时期"①。塞尔维亚王国遭受重创，第二保加利亚王国灭亡。1453 年，奥斯曼帝国攻陷君士坦丁堡，东罗马帝国毁于一旦。东罗马帝国的消失，"从某种程度上削弱了巴尔干半岛各民族抵抗土耳其人进攻的信心。在那之后的几十年间，奥斯曼苏丹的军队裹胁着被征服地区的各民族军队进行了持续不断的征服战争"②，灭亡塞尔维亚王国，侵占波斯尼亚、黑塞哥维那、阿尔巴尼亚、瓦拉几亚、摩尔多瓦、部分黑山和克罗地亚等地。到 15 世纪末，中东欧南部地区几乎全都落到奥斯曼帝国的统治之下，越来越偏离欧洲的发展轨道。

奥斯曼帝国在其治下的中东欧南部地区实行军事封建制度。

在政治上，奥斯曼帝国设置行省作为帝国的基本军事和行政单位，省督由帝国苏丹任命，平时负责行政管理，战时率军作战。行省下设县、区、乡，各级官员受上级官员统辖，在其管辖的范围内履行军事和行政职权。

在经济上，奥斯曼帝国实行"提马尔"制度，取消原来的封建主领地，除一小部分土地归属私人和教堂外，其余所有土地均归帝国所有；帝国把这些土地按其租税划分为"提马尔""札美特"和"哈斯"，把它们分给封建主，封建主对此只有使用权和有限的继承权，没有所有权，无权出卖或将土地转赠给他人，但有权在自己的"提马尔""札美特"和"哈斯"内征收租税；封建主必须认同奥斯曼帝国苏丹是最高统治者，向他纳税，并在苏丹征召时，率领自己的军队代表帝国作战，如不听从苏丹的征召，其属下的土地将被剥夺；农民租

---

① ［英］艾伦·帕尔默：《夹缝中的六国——维也纳会议以来的中东欧历史》，于亚伦译，商务印书馆 1997 年版，第 27 页。

② 郝时远：《帝国霸权与巴尔干"火药桶"——从南斯拉夫的历史解读科索沃的现实》，社会科学文献出版社 1999 年版，第 29 页。

种封建主的土地，除向封建主缴纳地租和什一税外，年满 14 岁的基督教徒还要向帝国缴纳人头税，并且基督教徒家庭须定期交出若干男孩作为贡税，以补充近卫军的兵员。

在宗教政策上，一方面，由于"伊斯兰教法承认基督教徒和犹太教徒跟穆斯林一样，是圣经的居民。基督教徒和犹太教徒都奉有一部圣典——一部成文的启示录。他们的宗教信仰被认为是合法的，只是不够完全，因为穆罕默德已取代摩西和耶稣基督"，奥斯曼帝国"对基督教徒和犹太教徒颇为宽容，允许他们在受到某些限制和付出若干代价的情况下奉行其宗教信仰"①。另一方面，奥斯曼帝国在基督教地区推行伊斯兰化，皈依伊斯兰教可获得较高的政治地位和较好的经济条件，一些基督教徒因此改奉伊斯兰教，这种现象在阿尔巴尼亚和波斯尼亚尤为突出。

应该承认，在奥斯曼帝国统治初期，由于它主要通过中东欧当地的封建主实施统治，"在帝国内部，当地居民保留了他们大部分文化传统和自治"②；由于帝国的宗教政策较为宽松，"非穆斯林在一定程度上享有基督教欧洲所空前未有的信仰自由"③；由于"帝国的繁荣"，"即便信基督教的农民，在奥斯曼帝国统治下的境况也较为不错"④；中东欧南部地区人民的境遇还不算太糟糕。但毕竟，中东欧南部地区处在奥斯曼帝国的统治之下，奥斯曼帝国的影响"不管是作为统治者还是敌人，后者滋养了好斗和复仇的文化，都是深远的"⑤。

首先，奥斯曼帝国的入侵导致该地区矿工大量迁移，原来较发达的采矿业迅速凋敝。手工业种类虽大为增加，但大多规模不大，生产

---

① [美] 斯塔夫里阿诺斯：《全球通史：1500 年以后的世界》，吴象婴等译，上海社会科学院出版社 1999 年版，第 53 页。
② [美] R. R. 帕尔默、乔·科尔顿、劳埃德·克莱默：《欧洲崛起：现代世界的入口》，孙福生等译，世界图书出版公司 2010 年版，第 236 页。
③ [美] 斯塔夫里阿诺斯：《全球通史：1500 年以后的世界》，吴象婴等译，第 405 页。
④ 同上书，第 50 页。
⑤ Paul G. Lewis, "Theories of Democratization and Patterns of Regime Change in Eastern Europe," *Communist Studies and Transition Politics*, March 1997, No. 1, Volume 13.

水平较为落后，没有像西方那样的手工工场，只有与奥斯曼帝国经济、军事有密切关系的畜牧业以及制炮、制刀、马具生产等手工业发展较快。①

其次，"提马尔"制度的实施在某些地区激起深受剥削的农民和失去土地的封建主的激烈反抗，抵制奥斯曼帝国统治的起义多次爆发，并一再遭到奥斯曼帝国的镇压。常年的战争和奥斯曼帝国的占领严重破坏了这一地区的经济。比如在阿尔巴尼亚，"城市里几乎再没有手工业者了，商业完全停顿了"，"沿海城市与亚得里亚海沿岸其他城市的旧有的联系断绝了"，"因为缺乏城市手工业生产"，"平原和山区各地的乡村的自然经济巩固下来了，而它们是与外界隔离的。土耳其的占领把阿尔巴尼亚向后推迟了几个世纪"②。

最后，以阿尔巴尼亚人和波斯尼亚人为代表的对伊斯兰教的皈依埋下了中东欧南部各民族间宗教冲突的祸根，奥斯曼帝国的扩张"裹胁和利用着被征服地区的各个民族"，"各民族的人口流动所造成的杂居状况显著增多"③，更是淤积了民族纷争的土壤。

17 世纪末，面对国力的衰退和军事封建制度的危机，奥斯曼帝国中央政权的控制和地方自治倾向同时加强，帝国中央和地方割据势力都提高了赋税，致使经济剥削不断加重，阶级和民族矛盾不断升级，战乱不断爆发。

在瓦拉几亚和摩尔多瓦，奥斯曼帝国不再信任当地的统治者，自18 世纪初开始直接从"法纳里奥特"人④中任命摩尔多瓦和瓦拉几亚君主，把他们纳入帝国行政等级之内，并经常更换，从而极大地限制了这两个公国的自治权。"奥斯曼帝廷通过法纳里奥特人，向两个公

---

① 参见［南］伊万·博日奇等《南斯拉夫史》（上册），赵乃斌等译，商务印书馆1984 年版，第 194—195 页；于沛、戴桂菊、李锐《斯拉夫文明》，中国社会科学出版社2001 年版，第 403—404 页。

② ［阿］克·弗拉舍里：《阿尔巴尼亚史纲》，樊集译，生活·读书·新知三联书店1964 年版，第 127 页。

③ 郝时远：《帝国霸权与巴尔干"火药桶"——从南斯拉夫的历史解读科索沃的现实》，第 34 页。

④ 即来自君士坦丁堡的法纳尔地区的希腊人，从 16 世纪起，他们便拥有重要的经济和政治地位，其中一些人成为奥斯曼帝国的官员。

国榨取了大量产品和金钱,从而推迟了生产力的发展和封建制度的瓦
解。在这种情况下,资本主义经济的因素发展得很缓慢。"① 同时,
在"法纳里奥特"人统治时期,"贪污、管理不善、滥征苛税以及腐
化堕落是最主要的特点",他们"平均需要花 3 年时间去填补为了获
得这一地位所花销的钱,并且还要使自己的财产增值,于是压在当地
人民身上的负担越来越重,直至达到一个令人实在无法容忍的地
步"②。

在塞尔维亚,近卫军已不靠当地基督教徒的孩子来补充兵员,而
是吸收穆斯林的子弟。近卫军指挥官"在很大程度独自行使其权力,
残酷任性不亚于西欧任何封建贵族。他们既不尊重苏丹的代表即贝尔
格莱德的帕夏,也不尊重村民推选的专门负责塞尔维亚人与奥斯曼行
政机关之间联络工作的代言人"③,甚至"土耳其的法律也无力保护
基督教农民不遭他们勒索和虐待"④。在近卫军的压迫和掠夺下,塞
尔维亚的社会经济条件日渐恶化,发展严重滞后。

在阿尔巴尼亚,"提马尔"制度走到崩溃的边缘。封建主只关心
从"提马尔"和商业经营中获取收入,不再服从苏丹的调遣去作战,
奥斯曼帝国的军事实力大为削弱,在战争中获胜的机会愈益减少,财
政危机经常发生,只能通过剥削农民来填补亏空。农民陷入奥斯曼帝
国和地方封建主的双重剥削之中,不得不出卖土地,沦为雇农。封建
主则通过扩展领地、侵吞帝国捐税、掠夺商人利润以壮大力量,封建
主之间以及封建主与帝国中央之间的矛盾日益尖锐,封建割据局面出
现,战争频发,经济发展一蹶不振。

在保加利亚、马其顿、波斯尼亚和黑塞哥维那,奥斯曼帝国的横
征暴敛、地方官吏的贪得无厌、愈益加剧的阶级矛盾和民族矛盾、不

---

① [罗] 安德烈·奥采特亚院士主编:《罗马尼亚人民史》,[罗] 安娜·埃瓦·布杜
拉译,商务印书馆 1981 年版,第 112 页。

② [英] 尼古拉·克莱伯:《罗马尼亚史》,李腾译,中国出版集团东方出版中心
2010 年版,第 86 页。

③ [英] 艾伦·帕尔默:《夹缝中的六国——维也纳会议以来的中东欧历史》,于亚伦
译,第 42 页。

④ [英] 斯蒂芬·克利索德主编:《南斯拉夫简史》,黑龙江大学英语系翻译组译,黑
龙江人民出版社 1976 年版,第 174 页。

时爆发的动乱和战争阻碍了发展，落后难以避免。

可见，奥斯曼帝国统治下的中东欧南部地区不仅"没有体验过西方的那种封建主义、文艺复兴、宗教改革、启蒙运动、法国革命和自由主义"①，而且在军事封建制度下，"以官僚主义的方式使用自然资源和劳动力，倒退到自然经济"②，手工工场和商品货币关系的发展受到限制，宗教和民族构成也因奥斯曼帝国的征服与扩张而趋于复杂。17 世纪末以来，随着奥斯曼帝国走向衰落，其统治愈益暴露出"最恶劣的特色"③，中东欧南部地区与欧洲渐行渐远。

二　奥地利哈布斯堡王朝争夺与统治下中东欧北部地区的滞后

1526 年，奥斯曼帝国在莫哈奇会战中打败匈牙利王国。自此直到 1718 年《帕萨罗维茨条约》签订的近 200 年时间里，匈牙利、斯洛伐克、特兰西瓦尼亚、克罗地亚、斯洛文尼亚和捷克等中东欧北部地区成为奥地利哈布斯堡王朝与奥斯曼帝国争夺的对象、中东欧各民族反抗异族统治的战场和三十年战争的策源地。战争极大地破坏了这一地区的经济和社会发展，尤其是劳动力的短缺致使领主加重了对农奴的剥削和压迫，封建农奴制得以加强，不利于城市发展、工商业扩大和生产力提高。就在此时，"随着'地理大发现'年代的到来，世界的贸易中心已从地中海转移到了大西洋沿岸……这种变化加速了西方资本主义国家的发展，但同时也使易北河以东的各个国家的经济发展晚了几百年"④。

1718 年后，斯洛文尼亚、捷克、斯洛伐克、匈牙利、特兰西瓦尼亚和克罗地亚大部纳入奥地利哈布斯堡王朝的发展轨道。此时的哈布斯堡王朝，经济上落后于以英国、法国和荷兰为代表的西欧国家，

---

① ［美］亨廷顿：《第三波——20 世纪后期民主化浪潮》，刘军宁译，上海三联书店 1998 年版，第 363 页。

② ［南］伊万·博日齐等：《南斯拉夫史》（上册），赵乃斌等译，第 193 页。

③ ［英］斯蒂芬·克利索德主编：《南斯拉夫简史》，黑龙江大学英语系翻译组译，第 164 页。

④ ［匈］温盖尔·马加什、萨博尔奇·奥托：《匈牙利史》，阚思静等译，黑龙江人民出版社 1982 年版，第 99 页。

政治上面临沦为二流国家的危险。为扭转颓势，哈布斯堡王朝统治者玛丽娅·特蕾西娅及其子约瑟夫二世于 18 世纪下半期推行改革，实行开明专制制度。

首先，采用重商主义经济政策，以优惠税收、提供贷款等方式支持建立工业企业，并在国际竞争中通过提高关税以保护本国企业。对于它统治下的中东欧北部不同地区，哈布斯堡王朝的政策存在差异。在捷克，王朝政府积极扶植手工工场。而在原匈牙利王国所属地区，王朝政府为使其为奥地利本土和捷克的工业发展提供原料和市场，有意阻碍手工工场的发展，对从原匈牙利王国地区进入奥地利本土和捷克的工业品征收与从境外进口的工业品一样的高额关税。

其次，废除农奴制。鉴于农奴制对劳动力的束缚和农奴起义的频繁爆发，哈布斯堡王朝的统治者越来越明确地意识到只有解放农奴，才能使工业生产获得大量劳动力，并借此得以广泛发展。玛丽娅·特蕾西娅"对农民被迫付出的劳动服务和税收总量设置了最高限度，从而向最终废除农奴制迈出了第一步"[1]。约瑟夫二世废除了农奴制，"使农奴获得自由，取消了他们对庄园主的大部分义务，并剥夺了领主所拥有的对农民实行制裁的传统权利"[2]。

再次，倡导宗教宽容。约瑟夫二世下令宽容一切宗教，停止迫害新教徒，允许新教徒和东正教徒在一定限制下开展宗教活动和担任公职，给予犹太人相同的公民权利和义务，乃至晋封犹太贵族，并与教皇公开对抗，限制罗马天主教会的权利，剥夺教会的书刊检查和出版批准权，还解散了一批修道院，用其财产资助世俗医院。

最后，实行专制统治，加强中央集权。在经济上，改革税收体制，取消贵族和教会的免税特权，严格进行土地登记，防止漏税。在政治上，削弱地方贵族权力，强化中央行政管理。在文化上，推行德意志化政策，规定德语为官方语言。

重商主义政策促进了社会经济的发展，农奴制的废除满足了工业

---

① [美] 罗宾·W. 温克、托马斯·E. 凯泽：《牛津欧洲史》（Ⅱ），赵闯译，吉林出版集团有限责任公司 2009 年版，第 175 页。

② 同上书，第 176 页。

生产对劳动力的需求，为资本主义生产关系的出现提供了条件，宽容异教的措施营造出精神和思想上的宽松氛围，既解放了思想，也有助于吸引新教国家的手工业者、工业企业家和犹太商人前来经营。哈布斯堡王朝属下中东欧北部地区的落后状况有所改变。捷克的经济面貌发生了显著变化，纺织业和玻璃制造业成为主要工业部门，手工工场大量建立，家庭纺织工和手工工场工人数量明显增加，"在玛丽亚·特蕾西娅统治末期，有一个棉纺织厂雇工竟达 4000 人之多"①。到 18世纪末，"在农业和工业中已经明显地出现了加速封建经济—社会制度瓦解和为资本主义经营开辟道路的某些变化"②，农作物种植面积加大，产量提高，人口增长，手工工场扩大，工业生产和国内外贸易增长，捷克成为奥地利帝国中工业最发达的地区之一。斯洛文尼亚的炼铁、纺织等加工业和农业有较大发展，交通状况得到改善。斯洛伐克、特兰西瓦尼亚和克罗地亚的采矿业比较活跃。匈牙利、斯洛伐克的农业生产水平大为提高。

但是，哈布斯堡王朝的开明专制制度也存在着不利于其属下中东欧北部地区发展的一面。区别对待的重商主义政策在推动捷克工业快速发展的同时，延缓了匈牙利和斯洛伐克等地的工业发展，农业依旧是它们的主要生产部门，"哈布斯堡君主政体下的西半部和东半部经济发展的差别更为加深了"③。农奴制的废除并不彻底，"在某些地区，农奴制的剥削形式一直维持到 19 世纪中叶"④。中央集权制则限制了捷克、斯洛文尼亚和克罗地亚的地方权力，加剧了它们与王朝统治者的冲突。而在原匈牙利王国地区，向匈牙利贵族征税的努力和德意志化政策遭到抵制，匈牙利语被广泛推广，使得居住在该地区的斯洛伐克人、特兰西瓦尼亚人在受到德意志化威胁的同时，又面临着匈牙利化的危险。克罗地亚则为反抗哈布斯堡王朝的集权措施，加强了

---

① ［美］R. R. 帕尔默、乔·科尔顿、劳埃德·克莱默：《启蒙到大革命：理性与激情》，陈敦全等译，世界图书出版公司 2010 年版，第 114 页。

② ［捷］瓦·胡萨：《捷克斯洛伐克历史》，陈广嗣译，东方出版社 1988 年版，第 105页。

③ 同上书，第 97 页。

④ 同上书，第 102 页。

与匈牙利的联系。中东欧北部地区各民族与哈布斯堡王朝统治者的矛盾以及它们之间的矛盾因经济发展、思想解放所推动的被压迫民族的觉醒而变得更为尖锐。

武装干涉法国革命和与拿破仑的战争使哈布斯堡王朝的财政状况严重恶化，许多企业因缺乏资金而倒闭，捷克的纺织业和玻璃制造业也因失去出口市场而蒙受巨大损失。1809 年，拿破仑在克罗地亚和斯洛文尼亚部分地区建立伊利里亚行省。1815 年，哈布斯堡王朝恢复对该地区的专制统治。法国的短暂统治不但打击了这一地区的贵族特权，改善了物质状况，而且更重要的，"它第一次使斯洛文尼亚人和塞尔维亚人、克罗地亚人在一个政治共同体中相处"①，对唤醒南部斯拉夫人的民族意识颇有助益。

19 世纪 40 年代，随着蒸汽机在工业生产中的广泛使用，捷克在中东欧地区率先开展工业革命，棉纺织业、机器制造业方兴未艾，交通运输业迅猛发展，手工工场逐渐过渡为现代工厂，农村人口大量涌入城市，城市规模不断扩大，资产阶级和无产阶级应运而生。匈牙利也开始摆脱对奥地利的经济依附，建设自己的工商业。而在斯洛伐克，工业革命的到来则要晚得多。

1848 年革命席卷中东欧，捷克布拉格爆发反对哈布斯堡王朝封建统治的武装起义，克罗地亚和斯洛文尼亚提出自治纲领，原匈牙利王国国土上甚至建立了实行代议制的独立共和国。② 哈布斯堡王朝一度妥协，颁布了取消封建主义、承认各民族平等权利的新宪法，但该宪法从未得到认真执行。革命失败后，哈布斯堡王朝卷土重来，在其治下的中东欧北部地区重建封建专制制度。1848 年革命"在政治上的收获显得微乎其微"，"但从社会方面来衡量，它们的成就是伟大的。农奴制度最后一项桎梏的废除使较有事业心的农民得以大为提高他们的地位，即使在破坏惨重的匈牙利也是如此。此外，田间劳动者和城里的工人同样有了行动自由，他们能到新的工业中心去找工作；

---

① ［英］艾伦·帕尔默：《夹缝中的六国——维也纳会议以来的中东欧历史》，于亚伦译，第 40 页。

② 斯洛伐克和特兰西瓦尼亚也提出了独立要求，但由于其矛头指向匈牙利统治者，反而成了哈布斯堡王朝镇压匈牙利革命的工具。

意义更大的是，他们可以迁居国外"①。同时，"把奥地利各省和匈牙利分隔开来的关税已经在 1851 年 7 月取消，这一措施对捷克国家的繁荣助益极大，后来对匈牙利王国亦复如此"②。中东欧北部地区，尤其是捷克的资本主义因此得到长足发展。

可见，与奥斯曼帝国统治下的中东欧南部地区相比，哈布斯堡王朝统治下的中东欧北部地区虽然也处于附庸地位，饱受战乱之苦，但它毕竟没有完全脱离欧洲的发展轨道。法国革命和拿破仑帝国的扩张都给它带来了不小的振动，工业革命推动着它的发展，1848 年革命更是席卷了这一地区。然而，由于哈布斯堡王朝的发展落后于英、法等西欧诸国，其属下的中东欧北部地区不可能与西欧同步前进。即便是该地区发展最快的捷克，生产的机械化和蒸汽机的采用也比西欧晚一些，直到 19 世纪 40 年代蒸汽机才被大规模投入工业生产，此时工业革命已在英国率先完成。哈布斯堡王朝对于其统治下的中东欧北部各地区的不同政策还加深了它们之间的差异，捷克发达的工业在王朝境内首屈一指，匈牙利和斯洛伐克则是农业国，工业发展缓慢。

三　俄、普、奥瓜分下波兰的不均衡发展

与中东欧其他地区相比，波兰在更长的时间里跟随欧洲的脚步。当奥斯曼帝国入侵中东欧南部地区时，波兰王国正走在政治统一和经济进步的道路上。当奥地利哈布斯堡王朝与奥斯曼帝国对中东欧展开争夺时，波兰乘文艺复兴和宗教改革大潮，迎来了空前发展的"黄金时代"，成为中东欧的泱泱大国。但好景不长，17 世纪，波兰由盛及衰。进入 18 世纪后，波兰经济有所恢复，资本主义生产关系开始出现。与物质生产发展同行的是思想上的进步，法国启蒙思想在波兰广泛传播，教育、科学、文学、艺术显著发展，改革国家制度的呼声高涨。

不幸的是，就在此时，俄国、普鲁士、奥地利开始了对波兰的瓜

---

① ［英］艾伦·帕尔默：《夹缝中的六国——维也纳会议以来的中东欧历史》，于亚伦译，第 82 页。
② 同上书，第 83 页。

分。在 1772 年三国第一次瓜分波兰后，波兰人的革新热情并未削减，1791 年，在法国革命的鼓舞下，波兰议会通过《五三宪法》，保护农民人身自由，废除自由选王制和自由否决权，实行王位世袭制、多数表决制和三权分立制。1792 年，俄国发动对波兰的武装干涉，《五三宪法》被废除，革新成果化为乌有。俄国的举动引起奥、普两国的密切关注，但奥地利忙于干涉法国革命，无暇脱身，普鲁士则迅速向波兰进军，防止俄国独占波兰。1793 年，俄国、普鲁士两国第二次瓜分波兰。1794 年，波兰爆发塔代乌什·科希秋什科领导的民族起义，俄国、普鲁士联合行动，镇压起义，奥地利也借机侵入波兰，起义失败。1795 年，俄国、奥地利签订协定，随后与普鲁士签订协定，第三次瓜分波兰。波兰完全沦落到俄国、普鲁士和奥地利的统治之下。

首先，三国不同程度地在波兰推行德意志化或俄罗斯化政策，打断了启蒙思想的传播及其带动下的文化发展。奥地利和普鲁士在其属下的波兰领土上实行中央集权的管理体制，奥地利重新安排波兰贵族的等级，普鲁士则在政府机构中用普鲁士官员取代波兰贵族，并引入普鲁士法律体系；两国都规定德语为官方语言，开办德语中学；实行移民政策，鼓励移民到它占领的波兰领土上定居，普鲁士的移民规模大于奥地利。相比奥地利和普鲁士的德意志化政策，俄罗斯化政策的推行程度较轻。波兰被占领土基本保持原有的社会秩序和法律体系，当地贵族也保留了许多社会和法律特权，学校照旧运转，只在宗教领域迫使一些天主教徒改信东正教。

其次，三国的占领在不同程度上延缓了波兰经济的发展。奥地利统治下的波兰农民因开明专制制度的实施得到了一些实惠，1790 年约瑟夫二世去世后，改革停止，农民状况恶化。1792 年以后，奥属加里西亚为奥地利与法国的战争所累，经济严重受损。普鲁士向其占领的波兰地区索取原料和劳动力，输出工业品，限制了波兰工业的发展。俄国统治下波兰农民的境遇非但没有得到改善，反而变得更加糟糕。此外，波兰国界的变动直至最终的亡国打乱了原本统一的全国市场，三国的强取豪夺造成波兰财产的大量流失，对经济发展极为不利。

拿破仑帝国的胜利进军给渴望复国的波兰人以希望，他们跟随拿破仑军队与普鲁士、奥地利、俄国作战，为争取波兰独立做出了巨大牺牲，却只得到一个既无独立地位又没有覆盖波兰全境的华沙公国。但毕竟，"公国的创立粉碎了瓜分条约，并再次唤醒了民族复兴的希望"①。更为重要的是，在拿破仑统治下，华沙公国的资本主义得以萌发。1807 年，拿破仑签署《华沙公国宪法》，为雇佣劳动力和市民阶层的产生、工商业和城市的发展乃至资本主义的形成创造了前提条件。然而，由于封建贵族力量过于强大，市民很难进入议会，农民依然要听任封建主的摆布，被强迫劳役，加之华沙公国存在的短短几年几乎全部处于战争状态，除呢绒业、采矿业和冶金业因战争需要而获得发展外，工农业生产一蹶不振，军费一涨再涨，财政濒于破产。因此，在这一时期，波兰虽然出现了某些资本主义的萌芽，但发展并不顺畅。

1815 年的维也纳会议肢解了华沙公国，波兰重又落入俄国、普鲁士、奥地利三国之手。自此直到 20 世纪初，波兰的发展与占领国的政策和摆脱占领国统治、争取民族独立的斗争密切相关。

在三个占领国中，"奥地利是维也纳会议后对波兰民族做出让步最少的国家"②。奥属加里西亚由帝国总督和讲德语的官僚管辖，执行奥地利的法律，农民的处境未有改善。普鲁士在波兹南等地以其法律代替《华沙公国宪法》，限制自治权利，但认可波兰语为政府、法院和学校的主要语言，并进行土地改革，缓和与波兰人的关系；在但泽、托伦等地，则"没有对波兰的民族性在制度上或管理上做出重大意义的让步"③。克拉科夫自由市虽难免遭到俄国、普鲁士、奥地利三个保护国的干涉，但在 1846 年起义失败后并入奥属加里西亚前，拥有广泛的自治权，农民地位较高，商贸活动兴盛，工业亦有所发展。附属于俄国的波兰王国在成立之初曾经拥有一定的自治权，兼任波兰国王的俄国沙皇亚历山大一世签署的波兰王国宪法甚至是"当时

---

① 　[英] 耶日·卢克瓦斯基、赫伯特·扎瓦德斯基：《波兰史》，常程译，中国出版集团东方出版中心 2011 年版，第 142 页。

② 　同上书，第 153 页。

③ 　同上书，第 152 页。

欧洲大陆最进步的宪法之一"①。教育、科学和文化也得到一定的发展。但是，由于波兰国王享有违反或不执行宪法的特权，议会无权控制财政预算和军队，加之俄国贵族对宪法采取抵制态度，俄国很快便在波兰王国恢复了专制统治，执行书报检查制度，限制言论和出版自由，议会也极少召开会议。

1830 年华沙起义被镇压后，"不仅建立一个独立的大波兰的希望化为泡影，而且就连 1815 年有限的所得也失去了"②。俄国在波兰王国加紧推行俄罗斯化政策，波兰王国宪法被废除，自治被取消，王国军队被编入俄国军队。普鲁士也强制实行德意志化政策，规定德语为官方语言，取消波兹南的有限自治。奥地利则垂涎于独立的克拉科夫共和国，于 1835 年与俄国、普鲁士签订秘密协定，意欲不久后将其收入囊中。

1846 年克拉科夫起义和加里西亚暴动虽然遭到镇压，但严重打击了农奴制度，揭开了波兰民族民主革命的新篇章。在其推动下，1848 年欧洲革命爆发，奥占区和普占区的波兰人民积极投身其中，迫使奥地利、普鲁士颁布法令，废除农奴制。俄属波兰王国没有经历革命的冲击，仍维持着农奴制度。但由于与俄国统一了度量衡、货币和关税制度，波兰王国获得了广阔的东方市场，工业加速发展，自19 世纪 50 年代起从纺织部门开始了工业革命，农业也因工业的进步和粮食出口的增加而得到发展。生产力的提高与落后的农奴制度的矛盾日益尖锐，"1863 年的一月起义终于把农奴制度送入坟墓"③。至此，整个波兰地区走上资本主义发展道路。

资本主义经济在波兰不同地区获得不同的发展。在俄属波兰王国，工业革命的展开和农奴制的废除促进了工业进步。在纺织业等主要工业部门，手工工场逐渐被现代工厂所代替，铁路和城镇建设加快，重工业和食品工业也有较快发展。到 19 世纪 90 年代，工业革命

---

① 刘祖熙：《波兰通史》，商务印书馆 2006 年版，第 199 页。

② ［英］耶日·卢克瓦斯基、赫伯特·扎瓦德斯基：《波兰史》，常程译，第 159 页。

③ 刘祖熙：《波兰通史》，第 257 页。

结束，"波兰王国已从农业国变为农业—工业国"①。普鲁士/德国②把波兹南等地当作粮食和原料基地，这些地区的工业发展受到限制。即便是作为重工业基地的上西里西亚，其煤炭和冶金工业也落后于德国的鲁尔和萨尔等矿区。奥地利—奥匈帝国③更多地关注奥地利本土和捷克的工业与匈牙利和斯洛伐克的农业发展，只把加里西亚当成原料产地和商品销售市场，向其征税征兵，以致加里西亚的经济十分落后，切欣西里西亚却发展很快，煤炭、冶金、纺织、酿酒、制糖和木材加工业都很发达，农业产量也很高。

1905—1907年，波兰王国革命虽以失败告终，但迫使俄国放宽了对语言和宗教信仰的限制，也鼓舞了奥匈帝国和德国占领区波兰人民争取民族权利的斗志。在他们的抗争下，奥属加里西亚地方议会的权力得以扩大，工农代表获得了参政机会，国家机关和企业被允许使用波兰语，德国也取消了在宗教课上不准使用波兰语的规定。波兰人民的爱国热情高涨，俄国、德国、奥地利三国的统治越来越难以维持了。

可见，较之中东欧其他地区，波兰拥有更多与欧洲共同的经历。它曾乘文艺复兴和宗教改革的大潮，迎来"黄金时代"；受法国启蒙思想和法国革命的鼓舞，进行革新运动，通过《五·三宪法》，确立民主制度的雏形；拿破仑治下的华沙公国获得了资本主义的初步发展；1848年欧洲革命则把奥占区和普占区带进了资本主义发展阶段。但俄国、普鲁士、奥地利对波兰的瓜分和统治阻遏了波兰的统一和资本主义发展，致使地区间差异不断拉大，19世纪60年代，俄属波兰王国才废除农奴制，走上资本主义发展道路。

四　两次世界大战之间中东欧的"回归"

第一次世界大战后，中东欧国家摆脱持续数百年的异族统治，获得独立，完全并入欧洲的发展轨道。

---

① 刘祖熙：《波兰通史》，第296页。
② 1871年，在以奥托·冯·俾斯麦为首的普鲁士政府推动下，建立统一的德意志帝国，普鲁士国王威廉一世成为德意志帝国皇帝。
③ 1867年，奥地利帝国改组为二元制的奥匈帝国。

十月革命的胜利和第一个社会主义国家的建立为中东欧国家树立了榜样，鼓舞了这些国家无产者的革命热情，匈牙利、波兰、塞尔维亚人—克罗地亚人—斯洛文尼亚人王国、保加利亚、捷克斯洛伐克和罗马尼亚出现了共产党组织，匈牙利和斯洛伐克建立了苏维埃共和国。法国等国为遏制苏俄，把中东欧建成"西方与世界上第一个社会主义国家之间"的"间隔地带"①，联合与匈牙利存在领土纠纷的罗马尼亚、捷克斯洛伐克和塞尔维亚人—克罗地亚人—斯洛文尼亚人王国武装干涉匈牙利革命，颠覆了斯洛伐克和匈牙利苏维埃共和国。1919年11月，在协约国的操纵下，原奥匈帝国海军上将霍尔蒂·米克洛什率"国民军"进驻布达佩斯。1920年3月，霍尔蒂被匈牙利国会推举为摄政王，在君主立宪制的名义下开始独裁统治。

20世纪20年代初，除实行独裁统治的匈牙利和在资产阶级民主与封建专制之间摇摆不定的阿尔巴尼亚外，其他中东欧国家"都向西方特别是向法国寻求议会制度的蓝本"，但"不幸的是，把外国事物生硬地嫁接到土生土长的政治机体上，自然会产生混乱，促使腐败作风蔓延。加之这些国家无一不有有势力的集团，它们仇恨这些政治机构的存在，想方设法要搞垮议会制度；于是在这十年之末，除捷克斯洛伐克之外，各地的民主理想看来都已被弄得污点斑斑，无法挽回"②。

与此同时，中东欧国家"置身于新建立的共和德国与新建立的布尔什维克俄国之间"③，只不过德国因战败而大受打击，无力向中东欧扩张，苏俄/苏联④奉行民族自决权原则，也不再对它构成威胁。作为战胜国的英美虽扩大了在这一地区的影响力，但由于地缘关系，尚不想直接介入，只有法国和意大利给予中东欧特别的关注。法国意欲拉拢中东欧国家，抵制苏俄/苏联的影响，防止德国东山再起，维护

---

① ［匈］温盖尔·马加什、萨博尔奇·奥托：《匈牙利史》，阚思静等译，第318页。

② ［英］艾伦·帕尔默：《夹缝中的六国——维也纳会议以来的中东欧历史》，于亚伦译，第217—218页。

③ 同上书，第189页。

④ 1922年12月，俄罗斯联邦等四个苏维埃共和国根据列宁的提议结成联盟，成立苏维埃社会主义共和国联盟，简称"苏联"。

凡尔赛体系，保住霸权地位。而新近获得独立或统一的波兰、捷克斯洛伐克、罗马尼亚、塞尔维亚人—克罗地亚人—斯洛文尼亚人王国为保持国家独立和领土完整，也需维护凡尔赛体系，这恰与法国的想法不谋而合，自然要寻求法国的保护。意大利则把中东欧作为其冲破凡尔赛体系、向外扩张的对象，起初，它致力于与罗马尼亚、塞尔维亚人—克罗地亚人—斯洛文尼亚人王国和捷克斯洛伐克发展关系，后在意识到无力超越法国在这三国的影响①后，将目光转向匈牙利、保加利亚和阿尔巴尼亚。而对于在第一次世界大战中失去土地的匈牙利和保加利亚来说，其目标是修改构筑凡尔赛体系的一系列和约，收复失地，这与意大利的图谋颇为接近，自然会与意大利走到一起；对于立足未稳的阿尔巴尼亚来说，其目标是争取更多的经济援助和政治保证来巩固独立地位，意大利恰恰满足了它的这一要求，成为其最为依赖的国家。

1929—1933 年，经济危机席卷整个资本主义世界，中东欧乃至整个欧洲局势发生深刻变化。在中东欧，经济危机使本就落后于西欧的经济雪上加霜，工农业生产显著下降，失业人数急剧增长，人民生活状况迅速恶化。不仅如此，经济危机还激化了阶级矛盾和民族矛盾。一方面，工人失业、农民破产和由此导致的人民生活贫困化加剧了阶级矛盾，在共产党的宣传鼓动或组织领导下，罢工、罢市和游行示威此起彼伏。另一方面，中东欧国家试图通过合作渡过危机，它们也确实召开过会议，讨论关税和粮价等共同关心的问题。然而，在中东欧国家分属法国、意大利两大集团，内部又矛盾重重的情况下，它们非但没有合作的可能，反而由于冲突扩大了两个集团间旧有的分歧，德国也站到了意大利一边。结果，捷克斯洛伐克苏台德地区的德意志人得到德国的支持，克罗地亚的"乌斯塔沙"组织得到意大利和匈牙利的支持而气势汹汹，直接威胁着捷克斯洛伐克和南斯拉夫的稳定。② 面对严重的经济衰退、尖锐的阶级矛盾和民族矛盾以及由此

---

① 实际上，意大利对凡尔赛体系的否定态度也与这三国完全相反。

② 参见［英］艾伦·帕尔默《夹缝中的六国——维也纳会议以来的中东欧历史》，于亚伦译，第258—259页。

引发的社会动荡，为维护统治，多数中东欧国家的当权者强化独裁统治，集中全国力量克服经济困难、压制国内矛盾、镇压工农运动和民族分裂活动。

经济危机不仅促使多数中东欧国家加强了独裁统治，而且把阿道夫·希特勒推上了德国的政治舞台。同时，与资本主义世界的危机和萧条形成鲜明对比，苏联经济获得长足发展。德国法西斯的上台和苏联国力的增强打破了英、法等第一次世界大战胜利国主导的凡尔赛体系，改变了欧洲地区的国际关系格局。德国的"新领导人决意修改第一次世界大战的领土和约，并有办法、有决心这样做。他们大规模重整军备的计划和惊人的侵略行径急剧地改变了势力均衡。较弱的意大利不再是徒劳无益地企图向现状挑战的唯一的修正主义国家"①。由于德、意要求改变现状，英、法坚持维护现状，"因五年计划而变得强大的苏联起着日益重要的作用"②，欧洲出现了德意、英法和苏联三足鼎立的局面。处于三方较量中的中东欧国家，大多情况下是大国掌控或想要掌控的对象，只能追随大国的政策。

随着时间的推移，德意、英法和苏联三方较量的天平逐渐向德意倾斜，战争危险不断扩大。一方面，中东欧国家受到德意法西斯的影响，独裁倾向更为加强，法西斯组织在一些国家发展起来。另一方面，"在紧急时期，采取迅速的独裁行动常常被认为是必要的"③。因此，"30 年代中期的中东欧所有国家都依然明显地倒向极右，唯独捷克斯洛伐克例外"④。然而，即便在一直坚持民主制的捷克斯洛伐克，德国扶植的苏台德德意志党、带有某些法西斯倾向的赫林卡斯洛伐克人民党的力量也在不断增长，苏台德德意志党甚至成为德国吞并捷克斯洛伐克的工具。

---

① ［美］斯塔夫里阿诺斯：《全球通史：1500 年以后的世界》，吴象婴等译，第 710 页。

② 同上。

③ ［美］C. E. 布莱克、E. C. 赫尔姆赖克：《二十世纪欧洲史》（上），人民出版社 1984 年版，第 606 页。

④ ［英］艾伦·帕尔默：《夹缝中的六国——维也纳会议以来的中东欧历史》，于亚伦译，第 277 页。

进入 1938 年后，德意、英法和苏联的三方较量呈现出新的特点：德意的扩张势头更为猛烈，英法经历了由姑息纵容到坚决反对德意侵略行为的转变，苏联则在与英法合作不成之时，转而与德国签订了互不侵犯条约。处于三方较量下的中东欧国家的安全越发岌岌可危。1938 年 9 月的慕尼黑会议将捷克斯洛伐克的苏台德区送给德国。1939 年 3 月，德国灭亡捷克斯洛伐克。1939 年 4 月，意大利占领阿尔巴尼亚。1939 年 9 月，德国入侵波兰，第二次世界大战爆发。

可见，在两次世界大战之间，中东欧国家历经数百年的异族统治后，再次以独立国家的身份参与欧洲的发展。在政治上，虽然除捷克斯洛伐克外的中东欧国家都走向了独裁，但这在当时的欧洲并非异数，"政治民主制在战争间歇期的失败同样也发生在了欧共体国家如德国、意大利、西班牙和葡萄牙，甚至可以说中东欧极权主义浪潮正是从西欧发生的事件中得到了动力"①。在经济上，中东欧国家"在半工业化的和大量的农村并存的状况中，它们初始的经济发展在超级通货膨胀、战后工业萎缩和农业贫困诸多重负下开始起步"②，又遭遇经济危机的打击，落后状况没有改变，到 1938 年，中东欧国家的国内生产总值只有西欧国家水平的 44.1%。③ 在外交上，中东欧国家作为小国、弱国，先是投入法国或意大利的麾下，继而寻求在德意、英法和苏联的博弈中保全自己，却最终与欧洲大国一起跌入战争的深渊。

综上所述，中东欧自古便是欧洲的一部分，与西欧一样拥有希腊、罗马、基督教的文化渊源。随着罗马帝国的分裂，特别是基督教会的分裂，受拜占庭文化的影响、信仰东正教的中东欧南部地区开始走上不同于欧洲的发展道路。及至奥斯曼帝国到来，这一地区更与欧洲渐行渐远，阿尔巴尼亚和波斯尼亚的基督教教徒甚至皈依了伊斯兰

---

① 郇庆治：《多重管制视角下的欧洲联盟政治》，山东大学出版社 2002 年版，第 25 页。

② ［英］诺曼·戴维斯：《欧洲史》，郭方等译，世界知识出版社 2007 年版，第 985 页。

③ 参见 Ivan T. Berend，"Transformation and Structural Change: Central and East Europe's Post-communist Adjustment in Historical Perspective," in Tadayuki Hayashi, *The Emerging New Regional Order in Central and East Europe* (Slavic Research Center, Hokkaido University, 1997). 转引自孔田平《东欧经济改革之路》，广东人民出版社 2003 年版，第 363 页。

教。相比之下，奥地利哈布斯堡王朝统治下的中东欧北部地区从未完全脱离欧洲，波兰则有着更多与欧洲共同的经历。① 直至第一次世界大战结束，中东欧国家独立，才全部回到欧洲的轨道上。从经济发展来看，中东欧国家不论是否曾经离开欧洲，都或多或少地落在欧洲的后面，以致 19 世纪的奥地利政治家梅特涅认为"亚洲始于维也纳的门外"②。曾经或始终属于欧洲，又长期落后于欧洲的事实为 20 世纪末中东欧国家"回归欧洲"提供了动力。如《欧洲史》一书所说："东欧即使是贫穷的、不发达的，或被暴君统治的，依然是欧洲的。在许多方面，正是由于它受到剥夺，它变得更为欧洲化，更依恋于富裕的西方人可以当作理所当然的价值。"③ 这正是中东欧国家"回归欧洲"的历史基础。

第二节　"回归欧洲"的现实需要

欧洲即将跨入 20 世纪之时，地理政治学说的奠基者、英国牛津大学地理学教授麦金德写道："政治的进程是驱动和导航两种力量的产物。这种驱动的动量源于过去，它植根于一个民族的特质和传统的历史之中。而今天则是通过经济的欲求和地理的机遇来引导政治的动向。"④ 20 世纪末开始的中东欧国家"回归欧洲"的进程亦是历史基础的驱动和现实需要的导航共同作用的结果。不同的是，"回归欧洲"的现实需要不仅源于经济的欲求和地理的机遇，而且源于政治的考虑。

---

① 有学者认为，一批中东欧国家在历史上是属于欧洲文化，即西方文化的，它们是欧洲文明即西方文明的一部分，而另一些国家则不属于欧洲文明，而是属于拜占庭文明和伊斯兰文明，所以它们就没有"回归欧洲"的理由，只有"加入欧洲"的权利。参见刘祖熙《中东欧国家"回归欧洲"的历史思考》，《西伯利亚研究》1999 年第 1 期。

② Robin Okey, *Eastern Europe 1740 – 1985 : Feudalism to Communism* , Second Edition (University of Minnesota Press, 1986) , p. 17.

③ ［英］诺曼·戴维斯：《欧洲史》，郭方、刘北成等译，导言，第 49 页。

④ H. J. 麦金德：《政治地理的自然基础》，《苏格兰地理杂志》1980 年第 6 期，第 84 页。转引自［英］杰弗里·帕克《二十世纪的西方地理政治思想》，李亦鸣等译，解放军出版社 1992 年版，中译本序，第 4 页。

一　摆脱苏联模式和苏联控制

第二次世界大战后初期，南斯拉夫、保加利亚、罗马尼亚、捷克斯洛伐克、匈牙利和波兰走上人民民主道路，不过，南斯拉夫共产党很快便通过选举实现一党执政，人民民主道路被苏联模式所取代，阿尔巴尼亚也追随南斯拉夫采用苏联模式。20 世纪 40 年代末，随着冷战的爆发，苏联加强对中东欧的控制，开始在中东欧地区推行苏联模式，组成苏东阵营。绝大多数中东欧国家作为苏东阵营的一员，"不仅服从苏联的外交政策；它们的内部结构在某种程度上还服从苏联的意志"①，其发展受苏联内外政策的影响严重，乃至受制于苏联的控制和干预，只能遵循苏联划定的道路，彻底与欧洲分道扬镳。②

对多数中东欧国家来说，苏联模式是苏联为控制中东欧而强制推行的。为把这一模式强加于中东欧国家，必须清除各国共产党内特别是领导层内的障碍。波兰工人党总书记瓦迪斯瓦夫·哥穆尔卡因主张"通向社会主义的波兰道路"而成为首当其冲的受害者。1951 年 8 月，哥穆尔卡锒铛入狱。从 1948 年 9 月到 1949 年 12 月，波兰工人党/统一工人党③连续进行了三次清洗，清除那些坚持哥穆尔卡的观点，或是同情他的人，几乎牵涉到 1/4 的党员。④ 1951 年 5 月，大批军队高级将领被捕，19 人因"叛国罪"而被判处死刑，70 多人被判处终身监禁，约有 1500 人被判处 10—15 年徒刑。⑤

阿尔巴尼亚共产党中央政治局委员、中央组织书记、部长会议副主席兼内务部部长科奇·佐治因与南斯拉夫关系密切、主张建立阿南联邦而成为清洗的对象。1948 年 11 月，他在阿尔巴尼亚共产党一大

---

①　[美]特里萨·拉科夫斯卡—哈姆斯通、安德鲁·捷尔吉主编：《东欧共产主义》，林穗芳译，黑龙江人民出版社 1984 年版，第 36 页。

②　20 世纪 40 年代末苏南冲突后，南斯拉夫被孤立于苏东阵营之外。60 年代以来，阿尔巴尼亚与苏联关系恶化，脱离苏联阵营。不过，两国并没有因此"回归欧洲"，南斯拉夫实行社会主义自治制度，阿尔巴尼亚更是固守苏联模式，使之获得了极端的发展。

③　1948 年 12 月，波兰工人党与社会党合并，建立波兰统一工人党。

④　参见[美]斯蒂芬·费希尔—盖拉蒂编《东欧各国共产党》，张月明等译，东方出版社 1986 年版，第 242 页。

⑤　参见刘祖熙主编《东欧剧变的根源与教训》，东方出版社 1995 年版，第 54 页。

上被开除出党。1949 年 6 月，他被判处死刑。之后，清洗逐渐向基层扩展。1950—1951 年，阿尔巴尼亚劳动党①共开除党员 3776 人，占党员总数的 8%。1953 年，在清理干部队伍的过程中，中央各部委共清除 5235 人，各区和企业共清除 2529 人。②

保加利亚共产党中央书记、部长会议副主席兼国家经济委员会主席特莱乔·科斯托夫因支持建立南保联邦、反对成立情报局、在他主管的经济工作中把保加利亚民族利益置于苏联的国家利益之上而冒犯了苏联。1949 年 12 月，科斯托夫被处决。科斯托夫案件株连了包括内务部部长安东·于哥夫在内的 20 多名长期从事地下工作的党员领导干部，上千名高级干部被判刑。

与波兰、阿尔巴尼亚和保加利亚的清洗针对那些不顺从苏联意旨的领导人不同，匈牙利、捷克斯洛伐克和罗马尼亚的清洗在各国党内权力斗争和苏联反犹太主义运动的影响下，大大超出了清除苏联异己的范围，不仅匈牙利的拉伊克·拉斯洛、罗马尼亚的卢克雷提乌·帕特勒什卡努等"国内派"——第二次世界大战期间在本国坚持反法西斯斗争的人——被看作潜在的异己而遭到清洗，甚至捷克斯洛伐克的鲁道夫·斯兰斯基，罗马尼亚的安娜·波克、瓦西里·卢卡和特奥哈里·乔治斯库这些"莫斯科派"——第二次世界大战期间流亡苏联的人——也难逃厄运，出现了"清洗者被清洗"③的现象。伴随着上述领导人的被清洗，在匈牙利，1949—1953 年，共有 470 多人遭到清洗，20 万人受株连，近百万人被当作怀疑对象。④ 在捷克斯洛伐克，成百名党和国家高级领导人、军官以及参与斯兰斯基审判的上百名证人被捕，600 多名前社会民主党成员也遭到逮捕。⑤ 捷共 8.4% 的党员

---

① 1948 年 11 月，阿尔巴尼亚共产党一大决定将共产党改名为劳动党。

② 参见刘祖熙主编《东欧剧变的根源与教训》，第 33、178 页。

③ ［英］本·福凯斯：《东欧共产主义的兴衰》，张金鉴译，中央编译出版社 1998 年版，第 101 页。

④ 参见刘祖熙主编《东欧剧变的根源与教训》，第 133 页。

⑤ 参见 George H. Hodos, *Show Trials*, *Stalinist Purges in Eastern Europe*, *1948 – 1954* (Praeger, 1987)，p. 79.

和预备党员近 20 万人被开除或除名。① 在罗马尼亚，1948—1950 年，通过对党员的普遍审查，共开除了 20 多万人出党。②

为推行苏联模式清除异己而发起的这场清洗运动重演了苏联大清洗的悲剧，制造了大批冤假错案，践踏了社会主义民主和法制，损害了共产党的威望和社会主义的声誉，造成了极为恶劣的政治影响。

不仅如此，作为一种外来模式，苏联模式很难适合中东欧国家的实际。首先，虽然多数中东欧国家在第二次世界大战前"实际上并没有实行多长时间的议会民主"，但是，"它们的民主制度（出版自由，结社自由，司法独立，等等）和人们之间关系的一般文明水平要比苏联高得多；与西方文化的联系也更紧密"③，这就使得中东欧国家人民更加难以适应高度集权的苏联政治模式以及由此产生的个人专断、个人崇拜等弊病。其次，以高度集中的指令性计划体制为特征，优先发展重工业的苏联经济模式对地大物博、有丰富的物力和人力资源进行高投入，又处于资本主义包围之中，必须迅速增强国力的苏联来说显然有其合理性，苏联也曾因此取得了令人瞩目的经济成就。而对于地小物稀，劳动力短缺，又身处相对和平时期的中东欧国家来说，这种经济模式虽然也曾有助于中东欧国家的现代化进程，1950—1973 年，中东欧国家经济以年平均 3.9% 的速度发展，在现代史上第一次缩小了同西欧国家的差距④，但毕竟水土不服。如《苏联兴亡史论》一书所说："如果说斯大林模式在其'原生地'苏联因其产生的特定环境、条件曾发挥过一定的积极作用，还有过一定的历史合理性的话，那么，东欧国家由于各国国情的特殊性，从一开始就对强加给自己的斯大林模式表现出极大的不适应。正因为如此，体制问题成为战后东欧各国发展道路上的最大问题。"⑤

---

① 参见马细谱主编《战后东欧——改革与危机》，中国劳动出版社 1991 年版，第 278 页。

② 参见刘祖熙主编《东欧剧变的根源与教训》，第 62 页。

③ ［波］W. 布鲁斯：《社会主义的所有制与政治体制》，郑秉文等译，华夏出版社 1989 年版，第 62 页。

④ 参见朱晓中《中东欧与欧洲一体化》，社会科学文献出版社 2002 年版，第 30 页。

⑤ 陆南泉、姜长斌、徐葵、李静杰：《苏联兴亡史论》，人民出版社 2002 年版，第 529—530 页。

随着时间的推移，中东欧国家对苏联模式的不适应以及苏联模式本身的矛盾和弊端越来越明显地暴露出来，给中东欧国家的发展造成很大的危害。在政治上，以党代议，议会成了把党的决定变成国家法律的工具，使一切权力属于劳动人民几成空话，人民当家做主的权利得不到有效的体现，参政议政的政治积极性受到了极大的损害；以党代政，一方面干扰了行政系统的正常运转，削弱了政府机关的作用，另一方面易于在执政党队伍中滋长官僚主义，培育特权阶层，甚至直接影响党内的民主生活，此外，党政机构重叠导致党和国家机关增员过多，人浮于事，工作效率低下；以党代法，把党内意见分歧乃至权力斗争诉诸专政手段，无视法律的存在，严重破坏社会主义法制；党内集权，损害党内民主；个人独裁，滋长个人崇拜。在经济上，过分单一的所有制形式脱离了中东欧国家落后的生产力水平的实际，阻碍了经济的进步，尤其是农业集体化的实施违反自愿原则，强制农民加入合作社和严厉打击富农的做法伤害了农民的利益，不少人背井离乡，土地荒芜，农业损失惨重；无所不包的指令性计划包揽了国民经济整个生产和分配过程，高度集中的行政管理手段更是严密地控制着企业的一举一动，完全排斥了市场的作用，以致企业不再重视产品的竞争力，科技人员缺乏顺应世界科技革命浪潮的创造精神，劳动者也没有真正的主人翁的主动性和积极性，原材料、能源和劳动力浪费严重，产品更新缓慢、积压如山，经济效益低下，经济发展失去了前进的动力和活力；片面强调重工业，忽视农业和轻工业，国民经济各部门间比例失调，不仅造成了对原材料和能源的巨大消耗，经济增长趋势下降，而且由于农业和轻工业滞后，食品和日用消费品供应日趋紧张，人民生活水平得不到改善；封闭的经互会体系"断绝了它们参与蓬勃发展的西欧贸易市场的可能性"[1]，而不得不仰仗苏联的支持，形成对苏联经济的严重依赖，处于被支配地位。

与此同时，西欧国家乘新科技革命的大潮，经济获得高速发展，迎来了稳定和繁荣的"黄金时期"。尽管 1973 年石油危机的爆发对西欧国家经济造成冲击，但它们通过成功的结构调整，重新获得了活

---

[1]　[美] 托尼·朱特：《论欧洲》，王晨译，第 71 页。

力。1973—1992 年，西欧国家的年增长率约为 1.8%，几乎是中东欧国家的 3 倍，东西欧之间的差距从 1∶2 扩大到 1∶4。南欧国家经济也发展得很快。1950—1973 年，国内生产总值年均增长 4.8%。20 世纪 70 年代以来，西班牙、希腊和葡萄牙的经济发展水平均超过中东欧国家①。中东欧国家与欧洲的差距拉大。

更令中东欧国家难以接受的是，苏联模式不仅是一种外来模式，而且是苏联控制中东欧、加强其自身力量与美国对抗的工具。从某种意义上说，中东欧"各民族所面临的第一位的现实问题，不是别的，而是不能按照自己的愿望、要求和文化历史传统建设属于自己的社会，一种要求摆脱'准殖民地'式的控制的情绪埋藏在人们的心里，一有机会就不免爆发出来"②。1956 年波兰波兹南事件、十月事件及其后一波三折的改革，1956 年匈牙利事件及其后"静悄悄的革命"，1968 年捷克斯洛伐克的"布拉格之春"便是反抗苏联控制和改革苏联模式的集中体现。

然而，上述尝试大都遭到苏联的干涉，甚至武力镇压。在波兰十月事件中，苏联对于波兰出现的改革浪潮和离心倾向倍感忧虑，出动军队包围华沙，一些坦克甚至开进华沙郊区的工人居住地。虽然在民众和大部分军队的支持下，波兰顶住了苏联的压力，争取到一定的自主权，开始实行符合本国实际的改革，但事隔不久，改革便在国内保守势力的阻挠和苏联的非难下止步，波兰从此陷入危机—改革—再危机的怪圈里。在匈牙利事件中，苏联两度出兵。第一次出兵不但没有达到平息事态的目的，反而激化了本已高涨的反苏情绪，布达佩斯警察和部分驻军倒戈，大量武器流向社会，流血冲突不断扩大。为防止匈牙利脱离苏东阵营，苏联再次出兵，撤换在它看来不但无力左右局势，而且愈益屈从于反动势力、投入西方怀抱的纳吉政府，建立工农革命政府。此后，匈牙利虽在对外顺从苏联的遮掩下，对苏联模式进行了"静悄悄的革命"，但这场"革命"没有彻底突破苏联模式，虽然取消了指令性计划，但中央计划仍起主导作用；虽然给予企业很大

---

① 参见朱晓中《中东欧与欧洲一体化》，第 30—31 页。
② 陈乐民：《20 世纪的欧洲》，第 110—111 页。

的自主权，但中央主管部门仍保留着干预企业经营的权力；虽然强调党政分开，但党包揽一切的做法仍普遍存在；虽然各级议会的职权有所扩大，但它仍是执行社会主义工人党决议的工具。捷克斯洛伐克的"布拉格之春"则引来了苏联为首的华约五国的公然入侵，改革之梦被坦克碾得粉碎。捷共中央启动"正常化"和"整顿"运动，从清党开始，全面否定"布拉格之春"，恢复苏联模式。

推行苏联模式之苦、实行苏联模式之害、加强苏联控制之伤在中东欧地区积聚起对苏联控制的反感和对苏联模式的否定，形成一股汹涌的暗流。1985 年戈尔巴乔夫上台后，苏联开始放手中东欧，这股暗流找到了出口，终于喷薄而出。

中东欧国家发生剧变、抛弃苏联模式后，把彻底清除苏联影响、脱离苏东阵营当作一项重要任务。1989 年底以来，捷克斯洛伐克、匈牙利和波兰相继要求苏军撤离。1990 年 2 月、3 月和 1991 年 4 月，苏军分别开始从捷克斯洛伐克、匈牙利和波兰撤出。1990 年 5 月，匈牙利议会外交委员会要求匈牙利政府尽快与华约其他成员国举行双边谈判，解决匈牙利退出华约的问题。6 月，华约成员国召开政治协商委员会会议，决定成立一个委员会，在 11 月底向特别最高级会议提出改革建议。但会议刚一结束，匈牙利就表示要退出华约。9 月，民主德国国防部部长和华约总司令签署退出华约的议定书。波兰、匈牙利、捷克斯洛伐克也随即要求退出。1991 年 6 月，苏军全部撤出捷克和斯洛伐克①以及匈牙利。7 月，华沙条约组织解散。9 月，经济互助委员会解散。12 月，苏联解体。1993 年 9 月，最后一批俄罗斯军队离开波兰。至此，不仅中东欧国家摆脱了苏联的控制，而且苏东阵营乃至苏联本身也已不复存在。

可见，在与欧洲分道扬镳的那段日子里，多数中东欧国家为苏联模式和苏联控制所苦，突破无门。欧洲作为"（中）东欧剧变之前社会制度、苏联霸权和国家与社会特定组织形态所必需的对立物"②，

---

①　1990 年 4 月，捷克斯洛伐克联邦议会改国名为"捷克和斯洛伐克联邦共和国"。

②　陆南泉等主编：《苏东剧变之后：对 119 个问题的思考》，新华出版社 2012 年版，第 1658 页。

成为它们向往的家园。特别是 20 世纪 70 年代以来，"失败的社会主义政权的国内批评者们越来越多地把'回归欧洲'看作出路"①。直到 1989 年发生剧变，中东欧国家才完全抛弃苏联模式。两年后，苏东阵营和苏联也分崩离析。可以说，摆脱苏联模式和苏联控制既是中东欧国家"回归欧洲"的重要原动力，又是它不可或缺的前提。

二　保证转型顺利进行

中东欧国家在剧变后，开始向民主制度和市场经济转型。当时的法国总统弗朗索瓦·密特朗曾经兴奋地说："现在，欧洲又成为一个了！"意思是说，第二次世界大战后在欧洲形成的苏联和东欧社会主义国家组成的"大家庭"已经崩溃，欧洲已象征性地认同于同一种政治经济制度和价值观了。② 这种认同为中东欧国家"回归欧洲"奠定了基础，也使它们坚信，"回归欧洲"有助于转型的顺利进行。更何况，从更宽泛的意义上讲，国内体制与欧洲国家趋同本就是"回归欧洲"的应有之义。

20 世纪 90 年代初，中东欧国家虽然确立了向民主制度的发展方向，但林立的政党、激烈的党派斗争、混乱的选举制度、频繁更换的议会和政府、难以独立的司法机关、矛盾重重的立法与行政关系以及不时波动的政局，使得政治转型进程动荡不定；虽然推行了私有化和市场化改革，但无论是采用"休克疗法"的波兰和捷克，还是推行渐进改革的匈牙利，经济都一度出现危机，国内生产总值下降，通货膨胀率上升，失业率居高不下，经济转型困难重重。保证转型的顺利推进成为中东欧国家面临的迫切任务。

南欧国家的经历令中东欧国家看到了欧共体对转型的推动作用。20 世纪 70 年代中期，希腊、葡萄牙和西班牙向民主制度转型后，先后提出加入欧共体的申请。希腊"希望以此促进经济发展，为希腊产品尤其是农产品找到进入西欧市场的渠道……希腊政治中的中间派和

---

① ［美］托尼·朱特：《论欧洲》，王晨译，第 76 页。
② 参见陈乐民、周弘《欧洲文明的进程》，生活·读书·新知三联书店 2003 年版，第 358 页。

保守集团承认加入欧共体会'为希腊羽毛初丰的民主制度提供最好的保障'"①。在葡萄牙和西班牙,"如同在希腊一样……民主的确立都被看作是确保欧共体成员的资格带来的经济好处的必要条件,而且欧共体的成员资格也被看作是民主稳定性的保障"②。三国的转型的确也受益于欧共体的帮助。"罗马条约的程序规定要为共同体内最贫穷的地区提供补助,这些规定最终使得希腊、西班牙和葡萄牙大量受惠。……共同体自身已经形成了一套稳定的奖赏与激励模式,共同体对邻近地区的、正在巩固中的民主国家报以深刻而长期的关注,加入欧洲共同体的期望'制造了民主化的切实而长期的压力'。"③

转型的困难和南欧国家的先例使得中东欧国家把加入欧共体/欧盟④作为转型顺利进行的保证。在中东欧国家看来,欧共体/欧盟不仅是能够保障"欧洲安全和经济一体化"的"有效组织",而且是"自由民主价值的具体体现","其成员资格因而不仅被看成是巩固国家安全和推进一体化的需要,而且被当作争取和维护国内民主制的必不可少的条件"⑤。同时,欧共体/欧盟也是"繁荣""增长"的代名词,通过加入欧共体/欧盟,可以得到援助和补贴,还可进一步吸引外资、扩大贸易、调整产业结构,从而促进经济增长和市场经济体制的完善。事实也是如此。通过与欧共体/欧盟的接近,中东欧国家的转型进程得到了很大程度的规范和推动。

早在1989年剧变发生之时,欧共体便开始了对中东欧国家的援助。1989年7月,西方七国首脑会议出台"24国援助计划",欧共体15国与美国、日本、土耳其、加拿大、瑞士、挪威、冰岛、澳大利亚和新西兰以及国际货币基金组织、世界银行等国际机构决定在该计划框架内协调对开始民主化和向市场经济转型的中东欧国家的援助,

---

① [美] 亨廷顿:《第三波——20世纪后期民主化浪潮》,刘军宁译,第99—100页。
② 同上书,第100页。
③ [美] 胡安·J. 林茨、阿尔弗莱德·斯泰潘:《民主转型与巩固的问题:南欧、北美和后共产主义欧洲》,孙龙等译,浙江人民出版社2008年版,第145—146页。
④ 1993年11月,欧共体正式改称"欧洲联盟"。
⑤ Regina Cowen Karp (ed.), *Central and Eastern Europe: The Challenge of Transition* (Oxford University Press Inc., 1993), p. 7.

欧共体委员会负责协调。援助集中在三个方面：一是放宽从中东欧国家的工业品进口；二是对中东欧国家经济转型提供技术援助；三是对宏观经济稳定提供财政援助。1990—1995 年，欧共体/欧盟及其成员国提供了 46 亿埃居的援助，占 24 国援助总额的 53%。[①]

　　1989 年 11 月，欧共体非正式首脑会议决定从 1990 年 1 月 1 日起取消对匈牙利和波兰工业品出口的全部数量限制，并把贸易普惠制扩大到波兰和匈牙利。12 月，欧共体首脑会议确定欧共体成员国将拿出 5 亿美元的稳定化基金支持波兰的币制改革。同月，欧共体理事会通过"关于对匈牙利共和国和波兰人民共和国经济援助的条例"，决定在 1990 年 12 月 31 日前拨款 3 亿埃居支持匈牙利和波兰正在进行的经济和社会改革进程，特别是为经济重建提供资金。[②]"法尔计划"开始实施。1990 年 9 月起，"法尔计划"的地理范围逐步扩展，几乎囊括了整个中东欧地区。

　　在中东欧国家转型初期，"法尔计划"主要提供专业技能和技术援助，以及在需要的地方提供人道主义援助，旨在帮助这些国家建立以自由企业和个人主动性为基础的市场经济。当转型进程取得进展时，中东欧国家对技术援助的需求下降，对投资援助特别是在诸如基础设施和环境保护方面的投资援助需求大大提高。"法尔计划"是一个"需求驱动型"计划，即伙伴国自身是影响计划的驱动力量。这有助于灵活对待十分不同并快速发展的伙伴国的需求并做出反应，确保伙伴国在计划中获得真正的利益。1993 年 6 月，哥本哈根欧洲理事会会议首次授权"法尔计划"使用至多 15% 的资金用于资助大型基础设施计划。1994 年 12 月，埃森欧洲理事会会议确认"法尔计划"为"准备加入战略"的主要财政工具，将"法尔计划"与中东欧国家的入盟进程明确联系起来，并将用于大型基础设施建设的资金比例提升到 25%。1997 年 12 月，卢森堡欧洲理事会会议决定建立一个新工具——"加入伙伴关系"，把给申请国的各种形式的援助纳入

----

① 参见朱晓中《中东欧与欧洲一体化》，第 80—81 页。

② 参见 Council Regulation（EEC）No. 3906/89 of 18 December 1989 on economic aid to the Republic of Hungary and the Polish People's Republic，http：//eur-lex. europa. eu/legal-content/ EN/TXT/PDF/? uri = CELEX：31989R3906&from = EN.

单一框架，该框架包括申请国采用共同法所应遵守的优先事项以及用于该目标的财政资源，特别是"法尔计划"。欧洲理事会还为"法尔计划"确定了两个优先目标：加强行政和司法能力及与采用和执行共同法相关的投资。从1998年起，约30%的"法尔计划"援助用于为制度建设提供帮助，包括加强民主制度和公共管理。①

在出台"法尔计划"的同时，欧共体开始讨论与中东欧国家缔结《联系国协定》的可能性。1990年4月，都柏林欧洲理事会会议同意就此与中东欧国家进行谈判。1991年12月，波兰、匈牙利和捷克斯洛伐克率先与欧共体签署《联系国协定》，其后罗马尼亚、保加利亚、捷克、斯洛伐克和斯洛文尼亚相继签署了该协定。②《联系国协定》以尊重民主、人权和市场经济为基本原则，旨在为签约双方的政治对话提供适当框架，以便发展更紧密的政治关系；在共同体和联系国之间逐渐形成自由贸易区；推动双方贸易扩大与和谐的经济关系，以便推动联系国的经济发展和繁荣；在经济、财政、文化和社会以及防止非法活动方面进行合作；支持联系国发展经济，帮助其完成从计划经济向市场经济的过渡等。③

1993年6月，哥本哈根欧洲理事会会议出台加入欧盟的三个标准，即政治上——必须拥有保证民主、法治和人权的稳定制度；经济上——必须拥有可行的市场经济并能够应对欧盟内部的竞争压力和市场影响；法律上——必须接受已确立的欧盟法律和实践，特别是政治、经济和货币联盟的重大目标。④ 自1997年起，欧盟委员会通过一年一度的评估指出中东欧申请国在政治、经济制度等方面与入盟标准间的差距和今后的努力方向。这些评估报告无异于一份行动指南，指导着中东欧国家按照入盟标准规范自己的体制模式。在某种程度上可

---

① 参见 Phare Programme, http://europa. eu/legislation_ summaries/enlargement/2004_ and_ 2007_ enlargement/e50004_ en. htm; The PHARE Programme and the Enlargement of the European Union, http://www. europarl. europa. eu/enlargement/briefings/33a1_ en. htm。

② 1993年1月捷克、斯洛伐克成为独立国家后，于1993年10月分别与欧共体签署《联系国协定》。

③ 参见朱晓中《中东欧与欧洲一体化》，第121—122页。

④ 参见 Enlargement, http://europa. eu/pol/enlarg/index_ en. htm。

以说："加入欧盟的确定前景，并最终成为欧盟成员国，比任何形式的外来援助都更有助于促进这些国家的政治和经济发展。"①

1997 年 12 月，卢森堡欧洲理事会会议决定在来年春天开始与波兰、匈牙利、捷克和斯洛文尼亚进行入盟谈判，这使得中东欧国家成员资格的前景变得清晰起来，也"给那些被排除在外的国家发出了一个明确信号，通过进行必需的变化，能够得到更多回报"②。斯洛伐克正是在这一信号驱使下，开展了一系列符合欧盟要求的改革，如举行自由公正的市政选举、解决总统选举危机、通过少数民族语言法、起草保证司法独立的宪法修正案等。1998 年 3 月，与波兰、匈牙利、捷克和斯洛文尼亚的入盟谈判开始后，欧盟对参加谈判国家的制度约束更为具体。2005 年 4 月，欧盟与罗马尼亚和保加利亚签署入盟条约时，还设置了"特保条款"，规定两国如在指定期限内不能完成各自的改革承诺，将可能被推迟一年入盟，以此激励两国加大改革力度。

在西巴尔干国家③的转型中，欧盟也发挥了不小的作用。从"鲁瓦约蒙进程"到"地区立场"，再到"稳定与联系进程"、《东南欧稳定公约》，欧盟一直致力于帮助和推动西巴尔干国家实现和平与稳定、建立市场经济、进行地区经济合作、保护人权和少数民族权利、推进民主化进程。

不仅如此，对于中东欧国家来说，加入欧盟也是"获取欧洲产品、资本、劳力的'通行证'，它还有助于在学校教育、高等教育、商业、人员流动和投资方面获得更多改善生活的重大机遇。当今时代，能够自称'欧洲'的一分子、并辅以适当的证明材料，就如同罗马时代宣称'我是罗马公民'一样重要。'欧洲'身份的认同（'证明文件'）以及欧盟成员国的资格越来越成为能否在欧盟生活和

---

① Martin A. Smith and Graham Timmins, *Building a Bigger Europe*：*EU and NATO Enlargement in Comparative Perspective*（Ashgate Publishing Ltd. , 2000）, p. 137.

② Tim Haughton, "When Does the EU Make a Difference? Conditionality and the Accession Process in Central and Eastern Europe", *Political Studies Review*, May 2007, Vol. 5, Issue 2.

③ 指克罗地亚、阿尔巴尼亚、马其顿、塞尔维亚、黑山和波黑。

工作的决定性因素。这将决定数以千万计的人口的生活质量"①。入盟因而得到多数民众的支持，"援引和强化'欧洲属性'"成为"中东欧国家政治家赖以生存的合法性资源之一"②，有利于凝聚民心、稳定社会，从而为转型的顺利进行提供保障。

可见，中东欧国家转型之初，立足未稳，急需外部力量的支援，欧共体/欧盟因对民主制度和市场经济的认同而成为它们寻求帮助的首选。《欧盟内的波兰》一书所谈及的波兰的想法在中东欧具有代表性："人们认为，与欧盟一体化将通过鼓励波兰开放经济和发展民主制度而有助于巩固和加强转型进程。"③ 事实上，不仅欧共体/欧盟的援助助力中东欧国家的转型，而且入盟的迫切愿望使得欧盟提出的加入标准和成员资格的确定前景引导和带动了中东欧国家的转型进程，保证了转型的不断推进。

三　获得安全保障，提高国际地位

伴随着中东欧国家的政治剧变，世界形势发生了天翻地覆的变化。由于德国统一、华约和经互会解散、苏联解体，苏美两大阵营间的冷战局面和两极对峙格局被彻底打破。"美国对手的垮台使美国处于一种独一无二的地位。它成为第一个也是唯一的一个真正的全球性大国"，"在全球力量四个具有决定性作用的方面居于首屈一指的地位。在军事方面，它有无可匹敌的在全球发挥作用的能力；在经济方面，它仍然是全球经济增长的主要火车头，即使它在有些方面已受到日本和德国的挑战（日本和德国都不具有全球性力量的其他属性）；在技术方面，美国在开创性的尖端领域保持着全面领先地位；在文化方面，美国文化虽然有些粗俗，却有无比的吸引力，特别是对世界各地的青年而言。所有这些使美国具有一种任何其他国家都望尘莫及的政治影响。这四个方面加在一起，使美国成为一个唯一的、全面的全

---

① ［英］罗伯特·拜德勒克斯、伊恩·杰弗里斯：《东欧史》（下册），韩炯等译，中国出版集团东方出版中心2013年版，第926页。

② 陆南泉等主编：《苏东剧变之后：对119个问题的思考》，第1658页。

③ Aleks Szczerbiak, Poland within the European Union: New Awkward Partner or New Heart of Europe? p. 9.

球性超级大国"①。

相比之下，苏联的继承国俄罗斯国力衰弱、地缘政治影响力下降，失去了与美国对抗的能力。不仅如此，俄罗斯认为，它"同西方已经有'共同的民主价值观'，不存在不可克服的分歧和利益冲突，因此在一些重大的问题上与美国保持一致"②，也不再有与美国对抗的欲望。1992年初，俄罗斯开始推行"休克疗法"，急需西方援助。在这种情况下，俄罗斯采取"亲西方"的外交政策，向西方"一边倒"。从1992年2月俄美首脑戴维营非正式会晤到6月俄罗斯总统叶利钦访问美国，再到1994年1月美国总统克林顿访问俄罗斯，在这段俄美关系的"蜜月"期内，叶利钦"单方面销毁大量弹道导弹，并商讨进一步的军事裁减，削减对古巴和阿富汗的资助，支持美国对伊拉克的政策，还与西方国家领导人保持着极好的私人关系，包括科尔总理和克林顿总统，他喜欢分别称呼他们为'我的朋友赫尔穆特'和'我的朋友比尔'"③。

随着冷战的结束，中东欧脱离了苏联的掌控，也不再是苏美对峙下东西方争夺的对象，战略地位的重要性大为削弱。美国等西方国家在支持中东欧国家变化的同时，又对中东欧国家的不稳定局势和不明朗前景忧心忡忡，认为："（中）东欧的政治和经济转型包含着高度的风险因素。最终的结果很难预料。甚至可能在短时间内出现令人震惊的事情。"④ 西方没有必要对中东欧国家做出任何承诺，把自己与不可预知的形势绑在一起，让中东欧国家分享西方已经取得的经济成就，削弱欧洲一体化水平，乃至造成西方政治、经济和社会的波动。1988年12月，中东欧形势已经风起云涌之时，在希腊罗得召开的欧洲理事会会议上，就克服欧洲大陆分裂提出的步骤十分笼统，如发展

---

① ［美］兹比格纽·布热津斯基：《大棋局：美国的首要地位及其地缘战略》，中国国际问题研究所译，上海世纪出版集团2007年版，第8、21页。

② 朱成虎、唐永胜、蒲宁：《走向21世纪的大国关系》，江苏人民出版社1999年版，第230页。

③ ［美］尼古拉·梁赞诺夫斯基、马克·斯坦伯格：《俄罗斯史》（第七版），杨烨等译，上海人民出版社2007年版，第621页。

④ Marc Maresceau (ed.), *Enlarging the European Union: Relations between the EU and Central and Eastern Europe* (Addison Wesley Longman Limited, 1997), p. 372.

欧洲安全与合作会议，促进欧洲裁军，促进尊重人权等，并仍把头年夏天与经互会的协定作为促进东西方对话的一个积极进展。1989 年 6 月，在奥匈边界已然开放和波兰团结工会取得选举胜利后举行的马德里欧洲理事会会议上，中东欧问题甚至没有被列入欧共体的日程之中。俄罗斯奉行"亲西方"的外交政策，在国际事务中追随西方，融入西方政治、经济和安全体系。"在俄罗斯的欧洲安全构想中唯独没有中东欧的位置。正如戈尔巴乔夫的'欧洲共同大家庭'设想中没有中东欧的位置所表明的那样，中东欧的利益始终被俄罗斯所忽视、遗忘或轻视。"① 况且，中东欧国家也处于转型之中，无法给转型中的俄罗斯提供经验、资金和技术。因此，俄罗斯没有把中东欧国家作为外交的优先方面，有意疏远和忽视中东欧国家，与中东欧国家的军事和经济联系几乎完全中断。在前南斯拉夫问题上，俄罗斯甚至一改过去斯拉夫保护者的形象，转而与西方合作，承认斯洛文尼亚、克罗地亚和波黑独立，赞同联合国对南斯拉夫联盟实行制裁，支持北约在波黑设立禁飞区的计划。在西方的犹疑和俄罗斯的撒手之下，中东欧国家落入"真空"状态，"危险地飘浮在东西方之间"②。

中东欧国家因长期被统治被控制的遭遇而对这种"真空"状态异常敏感。其时，虽然俄罗斯已经撤出，但"遥远的过去和社会主义时期令人不快的斯大林主义和勃列日涅夫主义"仍令它们心有余悸，满怀"对昔日俄罗斯的恐惧和对苏联遗产以及俄罗斯国内不时出现的不稳定形势的担忧"③。中东欧地区错综复杂的民族矛盾，特别是因南斯拉夫联邦解体而燃起的战火更使其遭遇了明显的安全威胁。1991 年 6 月，斯洛文尼亚和克罗地亚独立。南斯拉夫联邦政府不承认斯洛文尼亚独立，南斯拉夫人民军与斯洛文尼亚地方防御部队进行了"十日战争"。克罗地亚独立后，国内塞尔维亚族与克罗地亚族的冲突不断升级，并因支持塞族的南斯拉夫人民军的卷入而愈演愈烈。拥护南斯拉夫联邦统一、反对独立的克罗地亚境内的塞尔维亚族居民组成克

---

① 陆齐华：《俄罗斯和欧洲安全》，中央编译出版社 2001 年版，第 177 页。

② Alan Mayhew, *Recreating Europe*: *The European Union's Policy towards Central and Eastern Europe* (Cambridge University Press, 1998), p. xiii.

③ 李静杰总主编：《十年巨变——中东欧卷》，中共党史出版社 2004 年版，第 283 页。

拉伊纳塞族自治区，要求脱离克罗地亚，与塞尔维亚共和国合并，该自治区继而联合斯拉沃尼亚、巴拉尼亚和西斯雷姆塞族自治区及西斯拉沃尼亚塞族自治区建立克拉伊纳塞尔维亚共和国。虽然自 1992 年 1 月第 15 个停火协议签署以来，战事逐渐平息，但塞族聚居区的地位和归属问题仍未解决，塞尔维亚、克罗地亚两族的摩擦和冲突仍时有发生。1992 年 3 月，波黑独立。波什尼亚克族、克罗地亚族支持，塞尔维亚族坚决反对，为此退出波黑议会和政府，相继组建了 5 个自治区，并把这些自治区合并为波黑塞尔维亚共和国，克罗地亚族也成立了赫尔采格—波斯尼亚克族共和国，波什尼亚克族则控制了波黑共和国政府，局势急剧恶化，三族同室操戈，激烈混战。此外，"东欧的新民主政体可能更容易受到有组织犯罪团伙的影响"，"不得不应付毒品滥用，非法移民的涌入和各种犯罪"[①]。

面对潜在的和现实的危险处境，中东欧国家迫切需要把自己拴到某条大船上，以期获得安全保障，提高国际地位，这条大船便是欧洲。

一直以来，欧洲都处于以美国为首的北约的保护之下。北约是进行集体防御、维持和平与安全的军事联盟[②]，1995 年，北约发表的《扩大研究报告》强调："冷战的结束为改善整个欧洲大西洋地区的安全状况提供了极为难得的机会，北约扩大将促进该地区所有国家的稳定和安全"，并把公正对待少数民族、和平解决冲突等作为申请国必须履行的条件。[③] 加入北约固然是中东欧国家获得安全保障的首要选择，但也不能忽视加入欧盟所具有的安全意义。

首先，第二次世界大战后开始的欧洲一体化进程本就源于对法德和解、实现欧洲永久和平的渴望。此后的 40 余年间，西欧国家间的确没有发生过战争。其中一个主要原因是："在欧盟的框架和秩序下，纠纷由跨国协商和调解的方式处理。即便协商调解不成，还可以诉诸

---

① 冯绍雷总主编：《大构想：2020 年的欧盟》，华东师范大学出版社 2010 年版，第 116 页。

② 参见《北大西洋公约》（一九四九年四月四日），法学教材编辑部审订：《国际关系史资料选编》（下册），武汉大学出版社 1983 年版，第 105 页。

③ 参见 NATO Enlargement, http://www.nato.int/cps/en/natolive/topics_ 49212.htm。

法院——设于卢森堡的欧盟法院。……欧盟框架在欧洲创造了崭新的超国家法律秩序，也为欧盟成员国间及成员国与其公民间的关系创造了全新的'内化'的民法和司法基础。""欧盟超国家公民法律秩序和'公民社团'代表并创造了一种四海一家的法律框架，后者在环保、消费者权益、男女平等以及（最重要的）统一市场等方面将不同规模、不同财富、不同实力、不同种族的国家和民族置于相对平等的地位，致力于创造一个'公平的竞争环境'。"这就给中东欧国家提供了解决在"民族—国家的框架下只能得到缓解却不能得到根治"的领土和民族问题"最好的机会（相信也是唯一的机会）"①。

其次，《欧洲联盟条约》规定："联盟在共同外交与安全政策事务方面的权能应覆盖外交政策的所有领域以及与联盟安全有关的所有问题，包括逐渐建构一项可能导致共同防务的共同防务政策。"共同安全与防务政策"为联盟提供利用民事和军事资产实施行动的能力。联盟可将这些资产用于联盟以外的任务，以维护和平、预防冲突，以及根据《联合国宪章》的原则加强国际安全"。"如某一成员国领土遭到武装入侵，其他成员国应依照《联合国宪章》第51条，承担尽其所能向其提供援助与协助的义务。"② 由此，中东欧国家可通过加入欧盟获得必要的安全保障。

最后，加入欧盟还有助于提高中东欧国家的国际地位。其一，在欧盟政策的制定和实施中，欧洲理事会、欧盟委员会、欧洲议会和欧盟理事会各司其职、相互制衡、共同运作。由于欧盟委员会代表欧盟利益、不接受成员国政府的指令，欧洲议会代表欧盟公民利益、以党团名义开展活动，成员国对这两个机构决策的影响难以估计。而在成员国能够直接发挥作用的欧洲理事会和欧盟理事会中，除欧盟理事会采用的多数表决方式不利于小国外，在许多情况下，特别在需要一致通过的事务上，小国与大国一样，均可对欧盟决策发挥影响。中东欧国家多为小国，但在欧盟中同样"有机会平等地就欧盟的未来发展等

---

① 参见 ［英］罗伯特·拜德勒克斯、伊恩·杰弗里斯《东欧史》（下册），第928—929页。

② 《欧洲联盟基础条约——经〈里斯本条约〉修订》，程卫东、李靖堃译，社会科学文献出版社2010年版，第44、50、51页。

跨国问题与大国代表展开协调"①。其二，"尽管未来的政治形状还不确定，欧盟在世界舞台上正慢慢变为一个更有凝聚力和影响力的角色"②。这不仅是指其超强的经济力量，而且指其在对外事务中越来越多地争取用一个声音说话，更是指其一体化经验对于世界各国和各地区的示范作用。中东欧国家依托欧盟，将获得靠一己之力难以企及的国际地位，发挥更大的作用。国际地位的提升亦是保证国家安全的有效途径。

可见，冷战结束之初，美国成了唯一的超级大国，国际上出现了美、俄融为一体的局面，中东欧国家在两极对峙格局下战略地位的重要性大大下降，甚至一度落入它们最为忌惮的"真空"状态。恰在此时，前南斯拉夫地区民族、宗教冲突激化，战火频仍，有组织犯罪又在中东欧国家呈加剧之势。面对安全威胁，中东欧国家急需"回归欧洲"，寻求保护。

综上所述，中东欧国家的历史经历使其坚信"'只有一个欧洲'，一种独特的欧洲文明，东欧国家在传统上是它的成员，仅仅是由于苏联统治的铁幕才使得他们暂时地与欧洲其他部分隔开。"③　一旦"铁幕"落下，它们当然要"回归欧洲"。这种"回归欧洲"的要求因现实需要的存在而更加顺理成章。如《战后欧洲史》一书所说："在中欧和东欧国家，成为'欧洲'成员国却是唯一的选择。无论是出于什么样的理由——实现现代化，还是保障新市场，或是获得外国援助，稳定国内政局，同'西方'欧洲国家捆绑在一起，或者仅仅是为了防止退回到民族共产主义……加入欧盟后实现富裕和保障安全的前景，对那些刚获解放的'后共产主义'欧洲国家领导人是一种诱惑。他们被警告说，如果有人告诉他们说旧体制优于新体制，千万不能信以为真，而转变的代价是值得的：欧洲就是你的未来。"④

---

①　[英] 罗伯特·拜德勒克斯、伊恩·杰弗里斯：《东欧史》（下册），韩炯等译，第929页。

②　冯绍雷总主编：《大构想：2020年的欧盟》，第31页。

③　[美] 亚当·普沃斯基：《民主与市场——东欧与拉丁美洲的政治经济改革》，包雅钧等译，北京大学出版社2005年版，第154页。

④　[美] 托尼·朱特：《战后欧洲史》（下），林骧华译，第658—659页。

第六章　加入欧盟的标准与
中欧国家转型

第一节　哥本哈根入盟标准

1992 年 6 月，欧共体执委会向在里斯本召开的欧共体首脑会议提交了题为"扩大的挑战"的报告，将中东欧联系国加入欧共体的问题提上了议事日程。该报告称："这些新的民主国家加入欧洲大家庭是一个历史机遇。"① 1993 年 6 月，欧共体哥本哈根首脑会议进一步发展了欧共体对中东欧联系国的政策并宣布："鉴于中东欧联系国如此渴望成为欧共体成员国，一俟联系国能够满足所要求的经济和政治条件，并能够履行成员国的义务，加入欧共体就将实现。"②

这个声明是欧共体—中东欧关系中的重要里程碑，它不仅标志着欧共体对中东欧联系国政策的重大转变，而且宣布欧共体从西欧一体化步上了欧洲一体化的宽阔大道。此后，有关中东欧联系国问题的讨论内容就不再是能否加入欧共体/欧盟，而是何时加入的问题了。

哥本哈根会议向中东欧联系国提出了入盟的四项基本条件。这些条件是：

第一，申请国必须是稳定的、多元化的民主国家，至少拥有独立的政党、定期进行选举、依法治国、尊重人权和保护少数民族权益。

① Commission of the European Communities, "Europe and the Challenge of Enlargement", *Bulletin of the European Communities*, Supplement 3/92, p. 9.

② Council of European Union, Presidency Conclusions: Copenhagen European Council, Brussels, 1993.

第二，申请国必须具备可以发挥功能的市场经济。在内容上它包括私营部门在产出中占较大比重、价格自由化、实行竞争政策、限制国家补贴和一定程度上的资本自由流动等。在质量上它指政府的政策是否旨在开发竞争性市场和减少补贴；政府是否支持本国企业阻碍内向投资。

第三，申请国必须能够面对欧盟内部的，特别是欧洲单一市场环境中的竞争压力和劳动力市场压力。

第四，申请国必须赞同欧共体/欧盟的经济、货币和政治联盟的目标，能够确保承担成员国的义务，特别是执行共同法的规定。共同法包括界定"四大自由"（商品、服务、资本和人员的自由流动）的法律规范；共同农业政策；竞争政策规则、财政协调一致、对欠发达国家的义务、愿意而且能够遵守 1958 年欧共体成立以来确定的各种决定和法律条文。①

应该说，这些入盟条件非常明确，但也十分模糊，它们可以根据欧盟的需要进行解释。首先，该条件明确指出，政治条件是欧共体/欧盟根据中东欧国家正处于政治和经济转轨的特殊历史时期而有针对性地提出的，是欧盟 90 年代的一个新发明。在以往的扩大中，政治条件不明显，即使在接纳希腊、葡萄牙和西班牙时也是如此。1993年，欧盟在同保加利亚和罗马尼亚签署的"欧洲协定"条款中第一次提出入盟的政治标准。不同于早期的欧洲协定，②同保加利亚、罗马尼亚两国的协定，以及捷克斯洛伐克解体后同捷克共和国和斯洛伐克重新签署的欧洲协定中都载有"尊重民主原则和人权以及市场经济规则"的字样。③从这个意义上说，欧盟准备接纳中东欧国家首先是政治性的，即推动和巩固中东欧国家的政治和经济转轨，并使之不可逆转。但同时，人们很难勾勒出符合政治条件的精确标准，如"尊重人权"和"保护少数民族权益"。

---

① Council of European Union, Presidency Conclusions: Copenhagen European Council, Brussels, 1993.

② 即欧洲共同体 1991 年 12 月同捷克斯洛伐克、波兰和匈牙利签署的"欧洲协定"。

③ 参阅 Finn Laursen & Soren Riishoj (eds.), *The EU and Central Europe: Status and Prospects*, Esbjerg South Jutland University Press, 1996.

其次,"拥有可以发挥功效的市场经济"的精确含义也需要界定,因为它可能喻指整个转轨时期。虽然所有申请国都已建立起市场经济框架,价格和贸易实现了自由化,实现了经常账户的货币可兑换,任何一个转轨国家都还没有建立起完全的市场环境。私有化进程尚未终结、公司治理规则尚未明确。二级银行体系已经建立,但是尚未控制住国有企业的债务,破产法尚未大规模使用。随着增值税和标准所得税的引入,税收体制正在向西方国家模式靠拢。财政体制的广泛改革尚未完成,特别是在国家增收减支(减少国家补贴)方面尚大有文章可作。资本市场已经开始运营且蒸蒸日上,但是根基尚不坚实,且偶有崩盘现象发生。此外,"适应欧盟内部的竞争和劳动力市场压力的能力"也是一个不十分清楚的概念。

哥本哈根标准不仅为欧盟未来的东扩战略提供了框架,同时它也同未来入盟的前途明确联系起来。如此众多和严格的入盟条件说明,欧盟东扩将"不仅仅是新一轮加入"①。欧盟的扩大过程存在着这样一种趋势:整个过程可能变为欧盟单方面发号施令,而申请国被迫接受。② 中东欧国家都必须在欧盟提出的领域中不断努力,才能接近或达到入盟条件。例如,捷克共和国被要求进一步改革银行和金融部门,也要进一步改善人权和对吉普赛人政策;波兰被要求控制腐败蔓延,进一步进行结构改革(特别是银行和农业);匈牙利要进一步完善社会安全改革,改善对吉普赛人政策,治理腐败。斯洛文尼亚要修改宪法,允许外国人拥有不动产。③爱沙尼亚必须改善讲俄语居民的社会待遇,在行政改革方面取得进展,等等。

---

① J. Eatwell, M. Ellman, M. Karisso, D. M. Nuti & J. Shapiro, "Not just Another Accession- the Political Economy of EU Enlargement to the East," London, Institute for Public Policy Research, 1997.

② M. Ellman, EU Accession Should Be a Partnership, No a Dictate, *Transition*, Vol. 8, No. 4, 1997, p. 2. http://siteresources.worldbank.org/INTTRANSITION/Newsletters/20561400/aug97.pdf.

③ *Financial Times*, 16 July 1997.

第二节 哥本哈根入盟标准指导下的转型

一 哥本哈根政治标准与中东欧国家政治转型

中东欧国家从制度发生巨变之后，纷纷按照欧洲民主国家的样式建立了民主制度。20多年来，中东欧国家经历了建立民主和民主巩固的历程。它不仅彻底改变了中东欧国家的政治和经济面貌，也重塑了欧洲政治乃至世界政治的版图。

（一）政治转型的目标和方式

20世纪80年代末90年代初，中东欧国家相继开始向民主制度转型，放弃共产党领导和社会主义制度，确立三权分立原则，实行议会制和多党制。

中东欧国家政治转型目标的民主制度是西方国家实行了多年的制度模式，建立民主制度的第一步是通过新宪法或宪法修正案（见表6.1）。

在这些新宪法或宪法修正案中，中东欧国家都以建立民主和法制国家为目标。新宪法确立了三项基本原则：

三权分立原则。中东欧国家确立立法、行政、司法三权分立原则，议会行使立法权，政府和总统行使行政权，司法机关行使司法权。议会、政府和总统相互制衡，司法权由独立于其他国家机关的法院行使，法官拥有独立地位和不受侵犯的权力，同时建立宪法法院审查制度，通过司法手段制约立法与行政机关。

实行议会制。中东欧国家宣布实行议会制。议会是行使立法权的唯一机关，有权制定、通过、修改、补充、废除宪法及其他各项法律，议会采用一院制或两院制。

政府由总统和议会协商产生，经议会表决通过，对议会负责。在议会制框架中，（1）政府有权要求议会对它进行信任投票，议会也可对政府进行不信任投票。当政府要求的信任投票未获通过，或议会对政府表示不信任时，政府必须向总统辞职。（2）总统有权解散议会。如果总统和议会在多次协商和投票后仍不能就政府的组成达成一致，或议会长时间无法履行宪法确定的权限，或在一定时间内多次收

表6.1　　　　　　　中东欧国家通过新宪法或宪法修正案的时间

国家	通过新宪法或宪法修正案的时间
匈牙利	1989/2011[a]
波黑	1989/1990/1991/1995[b]
塞尔维亚	1990/2006[c]
克罗地亚	1990
阿尔巴尼亚	1991/1998[d]
保加利亚	1991
罗马尼亚	1991
斯洛文尼亚	1991
南斯拉夫联盟	1992
波兰	1992/1997[e]
斯洛伐克	1992
黑山	1992/2007[f]
马其顿	1992
捷克	1992

说明：a　1989年通过宪法修正案，2011年通过《匈牙利基本法》。

b　1989年、1990年和1991年对1974年共和国宪法进行了3次修改，1995年在《代顿协议》附录4中公布了《波黑宪法》。2006年在国际社会监督下经主要政党同意的宪法修正案未获议会通过。

c　1990年通过《塞尔维亚共和国宪法》，2006年通过独立后的首部宪法。

d　1991年通过《宪法要则》，1998年通过新宪法。

e　1992年通过《关于波兰共和国立法当局执行当局之间相互关系以及地方自治问题的宪法法令》，即"小宪法"，1997年通过新宪法。

f　1992年通过《黑山共和国宪法》，2007年通过独立后的首部宪法。

回对政府的信任，或对政府的信任中止后没有及时选出总理人选，总统可解散议会并下令举行新的选举。（3）议会有权起诉总统并撤销总统职务。如果总统在行使职权时违反宪法或严重触犯法律或犯有叛国罪，议会可向宪法法院提起诉讼，如情况属实，总统任职中止。

实行多党制。中东欧国家放弃了共产党（工人党）单独执政的一党制或共产党（工人党）领导下的多党合作制，改行多党制。公民有权在尊重宪法的基础上自由建立政党并开展活动（涉及国家安全、公共安全、防止犯罪行为或为了保护他人的自由和权利时除外）。政党活动不得鼓励和煽动军事侵略以及民族、种族或宗教仇恨或偏见，不得威胁民主制度、宪法、国家独立、统一或领土完整，或以暴力夺取国家政权为目的，不得在国防部、内务部、军事机关、外交部和驻外机构、司法检察部门等国家机关活动，政党成员不能是职业军人和警察。而且，任何一个政党或意识形态不得被宣布或确定为国家的政党或意识形态。

（二）政治转型的成果

经过 20 余年的政治转型，绝大多数中东欧国家已经确立并巩固了民主制度。迄今为止，中东欧国家均已确立了三权分立原则，实行议会制，但各国的议会结构、立法程序、选举制度不尽相同。[①]

1. 议会是行使立法权的唯一机关，有权制定、通过、修改、补充、废除宪法及其他各项法律，议会采用一院制或两院制。

议员和政府享有立法动议权。[②] 在通过法律方面存在三种情况。第一，实行一院制的阿尔巴尼亚、保加利亚、匈牙利和斯洛伐克等国，由议会特定多数即可通过法律。第二，在实行两院制的捷克、波兰、罗马尼亚和斯洛文尼亚，除罗马尼亚外，其他国家均由议会下院（在捷克、波兰为众议院，在斯洛文尼亚为国民议会）特定多数通过法律，由议会上院（在捷克、波兰为参议院，在斯洛文尼亚为国务委员会）复决。第三，在罗马尼亚，法律草案或立法建议首先由接到它的议院通过后，再传递给另一院，若后者否决之，则将其送回前者重新讨论，再次否决则为最终否决。如果参众两院之一以另一院不同意的表述方式通过法律草案或立法建议，则两院议长可要求通过调解委员会进行调解，若调解委员会未能使双方达成一致，则将有争议的表述送交参众两院联席会议讨论，由联席会议以多数票通过。议会通过的法律大都由总统签署，有的国家法律，如匈牙利、保加利亚、克罗地亚等，需在官方报纸上公布。此外，议会还拥有监督权、重要职位

---

① 以下有关中东欧国家政体的内容，参见各国宪法。
② 在匈牙利，总统有权提出立法建议。在阿尔巴尼亚、罗马尼亚、斯洛文尼亚和马其顿等国，一定数量的选民也有权提出立法建议。

的人事任免权和重大事件的决定权。议会任期始于成立大会，除斯洛文尼亚国务委员会任期为 5 年外，其他国家议会任期均为 4 年。在国家处于战争或紧急状态时，可适当延长任期。

2. 总统和政府分享行政权，总统是国家元首和武装力量的最高统帅，对内对外代表国家，政府按照宪法和法律执行国家的内外政策。

除波黑设主席团外，其他中东欧国家均设置总统职位。总统的职权是：第一，宣布举行议会选举、地方选举和全民公决，召集议会第一次会议，签署议会通过的法律，就重大问题向议会提交咨文，参加议会会议，解散议会。第二，任命、罢免政府、政府总理及政府其他成员，批准他们的辞职；出席并主持政府会议，就紧急问题或极端重要的问题同政府进行协商。第三，任命全部或部分宪法法院法官、部分司法委员会成员、最高法院院长和副院长、最高检察机关检察长和副检察长以及宪法和法律规定的其他重要职位。第四，拥有武装力量的最高指挥权，任命和免除军事指挥官职务，授予高级军衔，宣布战争状态或紧急状态，实行军队总动员或局部动员。第五，缔结国际条约，委任和召回驻外使节，决定在国外的外交和其他代表机构的建立；接见外国使节，接受外国外交代表递交的国书和召回书。此外，总统还拥有颁发勋章和奖章、颁布赦免令、提供政治避难、给予或剥夺国籍等权力。

总统任期为 5 年，在战争或紧急状态下可适当延长任期，只可连任一届。总统不得担任任何公共职务和专业职务，不得从事其他营利性的职业，进行商业活动。总统享有豁免权，不得因履行职责而受到追究，不能被逮捕和刑事拘留。总统可提出辞职，也可因违反宪法和严重破坏法律，特别在犯有叛国罪时由议会向宪法法院起诉，由宪法法院裁决，一旦认定存在违宪违法事实，则剥夺总统职务。此外，在总统死亡、长期不能行使职权或确认已出现不相容的情况时，总统权限可被提前中止。

3. 法院和检察院独立行使司法权，宪法法院执行司法审查制度，维护宪法权威。

法院行使审判权。最高法院是最高审判机关，负责审理法院职权范围内的事务以及须由宪法法院或最高行政法院判决的特殊事务，对所有法院准确、同等地实施法律进行原则性的指导和最高司法监督，保证各法院执法的一致性和公民的平等权利；各级普通法院审理一般的民事、刑事案件；军事、宪法、行政等专门法院分别负责审理涉及现役军人和在军事单位任职的文职人员违法、议会立法和行政行为违宪以及政府和部长的法令违法等特殊案件。法官依据宪法和法律独立进行判决，其独立性受国家保障，享有豁免权，不得因在审判活动中所发表的意见而受到法律追究。法官的职务和任期相对稳定。

检察院代表社会整体利益，依据宪法和法律，提起并支持刑事诉讼，行使检察权，以维护法律秩序，保卫自然人、法人和国家的权利，打击一切损害或危及宪法秩序、国家安全和独立的行动。总检察长作为检察机关的首脑，监督和领导所有检察官的活动，检察官不得兼任其他任何公职、职业或成为政党成员，不得进行政治活动，享有豁免权。

保加利亚、波兰、罗马尼亚、阿尔巴尼亚、克罗地亚、马其顿和斯洛文尼亚等国还设立司法委员会，直接参与司法官员的任免和升迁事宜。

宪法法院执行司法审查制度，维护个人和公民的宪法自由权利，负责对宪法做出必须遵守的解释，审核即将颁布的法律法令、即将缔结的国际条约、政党和社会团体的纲领和活动、政府命令、各部和其他国家中央行政机关以及地方自治机关具有普遍约束力的法律规定是否符合宪法，监督选举和全民公决的合宪性与合法性，解决议会、总统和政府之间以及地方自治机构和中央执行机构之间的权限纠纷，规定总统应负的责任，并就议会对总统提起的公诉表示意见。

4. 总统由选民或议会选举产生。除匈牙利和阿尔巴尼亚由议会选举总统外，中东欧国家总统均由选民通过秘密投票选出，波黑主席团则由选民以秘密投票方式从塞尔维亚族、克罗地亚族和波什尼亚克族中各选举一人组成。

在由选民选举总统的多数国家，在由半数以上选民参加的选举中，获得半数以上选票的候选人当选总统。如果无人获得超过半数的选票，则需在得票最多的两名候选人中间进行第二轮选举，得票较多者当选。

在匈牙利，获得全体议员的 2/3 选票即可当选总统。如果在第一轮投票中没有候选人赢得 2/3 多数，则重新推荐候选人，进行第二轮投票。如果在第二轮投票中仍没有一个候选人赢得 2/3 多数，则要进行第三轮投票，这次只能对在第二轮投票中获得最多票数的两名候选人进行投票，得到多数选票者当选总统。整个投票过程要在连续 3 天内完成。

在阿尔巴尼亚，当选总统需获得全体议员的 3/5 选票。如果在第一轮选举中没有选出总统，则在第一轮选举后的 7 日内进行第二轮选举。若第二轮选举仍未选出总统，则在 7 日内进行第三轮选举。若第三轮选举仍没有结果，则在 7 日内在得票最多的两名候选人中间进行第四轮选举。若在第四轮选举中，两名候选人中仍没有一个得到所需的多数票，则进行第五轮选举。若第五轮选举仍不成功，则议会解散并在 60 天内进行新的选举。若新议会仍无法选出总统，则再次解散议会并在 60 天内进行新的选举，这届议会以全体议员的多数选出总统。

除匈牙利和阿尔巴尼亚采用混合代表制外，中东欧国家议会选举均采用比例代表制。不论是采用比例代表制，还是混合代表制，中东欧国家都要求选民投票率不得低于 50％，否则选举无效，并在两周内举行新一轮选举；在按比例选举的部分规定了选举门槛①，但具体数目不同，按照比例代表制计算选票的方法也各不相同。

此外，在国家结构形式上，除波黑实行联邦制外，中东欧国家均采用单一制。

（三）巩固民主制度

经过 20 余年的政治转型，绝大多数中东欧国家已经确立并巩固了民主制度。迄今为止，中东欧国家均已确立了三权分立原则，实行议会制，但各国的议会结构、立法程序、选举制度不尽相同。②

民主制度的巩固是指民主制度的确立及正常运作，其标准是政权完成"两度易位"，即在转型阶段的首次选举中赢得政权的政党或团

---

① 选举门槛指政党或政党联盟进入议会所需的最低得票率。
② 以下有关中东欧国家政体的内容，参见各国宪法。

表6.2　　　　　　　　　　　　中东欧国家的政体

国家	议会结构	议会选举制度	总统选举方式
波兰	两院	比例代表制	选民
匈牙利	一院	混合代表制	议会
捷克	两院	比例代表制	选民
斯洛伐克	一院	比例代表制	选民
罗马尼亚	两院	比例代表制	选民
保加利亚	一院	比例代表制	选民
阿尔巴尼亚	一院	混合代表制	议会
斯洛文尼亚	两院[a]	比例代表制	选民
克罗地亚	一院	比例代表制	选民
马其顿	一院	比例代表制	选民
塞尔维亚	一院	比例代表制	选民
黑山	一院	比例代表制	选民
波黑[b]	两院	比例代表制	选民

　　说明：a　斯洛文尼亚设国民议会和国务委员会，国民议会为主要立法机构，国务委员会是社会利益、经济利益、专业利益和地方利益体现者的代表机构，拥有小部分立法权。斯洛文尼亚国内在议会是一院制还是两院制问题上存在分歧，多数人认为，议会是不完全的两院制。2008年，斯洛文尼亚宪法法院认定，议会是不完全的两院制。

　　b　波黑议会由两院组成，人民院15名议员中的2/3和1/3分别由波黑联邦和塞族共和国指派，代表院42名议员中的2/3和1/3分别由波黑联邦和塞族共和国按比例代表制选举产生。波黑不设总统，设主席团，分别由塞尔维亚族、克罗地亚族和波什尼亚克族选民各选举一名代表组成。主席团任期4年，其3名成员轮流担任主席团主席，每8个月轮换一次。

体在接下来的选举中失利，把权力让渡给那些选举的赢家，并且后者又和平地把权力让渡给下一次选举的胜利者，民主制度得以巩固。[①]

　　随着1997年9月波兰民主左派联盟、1998年5月匈牙利社会党、1998年10—11月马其顿社会民主联盟、2003年11月克罗地亚社会民主党和2006年6月捷克社会民主党在本国议会选举中输给右翼政

---

　　①　参见 John S. Dryzek and Leslie Templeman Holmes, *Post-Communist Democratization Political Discourses across Thirteen Countries*, Cambridge：Cambridge University Press, 2002, p. 7.

党，波兰团结选举行动联盟、匈牙利青年民主主义者联盟—匈牙利公民党①、马其顿内部革命组织—争取马其顿民族统一民主党、克罗地亚民主共同体和捷克公民民主党上台执政，这些国家完成了政权"两度易位"，巩固了民主制度。

罗马尼亚、斯洛文尼亚和斯洛伐克也完成了政权"两度易位"，实现了民主制度的巩固。2000 年 11 月，罗马尼亚社会民主主义党②获得议会选举胜利，组成一党政府。2004 年 10 月，斯洛文尼亚民主党在议会选举中战胜连续执政 12 年的自由民主党，成为主要执政党。2006 年 6 月，斯洛伐克方向—社会民主党③在议会选举中获胜并执掌政权，结束了民主联盟及其发展而来的民主基督教联盟 8 年的统治。

南斯拉夫联盟在 2000 年实现第一次政党易位后，尚未等到下一次选举便告终结。2003 年 2 月，塞尔维亚和黑山宣告成立，随后进行了议会选举。结果，塞尔维亚民主反对派继续执政，黑山社会主义人民党则被以社会主义者民主党为核心的"欧洲的黑山"取代。2006 年 6 月，塞尔维亚和黑山成为独立国家，塞尔维亚和黑山分别举行了 4 次和 3 次议会选举。塞尔维亚出现了不规则的政党权力轮换：2007 年议会选举后，由塞尔维亚民主反对派分裂而来的民主党、塞尔维亚民主党—新塞尔维亚党联盟与 1997 年作为非政府组织成立、2002 年登记为政党的名人党组成联合政府；2008 年议会选举后，由民主党领导，包括社会民主党、名人党等政党的"为欧洲的塞尔维亚"竞选联盟，以社会党为首的竞选联盟与两个少数民族政党进入政府；2012 年议会选举后，以进步党为核心，包括新塞尔维亚党、社会主义运动等政党的"让我们使塞尔维亚动起来"政党联盟、以社会党为首的竞选联盟、2010 年由名人党组建的联合地区党联合执政；2014 年议会选举后，进步党、社会党、社会民主党、社会主义运动和新塞尔维亚党入主政府。黑山则一直由"欧洲的黑山"当政。

波黑的政党易位也不够规则。更为重要的是，自 1995 年底"代

---

① 2003 年改称青年民主主义者联盟—匈牙利公民联盟。

② 2001 年 6 月，社会民主主义党与社会民主党合并为社会民主党。

③ 1999 年 12 月，民主左派党部分成员建立方向党。2005 年 1 月，方向党与民主左派党、社会民主选择党和社会民主党合并为方向—社会民主党。

顿协议"签署至今，波黑始终处在国际社会的监管之下，国际社会驻波黑高级代表具有至高无上的权力，可以否决波黑中央机构和两个实体——塞族共和国和波黑联邦的任何决定，波黑还不是严格意义上的主权国家。"没有主权国家，不可能有可靠的民主制度。"①

民主巩固可归结为制度巩固和观念巩固。② 制度巩固只是民主巩固的一个重要方面，民主巩固还有赖于民主观念的巩固，即精英和民众对民主制度的认同、服从、支持和参与。

20 世纪 90 年代中后期以来，民主制度在大多数中东欧国家得到巩固。2004 年 5 月，波兰、匈牙利、捷克、斯洛伐克和斯洛文尼亚，2007 年 1 月，保加利亚和罗马尼亚，2013 年 7 月，克罗地亚加入欧盟，意味着这些国家的政治制度已与西欧国家趋同，也从一个侧面证实其民主制度的巩固。然而，中东欧国家的入盟在一定程度上改变了其民主制度运作的环境。一方面，中东欧国家国内政治与欧盟政治联结并相互影响。另一方面，入盟目标的实现和欧盟制约的减少使得因入盟的一致要求而相安无事的各政党乃至政党内部派别失去合作的基础，对欧盟及欧盟要求的民主制度的不同态度也有了释放的空间，以致提前进行议会选举和政府变动时有发生，欧洲怀疑主义和民粹主义应运而生。2008 年下半年以来，国际金融危机和欧元区债务危机相继爆发，中东欧国家受到冲击，一些国家政府更迭，欧洲怀疑主义和民粹主义倾向更为加强，匈牙利甚至采取了某些有悖于民主制度的做法。

首先，中东欧国家国内政治与欧盟政治联结并相互影响。

在波兰，2007 年 11 月，公民纲领党执政后，法律与公正党创始人、总统莱赫·卡钦斯基和公民纲领党主席、总理唐纳德·图斯克之间关系紧张。2008 年 10 月，卡钦斯基与图斯克在由谁代表波兰参加欧盟峰会问题上发生激烈争吵，以致闹到了欧盟峰会上。无独有偶，罗马尼亚入盟后，总统特拉扬·伯塞斯库与总理克林·波佩斯库—特

---

① ［美］胡安·J. 林茨、阿尔弗莱德·斯泰潘：《民主转型与巩固的问题：南欧、北美和后共产主义欧洲》，浙江人民出版社 2008 年版，第 20 页。

② 该论断基于学术界有关民主巩固的论述做出。参见《从制度巩固到观念巩固——1989 年后中东欧国家政治发展的理论分析》，《俄罗斯中亚东欧研究》2006 年第 1 期。

里恰努便就欧盟峰会代表资格争论不休，但一直由伯塞斯库出席欧盟峰会。2012 年 5 月，社会民主党主席维克多·蓬塔就任总理后，更与伯塞斯库争得不可开交，议会建议和宪法法院裁决都难以解决。在斯洛伐克，2008 年，反对党民主基督教联盟—民主党和基督教民主运动以批准《里斯本条约》为条件要挟执政的方向—社会民主党放弃新闻法修正案，方向—社会民主党没有接受这一条件，而以给予匈牙利族某些优惠政策换取另一反对党匈牙利族联盟党的支持，从而使议会在 4 月以绝对多数票通过了《里斯本条约》。2011 年 10 月，在执政党之一的自由和团结及其主席理查德·苏利克的反对下，议会未能通过欧洲金融稳定机制扩容议案，使斯洛伐克成为唯一否决这一计划的欧元区国家。由于总理伊维塔·拉迪乔娃要求将对该议案的表决与对政府信任表决联系在一起，政府也被迫下台。随后，执政联盟中的民主基督教联盟—民主党和基督教民主运动、"桥"和最大在野党方向—社会民主党就提前大选和通过欧洲金融稳定机制扩容议案达成协议，议会通过欧洲金融稳定机制扩容议案和 2012 年 3 月提前举行大选的决议，并罢免了苏利克的议长职务。此外，2007 年，罗马尼亚由民主党与国家自由党的矛盾所引发的政治危机使原定于 5 月与保加利亚同时举行的欧洲议会选举推迟到半年后的 11 月。2008 年，欧盟委员会冻结和取消援助保加利亚的款项后，保加利亚先是增设一名副总理，随后代之以欧盟资金管理委员会，再后又增设一个部长职位，负责管理欧盟援助资金。

在更普遍意义上，中东欧国家国内政治与欧盟政治的联结体现在欧洲议会选举上。欧洲议会选举作为政党竞争的又一重要场所，大体反映了各国政党力量对比和竞争格局的变化。不仅如此，在一些国家，欧洲议会选举还导致了国内政治的变动。2004 年 6 月，捷克社会民主党在欧洲议会选举中的惨败使党内受到极大震动，在强大压力之下，弗拉迪米尔·什皮德拉宣布辞去总理和社会民主党主席职务。8 月，匈牙利总理迈杰希·彼得的下台虽然不像什皮德拉那样直接源于执政的社会党在欧洲议会选举中的失利，但与此也不无关系。2014 年 6 月，保加利亚因执政的社会党在欧洲议会选举中大败于欧洲发展公民党，决定提前举行议会选举。

其次，中东欧国家出现某些不利于民主制度稳定和民主巩固的迹象。

第一，议会和政府变动较为频繁。

多数国家存在议会未满4年任期便提前选举的情况。2007年波兰、2011年和2014年斯洛文尼亚、2012年斯洛伐克、2013年捷克和2014年保加利亚的议会选举都是提前进行的。除议会选举导致政府更迭外，多数国家政府在任期内也发生了变动。2004年5月，就在波兰入盟后的次日，总理莱谢克·米莱尔辞职。6月，捷克总理什皮德拉宣布辞职。8月，匈牙利总理迈杰希辞职。此后，2005年和2009年捷克，2006年和2007年波兰，2007年、2009年和2012年罗马尼亚、2009年匈牙利、2013年保加利亚和斯洛文尼亚等都出现了政府变动。

第二，欧洲怀疑主义应运而起。

中东欧国家入盟后，对政府在入盟谈判中让步过多、没有很好地维护本国利益的社会不满情绪上升，与欧盟分享主权的需要更令刚刚摆脱苏联控制、获得完整国家主权的民众反感。同时，虽然欧盟对中东欧成员国仍保持某种制约，但与入盟前相比，制约的空间大为缩小。在这种情况下，欧洲怀疑主义应运而起，并因国际金融危机和欧元区债务危机的爆发而得以加强。

在精英层面，"由于欧盟成员资格的收回是几乎不可能的事情，（成员国）国内领导人获得了'补偿'过去默许西方制约的机会"[1]，其中一些人采取欧洲怀疑主义立场，曾任波兰总统的卡钦斯基和曾任捷克总统的瓦茨拉夫·克劳斯拖延签署《里斯本条约》便是这种立场的突出表现。在政党层面，波兰法律与公正党、匈牙利青年民主主义者联盟—匈牙利公民联盟、斯洛伐克民族党、自由和团结等认同欧洲怀疑主义或带有欧洲怀疑主义倾向的政党曾经或正在执政。在社会层面，中东欧国家选民对欧洲议会选举表现冷漠，投票率均低于同期

---

[1]　Grigore Pop-Eleches, *Between Historical Legacies and the Promise of Western Integration*: *Democratic Conditionality after Communism*, East Europe Politics and Societies, February 2007, Volume 21, No. 1.

的欧盟平均数，其中个别国家，如 2004 年波兰和斯洛伐克、2009 年斯洛伐克、2014 年斯洛文尼亚、捷克和斯洛伐克的投票率不及欧盟平均数的一半，其中斯洛伐克的投票率还不到欧盟平均数的 1/3 （见表 6.3）。在某种意义上，正是这种弥漫于整个社会的欧洲怀疑主义情绪使得认同欧洲怀疑主义或带有欧洲怀疑主义倾向的精英和政党能够得到选民的支持。

表 6.3　　　　　　　　中东欧国家欧洲议会选举的投票率　　　　　　　（％）

国家	2004	2007	2009	2013	2014
波兰	20.87		24.53		22.70
匈牙利	38.5		36.21		28.92
捷克	28.3		28.22		19.5
斯洛伐克	16.97		19.64		13.00
斯洛文尼亚	28.35		28.37		20.96
罗马尼亚		29.47	27.67		32.16
保加利亚		29.22	38.99		35.50
克罗地亚				20.84	25.06
欧盟	45.47		43		43.09

资料来源：http：//www. results-elections2014. eu/en/country-introduction-2014. html.

　　第三，具有民粹主义倾向的政党力量增强。

　　欧盟制约的减少及国际金融危机和欧元区债务危机的冲击也给具有民粹主义倾向的政党的发展提供了条件。一些带有民粹主义色彩的政党成为各自国内重要的政治力量，登上执政舞台。如波兰法律与公正党在 2005—2007 年执政，其中 2006—2007 年与自卫党和波兰家庭联盟组成联合政府；斯洛伐克方向—社会民主党在 2006—2010 年与人民党—争取民主斯洛伐克运动和民族党联合执政，2012 年再度执政；罗马尼亚民主自由党在 2008—2012 年执掌政权；保加利亚欧洲发展公民党在 2009—2013 年执政，2014 年赢得议会选举，再次执政。

　　第四，匈牙利、波兰出现所谓的"民主倒退"动向。

2010 年，青年民主主义者联盟—匈牙利公民联盟和基督教民主人民党竞选联盟在议会选举中大获全胜，占据议会 2/3 多数，成为自匈牙利制度剧变以来拥有席位最多的执政党。凭借这一绝对优势，青年民主主义者联盟—匈牙利公民联盟可以不受掣肘地通过法律，贯彻自己的政策主张。从那时起，匈牙利议会通过了一系列不符合民主原则的法律。其中，《国籍法修正案》给予生活在国外的匈牙利族人匈牙利国籍；《媒体法》规定由青年民主主义者联盟—匈牙利公民联盟成员组成全国媒体及通讯委员会，对媒体实施监督，对媒体的违法行为处以重罚；《基本法》去掉了国名中"共和国"的字样，将基督教作为匈牙利历史和文明的基础，限制宪法法院权限；《中央银行法》将央行副行长的提名权由行长转到总理手中，危及央行的独立性。虽然在欧盟和国际货币基金组织的压力下，议会对《媒体法》和《中央银行法》做了一些修改，但青年民主主义者联盟—匈牙利公民联盟的"集中化和民粹主义政策"[①] 没有发生根本性变化。2014 年，青年民主主义者联盟—匈牙利公民联盟和基督教民主人民党执政联盟再次赢得议会选举并占据议会 2/3 席位，匈牙利仍将延续一贯的做法，在这条颇受西方非议的道路上走下去。

在波兰，2015 年 10 月 25 日，法律与公正党在议会大选中获得全胜，在参众两院赢得绝对多数，成为自 20 世纪末波兰社会转型后首个可以单独组成政府执政的政党。上台执政后，波兰法律与公正党迅速通过了一系列旨在改组国家体制的备受争议的法律。同年 11 月 19 日，波兰新议会通过了《宪法法院法》修正案，要求重新选举宪法法院 5 名新法官，将原《宪法法院法》所规定的在判决时 15 名法官最少需要 13 名在场改为最少需要 9 名法官在场，并称 10 月 8 日由上一届议会选举大法官的做法不符合新法律。12 月 2 日，新议会根据新的《宪法法院法》选举了 5 名宪法法院法官，并连夜举行了宣誓就职仪式。在元旦前夜，波兰议会又通过新《媒体法》。波兰的公法广播电台和电视台将被改组为"国民文化机构"，更重要的是，波兰政府有权任命这些机构的高层，以此消除所谓的"带有政治倾向的主流

----

① EIU Country Report Hungary, September 2013, http：// www.eiu.com.

文化"。而此前该权力在媒体监管委员会手中。新政府的这些举措在波兰国内引发巨大的争论，而且出现多起游行示威活动，抗议政府的"民主后退"。

匈牙利和波兰两国政治生活中出现的"新现象"已经引起了欧盟的极大关切，欧盟官员和欧洲议会已多次讨论两国的"民主"问题，并要求两国总理到欧盟委员会和欧洲议会接受"质询"。欧盟声称，如果两国不对各自的政治生态做出改变，就要对两国采取法律行动。

一般来说，民主制度运作的时间越长，人们越有可能习惯、接受并自觉参与这种制度，与这一制度相关的观念也就越巩固。观念的巩固反过来又有助于保证制度的稳固运作，最终实现民主巩固。正如《变动中的民主》一书指出的："这些'基本程序条件'存在的时间越长，它们得以延续的可能性就越大。"[1]中东欧国家出现一些不利于民主制度稳定和民主巩固的情况，在某种程度上与民主制度运作时间不长，民主观念不够巩固有关。可见，在制度巩固之后，中东欧国家的民主巩固还有很长的路要走。匈牙利和波兰近期的发展已经引起人们对其民主制度的质疑。由此看来，即便在政治转型结束后，中东欧国家仍然存在民主倒退的可能。

第三节 哥本哈根经济标准与中东欧国家转型

中东欧国家的经济转型大致可以分为六个阶段。1990—1993 年为最初的稳定和改革阶段，1994—1996 年为市场改革阶段，1997—2001 为动荡和恢复阶段，2002—2007 年为经济高速发展阶段，2008—2013 年为遭遇金融危机和经济危机阶段以及 2014 年以来阶段。

第二次世界大战后，所有（中）东欧国家都是苏联集团的一部分，社会主义体系的特征是：所有生产资料公有制、强烈的政治控

---

① ［日］猪口孝、［英］爱德华·纽曼、［美］约翰·基恩编：《变动中的民主》，第37 页。

制、经互会内部贸易占主导以及计划经济。在这一体系中，决策中央化，并被中央计划所协调，给予经济部门以物质和道德激励。波兰和匈牙利有过市场社会主义体系的实验，即一部分决策放权，某些经济活动受市场经济机制的协调。

1989年，东欧国家政局发生剧变，大部分国家的体制实现了和平转型。1991年，苏联解体，波罗的海三国获得独立。此后，这些国家开始了向市场经济（私有制为基础）的转型。新的经济体制完全改变了这些国家的面貌。短缺——社会主义的典型特征之一——消失了，但出现了新型的不确定性、不平等和失业。

为整合中东欧国家，稳定欧洲大陆，欧盟向中东欧国家提出了入盟的经济标准，并辅之以大量的财政援助[①]，支持行政改革，并进行直接投资。

转型伊始，学术界就有关应以渐进方式还是激进方式进行转型争论不休。

表6.4　　　　　　　　　激进和渐进两种学派的主要观点

激进学派	渐进学派
稳定化和自由化的推迟会导致大量的寻租和反对改革的行为，甚至会使转轨倒转	担心转型过快会导致更大的社会成本，使民众遭受更大的痛苦
需要制度建设，但不必在其他改革之前进行	制度应在自由化和私有化之前建立，以确保效益的最大化

转型初期，大部分中东欧国家听从了西方经济学家的建议，大规模、迅速和全面建立起西方式的游戏规则体系。1989年，"华盛顿共识"概念问世[②]，它后来成为国际金融组织和西方主要发达国家指导

---

① 有关转型初期欧共体/欧盟对中东欧国家的各类援助可参阅朱晓中《以欧盟为主的西方国家对中东欧国家的援助》，周弘主编：《对外援助与国际关系》，中国社会科学出版社2002年版，第573—599页。

② 该概念于1989年由美国国际经济研究所提出，旨在指导拉美经济改革。"华盛顿共识"主张有：实行紧缩政策；防止通货膨胀；削减公共福利开支；金融和贸易自由化；统一汇率；取消对外资自由流动的各种障碍以及国有企业私有化；取消政府对企业的管制。这一概念在发展中国家及转型国家中的实践后果引起了较大争议。

中东欧国家实现经济转型前期阶段的圭臬。① 这种改革模式又被称为"休克疗法"。在部分领域里（如价格和贸易自由化、控制通货膨胀和小规模私有化），快速的干预发挥了作用，但在另一些领域，变化则需要时间。一些批评者认为，转型国家实行"休克疗法"的深层根源是冷战遗留下来的"道德热情"和对冷战"胜利"的陶醉，这种思想具有雅各宾式和布尔什维克式狂风骤雨般社会变革模式的哲学逻辑。

国际货币基金组织将中东欧经济转型的内容概括为"四化"，即稳定化、私有化、市场化和制度化。其中，新的制度安排是成功转型的关键。由于新组织的创建、新法规的制定以及不同经济主体的行为变迁都需要花费较长的时间。赞成"休克疗法"的波兰和捷克斯洛伐克认为，旧制度垮台后有一个短暂的间隙，在这个间隙中，政治家和民众之间的共识很一致，因此需要快速行动。这种观点强调，需要迅速把企业同国家分离，以避免新形成的既得利益集团阻止私有化进程。而造成渐进改革的匈牙利则担心快速行动可能会产生无效，匈牙利人认为，快速私有化在中期很可能在政治上付出的成本过高。

波兰经济学家科沃德科据此得出结论说，一般而言，只有自由化和稳定化政策，才可以一种较为激进的方式来进行，但是否以激进方式推进自由化和稳定化还取决于金融稳定的程度和一定的政治环境。② "华盛顿共识"的主要批评者之一约瑟夫·斯蒂格利茨认为，国际货币基金组织下的是一剂猛药，没有区分"四化"实施的先后次序，也没有考虑其可能带来的副作用。③

---

① ［丹］奥勒·诺格德：《经济制度与民主改革》，孙友晋等译，上海世纪出版集团2007年版，第8页。

② G. W. 科沃德科：《从休克到治疗：后社会主义转轨的政治经济》，刘小勇等译，上海远东出版社2000年版，第96—97页。

③ Stiglitz, Joseph, Challenging the Washington Consensus—An Interview with Lindsey Schoenfelder, 7 May 2002. *The Brown Journal of World Affairs*, Winter/Spring 2003, Vol. IX, Issue 2 pp. 33 – 40.

表 6.5　　　　　　　　　　转型国家改革战略一览

持续的激进战略	开始早/稳步前行	流产的激进战略	渐进战略	有限改革
爱沙尼亚	克罗地亚	阿尔巴尼亚	罗马尼亚	白俄罗斯
拉脱维亚	匈牙利	保加利亚	阿塞拜疆	乌兹别克斯坦
立陶宛	斯洛文尼亚	马其顿	亚美尼亚	土库曼斯坦
捷克		吉尔吉斯斯坦	塔吉克斯坦	
波兰		俄罗斯	乌克兰	
斯洛伐克				

说明：1990—1992 年，斯洛伐克实行快速改革。

　　2004 年，欧洲复兴与开发银行将 28 个转型国家分为五组[①]，用转型进展指标对它们进行比较。[②] 考察后，人们发现三个事实：第一，

表 6.6　　　　　　　　经济自由化的次序和制度发展

地区	指数	1994	1999	2005
中欧	自由化	3.7	4.2	4.3
	制度发展	2.7	3.1	3.3
波罗的海三国	自由化	3.7	4.1	4.3
	制度发展	2.3	2.9	3.2
东南欧	自由化	3.0	4.0	4.1
	制度发展	1.7	2.2	2.5
独联体（渐进改革）	自由化	2.2	3.7	3.9
	制度发展	1.4	2.1	2.2
独联体（有限改革）	自由化	1.9	2.0	2.3
	制度发展	1.4	1.6	1.5

根据 EBRD, Transition Report 2000, 2005 年国家表格编制。

---

　　① 部分东南欧国家没有包括在本讨论中，因为政治不稳定使得它们在 20 世纪 90 年代末期才开始转型。这些国家包括塞尔维亚和波黑。
　　② 转型进展指标（Transition Process Index）包括价格和贸易自由化、竞争政策、大小私有化、银行和金融领域开放程度等。

欧洲所有转型国家的制度发展均落后于经济自由化；第二，自由化启动较早且速度较快国家的制度发展也较快；第三，没有一个转型国家的制度发展先于自由化。

从广义上说，经济转型渐进论的理论模型和结论正确。但在部分国家的转型实践中，渐进论成为谋私利的政治家推迟改革的借口，结果造成经济和政治上的双输。在经济上，宏观经济稳定被推迟，局内人可以进行寻租，在超级通胀时期积累大量财富，获得参与大私有化的特权。在政治上，寡头在"攫取国家"财富的同时，利用其影响禁止竞争、干预司法，使市场改革和民主发展停滞不前。中东欧国家转型 20 年的实践表明，在转型第一个 10 年中市场改革程度越高，后来的经济表现就越好。① 联合国开发计划署最新公布的人类发展指标似乎也支持这一论点。②

中东欧国家的经济转型大致分为两个阶段：1989—1994 年主要进行重大的经济和社会改革，同时伴随着宏观经济紧缩措施，以及外部冲击。这一时期的基本特征是，经济下行的主要原因是重新分配资源和努力稳定宏观经济。但是，这一时期的经济增长率被官方低估了，主要原因是新出现的非国有部门没有被统计部门计入数据收集程序。③ 1992—1994 年，绝大多数中东欧国家的人均 GDP 下降较多。

1995—2007 年为追赶阶段。在经历了最初的大规模经济转型之后，从 1995 年起，中东欧国家（除遭受战争影响的东南欧国家之外）进入了经济复苏和追赶西方经济的阶段。实践表明，改革速度较快的

---

① Oleh Havrylyshyn, "Recovery and Growth in Transition: A Decade of Evidence," special issue, *IMF Staff Papers*, Vol. 48. 2001, http://www.imf.org/external/pubs/ft/staffp/2001/04/pdf/havrylys.pdf.

② 联合国开发计划署的人类发展指数（寿命、教育水平和收入）表明，在长期内，人均 GDP 水平与人类发展指数呈正相关。以较快速度实现转型的中欧国家的人类发展指数不仅没有下降，反而稳步提高，特别是在 1995 年以后。实施渐进转型的国家（特别是独联体国家）的人类发展指数则出现大幅度下降，到 2005 年都没有恢复。最新的人类发展指数见 Human Development Report 2009, the United Nations Development Programme 2009, pp. 191 - 202. http://hdr.undp.org/en/reports/global/hdr2009.

③ Stanley Fischer and Ratan Sahay, "The Transition Economies after Ten Years," National Bureau of Economic Research (2000). http://www.imf.org/external/pubs/ft/wp/2000/wp0030.pdf.

表6.7　　　　　　　　经济转型初期中东欧国家的经济状况

国家	生产连续下降年数	生产累计下降（%）	恢复经济增长年份
阿尔巴尼亚	3	33	1994
保加利亚	4	16	1995
克罗地亚	4	36	1995
捷克	3	12	1994
匈牙利	4	15	1995
波兰	2	6	1993
罗马尼亚	3	21	1994
斯洛伐克	4	23	1995
斯洛文尼亚	3	14	1994

资料来源：World Bank 2002, Transition, The First Ten Years. siteresources. worldbank. org/ECAEXT/Resources/complete. pdf.

国家，经济复苏的速度也越快。不断推进改革，且地理上更接近西欧国家的中东欧国家经济复苏较快且能够持续发展。

1992 年，波兰率先实现恢复性增长，其他中东欧国家大多在 1994 年开始恢复性增长。此后直到 2008 年，绝大多数中东欧国家的经济持续快速地实现了增长，经济质量不断改善，国民的生活水平不断提高。2014 年，波兰已经成长为世界第 24 大经济体。当然，要达到欧盟 28 国的人均 GDP 水平，大多数中东欧国家还有较长的路要走（见表 6.8）。2008—2009 年，受金融危机的冲击，中东欧国家的经济出现不同程度的下降，自 2010 年开始，中东欧国家的经济开始缓慢复苏。

中东欧国家经济持续发展得益于两方面：贸易日益开放，外国直接投资大量涌入。从 1990 年中期起，中东欧国家与西欧国家之间经济增长的差异一直在缩小。在经济形势较好的情况下，中东欧国家的经济增长率能够比西欧国家高近 3 个百分点；在经济危机时期，很多中东欧国家依然能够维持正增长。①

---

① Ewald Nowotny, "Achieving Balanced Growth in CESEE Countries," Conference on European Economic Integration (CEEI). Helsinki,2012, http: //www. bis. org/review/r121128b. pdf.

表 6.8　　　　　　　　　2013 年中东欧国家经济实力一览

	2012 年[a] 1989＝100	人均 GDP in PPS（美元） 2013 年[b]	人均 GDP（PPP）相当于欧盟 水平的比例（2013[c]）（%）
欧盟 28 国	－	26600	100
阿尔巴尼亚	181		30
波黑	82	4556	29
保加利亚	160	11900	47
捷克	－	18683[d]	79
克罗地亚	100	13881[d]	61
黑山	92	7041[d]	42
匈牙利	126	17600	66
马其顿	110	9565	35
波兰	200	17900	66
罗马尼亚	119	14500	49
塞尔维亚	66	9800	49
斯洛伐克	192	20000	75
斯洛文尼亚	142	21800	82

资料来源：a. EBRD：Transition Report 2012.

b. The World Bank：GDP per capita, http：//data. worldbank. org/indicator/NY. GDP. PCAP. CD.

c. http：//www. thecatchupindex. eu/TheCatchUpIndex/.

d. Eurostat.

　　在经济发展和追赶阶段，中东欧国家处于世界上经济增长最快的国家之列。2000—2007 年，波罗的海三国和罗马尼亚的年均经济增长率在 10% 左右，斯洛伐克和保加利亚略低于这个水平。这个时期，由于西欧国家的经济增长率降低，中东欧国家的趋同进程加快。[①] 驱动中东欧国家经济增长的一个引擎是经济对外开放。虽然这些国家规模不大，但它们成了欧盟老成员国，特别是德国重要的贸

————————

① 25 Years after the Fall of the Iron Curtain, European Commission, 2014, https：// ec. europa. eu/research/social-sciences/pdf/policy_ reviews/east-west_ integration. pdf.

易伙伴。

执行欧盟的共同法和东西欧的一体化，为中东欧国家提供了快速趋同的共同框架。换句话说，东西欧经济一体化给中东欧国家提供了比欧盟老成员国更大的经济发展动力。①

外国直接投资大量流入是中东欧国家经济持续增长的重要因素之一。转型 25 年来，中东欧国家一直是外国资本青睐的地区之一。在转型初期，外国直接投资是中东欧国家私有化和改造的重要来源。中东欧国家都确立了吸引外资的法律框架，为外国和国内投资人提供了广泛的投资激励（如降低税收、提供补贴、建立经济特区和自由贸易区以及提供配套资金等）。特别是 2004 年之后，入盟的中东欧国家进一步向西方标准靠拢，同时保持着较低的经营成本。2015 年，中东欧是继西欧、北美和中国之后第四个对外资最具吸引力的地区（见表 6.9）②。

中东欧国家之所以对外资具有持续吸引力，主要是因为这些国家在可用资源指数（人力资源、资本、知识）、经济可持续指数（财政可持续性、政治可持续性、经济可持续性）、成本竞争力指数、商业环境指数（制度、税收、基础设施、透明度）等方面获得不断改善。③ 外资的流入也带来了技术以及发展市场经济所需要的企业管理知识、创新的法律体系和行为标准，从而使转型的质量不断提高。

当然，并非所有的外国直接投资都对中东欧国家国内经济产生了相同的促进作用。例如，非交易领域中的外资困难导致大量的经常账户赤字，而可交易领域中的外资流入则有助于未来的出口。非交易领

---

① Richard E. Baldwin, Francois Joseph F. and Richard Portes, "The Costs and Benefits of Eastern Enlargement: The Impact on the EU and Central Europe," *Economic Policy* 12: 24 (1997): 125 - 176. http://faculty. london. edu/rportes/Bfp. pdf.

② Ernst & Young: European Attractiveness Survey 2015. http://www. ey. com/Publication/vwLUAssets/EY-european-attractiveness-survey-2015/ \$ FILE/EY-european-attractiveness-survey - 2015. pdf.

③ 详细指标可参阅 PWC, GREAT and British Embassy in Warsaw: Central and Eastern Europe Economic Scorecard, http://www. economicscorecard. eu/.

表6.9　　　　　　　　1990—2014 年中东欧国家外资存量　　　（百万美元）

	1990	2000	2014
波兰	109	34227	245161
捷克	1363	21644	121530
匈牙利	570	22870	98360
罗马尼亚	0	6953	74732
斯洛伐克	282	6970	53216
保加利亚	112	2704	46539
斯洛文尼亚	1643	2893	12743
克罗地亚	0	2664	29761
塞尔维亚	–	1017[a]	29564
波黑	–	1083[a]	7383[a]
黑山	–	–	4982[a]
马其顿	0	540	5140
阿尔巴尼亚	–	247	4466[a]

说明：a 估计数字。

资料来源：World Investment Report 2015, UNCTAD, New York and Geneva, 2015, http：//unctad. org/en/PublicationsLibrary/wir2015_ en. pdf.

域中的外资有可能点燃信贷狂潮。[①] 研究显示，外国直接投资大大影响了中东欧国家的出口改造，并将继续影响其长期的劳动生产率的增长。

毫无疑问，外国直接投资对中东欧国家的工业现代化发挥了重要作用。但是，对外国直接投资在社会层面的影响则研究较少。中东欧国家政府面临着为社会项目和公共教育筹资的困难，因为为吸引外

----

① 在中东欧国家中，保加利亚和爱沙尼亚非交易领域中的外国直接投资存量最高，进口与 GDP 的比例也较高。Yuko Kinoshita, Sectoral Composition of Foreign Direct Investment and External Vulnerability in Eastern Europe. Working Paper 123, International Monetary Fund, 2011. http：//core. ac. uk/download/pdf/6746123. pdf.

资，政府的激励通常包括减税措施。①

除外国直接投资外，中东欧国家还从欧盟的基金和援助中获益。2007—2013 年，欧盟 10 个中东欧国家获得 1777 亿欧元欧盟基金，占3365 亿欧元基金总额的近 1/2。② 欧洲投资银行是中东欧国家融资的另一个重要渠道。该银行向中小企业提供支持，并使替代能源供应获得可持续发展。这些基金对经济发展的推动作用明显。研究显示，欧盟基金通常对紧迫需求给予支持，而较少强调长期发展战略需求。欧盟基金通常由接受国政府控制，重点支持地区优先项目。

中东欧国家经济发展过程中的一个突出问题是失业率居高不下。尤其是年轻人的失业率较高。在转型的最初 5 年里，由于剧烈的改革，劳动力需求和就业率开始下降。③ 就业率下降推升了失业率或反映出正规的经济活动不活跃。在转型的最初 10 年里，15—64 岁居民的就业率大幅下降。其中，15—24 岁居民的失业率最高。这也是中东欧部分国家年轻人大量移民的原因。④

在转型初期，中东欧国家政府为应对高失业率，纷纷推出了提前退休计划，以避免上年岁的工人长期失业。但由于该计划对国家的养老金体系造成严重的财政负担，许多国家不得不修改这一政策。最近，为使养老金体系能够持续下去，中东欧部分国家又提高了退休年龄。

同欧盟 28 国的平均水平相比，中东欧国家的失业率依然较高（见表 6.10）。

---

① Martin Bijsterbosch and Marcin Kolasa, "FDI and Productivity Convergence in Central and Eastern Europe: An Industry-level Investigation," *Review of World Economics* 145: 4 (2010): 689–712.

② Varga Janos and Jan Veld, "The Potential Impact of EU Cohesion Policy Spending in the 2007–13 Programming Period: A Model-Based Analysis," *European Economy Economic Paper*, 2010, No 422. http://www.ssoar.info/ssoar/bitstream/handle/document/21241/ssoar-2010-4-bijsterbosch_ et_ al-fdi_ and_ productivity_ convergence_ in. pdf? sequence = 1.

③ Alena Nesporova, Why Unemployment Remains so High in Central and Eastern Europe. Employment Paper 43, Geneva: International Labour Office, 2002. http://www.ilo.org/wcmsp5/groups/public/@ ed_ emp/documents/publication/wcms_ 142377. pdf.

④ Ibid.

表6.10　　　　　　　　　　　中东欧国家劳动力市场

国家	劳动力市场结构	年轻人就业率
克罗地亚	中等	高
爱沙尼亚	小	中等
匈牙利	中等	中等
拉脱维亚	小	中等
立陶宛	中等	中等
波兰	中等	高
斯洛伐克	中等	高
斯洛文尼亚	中等	中等
保加利亚	中等	中等
罗马尼亚	中等	高
阿尔巴尼亚	中等	高
波黑	中等	高
马其顿	小	高
黑山	小	高
塞尔维亚	中等	高

资料来源：EBRD，Transition report 2015－2016.

综上所述，中东欧国家的发展模型建基于制度开发、贸易和金融一体化以及同欧盟的经济和政治一体化。但是，自从加入欧盟之后，中东欧国家的经济形势具有两个特征。第一，中东欧国家的经济在很大程度上由外国直接投资驱动（在2008年金融危机爆发之前主要来自欧盟成员国），外资流入的水平大大高于大多数其他新兴国家。中东欧国家的信贷扩张主要靠来自国外的资本，而不是国内储蓄。中东欧国家的开放性迅速加大，总体上高于欧盟老成员国，以及绝大多数其他新兴经济体。① 第二，中东欧国家的经济没有鼓励创新。根据欧盟的研究，欧盟北部的地区发展更依赖于高科技服务和高附加值制造

---

① Becker Torbjorn et al. ，Whither Growth in Central and Eastern Europe? Policy Lessons for an Integrated Europe（Brussels：BruegelBlueprint Series，2010）. http：//bruegel. org/wp-content/up-loads/imported/ publications/101124_ bp_ zd_ whither_ growth. pdf.

业。而中东欧国家则偏向低技术和制造业。① 关键的问题是，中东欧国家如何使其经济模式适应并在地区专业化帮助下转向创新经济。

此外，中东欧国家的经济发展显示出对跨国公司有选择的技术创新转移投资的严重依赖。② 这种经济模式导致了汽车和消费品电子等领域出现了比较优势，这并没有提升其民众的生活水平。相反，这些国家的经济出现了二元化，即参与跨国公司相关领域工作的人和其他劳动者之间收入的日益不平等。这种不平等已经给部分国家带来了日益增加的政治和社会紧张状况。同时，民粹主义上升、改革疲劳综合征、对失去的安全感和平均主义社会的怀念，以及总体上的失望情绪在某些中东欧国家中导致出现反对进一步改革要求。③ 实际上，这种形势也会影响这些国家包括欧盟扩大在内的诸多问题的未来立场。④

在一定程度上，良好的经济表现有助于推动民主化，持续的经济发展是民主的一种激励。但是，低增长加上广泛的不平等，以及弱中产阶级会使民主遭受挑战，西欧国家的经验证明了这一点。在中东欧地区，代表转型输家的民粹主义政治运动有可能破坏民主和经济转型的成果。

虽然中东欧国家在金融危机之前实现了快速的经济增长，但是同西欧国家的收入差距依然很大，这使得希望模仿西欧模式快速带来西欧式经济和社会利益的那些人产生失望情绪。导致这一差异的原因很多，其中要素投入和要素生产率较之西欧低很多是重要原因之一。例

---

① Daniela Grozea-Helmenstein et al. , Benchmarking EU-Border-Regions: Regional Economic Performance Index (EUBORDERREGIONS Project Report), accessed at www. euborderregions. eu/files/report%20vienna. pdf.

② Andreas Nölke and Arjan Vliegenthart, "Enlarging the varieties of capitalism: the emergence of dependent market economies in East Central Europe," *World Politics* 61: 4 (2009): 670 – 702 http: //muse. jhu. edu/login? auth = 0&type = summary&url =/journals/world_ politics/v061/61. 4. nolke. pdf.

③ Irena Grosfeld and Claudia Senik, "The Emerging Aversion to Inequality," July 2008 http: //www. iza. org/conference_ files/ALMAT2008/senik_ c1880. pdf.

④ 实际上，中东欧国家对欧盟继续扩大的支持率高于老成员国。参阅 Toshkov, Dimiter, Elitsa Kortenska, Antoaneta Dimitrova and Adam Fagan, The "Old" and the "New" Europeans: Analyses of Public Opinion on EU Enlargement, *Review MAXCAP Working Paper* No 2, April 2014. http: //www. maxcap-project. eu/system/files/maxcap_ wp_ 02. pdf.

如，绝大多数中东欧国家的人均资本存量比西欧国家低很多。另外，中东欧国家中 15—64 岁劳动力的参与率也低于西欧国家。

　　长期来看，最适合推动经济增长的方法是，通过改善的规则（限制市场的不平衡）、生活水平的提升，以及确保教育质量的改善来增加本国经济的竞争力。[1] 此外要增加私人储蓄，因为中东欧国家的投资在很大程度上是外国资本。[2] 同时，也需要引领中东欧国家的经济走向创新，只有这样，才能使本国的经济更加独立。

①　Lorenzo Bini Smaghi, "Real Convergence in Central, Eastern and South-Eastern Europe: A Central Banker's View," Real Convergence in Central, Eastern and South-Eastern Europe, eds. Reiner Martin and Adalbert Winkler, 11 – 17 (Palgrave MacMillan, 2009), https://www.palgrave.com/resources/sample-chapters/9780230220188_ sample. pdf.

②　Philippe Aghion, Heike Harmgart and Natalia Weisshaar, Fostering Growth in CEE Countries: a Country-Tailored Approach to Growth, *Policy*. *Working Paper* 118, European Bank of Reconstruction and Development, 2011 http://www.ebrd.com/downloads/research/economics/workingpapers/wp0118. pdf .

第七章 加入欧盟的标准与西巴尔干国家的入盟准备

第一节 西巴尔干国家的入盟标准

"条件性"（Conditionality）向来是欧共体/欧盟针对成员国、候选国或第三国政策的一部分。从 20 世纪 80 年代开始，欧共体在内外政策中越来越多地运用"条件性"限制手段。特别是 20 世纪 90 年代初，中东欧国家在剧变后普遍提出"回归欧洲"的口号，欧共体在一体化战略中进行了"政治性条件"和"经济性条件"的实践。1993年 6 月，欧共体哥本哈根首脑会议提出了中东欧转型国家加入欧共体/欧盟的框架标准，也称"哥本哈根标准"（Copenhagen Criteria）。在政治方面，它要求候选国有稳定的机构以保障民主、法治、人权、尊重和保护少数民族权益；在经济方面，它要求候选国存在有效的市场经济和应付联盟内竞争压力和市场力量的能力。另外，候选国必须具有履行成员国义务的能力，包括赞同实施政治、经济和货币联盟的目标。为确保欧盟法律规范的有效采用和执行，1995 年 12 月，欧盟委员会在马德里会议上为申请入盟的国家设定了第四个标准：要求候选国接受欧盟法系中的公共法、规则和政策，以及具备相应的执行能力。除此之外，欧盟还在 1997 年 4 月召开的欧盟部长会议上通过《阿姆斯特丹条约》，强调以自由、民主，尊重人权与基本自由、法治等原则为欧盟的基础，并将恪守这些原则确定为加入欧盟的先决条件，这一补充强化了成员国资格要求中的"政治性条件"。从欧盟对中东欧国家的扩大进程可见，"政治性条件"是欧盟决定何时与候选国启动入盟谈判的先决条件。① 只要欧盟对候选国的民主、法制和对少数民族的保护尚存疑问,欧盟就不会与之开始入盟谈判。②

2004—2013 年,欧盟实现了三次扩大,在扩大的进程中,通过条件性限制,欧盟把中东欧国家向民主和市场经济的转型进程同一体化进程紧密地联系在一起。它不仅规定了中东欧国家的转型方向和目标,也划定了基本领域。2006 年 12 月,欧盟首脑会议通过的"扩员战略"对东扩表示肯定,认为是"欧盟和全欧洲的成功"③,东扩取得了四项成果:促进了欧洲分裂的消除和全大陆的和平与稳定;(在全大陆)推进了改革,巩固了自由、民主以及尊重人权、法治和市场经济等普世原则;扩大了内部市场与经济合作,增进了繁荣与竞争力,使联盟得以更好地应对全球化挑战;增强了欧盟在世界上的地位与影响。④ 事实证明,欧盟的条件性限制对首批入盟的中欧国家相当奏效,这些国家迅速摆脱了转型初期的阵痛,步入良性发展的快车道。

与中欧国家不同,西巴尔干国家⑤由于战乱和国内政局不稳的影响,入盟进程被极大地延迟,但欧盟在发展同这些国家的关系时同样运用了"条件性限制"原则。原南国家早在南斯拉夫联邦分裂后便提出希望同欧盟签订类似"欧洲协定"⑥ 的双边协定,欧共体/欧盟为此对这些国家设置了签订协定的一般条件:(1)为难民回归创造条件;(2)同海牙联合国国际前南斯拉夫罪犯法庭(ICTY,以下简称"海牙法庭")合作;(3)进行民主改革,尊重人权;(4)自由

---

① 陈志敏、古斯塔夫·盖拉茨:《欧洲联盟对外政策一体化——不可能的使命?》,时事出版社 2003 年版,第 291 页。

② 欧盟除了推出哥本哈根标准外,还在 1999 年 5 月生效的《阿姆斯特丹条约》中明确规定:"申请国必须具有一个民主的政治体制,如果在入盟后有践踏民主和违反人权的行为,欧盟通过成员国一致表决,可暂时停止该成员国在欧盟中的一些权力。"

③ "Enlargement Has Been a Success Story for the European Union and Europe as a Whole," Presidency conclusions, Council of the European Union 16879 \ 06, December 15, 2006.

④ 邢骅:《欧盟东扩进入深水区》,《国际问题研究》2014 年第 4 期。

⑤ 西巴尔干国家最初包括:塞尔维亚、克罗地亚、波黑、马其顿、黑山和阿尔巴尼亚。随着科索沃独立和克罗地亚入盟,目前处于欧洲一体化进程中的西巴尔干国家指塞尔维亚、波黑、马其顿、黑山、阿尔巴尼亚、科索沃。

⑥ 欧共体/欧盟通过同部分中东欧国家签订"欧洲协定",给予它们联系国地位,作为对它们政治和经济转轨的支持。

选举；（5）不歧视少数民族；（6）不歧视独立媒体；（7）进行初步的经济改革；（8）同该地区国家实现关系正常化。除此之外，欧盟还对卷入波黑战争的国家设定了特殊条件，比如对克罗地亚的条件有：（1）满足与欧安组织和联合国驻东斯拉沃尼亚地区过渡行政当局（UNTAES）基本协议和合作的义务及承诺；（2）开放克罗地亚和波黑塞族共和国的海关边界通道；（3）向在波黑的克罗地亚族人施加压力，支持波黑联邦的工作，和海牙法庭合作。①而由于战争愈演愈烈，以及欧共体/欧盟内部对原南问题立场不一致，欧盟方面一直未能与该地区国家（斯洛文尼亚除外）签订合作协定。

　　从 20 世纪 90 年代后期开始，西巴尔干国家先后把回归欧洲文明和经济圈、参加欧洲—大西洋一体化作为国家的战略目标。鉴于西巴尔干国家独特的历史和内部复杂性，欧盟所设定的"条件性"从趋势上看是越来越复杂和严格，但也依国别不同而有差异。总的来说，西巴尔干国家的入盟条件从以下几方面产生：（1）适用于所有候选国和潜在候选国②的一般"哥本哈根标准"；（2）针对西巴尔干国家的欧盟一体化政策（如 1997 年地区立场和 1999 年稳定与联系进程）；（3）伴随经济援助（如 CARDS 计划和入盟前援助工具等）提出的条件；（4）由和平协议或政治约定产生的条件（如联合国安理会的1244 号决议、代顿协议、奥赫里德协议、布鲁塞尔协议等）。换句话说，欧盟对西巴尔干国家设定的入盟标准是一个面向和解、重建和改革的多维度工具；从实施对象看，它涵盖区域、次区域和国别层面；从涉及领域看，它包括经济、政治、社会和安全等相关领域。

一　欧盟同西巴尔干国家建立契约关系的首次尝试——地区立场（Regional Approach）

　　1997 年，欧盟针对阿尔巴尼亚、波黑、克罗地亚、马其顿和南

---

①　Action plan for European integration, Covernment of the Republic of Croatia, Office for European Integration, 1999, Zagreb. p. 41.

②　依据入盟进程中各国的表现和进度，欧盟将其划分为"候选国"（candidate countries）和"潜在候选国"（potential candidate countries）。截至 2014 年 7 月，候选国包括马其顿、塞尔维亚、阿尔巴尼亚、黑山、冰岛、土耳其，潜在候选国包括波黑和科索沃。

联盟五国提出所谓"地区立场"方案，该方案的总目标是通过与这些国家建立双边关系，巩固该地区的和平与稳定，促进并帮助该地区的经济恢复和重建。除此之外，欧盟还要求这些国家首先实现地区一体化，然后再与欧盟实现一体化。该"地区立场"的一个新特征是：欧盟首次在发展同西巴尔干国家关系中引入了条件性，并且更具针对性。① 欧盟要求五国除了满足建立民主体制、实施市场经济改革等"哥本哈根标准"的一般条件外，还要求和平解决地区冲突；遵守和平协定的各项义务，包括将战犯递解至国际法庭；妥善安置和推动难民重返家园；保护少数民族权益，不得给予少数民族歧视性待遇；促进地区和解与关系正常化等。该方案引起克罗地亚的强烈抵制，它认为，其历史和文化属于中欧和欧洲地中海范围，欧盟的立场是试图阻止克罗地亚进入欧洲而将其继续留在巴尔干，克罗地亚坚决反对任何形式的南斯拉夫、巴尔干或东南欧一体化，但愿与这一地区的国家保持良好关系。② 为此，克罗地亚于1997年底通过特别宪法修正案，加入了以下条款："禁止提出克罗地亚共和国与其他国家联合的提案，如果这种联合会导致或可能导致恢复任何形式的南斯拉夫国家共同体或巴尔干国家联盟。"③ 由于克罗地亚的激烈反对，欧盟的"地区立场"没有达到其设想的目标，也标志着欧盟首次将西巴尔干与欧洲一体化联系起来的尝试失败了。

二　推动西巴尔干入盟的新战略——"稳定与联系进程"和《东南欧稳定公约》

1999年科索沃战争的爆发使欧盟认识到，只有将西巴尔干地区纳入欧洲一体化的轨道，才能实现该地区持久的和平与稳定，进而有助于整个欧洲的稳定与繁荣。于是欧盟提出了它在西巴尔干地区的战略构想：巩固地区和平与稳定，帮助其恢复经济，发展民主，推动地区内国家间、民族间的对话、和解、合作。在此目标指导下，1999

---

① 朱晓中：《欧洲一体化与巴尔干欧洲化》，《欧洲研究》2006年第4期。

② 赵乃斌、汪丽敏主编：《南斯拉夫变迁》，社会科学文献出版社2000年版，第154页。

③ Ustav Republike Hrvatske, "Narodne novine," br. 8/1998.

年5月，欧盟推出了针对西巴尔干国家的"稳定与联系进程"，旨在
与这些国家建立一种协议关系来帮助和恢复该地区的稳定和经济发
展，同时"稳定与联系进程"首次为西巴尔干国家提供了与欧盟一
体化的前景，这一前景是欧盟与西巴尔干国家关系的历史转折点。

2000年11月24日，欧盟和西巴尔干五国首脑在克罗地亚首都萨
格勒布举行高峰会议，确认了"稳定与联系进程"（Stability and Asso-
ciation Process）的六大共同目标：（1）发展同该地区国家以及这些国
家间现存的经济和贸易关系；（2）开发和调整现有经济和金融援助；
（3）增加对民主化、公民社会、教育和机制建设的援助；（4）在司
法和内政领域加强合作；（5）发展政治对话，包括在区域层面；
（6）发展稳定和联系协议①，以及各国的特殊目标（见表7.1）。同
时还提出了西巴尔干国家的入盟条件：首先，西巴尔干国家必须遵守
睦邻关系方面的承诺，以谈判方式解决分歧，尊重少数民族的权利，
遵守国际义务，解决难民问题；其次，也是最主要的，五个有关国家
必须进行一种新的地区性合作，即建立某种以三个支柱为基础的共同
市场，这三个支柱是：政治对话；自由贸易区；主要用来对付各种形
式的走私活动的司法和警察领域的合作。

"稳定与联系进程"是欧盟对西巴尔干国家的区域性战略，同时
为了打消某些国家的顾虑，强调了每个国家的独特性，与它们分别谈
判和签订协议，为它们量身定制了附加目标和条件。除此之外，欧盟
每年会对西巴尔干国家进行评估并发表进展报告。联系的进程完全取
决于各国自身接受欧洲标准的能力，视实现地区稳定和履行联系国义
务而定，只有满足了这些条件，欧盟才会继续推进该进程，否则将会
导致联系进程的中断。可见，欧盟对西巴尔干国家制定的入盟标准是
多维度、多功能的，目标包括和解、重建和改革等，范围既有区域、
次区域层面，又有双边和单一国家内部，并且根据情况实时更新。

---

① "Joint Report to the Helsinki Council on EU Action in Support of the Stability Pact and
South-Eastern Europe," presented to the Helsinki European Council, 10 – 11 December 1999 by the
Finnish Presidency and the European Commission, in CEPS（ed.）, Europa South-East Monitor, Is-
sue 6, Brussels, December 1999（http：//www. ceps. be/Pubs/SEEMonitor/Monitor6. htm）.

表 7.1　"稳定与联系进程"对西巴尔干五国分别设立的主要目标
及支持领域

	主要目标	主要支持领域
阿尔巴尼亚	全面的行政和机构改革，完全成熟的民主与法治，朝着市场的社会经济转型，通过改善基础设施实现经济发展，使阿尔巴尼亚接近欧盟标准和原则，准备逐步实现与欧盟的一体化	加强反对腐败和有组织犯罪的制度建设和行政管理能力，加大能源、交通和水资源网络建设，增加对农业、地方发展、教育、民主人权、跨境合作、人道主义的援助
波黑	巩固和平进程，促进各实体间合作、民族和解及难民返回，建立可运行的机构和可行的民主，为可持续的经济复苏和增长奠定基础，使这个国家向欧盟标准和原则靠近	基础设施重建，难民返回，民主化和教育，制度建设，经济复苏，人道主义援助
克罗地亚	实行结构和经济改革，加强民主和法治，帮助国家更加接近欧盟标准和原则，加入稳定与联系进程，实现民族和解与难民回归	人道主义救济和援助，重建和难民返回，海关，媒体，民主和公民社会
南联盟	人道主义援助，推动民主变革，向成熟的民主和市场经济转型，帮助民族和解与难民回归，让这个国家更接近欧盟标准和原则	塞尔维亚：自 1992 年以来的人道主义援助，支持独立媒体、非政府组织和公民社会 科索沃：重建援助和人道主义援助，特殊的金融援助 黑山：缓解政府支出，基础设施建设，食品安全，对重要领域的经济改革提供技术支持，人道主义援助
马其顿	加强制度和行政管理能力，协助中央和地方政府实现经济和社会转型，使国家接近欧盟标准和原则	企业和金融部门，交通，农业，环境，教育，社会部门，地方政府，文化发展，民主和公民社会，公共行政和统计部门改革，人道主义援助

资料来源：European Commission.

《东南欧稳定公约》（The Stability Pact for South Eastern Europe）是在科索沃战争结束不久由德国提出倡议，旨在帮助东南欧各国加快民主政治和市场经济转型进程的一揽子方案。同样地，欧盟在《东南欧稳定公约》中用各项条件对东南欧各国加以约束，具体包括："在自由、公正选举基础上开始日臻完善的政治进程"；加紧努力，建立一个可预测的公正的商业环境，打击腐败和犯罪活动，推进面向市场的改革，包括私有化；加强该地区内以及该地区同欧洲与世界其他地区之间的经济合作，防止由战争、迫害和内部争斗迫使人们流离失所以及由贫困造成的移民现象；保护已经承认的种族、文化和语言的同一性和权利；加强对武装力量的控制并针对有组织的犯罪、恐怖主义、地雷和小型武器的扩散等问题建立有效的措施，并"为该地区国家选择充分实现与欧洲—大西洋政治经济与安全机构一体化创造条件"。该公约除了欧盟以及东南欧九国（阿尔巴尼亚、波黑、保加利亚、克罗地亚、马其顿、匈牙利、罗马尼亚、斯洛文尼亚和土耳其）签署外，还强调美国将在该条约中起"领导作用"，俄罗斯将起"领导和建设性的作用"，国际货币基金组织、世界银行、欧洲复兴开发银行和欧洲投资银行将"发挥极为重要的作用"。南联盟由于科索沃问题被排除在该公约之外，欧盟重申"解决科索沃危机是最起码的前提条件"，还呼吁南联盟人民起来进行民主变革，否则将被永久排除在欧洲一体化进程之外。

三 欧盟在向西巴尔干国家提供一揽子经济援助计划的同时也伴随着政治经济条件

在欧盟的西巴尔干政策中，经济援助是欧盟引导西巴尔干国家向欧洲进行社会民主模式转轨，最终实现欧洲一体化的重要政策工具。同样，欧盟也把尊重人权、民主原则、法治、国际法原则作为其获得财政援助的前提条件。1990—2000 年，欧盟向西巴尔干国家提供了总计 55.5 亿欧元的援助，用于危机处理和战后重建，特别是难民返回、良政、民主化和体制建设。其中以"法尔计划"（PHARE）[1]最为重要。"法尔计划"最初是欧盟旨在帮助中东欧国家实施政治和经济转轨的援助计划，后来随着中东欧国家转轨的不断深化，"法尔计划"转向以入盟驱动为主。[2] 为了获得"法尔计划"援助，欧盟对西巴尔干国家设置了特殊条件：必须表现出令人信服地进行民主改革的决心，在尊重人权和少数民族权利方面取得进展，同海牙法庭合作，遵

---

① "法尔计划"是"援助波兰及匈牙利经济复兴"的简称（Poland and Hungary Assistance for the Reconstruction the Economy，PHARE），最初是由西方 24 国为支持中东欧国家进行经济改革提供的援助，委托欧共体/欧盟执委会负责协调与实施。

② 朱晓中：《中东欧与欧洲一体化》，社会科学文献出版社 2002 年版，第 94 页。

守《代顿协议》，为难民回归创造真正的可能性，进行经济改革，与
邻国合作建立开放关系（包括人员和商品的自由流动）。① 同时还向
南联盟提出了额外的附加条件：逐步承认科索沃省自治，并与前南战
犯国际法庭进行充分合作，等等。② 2000 年以后，为加速西巴尔干国
家的欧洲一体化进程，欧盟为其制定了一整套的长期战略计划，其中
项目基金援助是极其重要的一项。欧盟分别通过重建、发展和稳定的
欧共体援助计划（CARDS）和入盟前援助工具（IPA）对西巴尔干国
家实施援助，辅以其他涉及教育、人权、信息等领域的援助项目。这
些援助都带有明显的条件性规范作用，西巴尔干国家为了获得援助就
必须接受这些附加条件，否则援助将被终止。欧盟通过援助工具，成
功地对希望入盟的西巴尔干国家实施了影响，以达到实现条件性原则
的目的。③ 也就是说，欧盟的这些援助一方面促进了西巴尔干国家的
经济发展乃至全面转型，另一方面也成为欧盟输出共同体规范和标准
的途径。④

四　欧盟同西巴尔干国家签署的特殊协议也成为入盟的先决条件

为维护西巴尔干稳定及推动一体化进程，在欧盟及其他国际力量
的主导和调解下，西巴尔干国家签署了一系列双边或多边协议，而这
些协议的执行和落实也作为入盟的先决条件。

（一）《代顿协议》

20 世纪 90 年代初，在南联邦解体过程中，波黑的三个主体民族
波什尼亚克族（简称"波族"）、塞尔维亚族（简称"塞族"）和克
罗地亚族（简称"克族"）对国家未来安排有着不同的设想，波族和
克族主张建立独立的波黑主权国家，而塞族宣称"波黑要脱离南斯拉

---

① Action plan for European integration, Covernment of the Republic of Croatia, Office for European Integration, 1999, Zagreb, p. 41.

② 张鹏：《欧盟援助西巴尔干政策评析》，《欧洲研究》2014 年第 2 期。

③ Ana E. Juncos, "Power Discourse and Power Practices: The EU's Role as Normative Power in Bosnia," in Normative Power Europe. Empirical and Theoretical Perspectives, ED. Richard G. Whitman, Palgrave Macmillan, 2011, p. 9.

④ CARDS Council Regulation（EC）No. 2666/2000, http: //ec. europa. eu/enlargement/ pdf/financial_ assistance/cards/general/2666_ 00_ en. pdf.

夫，塞族就脱离波黑"。波、克两族同塞族的严重对立使波黑局势急剧恶化，1992 年爆发了武装冲突，进而演变为第二次世界大战以来欧洲最大规模的一场战争。1995 年，波、克、塞三族代表达成《代顿协议》，结束了战争。《代顿协议》主要规定了三方面的内容：第一，关于波黑的国际地位，协议规定波黑是一个国际承认的统一国家，并维持现有边界不变；第二，关于国家的组成和结构，根据协议，波黑是由两个各自独立并拥有极大自治权的政治实体（穆克联邦和塞族共和国）组成的邦联制国家，中央当局负责外交、外贸、关税、货币政策、移民、实体间的交通等，其余为两个实体的权限；第三，关于战后的国际治理，为监督停火和协议的执行，由联合国安理会向波黑派驻拥有广泛权力的高级代表和以北约为首的多国稳定部队。《代顿协议》要求波黑必须与国际人权组织及海牙法庭合作，把犯有战争罪行的嫌疑犯送交海牙法庭接受审判，还规定了前南战争期间的所有难民有权自由返回家园，有权要求归还其财产或补偿，各方应保证其安全和防止出现威胁其返回家园的行为。欧盟认为《代顿协议》是维护波黑稳定发展的前提保障，因此遵守《代顿协议》也成为波黑的入盟条件之一。

（二）《奥赫里德和平框架协议》

正如其他西巴尔干国家一样，民族矛盾与安全问题始终是马其顿的一大内患，马其顿国内的阿尔巴尼亚族人口众多，他们与科索沃阿族合作，在马其顿境内要求自治，使阿族与马族享有同等的立宪地位，使阿语和马语成为同时使用的官方语言，把马其顿变成由两个自治民族组成的联邦国家。2001 年初，阿族极端主义组织"阿尔巴尼亚民族军"发动武装挑衅，引发了马其顿独立十年来最严重的安全危机。在国际社会的调停下，马其顿的阿族政党和马族政党代表签署了《奥赫里德和平框架协议》。该协议开篇便指出："该协议是为了保障马其顿与欧洲大西洋社会更多更紧密的一体化。"[1] 因此，该协议不仅是结束武装冲突的和平协议，而且对提高少数民族的权利特别是阿

---

[1]　Framework Agreement，http：//www.ucd.ie/ibis/filestore/Ohrid% 20Framework% 20 A-greement. pdf.

族权利做出若干具体规定，如要求将超过人口 20% 的少数民族使用的语言作为第二种官方语言，并修改相应的法律等。自马其顿寻求加入欧盟以来，欧盟便声称："全面落实《奥赫里德和平框架协议》是马其顿加入欧盟的先决条件。"①

（三）《布鲁塞尔协议》

科索沃单方面宣布独立后，同科索沃的关系便成为塞尔维亚入盟进程中不可回避的关键因素。在多方压力和欧盟调解之下，2011 年 3 月，塞尔维亚和科索沃启动了时断时续的直接对话，双方在涉及主权与安全的核心利益问题上分歧巨大，谈判陷入僵局。2011 年 8 月，德国总理默克尔访问贝尔格莱德，明确提出了塞尔维亚加入欧盟的前提条件，其中最核心的就是解决科索沃问题，也就是说，塞尔维亚必须在科索沃和欧盟中选择其一。② 2013 年 3 月，欧盟高级代表阿什顿、欧盟负责扩大事务专员菲勒先后访塞，一方面指出，塞尔维亚加入欧盟是布鲁塞尔和贝尔格莱德的共同目标；另一方面警告说："塞尔维亚能否取得入盟谈判的日期取决于和科索沃对话的进展。"如果塞尔维亚和科索沃未能达成协议，塞尔维亚入盟进程可能将无限期推迟。经过妥协与让步，2013 年 4 月 19 日，塞、科双方草签关系正常化协定，也称《布鲁塞尔协议》。根据该协议，将在科索沃北部建立塞族市政共同体，拥有塞族的议会、具有政府性质的委员会，组建实际上以塞族人为主体的警察部队，推选塞族人担任警察指挥官，设立地区法院，并对教育、文化等事务进行充分监督。此外，北约将负责担保科索沃未来成立的军队不能进入科索沃北部地区。③ 此后，落实和执行《布鲁塞尔协议》成为欧盟对塞尔维亚和科索沃的重要考察指标。2014 年 1 月 21 日，塞

---

① http: //mil. news. sina. com. cn/2003 – 08 – 14/143647. html.

② Jordi Vaquer i Fanés, Cristian Ghinea, *Regaining Agency : How to Help Serbia and Kosovo Move Towards the EU?* A strategic review of non-recognition of Kosovo, policy brief. March. 2012, http: //www. cidob. org/en/publications/policy_ brief/retomar_ la_ iniciativa_ como_ ayudar_ a_ serbia_ y_ kosovo_ a_ avanzar_ hacia_ la_ ue/regaining_ agency_ how_ to_ help_ serbia_ and_ kosovo_ move_ towards_ the_ eu_ a_ strategic_ review_ of_ non_ recognition_ of_ kosovo.

③ Tekst predloga sporazuma Beograda i Prištine, http: //glassrbije. org/% C4% 8Dlanak/ tekst-predloga-sporazuma-beograda-i-pri% C5% A1tine, 2013. 4. 19.

尔维亚如愿启动入盟谈判，同时科索沃也开启了同欧盟的《稳定与联系协议》谈判。由于《布鲁塞尔协议》约定的塞族共同体始终未能成立，因此塞尔维亚尽管在 2015 年 3 月底就完成入盟谈判的审查环节，但直到 2015 年底欧盟才宣布正式开启塞尔维亚入盟谈判的第 32 章（财政控制）和第 35 章（主要为科索沃问题）的谈判，标志着塞尔维亚入盟实质性谈判的启动。德国驻塞尔维亚大使也表示，除了塞尔维亚和科索沃关系正常化这个问题之外，德国不会向塞尔维亚提出新的条件。

（四）波黑入盟新策略

在西巴尔干国家中，波黑是入盟进程最慢的国家。自 2008 年波黑与欧盟签署《稳定与联系协议》后，波黑在法治建设、宪政改革、经济自由化方面没有取得实质性进展。2012 年 6 月，欧盟公布波黑加入欧盟的路线图，明确了波黑递交入盟申请前必须推行的修宪等改革措施及期限。2014 年底，欧盟采纳英国和德国倡导的波黑入盟新策略，根据这份文件，欧盟在继续敦促波黑进行全方位改革的同时，向波黑进一步敞开大门。文件指出，只要波黑领导人签署一份向欧盟承诺改革的书面协议并且获议会批准，欧盟就将考虑与波黑签署《稳定与联系协议》，为波黑走向欧盟翻开新的一页。2014 年 12 月 31 日，波黑主席团起草了一份含糊不清的宣言，然而仅在 2 天后就遭到塞族共和国总统多迪克的否决，理由是宣言违反了 1995 年《代顿协议》规定的该实体的广泛自治。2015 年 2 月，波黑国家议会通过一项书面声明，承诺实施一系列经济和政治改革以早日加入欧盟。波黑议会通过的这项声明为欧盟和波黑签署的《稳定与联系协议》生效打开了大门。根据声明，波黑将建立专门机构，统一协调入盟谈判，同时实施一系列经济和政治改革，以推动经济发展，创造就业岗位，促进社会稳定，最终完成修宪改革。同年 6 月，欧盟宣布与波黑的《稳定与联系协议》正式生效。

第二节　西巴尔干国家的入盟准备

一　推进司法改革，实现法律趋同

欧盟通过一体化进程中的条件限制，向西巴尔干国家输出欧洲的制度和价值，其中特别强调法制建设和法律趋同。欧洲议会前主席汉斯—格特·珀特林曾说："欧盟是一个基于法律的共同体。法律就是力量，这代表了欧洲历史的巨大进步。法治非常珍贵，将欧洲人在欧盟内部统一起来的法治必须得到尊重。"① 因此，西巴尔干国家入盟的基本条件之一即必须具备执行欧盟"共同法"的行政能力、相应的行政制度、有效的国家行政管理体制，以确保有效地采用和执行欧盟法律规范。在发生剧变后，西巴尔干国家通过了新宪法及相关法律以适应欧盟的法律制度，强化了对欧洲价值的认同，在宪法中确认了多党议会民主制和三权分立的原则，并依据宪法制定了《政党法》《公民结社法》《选举法》等重要法律，为建立西欧式的多党制和选举制奠定了法律基础。各政党通过法定的公开选举，或单独执政或联合组阁，这些举措被认为是西巴尔干国家能够实现相关法律改革的政治共识，凸显了入盟进程的优先级。在开始入盟谈判后，欧盟向候选国提出了长达 8 万多页的 31 章谈判框架②，作为候选国参与谈判的内容与标准，它涵盖了工业、农业、社会保障、金融、贸易、外交、安全、教育、科技、司法、环保等各个领域，欧盟要求各国以此为准绳规范本国相关领域的法规。从 2012 年开始，欧盟更加明确了法治是入盟进程的中心以及进一步谈判的基础，除了反腐、打击有组织犯罪和公共行政改革等继续作为优先点外，特别强调要保证司法体系的独立、公正、负责、有效，在入盟谈判中从有关司法、基本权利、民政事务相关的内容开始，并贯穿整个谈判进程，以确保改革的不可逆性。

司法改革向来是西巴尔干国家入盟进程中的难点和弱点。西巴尔干国家司法机关的独立性不强，存在多方政治干预；司法公开不足，司法公信力受损；法官负有过重的行政事务负担；缺少对法官和其他司法官员的持续培训，未能储备在司法机构管理运作上有所专长的现代化专业人力资源；法学院教育不力，致使未来法律共同体和司法机

① Five Years after EU Dream, Romania and Bulgaria behind on Reform, http://www. euronews. com/2012/07/18/five-years-after-eu-dream-romania-and-bulgaria-behind-on-reform.

② 欧盟向西巴尔干国家提出的谈判内容并不是固定不变的，如对塞尔维亚就增加了有关科索沃的章节。

构的储备人才不足，等等。为实现与欧盟法律趋同，西巴尔干国家相继推出了《国家司法改革战略》，并着手进行司法改革，致力于提高司法公信力，重点针对法院系统进行改革，亦兼顾司法部、检方、司法培训、刑罚系统等。欧盟在关于同塞尔维亚开始第 23 章谈判的审查报告中明确表示："在塞尔维亚，立法权对司法的影响过大，塞尔维亚在欧洲一体化进程中应该像克罗地亚及其他欧盟成员国一样修改宪法。"① 为此塞尔维亚通过了新的《司法法》，进一步加强遴选和提高法官和检察官的客观标准，为司法机构的独立、公正和效率提供了进一步的保障。黑山同样在 2013 年通过宪法修正案②确认了司法体系的持续改革，根据该修正案重新任免最高法院院长、宪法法院法官以及国家最高检察院检察长。克罗地亚在入盟进程中也由于其不完善的司法体系而受到欧盟的多次批评，入盟谈判中更是就司法领域的相关内容僵持了数月。2002 年 11 月，克罗地亚政府通过了司法改革绿皮书，该绿皮书针对司法体制中的不足制定了一整套改革措施，包括建立专业培训机构、减轻法院工作量、简化审理程序，将没有争议的遗留案件交由公证人处理等。另外还出台了《仲裁法》，将仲裁作为庭外的另一种调解方式。2004 年 1 月，议会通过了法院条例修正案，对滞留案件进行了重新分配，减轻了原本积压案件过多的法院的压力；扩大了法官助理的工作范围，使他们能够担负起一部分审理任务，而不再全部压在法官一个人身上；在征得法官的同意下，加大法官的流动性；为防止滥用诉讼资源，规定了民事诉讼的时间限制。在波黑，基于《代顿协议》的波黑宪法极大地制约了波黑的一体化进程。波黑宪法第三条明确规定，国家的权力源自两个实体，两个实体拥有否决权，极大地限制了中央政府的权力，使波黑中央政府没有能力或权力实施为达到欧盟要求而进行的改革。同时根据宪法，波黑主席团由 3 人组成，分别来自波什尼亚克族、塞尔维亚族和克罗地亚族。欧洲人权法院 2009 年认定，波黑宪法相关条款歧视罗姆人和犹

---

① http：//www. telegraf. rs/english/1545477-serbs-change-your-constitution-now-or-there-will-be-no-eu-this-is-the-latest-blackmail-serbia-received-from-europe.

② Skupština Crne Gore je u julu, 2013. usvojila Amandmane na Ustav CG i Ustavni zakon za sprovođenje Ustava.

太人等少数族裔。欧盟随即要求波黑修改相关条款，并将其设定为波黑加入欧盟的先决条件之一。欧盟负责扩大事务的委员斯特凡·菲勒强调，波黑如果想加入欧盟，必须对现有宪法进行修改，使其与欧盟现行法律制度相适应，取消宪法中歧视少数民族党派的条款。然而，波黑各政党一直无法就宪法改革达成共识，导致波黑成为西巴尔干国家中入盟进展最为缓慢的国家，直到 2015 年初，波黑书面承诺进行宪法改革后，欧盟才重启停滞了 7 年之久的稳定与联系进程。

二 制定入盟战略，与欧盟建立对话机制

西巴尔干各国先后通过了《加入欧盟一体化国家战略》，对政府活动进行总指导。该战略按照入盟标准大致包括五部分内容：政治标准；经济协调；适应共同法的法律框架；加强行政能力；公共信息战略。该战略对《稳定与联系协议》的执行情况进行了规划，对每一个欧盟标准都有一定的实现期限、执行人和达标情况的具体分析。为了在每一阶段与当时的情况相适应，计划实时更新，随时补充新的方法措施。为保证按时完成计划，西巴尔干国家还成立了监督通告机制，在各部委任命了欧洲一体化协调员，每 3 个月或半年对计划的执行情况进行一次通报。另外，所有协调员每 2 个月召开一次联席会议，讨论欧洲一体化的相关事宜。

另外，西巴尔干国家还设立了多层次全方位的欧洲一体化机构，包括欧洲—大西洋一体化委员会（负责政策制定）、欧洲一体化工作委员会（负责提出建议和后期支持）、欧洲一体化办公室（负责政策协调和基金管理）、合作委员会和工作组（负责提供咨询顾问）。

为了随时协调和处理在一体化进程中所遇到的问题，西巴尔干国家与欧盟建立了正式的政治对话机制。政治对话的目的是：（1）使西巴尔干国家完全融入民主国家共同体并且逐步向欧盟靠拢；（2）协调西巴尔干国家与欧盟在国际问题上，特别是涉及双方利益的重要问题上的立场，包括互通信息；（3）发展西巴尔干国家区域合作及睦邻友好关系；（4）达成对欧洲安全与稳定的共同看法，包括在欧盟共同外交及安全政策领域的合作。为加强对西巴尔干国家制度建设的指导、控制和帮助，2002 年 5 月，欧盟决定与西巴尔干国

家定期举行部长级会谈以商讨双方共同关心的问题，并制定了派遣成员国的公务员到西巴尔干国家担任顾问的"结对计划"①。欧盟还设立了技术援助信息交流办公室，以帮助各国按照共同体的标准改革其法律体系，提供必要的技术援助。欧盟为该地区每个国家都设定了入盟路线图，规定了不同发展阶段的改革和建设重点，从 2005 年开始，欧盟定期评估西巴尔干国家的入盟进程，发布年度评估报告和扩大战略报告，以此作为决定这些国家入盟进程下一步的重要参考。同时，这些国家也可以从报告中获知它们在一体化进程中所处的阶段和状态。欧盟还针对不同国家制定了特别的对话机制，如 2012 年 3 月在斯科普里启动了同马其顿的高级别入盟对话（HLAD），该对话将欧盟一体化作为马其顿国家政策的优先点，旨在推动就主要改革机遇和挑战展开高级别的讨论，主要议题包括言论自由、法治、民族关系、选举制度、公共行政改革、加强市场经济和睦邻友好关系。2012 年 6 月同波黑启动了入盟进程的高级别对话（HLDAP），旨在通过阐明入盟谈判的要求和方法来帮助该国更快实现一体化，同时，双方达成了共同决议和欧盟一体化路线图，以便尽快使《稳定与联系协议》生效以及符合入盟申请的条件。2012 年 5 月，欧盟委员会同科索沃开始了关于法治的结构性对话，其目的是帮助科索沃解决法治领域所面临的挑战，特别是在司法、反腐和打击有组织犯罪方面。随后欧盟相继在西巴尔干国家开设了欧洲一体化办公室，克罗地亚、塞尔维亚、黑山、阿尔巴尼亚都成立了专门的欧洲一体化部，以加强国内各机构间的协调、落实欧盟的意见建议、监督欧盟援助资金的使用等。作为政府同布鲁塞尔之间的桥梁，西巴尔干国家还在布鲁塞尔成立了使团，且规模不断扩大，克罗地亚从 10 人增加到 60 人，塞尔维亚从不到 30 人增加到 80 人。

三　同海牙法庭②的合作

与海牙法庭充分合作是欧盟向西巴尔干国家提出的重要的入盟条

---

① 扈大威：《欧盟对西巴尔干地区政策评析》，《国际问题研究》2006 年第 2 期。

② 海牙法庭是联合国 1994 年在海牙设立的起诉和审判自 1991 年以来在原南斯拉夫境内实施了严重违反人道主义行为的人的国际法庭。

件之一，具体指要求相关国家逮捕并引渡被指控在 1991—1995 年波黑战争期间犯下种族灭绝罪的战犯嫌疑人，主要涉及克罗地亚、塞尔维亚和波黑三国。海牙法庭共起诉了 161 名战犯，其中有塞尔维亚族 94 人、克罗地亚族 29 人、阿尔巴尼亚族 9 人、波什尼亚克族 9 人、马其顿族 2 人以及黑山族 2 人，余者或为族籍不清或以后又被撤诉。①为了推动与海牙法庭的合作，上述相关国家成立了与法庭合作问题国家委员会，负责提供文件、查阅档案、接触和保护证人、搜寻及逮捕和移交逃犯。克罗地亚作为一体化进程最快的西巴尔干国家，早在 1996 年 4 月就通过了《关于同海牙联合国国际前南斯拉夫罪犯法庭合作》的宪法性法律，并成立了同海牙法庭合作的政府办公室。克罗地亚的合作态度因此得到海牙法庭的认可。2004 年 4 月，海牙法庭首席检察官德尔·蓬特女士表示，克罗地亚现在已经与海牙法庭充分合作。但由于克罗地亚头号战犯戈托维纳②仍未归案，欧盟推迟了与克罗地亚的入盟谈判。欧盟的要求在克罗地亚引起了强烈震动，民众将戈托维纳视为内战期间的民族英雄，一些政党、右翼组织和内战老战士协会强烈反对海牙法庭的引渡要求。克罗地亚前总理萨纳德尔就曾向媒体发表声明说："尽管我不知道戈托维纳目前藏匿在何处，但我敢肯定这位将军无罪。任何人都不应当忘记，他是解放克罗地亚的最大功臣之一。"2005 年底，迫于欧盟的压力，戈托维纳被捕并被引渡至海牙，克罗地亚从而消除了入盟道路上的最大障碍。

塞尔维亚同样因为同海牙法庭合作不利而承受了来自欧盟的巨大压力，海牙法庭指责塞尔维亚庇护战争罪犯和为他们开脱罪责，《稳定与联系协议》谈判也因此被迫中断。在所有战犯中，卡拉季奇和姆拉迪奇最引人注目。卡拉季奇和姆拉迪奇分别是波黑塞族共和国前总统和波黑塞族共和国军队前总司令。海牙法庭指控其涉嫌在 1991—

---

① http：//repository. un. org/bitstream/handle/11176/11928/S＿2008＿729－ZH. pdf? sequence＝2&isAllowed＝y.

② 克罗地亚头号战犯嫌疑人，国际法庭指控他在 1995 年指挥克族军队对克罗地亚的塞尔维亚人进行种族清洗，导致至少 150 名塞族人被杀害，15 万塞族人逃离克罗地亚。2001 年，海牙国际法庭指控戈托维纳犯有战争罪和反人类罪并发出通缉令，但他一直逃亡在外。

1995 年波黑战争期间犯下"种族灭绝罪",并于 1996 年 7 月发出逮捕他们的国际通缉令。为了抓捕卡拉季奇和姆拉迪奇,北约驻波黑多国稳定部队耗时 8 年多,多次进行搜捕,但始终未果。2008 年 7 月 21 日,卡拉季奇被捕,并于 2008 年 7 月 30 日被移交到海牙。这个逮捕行动是塞尔维亚与海牙法庭合作中的重要里程碑。2009 年 12 月,塞尔维亚正式申请加入欧盟,迫于欧盟将逮捕姆拉迪奇同其入盟挂钩的压力,塞尔维亚明显加紧了抓捕行动。2011 年 6 月,恰在欧盟外交和安全政策高级代表阿什顿访塞以及海牙法庭即将向联合国提交报告之前,被通缉 16 年的姆拉迪奇被捕。数日后,阿什顿访问贝尔格莱德并表示,塞尔维亚逮捕姆拉迪奇"伸张了正义",并为该国欧洲一体化进程注入了新动力。海牙法庭前任首席检察官卡拉·德尔蓬特则表示说"欧洲大门向你们敞开了",意味着塞尔维亚与海牙法庭的合作取得了重大进展。

四　推动难民重返家园

在 1951 年《关于难民地位之日内瓦公约》第一次以法律的形式确保了难民重返家园的权利后,联合国把难民返回的原则作为解决冲突和恢复社会秩序、为战后和解铺平道路的一种手段。但实际上,难民重返家园牵涉政治经济的方方面面,处理不好还会在饱受战乱地区的不同民族间造成新的紧张态势。自 20 世纪 90 年代以来,西巴尔干地区主要发生了三次大规模的难民潮,主要涉及塞尔维亚、克罗地亚、波黑三国。第一次是在 1991 年南联邦解体的武装冲突中,克罗地亚东斯拉沃尼亚和克拉伊纳被南人民军和克拉伊纳叛军占领,克罗地亚难民人数达 70 万人,30 万来自当时被占领的克罗地亚领土,40 万来自波黑。第二次是持续三年半的波黑战争使 240 万人沦为难民和无家可归者,导致欧洲自第二次世界大战以来最大规模的难民潮,绝大部分是波黑难民,其中 100 万人滞留在波黑境内,65 万人涌入南联盟,另有 70 多万人逃到欧洲其他国家避难,仅德国就收留了 32 万人。[1] 第三次是 1998 年科索沃地区动乱以后,大量科索沃难民涌入阿

---

[1]　江亚平:《波黑难民归乡难》,《瞭望》1996 年第 26 期。

尔巴尼亚、马其顿以及南联盟的黑山共和国，北约对南联盟的空袭开始后，难民激增，据联合国统计，难民数量达到 85 万人。

欧盟早在 1997 年对阿尔巴尼亚、波黑、克罗地亚、马其顿和南联盟五国出台"地区立场"时，就将难民重返家园作为这些国家入盟的一个十分重要的政治条件，因为这"不仅关系到民族问题，而且也关乎尊重私人财产"[1]。克罗地亚是最早在难民问题上达标的原南联盟国家，但也经历了曲折的历程。图季曼执政时期，克罗地亚并没有为难民重返家园创造条件，相反还设置了种种障碍以阻止其返回。1991 年出台的《公民法》拒绝给予回归的难民以合法公民身份，而且要求难民在提出返回的申请前必须出示他们在该地连续居住 5 年的证明，要想获得住处还要通过警察局的语言测试。[2] 图季曼政府还实施了一些不利于非克族人的政策，最明显的是住房政策。战争毁坏了约 19.5 万间房屋，成千上万的人无家可归，而政府只保证克族人的权利。1995 年通过的《临时接管和特殊财产管理法》甚至把塞族人的房屋收归国有，再把这些房屋分配给克族人，这些克族人不论其国籍如何，都享受临时居住权。这些都极大地影响了塞族、吉卜赛人和波什尼亚克族难民的回归。1997 年，克罗地亚才建立了第一个难民重返家园机制，以保障难民重返家园并给他们提供临时居住地。但这一计划很快随着联合国行政当局的离开而宣告流产。此后，克罗地亚政府进一步限制了难民的返回，成千上万的克罗地亚人本能地回来重占塞族人的房子。在欧盟威胁将停止给予克罗地亚贸易普惠制待遇和国际社会的舆论压力之下，克罗地亚于 1998 年通过一项法律修正案，但该法仍将塞族人视为"被克罗地亚共和国自动放弃的人"。2000 年以后，克罗地亚政府开始重视塞族难民重返问题，先后通过了《难民地位法》《国家特殊福利法》《住房保障条件和措施条例》《难民重返家园和保障规划》等法律，取消了《临时接管法》。[3] 2001 年底，政

---

[1] 《人民日报》2003 年 4 月 22 日第 3 版。

[2] Brad K. Blitz, "Refugee Returns in Croatia: Contradictions and Reform," *Political Studies Association*, 2003. p. 184.

[3] *Nacionalni Program Republike Hrvatske za Pridruživanje Europskoj Uniji* 2004. *godina*, str. 56.

府开始对财产返还体制进行全面改革。同时与波黑政府签署难民重返家园协议，推动了两国在难民问题上的合作。2002 年克罗地亚政府决定，不论返回者是否在克罗地亚拥有财产，都向其提供住处，同时，返回者有权申请克罗地亚国籍。2010 年，克罗地亚和塞尔维亚签署了一份就如何安排克罗地亚难民返乡问题的初步协议。克罗地亚政府还决定，向已重返家园但尚未被归还住房的塞族难民提供补偿。2011 年，克罗地亚、波黑、黑山及塞尔维亚达成协议，共同寻求长远解决难民问题的方法和具体措施。截至 2014 年，克罗地亚注册难民数量约为 5 万，几乎全部是塞尔维亚族人。根据《1951 年难民公约》中的终止难民地位条款，一旦难民的原籍国发生了根本性的和持久的改变，导致难民出逃的状况已不复存在，就应该终止难民地位。2014 年，联合国难民署认为，前南斯拉夫冲突已经过去 20 年，导致流离失所的状况发生了根本性的变化，许多克罗地亚难民已经自愿回国；克罗地亚国内各族裔也证明他们能够和平共存；克罗地亚在经济和政治方面也取得了显著的进步，因此难民署终止了克罗地亚人的难民地位。[①]

波黑战争导致了欧洲自第二次世界大战以来最严重的难民危机，《代顿协议》明确规定，前南战争期间的所有难民有权自由返回家园，有权要求归还其财产或获得补偿，各方应保证其安全和防止威胁其返回家园的行为。应失踪人口国际调查委员会（ICMP）的要求，塞尔维亚、黑山、克罗地亚和波黑于 2014 年 8 月 29 日签署《关于 90 年代战争期间失踪人口》宣言，根据失踪人口国际调查委员会（IC-MP）统计，90 年代战争期间失踪人口达 4 万，大部分是在波黑失踪的。[②] 1998 年，西方大国为加速遣返难民而对波黑三方施加了强大压力，甚至以停止对波黑的财政援助相威胁。随后，波黑加大了难民遣返的力度，成立了人权和难民部，相关国家协同合作，共同采取措施。根据波黑可持续返回家园协会的数据，截至 2012 年底，在波黑 90 年代内战期间逃离家园的难民共有 73 万人返回波黑。难民的遣返

---

① http：//www. unmultimedia. org/radio/chinese/archives/202060/#. VXkDb8KSyNE.
② http：//croatian. cri. cn/288/2014/09/01/142s81068. htm.

和安置是项十分复杂和浩大的工作，它需要政治环境稳定，安全有保障，居住条件和生活设施齐备，有交通和通信的可能，经济生活可以基本运转，等等。波黑因为其特殊的国家构建形式，难民返回工作遇到许多实际困难，已遣返的人数比预计的要少得多，难民遣返面临着十分复杂和难以解决的问题。首先，旷日持久的波黑战争使各族不但占据着一定的地盘，而且使过去多民族混居的地区基本上变成了单一民族区，各民族区都有来自其他地区的本民族难民，也都有被迫出逃的非本民族难民。尽管战争已经结束，但是波黑各族因战争造成的民族仇恨却难以消除，各族都不愿异族难民返回，并为难民返回设置了种种障碍。2000 年以前，波黑各族领导人也缺乏接受异族难民重返本族土地居住的意愿，他们为了巩固种族清洗的成果，保持本地的民族单一性，操纵和利用民族清洗，阻止难民遣返工作的进程。其次，波黑重建工作进展缓慢，难民返回的物质条件很不完善。在 3 年半的内战中，许多难民在逃难过程中互相占用对方的房屋，加之战争使波黑 65% 的房屋被毁，新建住房又缺少资金，因此安置返回的难民存在客观困难。最后，返回家园的波黑难民还面临着就业、社会和医疗保障、学校教育等许多问题。波黑是欧洲失业率最高的国家，返回的难民因歧视而更难找到工作，据统计，返回难民中找到工作的仅有1% 。此外他们的安全也得不到保证，房屋被烧、家人被害等事件屡屡发生，因此外逃难民中有许多人不愿返回。

由于同时经历了南联邦解体、波黑战争和科索沃战争，塞尔维亚也成为欧洲接待难民和内部流离失所人数最多的国家之一，仅 1995年克罗地亚在收复塞族区的行动中就有 20 万塞族人逃到塞尔维亚。随着难民逐渐融入当地社会，超过 25 万名难民已获得塞尔维亚国籍，塞尔维亚建立了 36 个收容中心，共收容 2875 人：547 名难民和 2328名国内流离失所者。难民事务委员会为收容中心里的人提供食宿。2011 年初，塞尔维亚政府通过了《2011—2014 年解决难民和国内流离失所者问题国家战略》，其目标是完善旨在解决住房需求（特别是最弱势群体的住房需求）的制度，为实现该目标明确界定需求、标准和优先重点，并在国家、地方和国际主体之间开展协同合作。① 总体来看，塞尔维亚的难民人数有所减少，但难民问题仍未得到完全解决，目前境内仍然有大约 66408 名难民和超过 21 万名国内流离失所者。

五　保护人权和少数民族权利，加强民族和解

西巴尔干国家大多是多民族国家，民族构成相当复杂，这些民族在历史的长河中受宗教、地缘政治、外部势力的影响，由于民族特点、社会生活条件不同，在经济、文化发展方面的要求不同，利益不同，形成了错综复杂的关系，并且不断累积演化为对抗性矛盾。可以说，20 世纪西巴尔干地区所发生的重大历史事件，都直接或间接同民族矛盾有关。欧盟也逐渐意识到，正确处理和解决西巴尔干国家之间及内部复杂而又敏感的民族问题，是保证西巴尔干地区稳定及其社会经济发展的一个重要条件。因此在欧洲一体化进程中，欧盟将保护人权和少数民族权利，加强民族和解作为西巴尔干国家入盟的重要考核标准。西巴尔干国家在此压力之下把保护少数民族及提高其地位作为政府基本的政治任务之一。

首先，西巴尔干国家在宪法和相关法律中强调了民族平等的原则。克罗地亚宪法明确规定，本国公民，不论其种族、肤色、性别，均享有一切权利和自由，所有大小民族的成员都是平等的，对所有大小民族的成员均保障其表达民族属性的自由，保障其自由使用自己的语言和文字，并保障其文化自治。2000 年 5 月，随着宪法的修订，还出台了两个保护少数民族权利的关键性法律：《在克罗地亚共和国使用民族语言文字法》《用民族语言及文字教学法》。2010 年，克罗地亚进一步修改宪法，并且通过"少数民族权利宪法行动"向少数民族委员会提供了额外的手段和工具，旨在通过少数民族参与政治生活和决策进程，进一步加强少数民族的地位。马其顿 2001 年的新宪法在 1991 年老宪法的基础上做了 15 处修改。根据新宪法，阿尔巴尼

_____

① http://www.upr-info.org/sites/default/files/document/serbia/session_ 15_ - _ january_ 2013/ahrcwg615srb1c.pdf.

亚语是马其顿第二官方语言，阿族人在国会以及其他政府机构中占有一席之地，马其顿境内少数民族的政治和文化权利得到更多的保障。2004年，马其顿制定了新的区域划分法律草案《马其顿共和国区域自治领土组织法》。根据新区域划分法案，马其顿地方自治行政区域数目将由123个减至82个，而占人口22.99%的阿族居民自治行政区域将增至16个。在阿族和其他少数民族占多数的地区，地方政府在区域管理与民族自治方面拥有更大权力，在地方政府的人员组成和教育体制、工作语言等一系列问题上向阿族倾斜。该法案同时规定首都斯科普里成为双语言工作区，各政府机关必须同时使用马其顿语和阿尔巴尼亚语两种工作语言。塞尔维亚2002年通过了《保护少数民族权利和自由法》，在少数民族聚居区成立少数民族国家委员会，少数民族国家委员会是少数民族文化自治的一种形式和职能的权力下放。2009年通过的《保护少数民族法》修正案，规定了少数民族在选举、教育、文化、信息领域的权限及语言文字的正式使用；与国家机关、自治省机关和地方自治单位的关系；对国家委员会活动的供资；以及与少数民族自治有关的其他重要事宜。

其次，保障各级国家和地方机构中少数民族占有的相应名额。波黑的国家和实体机构实行严格的民族平等原则。在国家主席团、民族院、部长会议、宪法法院、中央选举委员会等机构中，三族均拥有相同的名额，若有违反，各族可以按照宪法赋予的权利以"侵犯重大民族利益"为由提出异议。欧盟在"扩大报告"中指出，波黑要想获得申请加入欧盟的资格，还要修正宪法中歧视少数民族的条款。波黑领导人于2015年初签署了一份向欧盟承诺改革的书面协议并且获得议会批准，从承诺协议来看，波黑将落实欧洲人权法院就波黑少数族裔赛迪奇和芬奇状告波黑政府要求实现政治权利平等的判决作为远期目标。塞尔维亚《选举人民代表进入国家议会法》规定，少数民族的政党或少数民族政党的联盟即使在得到的选票低于投票总数5%的情况下也可分配到席位，在匈牙利人占多数的伏伊伏丁那自治省中，各级机关和组织中少数民族成员代表的比例应与在这些机构或组织管辖范围内生活的少数民族人口所占的比例相当。克罗地亚《关于少数民族权利的宪法性法律》不仅保证了少数民族在国家和地方级选举机构中的代表权，而且保证了在司法和国家行政机构中的代表权，克罗地亚《选举法》也保证了在议会、委员会、军队高层和其他政府机构中拥有一定比例的少数民族代表，保障少数民族代表数与其人数成比例。

最后，确保吉普赛人权利。吉普赛人是一个非常特殊的群体，一直处于社会的底层与边缘，他们面临着极大的社会和经济困难：高失业率，恶劣的居住条件，受教育程度低，医疗福利状况难以令人满意，无法融入主流社会，在公共生活的所有方面都受到歧视。很多吉普赛人通过巴尔干地区向中欧和西欧流动，成为潜在的不稳定因素，从而引起欧盟的关注。西巴尔干各国为改善吉普赛人的地位及促使他们更好地融入本国社会，采取了许多重要举措。克罗地亚政府于 2003 年 10 月 16 日通过《保护吉普赛人国家战略》，该战略就如何保存吉普赛人的文化传统、保证吉普赛人在地方机构中的代表数量、就业、保护儿童权利、受教育、享受医疗和社会福利、住房和环境保护做出了规划。塞尔维亚制定了旨在改善吉普赛人地位的战略和法律框架，制定了《改善吉普赛人地位战略》（2009 年），并通过了为期三年的《执行〈改善吉普赛人地位战略〉行动计划》（2010 年）。为执行该战略，塞尔维亚建立了许多相应机构：人权和少数群体权利办公室、改善吉普赛人地位委员会、伏伊伏丁那自治省的吉普赛人融入办公室和吉普赛人融合委员会，以及贝尔格莱德的吉卜赛人融入中心。根据《教育和教养基本原则法》和《学生和学童标准法》，在注册入学、助学金发放和贷款预支方面对吉普赛学童和学生实施了平权行动，包括免费接受义务学前教育和配备教学助理人员。吉普赛族的中学就学比例从 2004 年的 8.3% 升至 2010 年的将近 20%。由于其传统生活方式，吉普赛人在塞尔维亚境内没有固定的地址或住所，《国家社会住房战略》（2012 年）承认吉普赛人是一个社会弱势群体，在解决住房问题方面享有优先权，针对吉普赛人定居点采取特别措施。《2013 年国家就业行动计划》将吉普赛人定为在求职方面面临较多困难的一类人，鼓励社会提高包容度，在就业政策措施中为吉普赛人提供优惠。

总之，尽管少数民族在政治和社会生活中依然受到程度不同的歧视，尤其在地方机构（住房委员会、警察和法院）之中，但应该看到，西巴尔干国家在保护人权及少数民族权利方面正逐渐向国际标准看齐，而且随着整个西巴尔干地区为融入欧洲一体化而努力，地区合作的加强、国家间睦邻友好关系的建立，都有助于达成民族谅解，从实质上改善少数民族的地位。

六　塞尔维亚和科索沃关系正常化

科索沃单方面宣布独立后，同科索沃的关系问题成为塞尔维亚入盟进程中不可回避的关键因素。早在 2010 年，尽管欧盟的官方立场并没有将两者挂钩，但是欧盟官员暗示说："科索沃的独立地位不可改变。地区合作是入盟的关键前提，科索沃地位问题与塞尔维亚的入盟愿望之间存在着某种联系。"[①] 2011 年，塞尔维亚逮捕并引渡波黑内战时期塞族战犯姆拉迪奇，"清除了入盟道路上的最大障碍"，舆论一度认为塞尔维亚能够在当年底前取得欧盟候选国资格。但同年 8 月，德国总理默克尔访问贝尔格莱德，明确提出了塞尔维亚加入欧盟的前提条件，其中最核心的就是解决科索沃问题，也就是说，塞尔维亚必须在科索沃和欧盟中选择其一。[②] 作为欧盟最核心的成员国之一，德国在塞尔维亚入盟问题上的意见在很大程度上代表了欧盟的意见。欧盟委员会负责扩大事务的委员斯特凡·菲勒随后也表示，科索沃问题是塞尔维亚入盟道路上最大的障碍，"塞尔维亚同科索沃的关系需要明显和持续的进展，这将确保双方可能继续其一体化之路，而避免相互阻挠"。

在多方压力和欧盟的调解之下，2011 年 3 月，塞尔维亚和科索沃启动了时断时续的直接对话。欧盟外交与安全政策高级代表阿什顿在对话伊始就强调，塞尔维亚、科索沃对话不是选择而是必须，对入盟

---

① Zeljko Pantelic, Serbia's EU Future Linked to Attitude on Kosovo, 05. 05. 2010.

② Jordi Vaquer i Fanés, Cristian Ghinea, *Regainiag Agency: How to Help Serbia and Kosovo Move Towards the EU?* A strategic review of non-recognition of Kosovo, policy brief. March. 2012, http://www.cidob.org/en/publications/policy_ brief/retomar_ la_ iniciativa_ como_ ayudar_ a_ serbia_ y_ a_ kosovo_ a_ avanzar_ hacia_ la_ ue/regaining_ agency_ how_ to_ help_ serbia_ and_ kosovo_ move_ towards_ the_ eu_ a_ strategic_ review_ of_ non_ recognition_ of_ kosovo.

具有决定性意义。① 经过一年的艰苦努力，第一阶段直接"技术对话"于 2012 年 2 月底宣告结束，双方就出生证明及户籍、土地证明及征税、大学文凭、人员自由往来、海关印章及汽车牌照、综合管理边境和过境口岸、地区合作等事项达成七项协议。其中最重要的当属地区合作协议。该协议规定，科索沃能以"科索沃＊"②，而不是"科索沃共和国"的称谓出席地区性会议，在会上发言并签署协议。作为回报，塞尔维亚当年 3 月获得了候选国资格。在欧盟看来，"技术对话"只是第一步，塞尔维亚、科索沃关系"明显并且持续改善"③ 才是他们希望的结果。2012 年 10 月，欧盟委员会发布了 2012 年度扩大进展报告。在科索沃问题上，欧盟委员会强调塞尔维亚、科索沃关系只有进一步改善，才能在各自的入盟道路上取得进展，要求塞尔维亚遵守同科索沃开始政治对话的承诺并保证不会阻止科索沃入盟，报告未建议欧盟开启与塞尔维亚的入盟谈判。该报告发布 9 天后，塞尔维亚、科索沃双方开始第二阶段对话，对话级别明显提高，由阿什顿亲自主持，双方总理参加，逐渐将讨论范围扩展至不同领域，如迁徙自由、大学文凭、区域代表性、双方贸易和海关协定优惠等事项。2013 年 2 月 6 日，塞尔维亚总统托米斯拉夫·尼科利奇和科索沃总统阿蒂费特·亚希雅加会面，这也是 2008 年科索沃宣布独立后首次双方总统直接进行会谈，而在这次会谈中，双方除了同意彼此与欧盟皆保持一定的互动关系外，也同意派遣联络官前往对方首都以方便日后进行交流。后来谈判转入如何实现塞尔维亚、科索沃"关系正常化"，即如何解决科索沃北部塞族人的实质性问题上。在涉及主权与安全的核心利益问题上，双方分歧巨大，谈判陷入僵局，分歧目前主要集中在给予科索沃北方塞族聚居区多大自治权的问题上。科索沃北部大约居住着 5 万名塞族居民，占当地人口的 90%，他们拒绝承

---

① 王洪起:《美欧力压塞科政治对话跨越"北部门"实现关系正常化》，2003 年 5 月，国务院发展研究中心欧亚社会发展研究所网站（http://www.easdri.org.cn/_d276151857.htm）。

② ＊表示脚注：此称谓不影响对科索沃地位的立场，符合联合国第 1244 号决议和海牙国际法院关于科索沃独立宣言的咨询意见。

③ http://ec.europa.eu/enlargement/countries/strategy-and-progress-report/index_en.htm.

认科索沃当局，反对把北部地区从塞尔维亚割让给科索沃。北部地区拥有塞尔维亚当局的平行行政机构、医院和学校，所有经费由塞尔维亚资助。塞尔维亚在谈判中坚持，由于科索沃未能确保北部塞族居民的安全与人权，塞族自治区必须拥有更大的自治权，包括拥有警察与司法权。但科索沃当局认为，这将是国中之国，有损主权，因此拒绝接受塞尔维亚的要求。

2013年3月，欧盟高级代表阿什顿、欧盟负责扩大事务专员菲勒先后访塞，将塞尔维亚、科索沃关系正常化作为正式启动塞尔维亚入盟谈判的先决条件。迫于压力，塞尔维亚1个月后同科索沃签署了《塞科关系正常化原则协议》（又称《布鲁塞尔协议》），根据该协议，将在科索沃北部建立塞族市政共同体，允许其拥有自己的议会以及具有政府性质的委员会，组建实际上以塞族人为主体的警察部队，推选塞族人担任警察指挥官，设立地区法院，并对教育、文化等事务进行充分监督。此外，北约将负责担保科索沃未来成立的军队不能进入科索沃北部地区。[①]《布鲁塞尔协议》受到国际社会特别是欧盟的高度赞扬，作为回报，塞尔维亚被获准于2014年初开始入盟谈判。但科索沃问题并未就此画上句号，自协议签署至今，塞尔维亚、科索沃关系仍然紧张，塞尔维亚政府官员多次被禁止进入科索沃，科索沃组建军队、出台限制塞族人投票权的法律条款、关押塞族政党领袖等，都引起了塞尔维亚政府及科索沃塞族居民的强烈不满，而协议规定的重要内容——科索沃塞族市政共同体迟迟未能成立。塞尔维亚、科索沃双方继续就落实《布鲁塞尔协议》举行会谈，2015年8月终于就成立塞族市政共同体达成协议，但随后科索沃方面以该协议违宪为由拒绝执行，并在议会里数次引发冲突。目前塞尔维亚、科索沃双方承诺不会相互阻挠入盟进程，但科索沃的目标是获得完全意义上的独立，取得联合国席位，而塞尔维亚的底线则是"永远不承认科索沃独立"，双方在原则问题上互不相让，可以预见的是，在未来一段时间里科索沃问题仍将影响塞尔维亚的欧洲一体化进程。

---

① Tekst predloga sporazuma Beograda i Priština, http：//glassrbije.org/%C4%8Dlanak/tekst-predloga-sporazuma-beograda-i-pri%C5%A1tine, 2013.4.19.

第三节　西巴尔干国家间关系的改善

南联邦解体后，西巴尔干地区涌现出新的民族国家，并迅速建立起西方式的政治经济体制，然而价值观念、社会制度及经济模式的趋同并未带来合作与发展的契机。各国间长期被掩盖的矛盾再度激化，原来国内的民族矛盾转化为国家间矛盾，对地区稳定构成极大威胁。欧盟发展与西巴尔干国家关系的重点首先是地区的和平与稳定，其次是国家间睦邻友好关系，最后是加强地区合作。

西巴尔干国家在独立之初，国内民族主义情绪高涨，国家间严重对立，缺乏改善相互关系的意愿和动力，南联盟同波黑、斯洛文尼亚直到 2000 年才正式建交，同克罗地亚 2001 年开始互派大使。进入 21世纪，随着各国强权人物（米洛舍维奇、图季曼、库昌、伊泽特贝戈维奇）相继离开政治舞台，西巴尔干国家关系逐步实现正常化，各国表示将按照尊重国家主权与领土完整、互不干涉内政、和平解决争端等国际关系准则，发展睦邻友好关系，巩固地区稳定。但是冰冻三尺非一日之寒，西巴尔干国家的一体化进程仍然受到双边问题的制约。例如，克罗地亚同斯洛文尼亚的边界争端极大地拖延了克罗地亚的入盟速度。斯洛文尼亚和克罗地亚之间有着 664 公里长的陆地边界线，其中有 6 公里的亚得里亚海北部的海上边界线存在争议，斯洛文尼亚因此借助其欧盟成员国的身份，拒绝同意克罗地亚与欧盟的下一轮入盟谈判，这使克罗地亚的入盟谈判停滞了一年。与克罗地亚同样的情况还发生在马其顿，尽管马其顿是该地区继斯洛文尼亚之后第二个签订《稳定与联系协议》的国家，但目前已落后于大部分原南国家，尚未开始入盟谈判，其最大障碍就是同希腊的国名争议。希腊认为，马其顿这一国名暗示着对希腊北部的马其顿地区有领土要求，希腊方面坚持，只有先解决了国名问题，才能开始谈判。

不过，总体来说，西巴尔干国家在欧洲一体化的框架内双边关系已经得到极大改善，各国领导人强调要以客观的态度正视历史，解决历史遗留问题，加强地区合作，构建新型地区关系，正如塞尔维亚总理所说："历史就让它过去吧。"

一　解决遗留问题

南联邦解体产生了一系列遗留问题，如边界划分、南联邦遗产分割，以及民族宗教问题等，这些问题都阻碍了西巴尔干国家关系的良性发展。2000 年以后，随着西巴尔干国家实现民主变革，解决历史遗留问题便提上了议事日程。2001 年，原南国家就联邦政府存入瑞士银行的 46 吨黄金的分割计划达成一致，这是这些国家改善关系的重要举措。同年，南联盟总统科什图尼察和马其顿总统特拉伊科夫斯基签署了马南边界划分协议，特拉伊科夫斯基表示，马南两国间唯一悬而未决的问题解决了，这标志着 5 年来多次影响双方关系的边界争端问题的结束。斯洛文尼亚境内的克尔什克核电站的归属历来是克、斯两国争论的焦点。2001 年 12 月 19 日，两国签署条约，平等划分克尔什科核电站的所有权，各自享有该核电站的一半发电量，核电站在此后 20 年内产生的核废料将埋藏在斯洛文尼亚境内。从 2003 年 4 月 1 日开始，克罗地亚电气工业公司正式拥有核电站一半的所有权，从而解决了长期困扰两国的问题。2009 年 11 月，斯洛文尼亚与克罗地亚签署一项边界仲裁协议，同意通过国际仲裁解决边界争议，以解决两国持续近 20 年的边界争端。克罗地亚与塞尔维亚在历史上是两个老冤家。2001 年 6 月 8 日，克罗地亚总统同南联盟总统发表联合声明称，必须全面实现两国关系正常化，实现人员自由往来及货物的自由流动，并表示要消除两国间存在的所有问题。2002 年，两国恢复了中断 11 年之久的邮政关系，还签署了自由贸易协议。同年，塞黑方面对克罗地亚公民采取旅行签证制度，从而放宽了对人员往来的限制。2008 年，塞尔维亚与克罗地亚恢复直达航班，这是中断 17 年后首次恢复克塞两国直达航班，标志着两国关系朝着正常化方向又迈出了一步。波黑和黑山两国从 2008 年 1 月开始就边界划定进行谈判，2014 年 5 月宣布结束，双方就所有边界问题的解决和有关地图等文件达成一致。塞尔维亚和阿尔巴尼亚的关系因为科索沃问题而持续紧张，但最近出现了缓和迹象。2014 年底，阿尔巴尼亚总理拉马访问塞尔维亚，这是阿尔巴尼亚政府首脑 68 年来对塞尔维亚的首次访问。2015 年 2 月，阿尔巴尼亚举行了 23 年来首次塞阿官员的双边会谈，3

月，塞尔维亚议长对阿尔巴尼亚进行了历史性访问，这是两国历史上塞尔维亚议长首次访阿尔巴尼亚，5月，塞尔维亚总理访问阿尔巴尼亚，同时也是首位访问阿尔巴尼亚的塞尔维亚政府首脑。阿尔巴尼亚总理拉马表示："我们希望能同塞尔维亚深化合作，共同在和平、合作和欧盟一体化之路上前进。"同时认为，塞尔维亚和阿尔巴尼亚关系的改善是巴尔干半岛稳定的关键。

二　正视历史，承认战争罪行

西巴尔干国家在经过血腥的冲突后，战争创伤久未愈合，国家间存在着深刻的敌意与仇恨，建立睦邻友好关系需要正视历史，承认对其他民族和国家造成的伤害。2003年，克罗地亚总统梅西奇访问塞黑，这是1991年南斯拉夫解体后克罗地亚总统首次正式访问贝尔格莱德。访问期间，两国总统对两国间过去发生的战争互致歉意。塞黑总统马罗维奇说："我对塞黑居民给克罗地亚人民造成的不幸表示歉意。"梅西奇指出："克罗地亚对克居民给塞黑人民造成的一切痛苦和损失表示歉意。"这一不同寻常的举动表明，塞黑和克罗地亚将"忘掉过去，面向未来"，这是两国"加强关系的重要步骤"。2010年，塞尔维亚议会通过一份决议，就波黑内战时期斯雷布雷尼察大屠杀事件道歉，塞尔维亚议会在这份决议中"强烈谴责"针对波黑斯雷布雷尼察居民的罪行，对受害者表示哀悼并向他们的家属致歉。同年，克罗地亚总统在访问波黑期间就20世纪90年代克罗地亚所奉行的企图分裂波黑的政策表示道歉。他说，他为克罗地亚使波黑百姓遭受苦难和分裂并且至今仍饱受痛苦表示歉意，向波黑战争中的所有遇难者表示哀悼。2015年是斯雷布雷尼察大屠杀发生20周年，塞尔维亚总理武契奇发表声明，谴责斯雷布雷尼察大屠杀的滔天罪行，并亲自出席纪念活动，此举被认为是波黑地区走向和解的积极信号。在反法西斯战争胜利70周年的纪念活动上，克罗地亚总统基塔罗维奇也表示："我们既要深切悼念当年的无辜受难者，同时更要正视客观的历史事实。"

三 加强地区合作

西巴尔干历史上没有存在过多边合作机制，只是在不同时期作为应对紧迫的国内和地区不稳定而采取过短期的临时结盟举措。西巴尔干地区合作的动力与目的主要源自两点：解决南斯拉夫危机给巴尔干地区带来的不稳定；通过多边合作为加入欧洲一体化进程做准备。[①] 波黑战争结束后，西巴尔干地区安全局势趋于稳定，地区合作更多的是为了达到欧盟标准。欧盟在同西巴尔干国家签署的《稳定与联系协议》中增加了有关地区合作[②]的条款，欧洲委员会和欧洲议会一再强调，地区合作是衡量西巴尔干国家向欧盟靠拢的关键指标之一。因此，自 2000 年以来，西巴尔干国家间的合作取得了一些进展，签订了一系列地区合作协定，要点包括：（1）建立政治对话机制；（2）建立自由贸易区；（3）为劳动力、服务、资本以及人员往来提供相互许可；（4）在协议范围之外的领域进行合作，主要是司法和内务。西巴尔干国家合作内容以经济合作为主，兼顾其他，除了官方层次的讨论外，还有一些民间企业参与银行、电信、能源、交通、运输等领域的一系列合作项目的讨论。目前，西巴尔干国家正努力扩大合作领域，涉及政治、外交、军事、安全、环保等方面，新建或参加了 9 个区域合作组织：亚得里亚海宪章进程、亚得里亚海—爱琴海倡议、中欧自由贸易协定、欧洲共同航空区域、能源共同体、东南欧投资条约、地区合作委员会、萨瓦河领域委员会、东南欧安全合作指导小组，而此前西巴尔干区域合作组织仅有 4 个。但从总体来看，西巴尔干区域合作的层次仍然较低，合作的领域依然较窄，合作的形式较为单一，各国基本上还是各自为政，各谋其事，推动区域合作的动力有限。该地区复杂的民族成分和宗教背景使得各国间的怨恨不可能在短期内化解，各国之间仍然存在着或多或少的不信任和隔阂，开展巴尔干合作在一定程度上受到一些国家关系中悬而未决问题的限制。

---

① 郭晓钊：《巴尔干地区合作和欧洲一体化》，《国际经济与贸易》2009 年第 3 期（总第 101 期）。

② 这些合作包括：（1）为人员、商品、资本和服务的流动相互提供许可；（2）实行符合共同利益的合作计划，如难民返回，打击有组织犯罪、腐败、洗钱、非法移民和走私活动。

尤其是在科索沃宣布独立后，塞尔维亚邻国中除波黑和罗马尼亚外，全部承认科索沃独立，使塞尔维亚同邻国关系再度陷入低潮。从长远来看，在欧洲一体化的共同前景下，良好的睦邻关系符合所有西巴尔干国家的利益，因此地区关系良性发展的大趋势不可逆转，但其过程仍会十分艰难。

第四节　大力开展反腐败斗争

根据透明国际发布的 2014 年清廉印象指数（CPI），近几年来西巴尔干国家的排名和指数变化不大（见表 7.2），表明它们的反腐败体系并没有发挥显著作用，各国清廉程度的差异依然存在。其中阿尔巴尼亚和科索沃的腐败程度最高，克罗地亚的腐败程度最低。总体来看，西巴尔干国家腐败现象比西欧国家严重得多，尤其是司法体系的腐败仍然没有得到遏制。

表 7.2　　2012—2014 年西巴尔干国家清廉印象指数（CPI）和排名*

排名	国家	2014 年得分	2013 年得分	2012 年得分
64	马其顿	45	44	43
76	黑山	42	44	41
80	波黑	39	42	42
78	塞尔维亚	41	42	39
110	阿尔巴尼亚	33	31	33
110	科索沃	33	31	33
61	克罗地亚	48	48	46

*　满分 100 分，得分越高越清廉。

资料来源：透明国际 2014 年报告。

随着《稳定与联系协议》的签署，西巴尔干国家的反腐进程正式启动。《稳定与联系协议》明确了反腐任务：（1）承担在反腐项目上合作的义务；（2）符合欧盟的法律框架，即通过相关法律条文，建立反腐机构，制定国家反腐战略。西巴尔干国家主要从法律完善、机构建设、强化监督、教育培训等方面入手开展反腐斗争。

一　反腐败的法律制度建设

根据欧盟要求，西巴尔干国家相继通过了《国家反腐战略》以及一系列与反腐倡廉有关的法律。此外，通过修订《宪法》，制定的惩罚政策更加严格，新形式的腐败罪也得到确认。《国家反腐战略》的总体目标是：（1）加强法律和制度框架以便更加有效和系统地打击腐败；（2）树立对腐败"零容忍"的态度；（3）加强国家职权部门的廉正、责任制及透明度，以此加强市民对国家机构的信心；（4）在各个级别创造防止腐败的条件；（5）提高侦查和起诉腐败案件的效率；（6）提高公众对腐败危害性和反腐必要性的意识；（7）在反腐斗争中加强国际合作；（8）加强负责实施该战略的国家机关之间的合作；（9）促进与民间社会组织的合作。《国家反腐战略》由司法部和国家工商行政管理总局负责协调和落实。《刑法》对大量腐败相关行为定罪，如将滥用职权、贪污、公职人员"在其职权范围内"为合法或非法作为或不作为进行的行贿和受贿定为刑事犯罪。为规范公务员廉洁从政行为，西巴尔干国家制定了一系列公务员行为准则和道德规范，建立健全防止利益冲突制度；对公共企业、协会及其他非营利性组织捐赠和援助的使用和分配确立标准、原则和程序；发布公共采购相关方面的资质证明，为采购目录的有效管理制定规章制度。《公共采购法》对公共采购的程序、方式、选择标准、资历证明、法律监督等做出了详细规定，公共采购项目招标程序的透明度大大提高，公共采购简报及其电子版使广大群众获取了全面的、系统的关于国家公共采购的信息，还针对防腐设置了专门条款，如大幅度减少公共采购中的特殊情况，缔约当局设置预防腐败的内部计划等。《公务员法》规定，公务员的用人单位必须定期公布公务员的资产及纳税状况，任何公民都有权查看，如果一个特定的公务员的合法收入增加而不能给出令人满意的解释，或者如果公民怀疑某位官员公款私用或挥霍公共资金，就可以通过对其财产情况的了解向有关部门或媒体举报，相关部门应立即开始检查。高级政府官员被任命30天之内须提交资产申报，此后每年申报，总理办公室负责人负责在政府官方网站上披露官员资产。《政党、独立名单和候选人融资法》限制了捐款数额和禁止匿名捐款，任何捐赠超过规定限额的，以及匿名捐款，政党必须向国家审计署、教育部、财政部、税务总局报告。不符合本规定的政党可以被处以罚款。

　　除此之外，西巴尔干国家还参加了几乎所有主要的关于反腐和有组织犯罪的国际公约：（1）联合国反腐败公约；（2）联合国打击跨国有组织犯罪公约；（3）联合国关于预防、禁止和惩治贩卖人口议定书，特别涉及妇女儿童；（4）关于打击非法制造和贩运枪支及其零部件和弹药的联合国议定书；（5）欧洲理事会关于腐败的刑法公约；（6）欧洲理事会关于腐败的民法公约；（7）关于洗钱、追查、扣押和没收犯罪收益的公约①，等等。

二　反腐败的机构设施建设

　　适当有效的制度框架是反腐成功的关键。它涉及相关机构的协调与合作，这些机构负责执行反腐措施及其监督，包括预防腐败和有组织犯罪办公室；反腐计划执行委员会；行使国家金融情报职能的反洗钱司；国家审计办公室；财政部内的独立部门税务管理和海关司；预防行使公共职责时利益冲突②委员会；司法部内的独立反腐败科；减少公共采购中的腐败而成立的中央采购局。预防腐败和有组织犯罪办公室专责预防贪污及促进公共关系，其职能包括让公众了解贪污的危险和祸害，以及预防贪污的方法和资源；按照该办公室主任的授权和指示，向公众报告该办公室的工作；分析公共及私营机构的贪污案件及撰写报告，并在有需要时向该办公室主任提出修订现行法律或引入新法则的建议。反腐计划执行委员会负责监督反腐战略的执行，公布公务员资产，如果发生利益冲突要进行制裁。该委员会由议会反对派的代表领导。为了更好地防止利益冲突和加强预防利益冲突的体制框架，西巴尔干国家成立了裁决公职人员利益冲突委员会。该委员会的基本任务是对公务员进行登记；就公职人员的行为是否符合公职原则

---

　　①　Strategjia Suzbijanja Korupcije, http://narodne-novine.nn.hr/clanci/sluzbeni/2008_07_75_2485.html.

　　②　利益冲突是指官员的私人利益同公共利益相矛盾，或者可能影响其在履行公共职责时的公正性。

给出意见；决定其行为是否违反利益冲突法。如果违反该法规定，委员会可对公职人员予以处罚：罚款、警告、通报批评。该委员会实行匿名投票制，每年向议会提交一份年度报告。

由于反腐败任务面广量大，每一项工作都涉及方方面面，各部门的职能和地位决定了它们发挥作用的局限性，因此西巴尔干国家定期组织召开负责经济犯罪和腐败问题的部门负责人专题研讨会和年度会议，通报办案情况，提供案件线索，掌握工作进度，发现总结典型经验，还与世界各国、各地区和有关国际组织加强合作，加入反腐败国际条约，共同打击腐败行为。

三　具体做法

首先，加强反腐相关人员的专业教育培训。通过基础教育、专门教育和特色教育等制度设计，将反腐教育内容寓于公职人员岗前教育之中，从一开始就注意提高他们的反腐败意识，增强其抵制腐败的自觉性和主动性，同时加强对重要阶段、重要岗位和重要人员的重点教育。这些培训具体包括对国家及地方公务员进行防止利益冲突的系统性教育培训；对主管选举委员会进行选举监督的培训；开设海关培训中心，对海关工作人员进行知识、技能、能力的教育和培训；加强对内部审计人员的专业技能培训；对公共采购人员展开定期培训；对地方协调员进行控制竞选基金的培训，等等。国家中央行政管理局负责对反腐部门的公务员进行培训，司法学院则对相关法律工作进行培训。

其次，提高政府机构工作的透明度。为了使公众了解各政府机构的工作内容和方式，西巴尔干各国都加大了电子政务的范围：（1）所有政府机构都设立网站；（2）在互联网上公布一切与民生相关的数据资料；（3）在互联网上公布欧盟援助项目和资金；（4）在互联网上公布所有政府项目的招投标信息；（5）按时公开政府信息年度报告；（6）发布和更新可以了解公共采购信息和计划的网站链接，使公共采购进程信息化；（7）公布腐败案件从起诉到最终审理的监控数据；（8）通过国家信息系统实行学校的电子登记注册。另外，政府每年对各级地方政府透明度做问卷调查，根据其结果，召开地方行政和自治代表圆桌会议，并组织关于公共机构透明度的公开讨论。

再次，强化监督机制。目前，西巴尔干国家形成了政府内部监督、司法监督、公民监督和舆论监督组成的监督体系。各监督主体既相对独立，又密切配合，形成了整体合力。近些年，西巴尔干国家积极推进政务公开和其他形式的公开，其目的是充分发挥舆论和公民监督的作用，通过向公众普及政府机构的工作，加强公众对公务员的监督，公众能够匿名向主管当局报告腐败案件。落实领导干部问责制，对公务员进行系统的内部监督和控制，对国内外各项援助基金的分配和使用进行监督。

最后，依法依纪查处腐败案件。依法依纪查处腐败案件，是惩治腐败最直接、最有效的手段。从 2010 年开始，西巴尔干国家开展大规模的反腐败抓捕行动，一些政界和商界人士在反腐风暴中落马。2010 年 7 月，克罗地亚军司令克鲁利亚茨涉嫌侵占建设用地被警方逮捕，克鲁利亚茨是克罗地亚独立 20 年来遭逮捕的最高级别军官。2011 年 7 月，克罗地亚前总理萨纳德因涉嫌在任职期间"实施犯罪并滥用职权"、从国有公司向私有公司转移资金，被克罗地亚打击有组织犯罪和腐败办公室调查和通缉并最终落网。2011 年 10 月 30 日，多人因涉嫌骗取残疾人养老金而被捕，单人贿赂金额最高达 5000 欧元。2012 年塞尔维亚亿万富翁、零售业巨头和巴尔干地区最有影响力人物之一的米罗斯拉夫·米斯科维奇被捕，米斯科维奇在前南时期担任过财长、副总理。在随后的半年多时间里，约 90 人因为涉嫌贪污而被逮捕，包括多名商人和政府官员。2015 年初，波黑乌纳—萨那州（USK）总理、波黑社民党（SDP）高层利波瓦查因涉嫌滥用职权而被波黑联邦警察逮捕。

综上所述，整个 20 世纪 90 年代，西巴尔干国家都处于极端不安定的状态中，冲突频发，政局动荡。从 2000 年开始，这些国家面临的主要问题是从结束战争实现和平转为国家构建和民主转型，在这一过程中，建立可运行的经济秩序、加强法治、消除贫穷、实现民族和解成为它们的最大挑战。欧盟认为，这些问题的解决有赖于一个长期的制度和观念的演变，欧盟凭借自身长期积累的一整套成熟的价值观念和民主模式，在一体化的框架下运用入盟的条件性约束向西巴尔干国家施加规范性影响，充当地区稳定的主导力量。这些条件除了公认的“哥本哈根入盟标准”外，还包括专门针对西巴尔干的特殊条件（同海牙法庭的合作、区域合作、难民返回、保护少数民族权利，等等）。当这些国家满足了一定的要求，欧盟即予以奖励，如马其顿由于在科索沃战争期间对西方的支持而被准予签署《稳定与联系协议》，克罗地亚因在图季曼去世后建立民主政府而被奖励第二个签署《稳定与联系协议》，塞尔维亚由于米洛舍维奇的下台及其被引渡到海牙法庭而获得资金援助，阿尔巴尼亚因在科索沃和马其顿民族冲突中的克制行为而被获准开始《稳定与联系协议》的谈判。反之，欧盟委员会在 2005 年扩大战略文件中明确表示：“当严重违反了欧盟的基本原则和入盟条件时，建议暂停入盟进程。”① 西巴尔干国家都遭遇过因迟迟不满足条件而致使入盟进程延迟的情况。

　　把西巴尔干国家同前两批入盟的中东欧国家相比，显然，欧盟在审视和评判西巴尔干国家时采取了更加谨慎的态度和严格的标准，使得它们的入盟难度大大增加。以已入盟的克罗地亚为例，从时间上看，第一批入盟的中东欧国家从谈判到入盟耗时 4—6 年，第二批中东欧国家这一过程被延长到 7 年，而克罗地亚则花费了 8 年时间；从内容上看，波兰等国的入盟谈判包含 31 章内容，而克罗地亚入盟谈判内容增至 35 章；从方式上看，首批入盟的中东欧国家在谈判中遵循了先易后难的原则，将棘手的谈判议题留在后面，而从 2012 年开始，欧盟改变了谈判策略，采取先难后易原则，克罗地亚从最困难的法治和司法改革开始，同塞尔维亚的谈判从与科索沃关系正常化问题开始。欧盟的这种政策一方面源自西巴尔干国家自身复杂的内部情况，另一方面基于此前欧盟运用条件性约束成功实现了两次东扩，但在西巴尔干地区则遭遇了前所未有的挑战，其原因在于：

　　第一，西巴尔干国家的初始条件远不及其他中东欧国家。欧盟对

---

　　① European Commission, *Communication from the Commission*: 2005 *Enlargement Strategy Paper*, COM（2005）561（Brussels, 9 November 2005）, p. 3.

中东欧国家施加条件性限制始于 1997—1998 年，那时中东欧国家（不包括西巴尔干国家）已经完全摆脱共产主义制度及其遗传，民主化发展到一定程度，因此在国内推行欧盟要求的改革并没有遭遇到挫折，而西巴尔干国家 2000 年才开始真正意义上的民主转型，国内保守势力仍然颇为强大，阻碍了一体化进程。

第二，欧盟的条件性限制从 20 世纪 90 年代初名义上的民主标准扩展为实质性的民主指标。1993 年提出的"哥本哈根标准"，只是一个涵盖民主、法治、市场经济、人权和少数民族权利的模糊指标，而欧盟对西巴尔干国家的入盟标准，则明确了加强国家能力、司法独立、反腐措施、人权和少数民族权利的详细指标，入盟条件变得更加苛刻和具象，因而难以满足。

第三，欧盟忽略了入盟的优先级同西巴尔干各国政府和民众的优先级之间的差异。根据以往扩大的经验，欧盟认为成员国的前景将成为西巴尔干国家的优先事项，足以支配国内政治议程，改革能够顺利进行。然而，目前的情况并非如此。从国家欧洲化的接受度来看，西巴尔干国家并不愿意过多地牺牲它们的权力以换取入盟，当欧盟一再提出新的条件时，西巴尔干国家认为条件限制付出会高于入盟的好处，因此出现入盟动力缺乏的现象。政治精英如此，民众对欧盟的认知也非常矛盾。一方面，他们确信自己国家的未来存在于欧盟内，另一方面又感到他们被欧洲出卖并受到了刁难，这种矛盾的情绪影响了欧盟条件性作用的发挥。因此，欧盟预设的第一个前提（即候选国为了欧盟成员国身份可以接受国内的变化）在西巴尔干国家受到了限制。

第四，欧盟扩大的公信力不足。在剧变发生初期，欧盟急于把中东欧纳入其势力范围，以巩固其民主成果，因此东扩步伐坚定而迅速。2000 年以后，欧盟雄心勃勃地开始针对西巴尔干国家实行扩大政策。鉴于西巴尔干国家规模较小（总人口仅为 1800 万，比罗马尼亚还少 300 万），因此对欧盟的吸收能力不会构成显著负担，而把西巴尔干国家纳入一体化进程有助于巩固该地区的稳定和实现东南欧的和平与繁荣，其成果超过了所谓的扩大成本。此外，欧盟认为，把该地区两个最麻烦的国家——波黑和科索沃与欧洲一体化联系起来可能是最富有成效的长期战略。但随着扩大的深入，特别是 2007 年接纳保加利亚和罗马尼亚两国后产生了一系列遗留问题，关于欧盟接受能力的争论和多数成员国反对扩大的呼声日盛。特别是克罗地亚入盟以及容克当选欧盟委员会主席后，明确表示 5 年内不会接纳新的成员国，西巴尔干民众意识到入盟希望渺茫，对入盟前景的不确定使西巴尔干国家缺乏持续努力的动力和信心。

第五，西巴尔干国家无法确保维持改革和达成改革必要性的地方共识。这一点在波黑表现得最为明显，波黑中央政府软弱无力，大量实权掌握在实体手中，三个民族存在巨大的利益分歧，同时都对行政和立法的每一个重大决定具有否决权。因此，大部分为达到入盟标准而进行的改革都无法在三个民族中取得共识，改革难以推进。

第八章 融入欧洲一体化进程与中东欧国家的地区合作

第一节 融入欧洲一体化进程与中欧地区合作

中欧地区①种族—民族构成多样化，国家的边界与民族的分界线长期不一致，各民族之间拥有一些不良的历史记忆，而且其内部发展屡受大国干预，导致近代以来这里不断发生民族矛盾和冲突。尽管自 1848 年革命起，中欧地区的政治精英和知识精英就提出了多种政治合作的构想，以抵御外部威胁和促进民族和解，但由于缺乏强烈的共同意识，收效甚微，鲜见合作，更多的是对抗与冲突。冷战结束后，欧洲的地缘政治格局开始重组，新近获得自由的中欧国家面临着在新的国际秩序中重新定位的问题，它们联手成立了旨在进行政治和经济合作的区域合作组织——维谢格拉德集团。在"回归欧洲"的潮流下，在内部变化和外部压力的共同作用下，维谢格拉德集团合作走过了复杂和艰辛的发展道路。随着 2004 年其所有成员国加入了北约和欧盟，维谢格拉德集团成功实现了融入欧洲一体化进程的战略目标。

---

① 无论是从地理意义上还是从地缘政治意义上理解中欧这个概念，都有若干种解释，其中一种解释是指位于德国（或说德语地区）和东方（有着不同的东正教文化和政治传统的东欧与巴尔干）之间的地区。本章所指的就是如此理解的中欧地区。参见 Branislav Pavlovi č, v čom vidím prínos spolupráce krajín višegrádskej štvorky alebo o zmysle regionálnej spolupráce v staronovej strednej Európe, 25. 9. 2001, http: //www. cpssu. org/storage/visegradska_ spolupraca. pdf.

一　维谢格拉德集团成立的背景

1989年政局发生剧变后，中东欧地区出现了权力真空，这一地区的国家都希望恢复完全独立、建立多元民主社会和市场经济环境。中欧国家的外交界人士积极寻找最有效的方式，充分利用苏联势力从该地区撤退的机会，最大限度地加强自身的地位。于是，捷克斯洛伐克、波兰和匈牙利三国共同成立维谢格拉德集团成为一个可能的设想，而这一设想最终变为现实得益于以下四个方面的原因：

第一，政局发生剧变后，中欧国家波兰、捷克斯洛伐克和匈牙利均制定了新的外交政策构想，它们在一系列问题上的立场相似。三国均致力于消除苏联集团在中东欧的所有残余，都担心苏联有可能恢复在该地区的影响力。于是，在这一方面出现了合作空间，以便尽快阻止苏联试图重新获得失去的影响力，并且努力获得完全的外交独立。根本的问题是通过何种方式来最有效地达到这一目的，是密切和欧洲安全与合作会议（后来称为"欧洲安全与合作组织"）的关系，还是与北约、西欧联盟合作并加入欧洲共同体。最后，三国决定通过相互合作采取下列措施以尽快消除苏联在中欧地区的影响：苏军从三国撤离，解散华沙条约组织，与苏联建立新型的、完全平等的关系，解散经互会，减少三国在经济上对苏联的过度依赖。

第二，波、匈、捷三国都希望克服相互关系中存在的历史仇恨。在历史上，三国之间存在着矛盾和冲突，例如，在两次世界大战期间捷克斯洛伐克与波兰之间存在着领土纠纷；第一次世界大战结束后匈牙利实行领土收复主义政策，不时对捷克斯洛伐克的领土完整造成威胁，而第二次世界大战结束后捷克斯洛伐克与匈牙利之间又因少数民族问题而关系紧张；在第一次世界大战结束后，捷克斯洛伐克实行一味接近法国及其盟国的外交政策，忽略了与中欧邻国的合作，招致后者的不满。1989年政局发生剧变后，捷克斯洛伐克总统哈韦尔努力与邻国改善关系，实行与1918—1938年存在的捷克斯洛伐克共和国不同的外交政策。与此同时，波兰和匈牙利也希望捐弃前嫌，寻求建立新型的、不存在任何矛盾和问题的睦邻友好关系。

　　第三，西方国家支持中欧国家进行区域合作。中欧相邻的三个国家致力于"回归欧洲"，成为西欧政治和经济结构的组成部分，它们开展区域合作不仅得到欧洲共同体多数国家领导人的欢迎和支持，而且对于美国和北约的意义重大。在两极格局结束后，欧洲面临的任务不仅是推进一体化进程、形成全欧洲的认同、消除前苏联境内的安全威胁和来自其他方面的威胁、促使欧洲的原社会主义国家发生民主变化，而且要为欧洲各个国家以及全欧洲的稳定奠定良好的基础。因此，中欧国家进行区域合作被西方国家所看好。西方国家对中欧地区合作进程非常感兴趣，这可以从 1992 年春欧洲委员会发布的文件中看出来，该文件称："经济一体化要求推进各个国家之间的合作，如同要求发展各个国家与欧洲共同体的关系一样，欢迎这些国家之间已经开展的相互合作，其性质和内容就像维谢格拉德宣言中提及的那样。"[1]

　　第四，三国领导人之间建立了友好关系。1989 年政局发生剧变后，波、匈、捷三国上台执政的领导人绝大多数是原社会主义时期的持不同政见者，他们在社会主义时期就已经开展了合作，建立了良好的个人关系。1990 年初，捷克斯洛伐克新当选总统哈韦尔在波兰和匈牙利议会发表演讲时，公开呼吁形成"回归欧洲"的三边合作框架，这一倡议得到当时已在波兰和匈牙利议会获得代表资格的原持不同政见者们的积极回应，他们欢迎哈韦尔提出的"将中欧转型为相互合作的政治现象"的构想。

　　当然，波、匈、捷三国支持哈韦尔提出的在中欧地区开展三边合作的思想也有着各自实用主义的考虑。波兰力求避免因位于统一的德国与苏联之间而可能出现的外交孤立局面，谋求获得中欧地区大国地位和成为中东欧国家的国际代言人。另外，波兰政界赞同布热津斯基提出的建议：在保持欧洲稳定形势框架内，在捷克斯洛伐克与波兰之间建立某种类型的邦联。[2] 这种国家联合体特别有利于

---

　　[1]　Europe and the Challenge of Enlargement, In Bulletin of the European Communities (Suplement 3/92), p. 19.

　　[2]　Ji ří Dienstbier, Visegrád. In: Mezinárodní politika, 2/1999, s. 4.

填补当时苏联与重新统一的德国之间的政治与军事真空。而捷克斯洛伐克新上台的政治精英普遍与可能被外界认为是怀疑国家融入欧洲或跨大西洋一体化结构的任何言论保持着距离。他们不仅拒绝布热津斯基的倡议，而且不支持美国前国务卿基辛格的提议：由捷克斯洛伐克、波兰和匈牙利三国形成一个中立国家地带，从而在一定程度上平衡统一的德国与苏联的影响力。① 捷克斯洛伐克总统哈韦尔和外长迪恩斯特比尔力图抑制波兰方面对上述倡议的热情，他们虽然赞同中欧国家开展全面的合作，但明确反对共同建立联邦、邦联或保持中立的思想，认为捷克斯洛伐克应该担任积极推进欧洲一体化进程的角色。与波兰相比，匈牙利一开始对哈韦尔的倡议持较为审慎的态度，原因是它更倾向于与意大利、奥地利和南斯拉夫联邦进行合作的阿尔卑斯—亚德里亚集团。随着该集团内部战略决策的延误和南斯拉夫联邦的危机不断深化，匈牙利才重新审视与中欧其他邻国进行合作的事宜。中欧国家开展合作的观点逐渐得到匈牙利方面的支持还有以下三个实际原因：第一，它与捷克斯洛伐克因斯洛伐克境内少数民族权利问题以及卡布奇克—纳基马诺斯（Nagymaros）水电站工程建设问题而矛盾升级，希望三边合作可以成为解决矛盾的一个工具；第二，认为中欧国家紧密合作可以帮助其实现外交政策目标；第三，中欧区域合作可以给匈牙利提供一定的政治安全稳定，这一点在南斯拉夫危机不断深化时期非常重要。

基于以上种种原因，中欧地区三边合作倡议得以落实。1991 年 2 月 15 日，波兰总统瓦文萨、捷克斯洛伐克总统哈韦尔和匈牙利总理安托尔在象征三国团结互助的地方——匈牙利境内的维谢格拉德城堡②会晤，签署了《在融入欧洲一体化道路上相互合作的宣言》，即《维谢格拉德宣言》，为维谢格拉德集团合作奠定了基础。受 600 多年前中欧合作传统的历史启迪，中欧国家领导人试图在欧洲秩序大变动的条件下续写中欧合作的篇章。有着密切的历史文化联系、相近的经

---

① Henry Kissinger o sou časn ých mezinárodních vztazích, Mezinárodní vztahy, 8/1990, s. 60.

② 1335 年，匈牙利国王卡罗尔·罗伯特、波兰国王卡齐米日三世和捷克国王扬·卢森堡就在此共商中欧和平与合作事宜。

济发展水平和相似的社会思维的波、匈、捷三国联手共建了维谢格拉德集团，其战略目标主要有二：第一，保障中欧地区稳定，也就是填补20世纪80年代末90年代初发生的重要国际政治形势变化如苏联解体、德国统一和巴尔干危机后出现的安全—经济真空。第二，在努力加入欧盟和北约进程中共同协调步骤。在《维谢格拉德宣言》中，三国还提出了其他战略目标：恢复国家主权、民主和自由；消除所有现存的集权体制的社会、经济和价值观遗迹；建立立足于尊重人权与基本自由之上的议会民主、现代法治国家；建立和实行市场经济。

二　融入欧洲一体化进程中维谢格拉德集团合作的发展变化

（一）1991—1992年良好的初期发展

受加强中欧地区的安全与稳定和融入欧洲—大西洋结构的内部需求驱动，在成员国领导人良好的个人关系的促进下，以及在欧盟和北约的外部支持下，维谢格拉德集团在成立后的最初两年中取得了显著成效，具体表现为四个方面：第一，协调步骤尽快摆脱苏联的影响。成员国协商一致，使苏军撤离、华约和经互会的解体进程得以加速。时任匈牙利外交部部长的格扎·耶森斯基指出："中欧国家分开来力量很弱，可一旦团结起来就具有很强的影响力，戈尔巴乔夫第一个意识到这一点。"[1] 第二，在安全领域采取共同行动。成员国不仅对国际政治热点问题，如南斯拉夫危机、苏联解体和海湾战争等采取共同立场，而且发表声明表达共同加入北约及其参与北约组织活动的政治意愿。三国国防部部长就有关加入北约进程问题进行磋商。第三，共同与欧洲共同体签署"联系国协定"。由于成员国在与欧洲共同体就"联系国协定"进行谈判的过程中互通信息和密切配合，签署的时间比预想中大大提前。另外，成员国还决定共同递交加入欧洲共同体的申请。第四，在经济领域加强合作。成员国共同开启了中欧地区资本流动自由化进程，通过了经济和贸易领域的双边国际条约，如关于避免双重征税的条约以及关于支持和

---

① Rick Fawn, Visegrad, "The Study and the Celebration," *Europe-Asia Studies*, Vol. 60, No. 4, June 2008, p. 678.

保护投资的协议，并就建立中欧自由贸易区达成一致意见。在维谢格拉德集团成立之初，不仅欧盟和北约而且各个西欧国家和美国都给予了大力支持，高度评价该地区合作集团成功营造并保持了中欧地区的稳定环境，期望维谢格拉德集团合作成为中东欧国家进行地区合作的典范。

（二）1993—1998 年合作低迷期

随着中欧地区的安全与稳定问题基本得到解决，苏联在中欧的影响得以消除，以及欧盟采取以候选国自由竞争为基础的扩大战略，维谢格拉德集团合作的外部压力大大减弱。与此同时，在捷克斯洛伐克联邦共和国于 1992 年 12 月 31 日解体（维谢格拉德集团成员国由 3 个变为 4 个）后，维谢格拉德集团内部出现了一些不利于合作的因素，如合作的范围明显缩小；捷克采取消极对待维谢格拉德集团合作的外交政策，捷克总理克劳斯明确表示，"维谢格拉德集团与我们无关，这一区域合作完全是西方国家人为引发的一个进程"[1]；在 1994—1998 年梅恰尔政府实行威权主义治理模式期间，斯洛伐克逐渐陷入国际孤立状态，被排除出欧盟和北约扩大第一波成员中；斯洛伐克与匈牙利之间因历史记忆和斯洛伐克境内匈牙利少数民族地位问题而关系持续紧张。在内外因素的共同作用下，成员国在相互关系和融入欧洲一体化进程中致力于贯彻本国（民族）利益，而将地区团结与合作置于次要地位。捷克和匈牙利倾向于在对外政策和融入欧洲一体化进程方面单独采取行动；斯洛伐克实行旨在加强新获得的国家性的政策，把发展与俄罗斯的关系视作其融入西方社会之外的另一种选择。梅恰尔总理曾经表示："如果西方不接纳我们，我们就将转向东方。"[2] 波兰作为维谢格拉德集团内唯一长期致

---

① Peter Weiss, Vyšehradská štvorka-aké pokra č ovanie? 28.8.2003, http：//www. euractiv. sk/rozsirovanie/analyza/vysehradska-stvorka--ake-pokracovanie.

② Katarzyna Pelczyńska-Nalecz, Alexander Duleba, László Póti & Vladimír Votápek（eds.），*Eastern policy of the enlarged European Union /A Visegred perspective* ，Center for eastern studies，Warsaw-Slovak foreign policy association，Bratislava-Friedrich Ebert Stiftung-International Visergrad Fund，Róbert Vico-vydavate ľ stvo，Prešov-Slovak foreign policy association，Bratislava，2003，p. 146.

力于保持区域合作的国家，随着时间的推移也逐渐转向与欧盟大国——德国和法国发展双边关系，与德、法两国建立了协调立场，加强合作的定期会晤机制"魏玛三角"，并且开始重视与其东部邻国以及与斯堪的纳维亚半岛国家的关系。

1993—1998 年，尽管维谢格拉德集团名义上存在，但其有效的运作仅体现在《中欧自由贸易协定》框架内的经济合作和加入北约进程中的安全合作两个层面，没有举行任何形式的政治磋商。维谢格拉德集团的多数成员国（波兰除外）都认为，《中欧自由贸易协定》这一平台比维谢格拉德集团更有利于它们维护对外政治和经济利益。《中欧自由贸易协定》签订于 1992 年 12 月 21 日，其主旨之一是在向市场经济过渡过程中逐渐通过相互贸易关系的自由化和贸易壁垒的消除建立自由贸易区。创始成员国有捷克、斯洛伐克、波兰和匈牙利，后来斯洛文尼亚（1996）、罗马尼亚（1997）和保加利亚（1999）加入进来。由于四个创始成员国在签署创始条约之时已经与欧洲共同体签订了"联系国协定"，"中欧自由贸易区"被它们理解为仅是准备加入欧盟进程中进行协调的工具。当"中欧自由贸易区"的一些成员国开始与欧盟进行入盟谈判时，"中欧自由贸易区"不再受到它们的重视。尽管如此，"中欧自由贸易区"依然发挥了一些显著的作用，主要表现为以下四个方面：第一，促使成员国之间相互贸易迅速提升；第二，帮助成员国将对外贸易对象国转向欧盟成员国并改变其出口商品的结构；第三，帮助成员国解决与从中央计划经济向市场经济转型有关的问题；第四，加深"中欧自由贸易区"内部的经济一体化；第五，它的四个成员国加入经济合作与发展组织，三个成员国受到北约的邀请，四个成员国开始了入盟谈判。

1997 年 7 月，北约马德里峰会举行后，接到入约邀请的捷克、波兰和匈牙利加强了在军事—安全领域的合作，旨在尽快加速入约进程。这时，共同的外部动力又超越了单独的国家利益。上述三国签署了关于各个国家武装力量进行合作的双边条约，当然，合作更多的是技术层面上的，而不是安全或外交—政治层面上的。由于在与北约成员国资格有关的安全领域会谈仅在捷克、波兰和匈牙利之间进行，从而出现了"双速"的维谢格拉德集团。后来为了帮助斯洛伐克在融入欧洲一体化进程中"赶上"其他成员国，形成了"V-3+1"会谈模式，斯洛伐克也参与进来。

（三）1998—2004年合作恢复与加强期

尽管1997年举行的北约马德里峰会与欧盟马德里峰会促使维谢格拉德集团内最先被邀入约和开始入盟谈判的三个国家——波兰、捷克和匈牙利加强了联系，但是直到1998年下半年才做出恢复维谢格拉德集团合作的具体决定。1997—1998年，在波兰、捷克、斯洛伐克和匈牙利举行了议会选举，新一届政府领导人都积极支持维谢格拉德集团加强合作，只是每个成员国支持地区合作的动机有所不同。波兰支持包括维谢格拉德集团在内的所有形式的地区合作；匈牙利希望利用维谢格拉德集团实现其对外政策的两大优先目标：融入欧洲一体化进程和解决敏感的境外少数民族问题；捷克视维谢格拉德集团为中欧邻近国家在融入欧洲一体化进程中协调相互态度和立场的合适平台；斯洛伐克则认为参与维谢格拉德集团的活动是摆脱在融入欧洲一体化进程中落后状态的重要工具，而且有助于国内实行亲西方的外交政策。推动维谢格拉德集团合作恢复的国际因素是，20世纪90年代后半期，在欧洲出现了新的安全威胁：前南斯拉夫爆发了危机，俄罗斯政治和经济发展面临不确定性。

由于与维谢格拉德集团成立之初相比，成员国已不再拥有相同或相似的地位，该地区合作集团有了新的合作任务。1998年10月21日，捷克、匈牙利和波兰三国总理会晤并发表共同宣言，声称要为维谢格拉德集团合作注入新的活力，努力帮助斯洛伐克重返欧洲一体化进程。三国支持斯洛伐克具有一定的实用主义特点：斯洛伐克是维谢格拉德集团四国中唯一与其他三个成员国都交界的国家，一旦它被排除在加盟入约潮流之外，就会对中欧地区的安全稳定、经济合作和边防检查制度及人员往来增添麻烦。①

此次维谢格拉德集团合作的恢复不仅意味着该地区合作集团的发展进入了一个新的阶段，而且表明其合作水平迈上了一个新的台阶。

---

① Grigorij Mesežnikov, Michal Ivantyšyn, Slovensko 1998 - 1999 : Súhrnná správa o stave spolo čnosti, Bratislava 1999, s. 292.

1999 年 5 月，四个成员国总理在布拉迪斯拉发会晤，通过了"维谢格拉德集团合作的内容"的文件，确定了未来合作的基本框架、优先方向和具体的合作机制，从而对维谢格拉德集团的继续存在赋予了新的意义。合作的主要方向是支持成员国融入跨大西洋结构、加强维谢格拉德集团公民层面的联系和努力帮助斯洛伐克消除在加盟入约进程中的落后状态。在合作机制方面，按照欧盟的做法实行轮值主席国制度，每个成员国轮流担任主席国，任期一年；每年举行一次总统峰会、两次总理峰会（1 次正式和 1 次非正式）。逐渐地，在部委之间（特别是外交部、国防部、文化部、生活环境部、交通部和卫生部）、议会之间（议会领导人或议会下属的委员会）和专家之间形成了相互合作的平台。2000 年 6 月，国际维谢格拉德基金成立，总部设立在斯洛伐克首都布拉迪斯拉发，管理机构是外交部长会议和大使理事会，官方语言是英语。国际维谢格拉德基金的宗旨是推动成员国之间的合作，加强在文化、科研、青年人互换、旅游和跨境合作等领域的联系。每个成员国每年拨付同样数额的资金用于基金的预算。国际维谢格拉德基金的成立不仅带来了一系列实实在在的合作成果，而且促使集团合作从模糊和抽象的政治宣言转向接近公民和非营利机构。

在恢复和加强合作的初期，四国成功地在一些问题上协调了立场，但随着波兰努力成为中欧地区合作的领导者以及匈牙利在其外交政策中显现出危害整个集团利益的民族主义倾向，维谢格拉德集团合作开始出现了一些问题。因匈牙利通过了"邻国匈牙利族人地位法"并且批评捷克斯洛伐克在第二次世界大战结束后实行的贝纳斯总统令，2001 年底 2002 年初，维谢格拉德集团的合作一度完全瘫痪。由于四国对入盟的期待各有不同，而且成员国之间出现了矛盾，它们在政治合作领域所取得的成效微乎其微，特别是在加入欧盟进程方面。这一阶段合作的成功之处在于：斯洛伐克最终在融入欧洲一体化进程中赶上了其他成员国，其他中欧和东欧国家（如克罗地亚、斯洛文尼亚、乌克兰、立陶宛、奥地利和乌克兰等）努力与维谢格拉德集团开展合作，它甚至对其他国家集团产生了示范效应（如维尔纽斯十国和西巴尔干国家）。

三　对维谢格拉德集团合作成效的评价

1989 年政局发生剧变后，区域合作成为中欧国家转型和结盟战略的一个重要方面。在区域合作不是自然现象的中欧地区，中欧三国建立了维谢格拉德集团，视其为政治、经济、安全和文化合作的论坛，旨在通过各种多边合作项目实现中欧地区的稳定，帮助成员国尽快加入欧盟与北约。1991—2004 年，维谢格拉德集团合作在外部压力和内部利益需求的共同作用下经历了曲折的发展进程，度过了良好的开端期、低迷期和复苏期。维谢格拉德集团从来都不是传统意义上的和国际法定义上的国际组织，该集团成员国之间的合作不是基于具有国际法律约束力的文件，没有明确规定的制度结构、组织形式和正式的法律所规定的活动内容。在维谢格拉德集团结构框架内，唯一的常设机构是 2000 年成立的国际维谢格拉德基金。总的来说，维谢格拉德集团是一个协商论坛，而不是解决具体问题的地方，它既取得了成功也存在着不足。

（一）对冷战结束后中欧地区稳定的影响

20 世纪 90 年代初，安全问题是维谢格拉德集团成立和持续存在的主要原因和动力。中欧三国外交政策的优先方面均是解散华沙条约和苏联军队撤离，共同的利益将它们联系在一起。维谢格拉德集团成立后，三国在相对短的时间内成功摆脱了苏联的影响，通过采取共同立场和协调行动逐渐在中欧地区形成了稳定的局面。

在 1991 年苏联国内形势恶化和南斯拉夫联邦发生深刻危机后，维谢格拉德集团成员国更是加强了在安全领域的合作。1991—1992 年，形成了有效运作的谈判和磋商机制：在总统、总理、外交部长、国防部长、内务部长以及中央其他管理机构和专业工作人员之间搭建起交流沟通的平台。由于三国政治家、专家和外交家一起磋商各种问题、相互介绍自己掌握的情况和做出的决定，在国际论坛上提出共同的倡议，因此促进了一系列问题的共同解决。例如，三国对苏联关系及其外交政策达成一致态度，对华沙条约和经互会解散采取了共同立场，对欧洲和世界政治形势发展中的重要问题如巴尔干危机、欧洲一体化和伊拉克战争采取协调态度，在与发展中国家的关系问题上相互配合。通过紧密合作，成员国消除了矛盾和分歧，完成了历史性任务。而且，中欧国家在很多问题上用一个声音说话，得到西方国家的好评，无疑有利于它们国际政治地位的改善。

在维谢格拉德集团成立后的最初两年中，其合作重点主要是在外交和安全领域，旨在保障成员国自身安全和中欧地区的稳定。在经济领域的合作相对较少，主要原因是经互会解散后三国之间的相互贸易额急剧缩小，经济转型进程开始后，各国生产大幅下降，对外贸易商品结构和伙伴国发生很大变化。也正是这些原因促使维谢格拉德集团成员国商定成立中欧自由贸易区，以便开展更加密切的经贸合作。

1992 年 5 月 6 日，捷克斯洛伐克总统哈韦尔发表讲话称，在通向民主和市场经济的道路上，维谢格拉德集团成员国取得了显著进步，在所有原苏联集团国家中，它们与欧洲那些最稳定的国家关系最为密切，被视为欧洲所有现存机构中最具发展前景的伙伴国，而且是原东方阵营其他踏上相同政治和经济改革道路的国家的榜样。他还强调，波兰、捷克斯洛伐克和匈牙利成为欧洲理事会成员，与欧洲共同体商定了联系国协议，在欧洲安全与合作会议的活动中发挥了重要作用，在国际论坛上成为不可忽视的伙伴。[①] 由此可见，维谢格拉德集团成员国确实通过协调彼此态度和立场成功缩短了不稳定时期，并且把中欧打造成稳定和受到国际社会尊重的地区。从这个意义上说，维谢格拉德集团顺利实现了成立之初的战略目标之一——保障成员国安全和中欧地区的稳定。

（二）在成员国加入北约进程中的作用

总的来说，维谢格拉德集团成员国在该地区之间的军事合作促进了其成立之初战略目标在该地区的实现，即通过协调行动共同为加入北约而尽力。从维谢格拉德集团成立之日起，成员国在军事—安全领域的合作就处于比较高的水平之上。即便在 1993—1997 年地区合作衰退阶段，军事合作也没有停顿下来，只是合作的程度有所减弱而已。

在华沙条约解散、苏联解体和德国统一后，中欧国家都努力尽快

①　Československá zahrani ční politika：Dokumenty，1991，s. 35.

填补该地区的安全真空，因此积极展示自己与欧洲—大西洋结构不可分割的关系，争取尽早成为北约成员国。而推动维谢格拉德集团成员国在军事—安全领域相互合作的另一个原因是，冷战结束后中东欧国家面临的威胁从直接的军事威胁转向国际恐怖主义、有组织犯罪和非法武器交易等，而凭借单个国家的力量很难应对这些威胁。

1991 年 7 月，波、匈、捷三国国防部长在克拉科夫会晤，开启了三国最高军事领导人——国防部长和总参谋长会晤机制。1992 年 9 月，三国国防部长会晤并确定了具体的合作领域。他们就下列问题达成一致：为履行《欧洲常规武装力量条约》成立共同的监督小组；在履行《领空开放条约》的义务方面开展合作；扩大在防空和飞行管制一体化系统中的合作；就准备部队纳入联合国维和部队事宜交流经验，包括共同使用训练基地；在军备和技术保障方面进行合作，共同使用科研基地；交流关于建立新型军事后勤体系的经验。三国还就下列问题协调态度，并努力采取共同行动：武器和装备的生产、现代化和维修，加入北约、西欧联盟和欧洲安全与合作组织的地位、巴尔干安全形势和海湾战争。北约对维谢格拉德集团的合作表示欢迎并给予支持，认为维谢格拉德集团合作是保持中欧地区安全和稳定的有效工具，从而为波、匈、捷加入北约的政治抱负提供了美好的前景。

由于 1993 年独立后捷克对维谢格拉德集团持消极态度，成员国在军事领域的合作逐渐失去了活力。尽管成员国最高军事领导人的会晤机制延续了下来，但 1994—1996 年捷克国防部长已不再参加会晤，因此，这一时期军事领域的合作没有取得实质性进展，也没有收到任何实际成效。

维谢格拉德集团军事合作发生根本性转变是在 1997 年 7 月马德里峰会举行之后。在此次峰会上，捷克、匈牙利和波兰接到加入北约的邀请。同月，上述三国国防部长举行会晤，商定国防部长、副部长和总参谋长每个季度定期会晤，从而为未来军事合作建立了正式框架，另外恢复了安全领域最高级别会晤的传统。从此，维谢格拉德集团开始了没有斯洛伐克参与的三国合作形式，被排除出北约扩大第一波的斯洛伐克从 1999 年起加入了合作。波、匈、捷努力为加入北约而需完成的任务方面协调步骤，成立了特别工作组负责下列事宜：填写国防计划表，为进入北约机构工作的人员做准备、指挥和管理问题、后勤、防空、人力资源管理，国防战略和军事学说等。

1999 年 3 月 12 日，波、匈、捷三国加入北约，维谢格拉德集团的军事合作因此有了新的内容。一方面，波、匈、捷三国积极加入北约新战略构想的工作，支持和参与 1999 年 4 月北约华盛顿峰会通过的"门户开放政策"，积极参与北约—俄罗斯联合理事会的工作，为尽快达到北约的所有标准做好军事方面的准备；另一方面，波、匈、捷三国的共同目标是帮助斯洛伐克尽快加入北约。从 1999 年 11 月起，维谢格拉德集团四国国防部长和总参谋长的定期会晤开始举行。在与斯洛伐克的关系问题上，捷克泽曼政府采取了明显有别于克劳斯政府的政策，不仅表现在其外交政策上，而且也体现在维谢格拉德集团的军事—安全合作上，努力促使斯洛伐克尽快加入北约。波兰和匈牙利也希望斯洛伐克尽快被接纳进北约。波、匈、捷三国不仅在北约的正式谈判中力促斯洛伐克加入北约，而且邀请斯洛伐克进入一些共同的军事合作项目和工作组。此外，捷克、斯洛伐克和波兰根据北约标准成立了联合旅。在波、匈、捷三国的支持和斯洛伐克 1998 年新上台的祖林达政府的努力下，斯洛伐克在 2002 年 11 月举行的北约布拉格峰会上被邀入约，2004 年 3 月，在北约东扩第二波中成为其正式成员国。

（三）在成员国加入欧盟进程中的作用

维谢格拉德集团的另一个战略目标是推动所有成员国尽快加入欧盟。从一开始，欧洲共同体（欧盟）和西欧国家就积极评价维谢格拉德集团的活动，不仅在政治和外交上给予了支持，而且在"法尔计划""农村和农业特别发展项目"和"入盟前结构政策项目"框架内向维谢格拉德集团成员国提供了经济援助，欧洲共同体国家还向它们放开了工业品市场。西欧国家认为，维谢格拉德集团合作对于保障中欧地区的安全与稳定有着不容忽视的作用，特别是在 20 世纪 90 年代初巴尔干地区以及前苏联地区形势动荡不安的情况下。西欧国家还高度评价维谢格拉德集团成员国快速且无冲突地从集权向民主体制过渡。欧洲共同体对维谢格拉德集团的积极支持态度在该地区合作集团成立之时以及成立后初期的运作中发挥了重要作用，为其成员国融入欧洲一体化进程的政治抱负提供了美好的前景。1991 年 12 月，欧洲共同体与波兰、捷克斯洛伐克和匈牙利在同一天签署了"联系国协定"。尽管欧洲共同体是分别与每个国家签署的，但同时签署这一象征性的行为足以表明它高度肯定维谢格拉德集团合作，因为此前欧共体总是单独与每个国家联系，而且波、匈、捷三国是中东欧国家中最早与欧洲共同体签署联系国协定的一批国家。

在维谢格拉德集团存在的初期，成员国在融入欧洲一体化进程方面的努力仅限于交流经验和互相通报在与欧洲共同体发展关系过程中的步骤与措施。在 1992 年 12 月 31 日捷克斯洛伐克联邦解体后，磋商平台也不复存在了，原因是新近获得独立的捷克和斯洛伐克不希望维谢格拉德集团被西欧国家理解为是一个依赖欧洲一体化结构的人为共同体，也不希望维谢格拉德集团成为准备最充分的国家独自融入欧洲一体化进程的障碍。因此，1993—1998 年，维谢格拉德集团在成员国加入欧洲共同体（欧盟）进程中没有发挥任何实质性作用。需要指出的是，欧洲共同体（欧盟）本身没有促进维谢格拉德集团成员国采取协调态度。尽管它起初倾向于与地区合作集团进行谈判，但所有的正式谈判都是在双边基础上进行的。这一点在一定程度上导致了维谢格拉德集团成员国之间的竞争。

1993 年 6 月，欧盟为中东欧申请国制定了"哥本哈根入盟标准"，维谢格拉德集团成员国对如何履行这一标准看法不一，难以达成一致态度，这一状况一直延续到 1998 年。针对欧盟规定的加入前战略，维谢格拉德集团成员国单独采取行动。1994 年，波兰和匈牙利递交了入盟申请书，而斯洛伐克和捷克分别在 1995 年和 1996 年递交该申请书。1997 年 12 月，欧盟卢森堡峰会决定邀请包括波兰、捷克和匈牙利在内的六个中东欧国家开始入盟谈判，斯洛伐克被排除出欧盟扩大的第一波成员国名单。

1998 年 3 月底，波、匈、捷开始与欧盟进行入盟谈判，这似乎是维谢格拉德集团三个成员国的共同成功，其实不然，因为这一成功不是维谢格拉德集团共同协调行动的结果。在欧盟决定了对入盟候选国的政策后，维谢格拉德集团成员国事实上已经不再合作，尽管在一些领域依然进行磋商，但多数是在总理、部长和专家双边交流层面上进行的，而不是在多边平台上进行的。而且，为了获得欧盟委员会的好评，维谢格拉德集团成员国之间出现了明显的竞争态势。

随着1998年下半年捷克和斯洛伐克政府更迭，维谢格拉德集团合作趋于复苏，但合作的内容主要是帮助斯洛伐克加入北约、准备实行申根协议以及内部安全、文化和生活环境保护等。在加入欧盟方面，成员国态度的变化不是非常明显。在入盟条约的谈判过程中，维谢格拉德集团成员国之间又出现了矛盾，特别是波兰在谈判进程中落后的时候，捷克和匈牙利表现出不愿意被波兰拖累的姿态。在加入欧盟前的较长一段时间内，成员国之间交流经验的唯一平台是欧盟候选国首席谈判代表定期会晤，而这种商谈不是在维谢格拉德集团成员国之间，是在所有候选国之间。

四国常常在入盟的关键问题上，如与欧盟关于具体加入条件的谈判，欧盟的改革和欧洲宪法条约等上采取不同立场，甚至在一些领域相互竞争，如在谈判人员、服务、商品和资本自由流通的特殊情况时。在维谢格拉德集团未来存在形态问题上，四国也难以达成一致。

因此，可以认为，维谢格拉德集团在其成员国加入欧盟进程中发挥的作用非常有限。尽管形式上确定了成员国最高领导人之间磋商的基本框架，但这种磋商主要是用来交流关于加入欧盟问题的观点和经验的，而不是为了协调态度。每个成员国最后都选择了最符合其对外政策利益的解决方式。

第二节　巴尔干地区合作进程

冷战结束后，集团军事安全保证在中东欧的"消失"使该地区面临着"安全真空"，与此同时，该地区的民族分离主义和种族冲突愈演愈烈。为了改变这一状况，巴尔干国家主要采取了三种措施：同周边国家发展睦邻友好关系；地区多边合作和"回归欧洲"。①地区合作成为巴尔干各国的一个重要议题。

---

① 参见朱晓中《中东欧与欧洲一体化》，社会科学文献出版社2002年版，第8—9页。

一　后冷战时代的巴尔干地区合作机制

冷战的结束为巴尔干地区合作提供了新的政治气候。虽然南斯拉夫解体引发的一系列战争与冲突削弱了巴尔干多边合作的基础，但是一些合作尝试仍在进行着，到 1995 年底《代顿协议》签署后，地区合作日益成为该地区的一个重要特征。[①] 从形式上看，巴尔干地区合作既有双边和多边合作机制，也有经济、政治、文化、社会、安全以及跨领域的合作安排，还有区域内和跨区域的合作模式。归纳起来，这些合作安排与机制可以分政府间合作机制与非政府间合作机制两大类。

（一）巴尔干国家政府间合作机制

巴尔干国家政府间合作机制包括巴尔干国家自我创议（homegrown）、域外国家或国际组织创议以及区域内和区域外国家共同创议三个类别。

巴尔干国家自我创设的合作机制主要有 1992 年由土耳其倡议成立的黑海经济合作组织（Black Sea Economic Cooperation，BSEC），1996 年由数个巴尔干国家联合成立的东南欧合作进程（Southeast European Cooperation Process，SEECP）以及 2013 年斯洛文尼亚和克罗地亚共同发起的"布尔多—布里俄尼进程"（Brdo-Brijuni Process）。

由域外国家或国际组织倡议创设的合作机制主要有 1992 年由维谢格拉德集团四国提议成立的中欧自由贸易协定（Central European Free Trade Agreement，CEFTA），1996 年由美国倡议成立的东南欧国防部长会议机制（South-East Europe Defense Ministerial，SEDM），1999 年由欧盟提出的东南欧稳定公约（Stability Pact for South Eastern Europe，2008 年改称地区合作委员会），2000 年由意大利提议成立的亚得里亚—爱奥尼亚海倡议（Adriatic-Ionian Initiative），2003 年由美国倡议出台的亚得里亚宪章（Adriatic Charter），2005 年由欧盟主导成立的能源共同体（Energy Community）以及 2011 年美国提议建立的

---

① Dimitar Bechev, *Constructing South East Europe*: *The Politics of Balkan Regional Cooperation*, Basingstoke: Palgrave Macmillan, 2011, p. 2.

东南欧执法中心（Southeast European Law Enforcement Centre，SELEC；其前身是 1996 年成立的东南欧合作倡议组织，Southeast European Co-operation Initiative，SECI）。

由巴尔干国家和域外国家（国际组织）共同创议的合作机制主要有 1989 年由奥地利、匈牙利、捷克斯洛伐克、南斯拉夫和意大利五国倡议成立的"中欧倡议国"组织（Central European Initiative，CEI）和 2004 年建立的东南欧运输观察站（South East Europe Transport Ob-servatory，SEETO）。同样，这些机制与组织包括的国别也只有巴尔干国家及相邻国家。

此外，巴尔干地区还有不少其他政府间合作机制与安排。比如，2000 年由经济合作组织推动成立的东南欧投资条约（Investment Com-pact for South East Europe），2002 年成立的多瑙河合作进程（The Dan-ube Cooperation Process，DCP），2002 年成立的萨瓦河国际委员会（International Sava River Basin Commission），2002 年成立的东南欧国家警长协会（Southeast Europe Police Chiefs Association，SEPCA）、2004 年成立的移民、庇护与难民地区倡议（Migration，Asylum and Refugees Regional Initiative，MARRI），2007 年成立的东南欧议会合作秘书处（Regional Secretariat for Parliamentary Cooperation in South East Europe），2015 年成立的克拉维瓦集团（Graiova Group），以及由欧盟倡导成立的东南欧跨国合作项目（The South East Europe Transnational Cooperation Programme）。这些合作机制与安排在各个领域为推动巴尔干地区合作以及欧洲一体化的进程发挥了不可小觑的作用。

（二）巴尔干非政府间合作机制与安排

除了上述巴尔干国家间的合作机制与安排以外，还有其他一些由非政府组织或民间人士倡议成立的合作机制。这些组织主要致力于个别领域或部门的合作。

1989 年，"多瑙河合作"国际科学论坛（International Scientific Forum "Danube-River of Cooperation"，ISF "DRC"）在贝尔格莱德创建，当时仅仅是一个科研项目，到 1994 年正式注册为非政府组织。该论坛致力于为多瑙河可持续运输和旅游业发展进行国际合作的专家和研究者们提供一个多学科的交流平台，并致力于多瑙河开发与保护的非政府组织建设。1998 年，东南欧民主与和解中心（The Center for Democracy and Reconciliation in Southeast Europe，CDRSEE）成立，其宗旨是通过创建和实施一系列公民社会的项目来推动本地区的和解与民主。2003 年 12 月，巴尔干公民社会发展网络（Balkan Civil Society Development Network，BSCDN）正式成立，涵盖东南欧 10 个国家和地区（阿尔巴尼亚、波黑、克罗地亚、马其顿、罗马尼亚、黑山、斯洛文尼亚、塞尔维亚、土耳其和科索沃）的 15 个公民社会组织。2011 年，贝尔格莱德安全论坛（Belgrade Security Forum）创立，并快速成为讨论巴尔干地区以及欧盟安全问题的平台，在区域范围内有着重要的影响。

需要提及的是，在 20 世纪 30 年代进行的巴尔干联盟运动中，巴尔干医疗联盟（Balkan Medical Union，BMU）于 1932 年 10 月在布加勒斯特召开的巴尔干会议上建立，并成为当时诸多合作机构中唯一保存下来并延续至今的非政府组织。

此外，还有东南欧教育合作网络（The South East Europe Education Cooperation Network，SEE-ECN）、东南欧教科书网络（South-East Europe Textbook Network）等组织，它们均以自己的方式、在各自领域为巴尔干地区的和平、稳定、发展、繁荣而开展工作。

二　巴尔干地区合作评估

进入后冷战时代，新地区主义实践同全球化步伐一道席卷全世界。冷战结束后的巴尔干地区合作即是新地区主义在巴尔干的实践。上述地区合作机制无论是政府间还是非政府间的安排都有其单一或多方面的功能表达，它们共同构成了巴尔干地区合作与一体化的组织网络，逐步改变着巴尔干地区的面貌。

（一）改变历史的轨迹：政治合作

新地区主义实践在巴尔干地区已经全面展开，由于该地区的特殊性与历史惯性，政治议题首当其冲，政治领域的合作安排也较为重要。

1995 年 8 月，时任希腊外长的卡罗洛斯·帕普利亚斯（Karolos Papoulias）邀请罗马尼亚和保加利亚外长在靠近阿尔巴尼亚的约阿尼纳举行会晤。虽然这次会晤被视为对冲土耳其在巴尔干地区的影响，但是它的确产生了一些积极的作用。比如，自此之后三国外长会晤长期化、机制化；在经济事务、跨境基础设施建设以及打击跨界犯罪等方面达成了一系列协议。与此同时，保加利亚和罗马尼亚也尝试同土耳其接触，于1997年实现首脑会晤并形成机制化与希腊主导的三方会晤"并驾齐驱"。到1999年希土关系缓和，四个国家的会晤机制开始形成。

"东南欧合作进程"即是在保加利亚和希腊的共同倡议下出台的。这段时期，一系列合作机制或多或少均与巴尔干国家存在着关联，如中欧倡议国组织、黑海经济合作组织、东南欧合作倡议等。巴尔干各国对于地区合作机制也有着自己的看法。罗马尼亚和保加利亚主张外向型的区域间合作，如中欧倡议国组织、黑海经济合作组织和东南欧合作倡议是一个既有巴尔干国家也有域外国家参与的合作机制。希腊和南联盟则主张在巴尔干地区范围内开展合作，如同19世纪巴尔干民族主义者所追求的那样。①尽管存在着主张上的差异，但就加强地区合作的意向来说它们总体上是一致的。

1997年11月，首次巴尔干国家首脑会议在克里特岛举行。与会各国首脑一致期望，巴尔干地区成为一个合作、经济繁荣的地区。为此，他们将致力于改善友邻关系、尊重国际法。同时，他们相信，没有巴尔干国家和民族代表的巴尔干文明与历史传统，欧洲就是不完整的欧洲，当代欧洲认同的建构也缺乏必要的元素。②1998年开始的科索沃危机和随后爆发的战争，对巴尔干地区合作造成不小的挑战。从严格意义上讲，这场战争成为后冷战时代巴尔干地区合作的一个分水岭。因为其后建立的"东南欧合作进程"作为巴尔干地区多边主义的一个重要机制推动了巴尔干国家的合作。然而，战争和冲突使这种趋势有所抑制，特别是科索沃问题严重影响了有关国家间的政治对话，也使"东南欧合作进程"成员国对地区问题产生了不同的看法。

① 参见 Dimitar Bechev, *Constructing South East Europe: The Politics of Balkan Regional Cooperation*, Basingstoke: Palgrave Macmillan, 2011, p. 133.

② 转引自 Dimitar Bechev, *Constructing South East Europe: The Politics of Balkan Regional Cooperation*, Basingstoke: Palgrave Macmillan, 2011, pp. 134 – 135.

1999 年 6 月通过的《东南欧稳定公约》旨在使巴尔干地区实现民主与和平、进行战后经济重建，以及向该地区各国提供援助等。然而，在同年 7 月召开的首脑会议上，南联盟领导人未被邀请与会。巴尔干国家不仅不愿意同南联盟总统斯洛博丹·米洛舍维奇打交道，而且指责他是导致地区动荡和不稳定的主要原因之一。《东南欧稳定公约》的出台有效地稳定了巴尔干的局势，得到"东南欧合作进程"组织的支持，它们一道为增进巴尔干地区和解与合作而努力。有评论指出，《东南欧稳定公约》把地区合作当作医治结构性缺陷和防止冲突的手段，而欧盟与巴尔干国家制定的稳定与联系进程则把双边关系的"条件性"，以及地区合作当作向欧盟靠拢的一种辅助机制。①

2000 年是一个重要的年份。1 月，克罗地亚议会选举结束，社会民主党和自由党组成的联盟获得选举胜利，从而结束了弗拉尼奥·图季曼（Franjo Tudjman）长达十年的执政，更为重要的是新的执政党改变了图季曼抵制参与地区合作的做法。7 月，克罗地亚外交部部长托尼诺·皮楚拉（Tonino Picula）出席了在马其顿奥赫里德举行的东南欧合作进程部长会议。这意味着，克罗地亚正式融入了巴尔干地区的合作进程，到 2005 年成为"东南欧合作进程"的成员国。另外，2000 年 2 月，"东南欧合作进程"第三次首脑峰会在罗马尼亚布加勒斯特举行，通过的《东南欧睦邻关系、稳定、安全与合作宪章》为各国增进合作与理解提供了框架性指南。

虽然巴尔干地区合作的政治对话不断推进，但巴尔干国家并不满足于此。换言之，它们加强合作与对话的目标是进入欧洲—大西洋政治圈。在这些国家看来，地区合作不能成为欧洲一体化进程中的副产品，而应成为加入欧盟以及北约的准备工作。② 2003 年 6 月，欧盟萨洛尼卡峰会的召开是巴尔干地区合作的另一个重要拐点，因为这次峰会决定给每个西巴尔干国家都提供明确的入盟前景。此后，地区合作不仅成为西巴尔干国家必须强化的议题，也是这些国家提升合作水平

---

①　朱晓中：《欧洲一体化与巴尔干欧洲化》，《欧洲研究》2006 年第 4 期。

②　Alban Bala, "Mixed Messages at Balkan Parliamentary Gathering," *RFE/RL Balkan Report*, Vol. 3, No. 13, 2002.

以符合欧盟要求的一个重要平台。同年 5 月，阿尔巴尼亚、马其顿和克罗地亚三国外长与美国国务卿鲍威尔在地拉那签署"亚得里亚宪章"，三国将通过美国的帮助加强协调与合作，以便尽快加入北约。从后来的结果看，其成效逐渐显现。继 2004 年 3 月斯洛文尼亚、罗马尼亚和保加利亚等国加入北约后，2009 年 4 月阿尔巴尼亚和克罗地亚也成功加入该组织。与此同时，"东南欧合作进程"组织一直活跃在巴尔干地区，成为该地区政治领域水平最高、合作程度最深的合作机制。2006 年 5 月，《东南欧稳定公约》的改革提上议程，决定到 2008 年初停止运作，由"地区合作委员会"取代，继续在推动巴尔干地区国家和平、安全、合作与繁荣的目标下开展工作。

在西巴尔干地区，继克罗地亚、马其顿在 2001 年签署《稳定与联系协定》后，阿尔巴尼亚、黑山、波黑以及塞尔维亚都签署了该协定。2012 年 10 月，欧盟宣布与科索沃签署《稳定与联系协定》进入可行性研究阶段。2014 年 5—7 月，欧盟与科索沃结束了就签署《稳定与联系协定》的谈判。2015 年 6 月，波黑与欧盟签署的《稳定与联系协定》正式生效。在克罗地亚入盟进程以及其他国家仍在进行的谈判过程中，西巴尔干地区内部各项合作都在不断开展，与国际法院、海牙前南刑事法庭的合作也都被要求进行着。

总的来看，除了"亚得里亚宪章"以外的诸多合作机制都是巴尔干国家倡议或参与倡议成立的。这在一定意义上表明，巴尔干地区政治领域的合作进程源自于这些国家"地区自主"意识的增强。或者说，巴尔干国家"同坐一条船""同在一个地区"的关联推动了彼此加强合作的意愿。无论是 1998—1999 年的科索沃危机还是 2001 年马其顿冲突以及 2008 年科索沃单方面宣布独立的事件都给巴尔干地区合作造成了一定的冲击，但各方随后都表现出合作的姿态，使地区合作进程不断推进。当然，在此过程中，一个不可低估的因素就是外部力量的重要作用，欧盟的推动（以及赋予入盟前景）以及北约的安全保证都至为关键。

（二）建立地区性市场：经济合作

欧盟的发展经历了这样的过程：从经济领域入手，逐渐消除经济发展的障碍，为推进政治合作和稳定性准备条件。无论从功能主义的外溢角度还是新地区主义的联动效应来看，"低政治"领域的经济合作无疑最容易开展，也较易获得成就，更能将有关行为体紧密联系在一起。

冷战期间，巴尔干国家经济地图是分化的。南斯拉夫经济自成一体，各联邦主体间的经贸联系比较强。保加利亚和罗马尼亚属于经互会，突出强调与其他成员国的经贸联系。阿尔巴尼亚自20世纪60年代退出经互会后经济走向封闭。但是，这些国家地理上的相邻并没有成为经贸一体化加强的有利条件。剧变后的阿尔巴尼亚、保加利亚和罗马尼亚迅速将经贸合作的对象转向欧盟，接连发生战争的前南斯拉夫继承国的经济遭受重创，直到进入21世纪，该地区形势逐渐稳定后，区域内的经贸联系才开始增强。

巴尔干国家的经济联系分布在贸易、投资、基础设施建设、运输、多瑙河流域合作、移民、能源以及生态等多个领域。在贸易方面，剧变发生前夕这些国家之间的贸易往来并不多，如保加利亚、阿尔巴尼亚和罗马尼亚的贸易联系主要是面向经济互助委员会①成员国的。经过近十年的发展，原南斯拉夫的继承国在贸易往来上出现一些变化，进出口均主要来自于巴尔干国家，但阿尔巴尼亚、保加利亚和罗马尼亚并没有在区域内形成较强的联系，而是将贸易往来转向欧盟。

此后，这种趋势没有发生大的改变，无论西巴尔干国家的进口还是出口都主要面向欧盟而非西巴尔干区域。以2007年为例，西巴尔干国家对本区域出口的平均份额约为23%，而对欧盟出口的平均份额达到了64%左右。其中，阿尔巴尼亚对欧盟的出口高达82.9%，而对其他西巴尔干国家的出口仅为9.9%，克罗地亚在两个区域的出口份额分别为71.0%和7.8%，只有波黑、塞尔维亚和黑山对其他西巴尔干国家的出口达到了1/3以上（分别为41.6%、35.1%和35.1%）。同样，2007年，西巴尔干国家的进口份额也存在着类似的情况，对其他西巴尔干国家的进口份额约为22.4%，而从对欧盟的

---

①　简称"经互会"，是由苏联组织建立的一个由社会主义国家组成的政治经济合作组织，总部设在莫斯科。1991年6月28日，该组织在布达佩斯正式宣布解散。

进口份额则高达 57%（波黑无数据）。该年也只有黑山、波黑和科索沃从其他西巴尔干国家的进口份额达 1/3 强（分别为 48.9%、41.0% 和 36.0%），克罗地亚和阿尔巴尼亚则不足 10%（分别为 2.2% 和 6.8%）。[①]这些情况至少表明两点：其一，西巴尔干国家经贸结构不合理，进出口均主要依赖西欧国家；其二，西巴尔干国家区域内的经贸联系不强，进而表明该区域经济合作的局限性。出现这种现象的原因有很多，在分析国家经济发展模式的同时，也要兼顾这些国家的资源禀赋和人口、居民消费情况以及历史因素。不过，西巴尔干国家之间的贸易额不断提升。从 2004—2007 年的数据来看，西巴尔干各国对该区域其他国家的出口和进口份额均出现逐年增加的趋势，尽管幅度并不是特别大。[②]

2008 年爆发的国际金融危机和随后发生的欧洲主权债务危机对巴尔干国家的经济产生了巨大的冲击。希腊是遭受影响最大的一个国家。经济问题的发生对希腊政治、社会、外交等领域均产生了连锁反应，人们甚至担心希腊是否会"脱离欧元区"。[③]希腊的债务问题至今并没有完全得到解决，欧盟成员国为此进行的政策调整与利益博弈仍在进行，无论其结果如何，都必将对欧洲一体化产生非常重要的影响。[④]同样，西巴尔干国家遭遇的冲击也不小。对西巴尔干国家进行援助是欧盟推进一体化进程必不可少的环节。为加强同西巴尔干区域国家间的合作，帮助西巴尔干国家克服金融危机、恢复经济增长，在欧盟委员会及其成员国的支持下，欧洲投资银行、欧洲复兴开发银行和欧洲委员会发展银行于 2009 年 12 月在布鲁塞尔联合签署了西巴尔干

---

① 转引自 Pere Engjëll，"Economic Trade Relation in Focus of Regional Integration of West Balkans Countries，"International Conference on Balkan Studies Proceedings，2008，p. 176.

② Ibid.

③ 参见王军《因与果——希腊主权债务危机的政治经济学思考》，《红旗文稿》2013 年第 4 期；盛硕、陈华《希腊退出欧元区的成本、风险及其影响评估》，《河北经贸大学学报》（综合版）2013 年第 1 期。

④ 一些关于希腊债务危机对欧洲一体化影响的分析，参见丁纯《从希腊债务危机看后危机时代欧盟的经济社会状况》，《求是》2010 年第 7 期；闫屹、王莉《希腊债务危机对欧盟一体化的影响及启示》，《国际金融》2010 年第 9 期；谢先泽《希腊债务危机对欧洲一体化的启示》，《社会科学家》2011 年第 3 期。

投资框架协议（Western Balkans Investment Framework，WBIF），设立约22亿欧元的投资新基金用于环保、能源、交通、教育和卫生等基础设施项目。[①]在经济贸易关系上，2011—2013年，无论是欧盟从西巴尔干国家的进口还是出口都在增长，对欧盟的依赖性日益明显。

　　然而，西巴尔干国家与欧盟的经济联系存在着严重不对称的情况和结构性缺陷。[②]首先，欧盟一直是西巴尔干国家最主要的贸易伙伴，但是占欧盟对外贸易的比重并不大。2013年，欧盟占西巴尔干国家进口份额的72.7%和出口份额的81.8%。但是，西巴尔干国家只占欧盟对外贸易额的1%。其中，塞尔维亚占0.5%，波黑占0.25%，马其顿占0.15%，阿尔巴尼亚占0.1%，黑山和科索沃几乎为零。其次，西巴尔干国家和欧盟的货物贸易主要集中于少数几项。2013年，欧盟从西巴尔干国家进口的物品中，机器与运输设备占24.1%，原材料制造业产品占21.1%，杂项制造业产品占20.3%；在出口的物品中，机器与运输设备占26.9%，原材料制造业产品占22.3%，化工产品占15.2%，矿物燃料占12.3%。[③]可见，西巴尔干国家的贸易结构与欧盟并没有很强的互补特征。

　　与贸易密切相关的领域是投资。在2001年对东南欧国家直接投资的构成中，除波黑外，欧盟均列首位。其中，阿尔巴尼亚高达87%的投资来自欧盟，欧盟在保加利亚、克罗地亚、罗马尼亚和马其顿的投资也达到60%以上。[④]到2010年前后，这种趋势仍没有发生大的改变，在对东南欧各国直接投资的国家中，欧盟国家均排名前几位。

　　在巴尔干国家银行部门的外资占比中，除斯洛文尼亚外资所占比

　　① Western Balkans Investment Framework launched, December 9, 2009, http://europa. eu/rapid/press-release_ BEI-09-246_ en. htm? locale = FR.

　　② Milica Uvalić, "Structural Weaknesses of the Western Balkan Economies," Centre for Southeast European Studies, http://www. suedosteuropa. uni-graz. at/biepag/node/92.

　　③ Western Balkans, http://ec. europa. eu/trade/policy/countries-and-regions/regions/western-balkans/.

　　④ Gábor Hunya, "FDI in South-Eastern Europe in the Early 2000s," WIIW Research Reports, Vienna, July 2002, p. 14.

重较小外，其余均在 55%—91%。①外国银行所有权在巴尔干国家金融体系中占比过高，在加大外资对巴尔干国家经济影响的同时，也使巴尔干国家经济面临着更高的传导性金融风险。由此，国家经济的控制权进一步丧失，并有转化到政治领域的风险。②美籍波兰裔学者波兹南斯基（Kazimierz Z. Poznanski）对此做出了比较恰当的总结："东欧经济体一旦被改造成了外国人控制着大部分资本、只有劳动力还在本国的状况时，这些国家不仅仅是丧失了对本国资源的控制权，它们还不得不交出自己相当大一部分的政治权力。"③从 2008 年爆发的国际金融危机给巴尔干国家和中欧国家带来的冲击看，这恐怕不是危言耸听的说辞。

能源也是所有巴尔干国家间合作的优先领域。其原因主要在于，巴尔干国家能源比较匮乏，多依赖进口，以及它们处于能源供应方（黑海与中亚）与大的消费市场（西欧）的过渡地带。④这在一定意义上解释了欧盟推动东南欧能源共同体建立的初衷。不过，巴尔干国家能源合作的进展也并非一帆风顺。根据《能源共同体条约》，巴尔干国家已经建立起了天然气和电力一体化市场，但是除保加利亚和罗马尼亚外，其他西巴尔干国家所取得的进展仍比较有限。

此外，在其他功能领域如道路运输、航空等方面，巴尔干国家也在积极开展合作，在取得不错成绩的同时，也存在一些问题。其中最为重要的是，资金的缺乏与外部力量的干预。特别是一些功能领域的合作，无论是技术规范还是资金投入抑或是法律标准，巴尔干国家都在很大程度上依赖欧盟的介入。

---

① European Central Bank，"Financial Supervision Authorities of Particular Countries". 转引自孔田平《试论国际金融危机对中东欧国家的影响》，《俄罗斯东欧中亚研究》2009 年第 4 期，第 30 页。

② 徐刚、项佐涛：《金融危机下的中东欧：冲击及其应对》，《现代国际关系》2010 年第 1 期，第 35 页。

③ ［美］卡齐米耶日·Z. 波兹南斯基：《全球化的负面影响——东欧国家的民族资本被剥夺》，佟宪国译，经济管理出版社 2004 年版，第 247 页。

④ Dimitar Bechev, *Constructing South East Europe: The politics of Balkan Regional Cooperation* (Basingstoke: Palgrave Macmillan, 2011), p. 100.

(三) 冷却"火药桶"：安全防务合作

巴尔干地区安全合作的源起和推力主要来自外部行为体，即北约、美国和欧盟，它们主导了巴尔干地区安全合作机制的建立、议程设置以及政策导向甚至加入的可能性。在现有的巴尔干地区合作机制中，有关安全方面的机制包括东南欧防长会议、东南欧倡议组织以及亚得里亚宪章，都是美国提议并最终建立的。对此，有学者指出，在北约、欧盟引导下的西巴尔干国家安全合作机制只是使这些国家纳入欧洲—大西洋安全架构下的工具，并非这些国家推进互信合作的内在理念，因为它们缺乏真正的地区认同。①还有学者直言不讳地指出，东南欧防长会议并非巴尔干内部安全机制，而是美国和北约的一个政策工具。②

东南欧多国和平部队的建立同样如此。成立这样一个机制是为巴尔干国家快速融入北约所作的准备工作，但在其建立过程中巴尔干各国争执不断。首先，在名称选择上的分歧。由于保加利亚的坚持，名称才使用了东南欧而非巴尔干。同样，由于马其顿的坚持而没有使用"快速反应部队"或"快速投放力量"。最终，各方达成妥协，取名"东南欧多国和平部队"。其次，在该机制的总部地点上亦存有分歧。土耳其主张设在埃迪尔内（Edirne），希腊主张设在基尔基斯（Kilkis），保加利亚则主张设在普罗夫迪夫（Plovdiv），最终因为土耳其与希腊争执不下而使保加利亚的建议获得通过。

从趋势上看，巴尔干地区在外部力量的推动下逐渐走向稳定，"巴尔干化"的色彩日益减弱，甚至基本上得到控制。该地区走向安全化的努力与结果值得肯定。如今，这个曾经被称为"火药桶"的地区正逐渐融入欧洲—大西洋结构中，并由此成为欧洲安全复合体中的一个组成部分。不过也要看到，巴尔干地区安全合作的机制、议题、内容等都并非地区自主意识的体现。当然，军事合作、司法与内

---

① Cvete Koneska, "Regional Identity: The Missing Element in Western Balkans Security Cooperation," in Sonja Stojanovic, *Serbia 2007-Iliberal Transformation or Prolonged Transition* (Belgrade: Belgrade Centre for Security Policy, 2008), p. 88.

② Dimitar Bechev, *Constructing South East Europe: The Politics of Balkan Regional Cooperation*, Basingstoke: Palgrave Macmillan, 2011, p. 112.

务合作以及与前南刑事法庭的合作都为巴尔干地区稳定与繁荣做出了贡献。

　　综上所述，从过去的实践来看，欧盟通过"地区立场"、西巴尔干国家的《稳定与联系协定》及以援助和承诺为基本内容的综合性办法①逐步推动了巴尔干地区合作的进展。然而，巴尔干地区合作的进展仍不尽如人意。特别是在西巴尔干地区，"区域合作的层次仍然较为单一，各国基本上还是各自为政，各谋其事，推动区域合作的动力有限"②，"如果要在欧洲的地区一体化与东南欧地区合作之间有所取舍，几乎所有地区国家都会选择前者，甚至不惜放缓或搁置地区合作"③。可见，回归欧洲是巴尔干国家坚定不移的优先目标，而与邻国的关系与合作则不是这些国家的首要关切和第一要务。

　　然而，巴尔干国家要加入欧盟、实现与欧洲的一体化，自我改造是必要的条件。在很大程度上，地区合作已经成为巴尔干国家融入欧洲—大西洋结构的要求和前提。这既彰显了巴尔干地区的自主精神，也是巴尔干地区走向未来的必要考量。换言之，加强巴尔干地区合作不仅仅是加入欧盟、北约的前提条件，也是这些国家成功转型的一个重要指标。④从这个角度看，虽然巴尔干地区合作存在着诸多障碍，水平有待提升，但是合作已经在多个领域内进行，其长远的积极影响是明显的。可以看到，在过去的 20 多年里，相关国家间的友好关系不断推进，实现和解、重建彼此互信的努力不断涌现，在共同入盟的前景下实现了历史性和解。

　　由此可见，巴尔干地区合作离不开欧盟的支持，它既受惠又受制

---

①　有关"综合性方法"的详细介绍，参见刘作奎《国家建构的"欧洲方式"——欧盟对西巴尔干政策研究（1991—2014）》，社会科学文献出版社 2015 年版，第 88—93 页。

②　左娅：《克罗地亚入盟及其对西巴尔干国家的启示》，《俄罗斯东欧中亚研究》2013 年第 6 期，第 61 页。

③　胡勇：《欧盟扩大视野下的东南欧地区主义与地区合作》，《俄罗斯东欧中亚研究》2015 年第 4 期，第 73 页。

④　Ivana Božić Miljković, "Economic and Political Dialogue in The Balkans: Necessity, Obstacles and Perspectives," *Philosophy, Sociology, Psychology and History*, Vol. 12, No. 1, 2013, p. 12.

于欧盟。"无论是以欧盟为强势方的非对称地区间主义,还是依赖于欧洲一体化进程的次地区主义,东南欧地区主义的兴起和发展都仰仗欧盟的外部推动,其出发点和落脚点都是欧盟扩大,成为欧盟的成员国。"①已经入盟的国家如克罗地亚等国的经历很好地说明了这一点。早在1997年欧盟提出"地区立场",要求先推进地区一体化,再与欧盟实现一体化的方案时②,便引起克罗地亚的强烈抵制,但在后来的入盟进程中克罗地亚也不得不接受欧盟的指令,在地区合作与改善邻国关系上有所表现。

近年来,受入盟前景和一体化实践的驱动,一些旨在推进巴尔干地区合作的倡议相继出台,西巴尔干国家加强地区合作的动作频频。2010年11月,时任希腊外长迪米特里·兹鲁察斯(Dimitris Droutsas)提议,在2014年希腊担任欧盟轮值主席国期间举行类似于2003年该国提出的第二届欧盟—西巴尔干峰会,推出第二个"萨洛尼卡进程"(Thessaloniki II)。该提议在2012年东南欧合作进程外长会议上再次被提出,并重点明确了三个主要目标。其一,成立"2014集团"(Group 2014),使欧盟成员国与候选国形成一个预备联盟(preparatory alliances);其二,在现有的地区合作机制的基础上,增强候选国之间的合作;其三,给予候选国明确的入盟日期。③遗憾的是,此提议并没有在欧盟范围内得到推进。就在同一年,捷克在担任维谢格拉德集团主席国期间,提出按照维谢格拉德基金④的模式建立一个西巴尔干

---

① 胡勇:《欧盟扩大视野下的东南欧地区主义与地区合作》,《俄罗斯东欧中亚研究》2015年第4期。

② 严格地说,克罗地亚并不排斥地区合作,只是不乐于参与巴尔干地区合作实践,相反,对于中欧等其他次区域合作颇感兴趣。这就表明,克罗地亚在意的是合作对象,希望摆脱巴尔干身份。后来,克罗地亚也开始与(西)巴尔干国家进行合作。

③ Jasminka Kronja and Dusko Lopandic, "Regional Cooperation in Southeast Europe and the European Integration Process-Searching for Necessary Complementarity," Co-organised by the European Movement in Serbia and the Friedrich Ebert Foundation, Belgrade, June 6, 2012, pp. 13 – 14; "Thessaloniki 2014: In Quest of a Renewed Credibility of the EU Enlargement Process," *European Movement in Albania Policy Paper*, January 2011.

④ 2000年6月,维谢格拉德集团成员国政府首脑会议上签署了一项关于设立维谢格拉德基金的协议,管理基金的秘书处设在斯洛伐克首都布拉迪斯拉发。

基金（Western Balkans Fund）来推动地区合作。①在2014年10月举行的维谢格拉德集团与西巴尔干国家外长会议上，西巴尔干基金的设立已经正式启动，总部设在地拉那。

2011年底，土耳其外长达武特奥卢（Ahmet Davutoglu）建议成立一个称为"智者集团"（wise-men group）的独立机构，来评估巴尔干地区合作的成果，特别是对"东南欧合作进程"的进展进行评估，并提出未来地区合作的四个主要政策原则。一是地区自主权和包容性，即强调通过单边、双边和多边的进程来推进地区合作。二是地区一体化，具体是积极开展高级别政治对话，每年举行2—3次峰会，加强地区经济、文化、教育和科学的联系与合作。三是强调欧洲一体化进程的重要性。巴尔干地区融入欧盟，并与后者一同成为国际舞台上的重要角色。四是在地区与全球性国际组织中采取共同立场和协调政策。②客观地讲，这些原则与欧盟强调的巴尔干地区合作以及推进一体化的理念相吻合，同时也反映了土耳其在巴尔干地区以及更大范围的抱负。

2014年8月，在德国柏林举办的由西巴尔干国家政府总理、外交部长和经济部长参加的高级别峰会上，德国总理默克尔倡导的"柏林进程"（Berlin Process）正式启动。默克尔强调："巴尔干属于欧洲而不属于其他地区，德国支持西巴尔干国家尽快入盟。"如果说"萨洛尼卡进程"为西巴尔干国家入盟打开了大门，那么，"柏林进程"是在欧盟面临诸多危机、扩大进程放缓背景下为西巴尔干国家入盟提供的新动力。近年来，欧盟先后遭遇债务危机、乌克兰危机以及难民危机的冲击与挑战。就在"柏林进程"启动前一个月，新任命的欧盟委员会主席容克（Jean Claude Juncker）发布了看似悲观但很现实的

---

① International Centre for Democratic Transition, "Sharing the Experiences of Visegrad Cooperation in the Western Balkans and the Eastern Neighbourhood," http: //www. icdt. hu/documents/publications/GUAM-Project-Preparatory-Study. pdf.

② Jasminka Kronja and Dusko Lopandic, "Regional Cooperation in Southeast Europe and the European Integration Process-Searching for Necessary Complementarity," Co-organised by the European Movement in Serbia and the Friedrich Ebert Foundation, Belgrade, June 6, 2012, pp. 12 - 13.

论调："在未来 5 年内欧盟会暂停接收新成员国，期间将专注于巩固现有发展。"①从西巴尔干国家方面来说，入盟进程的缓慢与自身改革和发展的不力息息相关。

"柏林进程"试图推动两个层面的变化。从欧盟层面看，在面临一系列挑战与困难的情况下仍应确保西巴尔干地区未来的入盟前景，增强该地区各国对欧盟的信任，同时刺激西巴尔干国家推动国内改革与地区合作。对西巴尔干国家来说，它们政策的实施和未来的走向都要坚定不移地以融入欧洲为导向，任何迟疑、停顿和偏向都会遭到惩罚。

为推进"柏林进程"，2014—2018 年将相继举行每年一度的五次西巴尔干系列峰会。2015 年 8 月，第二届西巴尔干峰会在维也纳举行，开启了"柏林进程第二章"。峰会主要是总结西巴尔干地区一年来在推进"柏林进程"上所取得的进展，重申并强化该地区所有国家的"欧洲前景"，并鼓励各国加强地区合作，加速改革，为发展经济提供更大的可能。会后发表的声明特别强调：每个西巴尔干国家的入盟进度将取决于各国在哥本哈根标准及稳定与联系进程"条件性"上的努力程度。②峰会期间，黑山分别与科索沃和波黑签署边界协定，这是前南危机结束以来该地区在边界问题上取得的重要成果。随后不久，塞尔维亚与波黑的关系也取得了较大进展。11 月，波黑和塞尔维亚高级官员在萨拉热窝举行自波黑战争结束后的首次政府联席会议，签署了一系列有关促进和解、加强合作的协议和备忘录。2016年 7 月，第三届西巴尔干峰会在巴黎举行。峰会继续围绕西巴尔干国家入盟的一些问题进行探讨，并重点关注英国公投"脱欧"及其影响。与会主要欧盟国家领导人强调，英国决定"脱欧"不会改变欧盟吸纳西巴尔干国家加入的承诺。同时，峰会决定成立巴尔干地区青

---

① "A New Start for Europe: My Agenda for Jobs, Growth, Fairness and Democratic Change," Strasbourg, 15 July 2014, http://www.eesc.europa.eu/resources/docs/jean-claude-juncker—political-guidelines.pdf.

② "Final Declaration by the Chair of the Vienna Western Balkans Summit," August 27, 2015, http://ec.europa.eu/enlargement/pdf/policy-highlights/regional-cooperation/20150828 _ chairmans_ conclusions_ western_ balkans_ summit.pdf.

年合作办公室。

在欧盟推动下，西巴尔干国家加强地区合作的愿望不断加强，取得的成果也清晰可见。然而，困扰该地区的麻烦与阻力仍然很多，巴尔干地区合作的脆弱性依然明显。即便上述倡议均得到认可并推进，在实践过程中也会因为巴尔干地区潜在的矛盾与问题而产生阻力。从某种意义上讲，欧盟对巴尔干实施的入盟办法要比对中欧国家入盟办法复杂，除了要对每个国家进行改造外，还涉及对整个区域的改造。① 但问题是，除了西巴尔干国家内部合作动力不足外，近年来，一系列的麻烦问题如经济上的债务危机、社会领域的难民问题等困扰着欧盟，对一体化产生了阻碍，影响了欧盟对巴尔干（主要是西巴尔干）国家合作的政策支持，进而影响了它们的一体化程度和地区合作水平。所以，对于"柏林进程"，媒体界和学术界充斥着怀疑与批评。不少分析人士认为，欧洲大国实际上只是在作秀，它们并不真心希望西巴尔干国家入盟。峰会本来希望发出乐观的积极信号，但事实相反，笼罩着移民潮所导致的悲观气氛。一位来自波黑的研究人士直白地指出：实际上，德国等欧盟国家并不希望在可预见的期限内接纳"贫穷的、半建成的失败国家"入盟，"但它们谁都不真诚地说出来"②。德国东欧和东南欧研究所副所长乌尔夫·布伦堡尔（Ulf Brunnbauer）则称，目前欧盟与巴尔干的关系是"双方的失败"。③

从长远来看，巴尔干地区合作进展与各国融入欧洲的动力息息相关，也在很大程度上取决于欧盟自身的发展和政策运作。④在融入欧洲—大西洋进程中，巴尔干地区合作注定要向广度和深度发展，而掌控融入节奏的是欧盟机构，或者说是欧盟主要大国。

---

① 刘作奎：《国家建构的"欧洲方式"——欧盟对西巴尔干政策研究（1991—2014）》，社会科学文献出版社 2015 年版，第 82 页。

② "Opinion: What won't be said at the Western Balkans summit," August 26, 2015, http://www.dw.com/en/opinion-what-wont-be-said-at-the-western-balkans-summit/a-18676490.

③ "'The EU-Balkans relationship is a two-way failure'," August 27, 2015, http://www.dw.com/en/the-eu-balkans-relationship-is-a-two-way-failure/a-18670563.

④ 虽然欧盟一贯强调各国入盟进度与自身达到欧盟"条件性"标准的努力相关，但具体条件的设置和评估权力仍然掌握在欧盟手中。这并不是一个完全客观的过程。

第九章 中东欧国家对欧盟扩大的看法

1989 年以来，几乎所有中东欧国家都认为，加入国际组织有助于重新与世界经济一体化和脱离苏联（俄罗斯）势力范围，因而表现出极大的兴趣。中东欧国家的政治家认为，加入地区和国际组织是转轨国家作为主权国家出现在国际舞台上的重要标志。对新独立的民族国家来说（斯洛伐克、斯洛文尼亚和波罗的海三国），被国际组织接受通常被视为对其独立和主权以及转轨成功的认可。履行加入国际组织的条件有助于指导这些国家发展经济，鼓励其发展民主制度。因此，加入欧洲—大西洋一体化进程是中东欧（欧盟）候选国首要的外交政策。欧盟和北约被中东欧国家视为首先要加入的最重要的机构，一方面，加入欧盟可以获得实际的经济利益，另一方面，这两个组织具有重要的代表意义。北约的主要吸引力是它能够提供真正的安全保障；加入欧盟是一个更复杂的过程，因为它包含更广泛的范围和目标。因此，加入欧盟在中东欧国家的政治讨论中变得更加广泛。

第一节 公众对加入欧盟的观点

转轨初期，中东欧国家关于欧洲一体化的讨论主要集中在政治和经济精英层面上。相比较来说，公众关于加入欧盟对本国的经济、社会乃至自身的日常生活意味着什么所知甚少。但是，获得公众对加入欧盟的支持对建立这一过程的合法性至关重要。此外，中东欧国家将就加入欧盟问题进行全民公决（宪法上并未如此规定）。总的来看，绝大多数国家中的公众支持本国政府申请加入欧盟的决定，但是，在每个国家获得的支持程度不一。同时，自 1989 年以来，公众对这一问题的态度也发生了若干变化。

　　在绝大多数候选国中，转轨初期公众对申请加入欧盟的支持率较高，以后逐步降低。到 1996 年，除了波罗的海国家以外，其他候选国中的公众支持率又有所回升。平均来说，几乎一半的公众对欧盟的印象是积极的，另外 1/3 的人持中立态度，小部分人持否定态度（见表 9.1）。

表 9.1　　　1990—1996 年中东欧候选国公众入盟支持率的变化　　　（％）

年份 国别	1990	1991	1992	1993	1994	1995	1996
罗马尼亚	…	52	55	45	51	50	65
波兰	46	49	48	37	42	46	58
保加利亚	47	46	51	42	37	27	42
斯洛文尼亚	…	…	45	30	37	35	35
斯洛伐克	43	37	35	44	37	31	34
匈牙利	51	42	34	36	32	30	33
捷克共和国	49	46	45	37	34	36	33
拉脱维亚	…	45	40	40	35	35	26
爱沙尼亚	…	38	32	31	29	30	24

　　资料来源：European Commission, Central and Eastern Eurobarometer, No. 7, Annex Figures, March 1997, pp. 28 – 37.

　　表 9.1 显示，罗马尼亚、波兰和保加利亚公众对欧盟的认同率最高，特别是在 1995—1996 年期间；实际上，波兰和罗马尼亚是 1996 年公众的支持率高于 1991 年支持率的两个国家。在斯洛文尼亚、斯洛伐克和匈牙利三国，公众对欧盟的看法变化不大。但在波罗的海国家，1991 年之后，公众对欧盟的印象逐渐变坏。在爱沙尼亚，公众对欧盟持积极态度的人数到 1996 年下降了 14 个百分点，拉脱维亚则下降了 19 个百分点。在持积极态度的公众人数下降的同时，持中立观点的人数上升，持否定态度的人数比例较低。但是，波罗的海国家的情况同其他候选国的情况形成鲜明对照：在中东欧国家中，转轨初期公众对加入欧盟持积极态度的比例较高，随后逐步下降，到 90 年代中期以后又逐步回

升。但是，在所有候选国中，对欧盟持失望态度的人是不受欢迎的。

在是否加入欧盟的全民公决中，有权投票的公民中大约 2/3 的人表示赞同（见表 9.2）。但是，这个平均数显示出两个支持率最高的国家（波兰和罗马尼亚的支持率分别为 80% 和 70%）同其余国家之间的巨大的差异。在其余 8 个国家中，支持加入欧盟的人数在 49%（保加利亚）和 29%（爱沙尼亚）之间。在斯洛伐克、捷克和波罗的海三国，大约 1/4—1/3 的人举棋不定。投票反对加入欧盟的是少数，从 17%（爱沙尼亚）到 2%（罗马尼亚）不等。

表9.2　　　　　　　　　候选国对加入欧盟的态度

	赞成	举棋不定	反对
罗马尼亚	80	8	2
波兰	70	12	7
保加利亚	49	17	4
斯洛文尼亚	47	19	15
匈牙利	47	16	15
斯洛伐克	46	25	9
捷克共和国	43	23	11
立陶宛	35	23	6
拉脱维亚	34	32	13
爱沙尼亚	29	35	17

资料来源：European Commission, Central and Eastern Eurobarometer, No.7, Annex Figures, March 1997, p.37.

尽管这些数据使人们难以勾勒出每个国家的特殊因素，但是，这些态度上的差异可以说大致反映了这些国家地理环境和历史背景上的差异。中东欧候选国中的一个明显现象是，新独立国家中的公众对加入欧盟持积极态度的人数较少，而在非新独立国家中的公众对加入欧盟的支持率较高（匈牙利例外）。

如果入盟谈判过程很长或出现困难，反对加入欧盟的力量有可能上升。在目前的趋势中，任何候选国在全民公决中都不可能反对本国加入欧盟。民意测验表明，候选国中存在这样一种情况：人们对欧盟的知识有限，对欧盟的印象模糊。[①]此外，在加入欧盟之前可以改变的诸多因素中，最重要的有两个：第一，政治和经济转轨是否成功；第二，欧盟是否已准备好扩大。

公众似乎对谁会从加入欧盟中获益这个问题心存疑虑。认为中东欧国家加入欧盟，本国和欧盟获益均等的人数比例最大，整个中东欧平均为44%，在公众支持本国加入欧盟比例较高的罗马尼亚和波兰两国中，大约只有1/5的人认为本国从中获益最大。[②]民意测验的结果表明，公众不认为加入欧盟对其国家的各方面都有好处，但是他们支持本国加入欧盟，因为加入其中毕竟可以得到好处。

第一轮欧盟东扩之后，欧盟在2006年3—6月又对欧盟东扩问题进行了一次广泛的民意调查。25个欧盟成员国对问卷调查中所提出的有关欧盟东扩的4个问题给予了积极、肯定的回答（见图9.1）。

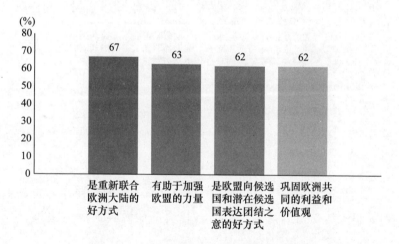

图9.1　关于欧盟东扩4个问题的支持率

资料来源：European Commission, Attitudes towards European Union Enlargement, Special Eurobarometer 255, July 2006, p. 20.

①　R. Rose & C. Haerpfer, "Democracy and Enlarging the European Union eastwards," *Journal of Common Market Studies*, Vol. 33, 1995, pp. 427 – 50.

②　European Commission, Central and Eastern Eurobarometer, No. 7, Annex Figures, 1997, p. 60.

众多的受访者认为，欧盟东扩有助于欧洲的和平与稳定。大约2/3的受访者认为，欧盟东扩确保了欧洲大陆的稳定与和平，而不同意这一观点的受访者只占21%。与此同时，也有相当一部分受访者（46%）担心，欧盟东扩会增加纠纷和政治不稳定，而不同意这种观点的受访者占37%（见图9.2）。

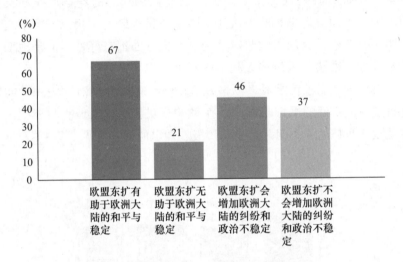

图9.2　欧盟东扩是否有助于欧洲的和平与稳定

资料来源：European Commission, Attitudes towards European Union Enlargement, Special Eurobarometer 255, July 2006, p. 30.

67%的受访者认为，欧盟东扩有助于推动欧盟的民主建设，但同时又有43%的受访者认为，欧盟东扩会削弱欧美的民主决策（见图9.3）。

在关于欧盟东扩与人权和少数民族权益问题上，55%的受访者认为，欧盟扩大有助于保护人权和少数民族权益，30%的受访者持相反观点。65%的受访者认为，欧盟东扩会增加欧盟内部对人权和少数民族权益的保护，持相反观点的受访者占21%（见图9.4）。

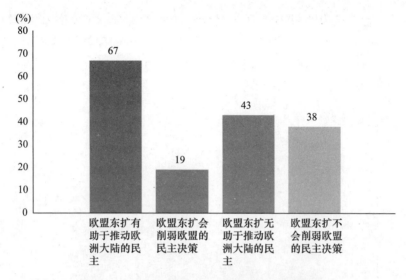

图 9.3　欧盟东扩是否有助于推动欧盟的民主建设

资料来源：European Commission, Attitudes towards European Union Enlargement, Special Eurobarometer 255, July 2006, p. 34.

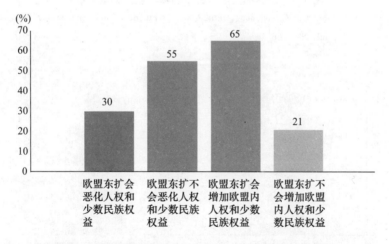

图 9.4　欧盟东扩是否有助于保护人权和少数民族权益

资料来源：European Commission, Attitudes towards European Union Enlargement, Special Eurobarometer 255, July 2006, p. 36.

在被问及欧盟扩大是否会推动欧盟内部的政治统一问题时，44%

的受访者不认为欧盟东扩是欧盟政治统一的障碍。62%的受访者认为，欧盟东扩有助于政治一体化，但又有34%的受访者认为，欧盟东扩会妨碍欧盟的政治建设计划（见图9.5）。

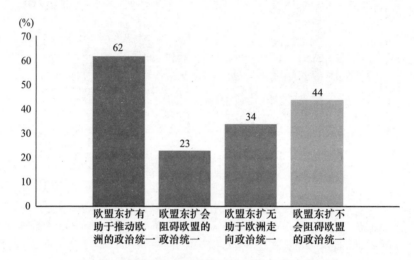

图9.5　欧盟扩大是否会推动欧盟内部的政治统一

资料来源：European Commission，Attitudes towards European Union Enlargement，Special Eurobarometer 255，July 2006，p. 38.

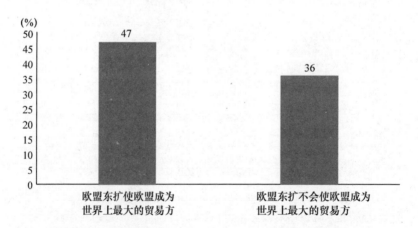

图9.6　欧盟东扩是否会使欧盟成为世界最大的贸易方

资料来源：European Commission，Attitudes towards European Union Enlargement，Special Eurobarometer 255，July 2006，p. 41.

在被问及欧盟东扩是否会使欧盟成为世界上最大的贸易方时，47%的受访者认为，欧盟东扩会使欧盟成为世界上最大的贸易方，但又有36%的人不赞同这一看法（见图9.6）。

第二节　关于欧洲一体化的讨论

民意测验表明，随着人们对本国的经济和社会同欧洲一体化之后可能产生的长期影响的认识越来越深刻，有关欧洲一体化问题的讨论也越来越激烈。公众关于加入欧盟可能产生利弊的看法或被政治领导人所认同。但是，人们尚不清楚不同国家中投票人如何看待加入欧盟后何时出现、如何出现以及是否会出现不利情况的态度。在入盟问题上，不同国家有不同的特殊问题，即使在相同的问题上，各国的立场也不尽相同。

一　为什么加入欧盟

在所有候选国中，人们对为什么要加入欧盟问题的讨论不多。在20世纪90年代初，人们一度讨论过同欧盟建立不同的联系形式的问题，但是，由于欧盟对任何形式的邦联都缺乏热情，而且在中东欧国家坚持成为西欧俱乐部的正式成员的背景下，这种讨论没有进一步深入。在经济转轨初期，10个申请国加入欧盟的核心动机是"回归欧洲"，许多国家的政治讨论没有超越这一认识。在报刊上，公众舆论和议会辩论的中心议题几乎都是参与欧洲一体化进程，加入欧盟可以再次确认中东欧国家作为欧洲现代国家的地位。人们越来越多地声称，中东欧国家的经济转轨和欧洲一体化是一回事。

从欧共体预算中获得财政转移似乎不是中东欧国家加入欧盟的中心目的。捷克共和国领导人公开宣传，他们的国家不需要财政转移。[①]在斯洛文尼亚和波罗的海三国，获得更多的援助似乎也不是它们加入欧盟的核心动机。当然，一旦未来财政转移的规模确定下来，它也许

---

①　克劳斯下台后，捷克在获得财政转移问题上的态度有所变化，表示不反对获得财政转移。

在政治辩论中会占据更重要的地位。在重新重视"法尔计划"的背景下，一些人要求获得更多的支出来加速转轨，以减少以后的成本。毕竟，许多决策者和评论者将财政转移视为鼓励公众支持本国加入欧盟的有效手段之一。在农业比重较大的国家（波兰、保加利亚和罗马尼亚）里，财政转移可以对农业和农民收入发挥特别重要的作用。在政治层面上，目前的主要问题似乎是平等对待原则而不是财政转移的规模。从长期来看，如果中东欧国家成功地实现其政治目标，支持欧盟的力量将得到加强；如果加入欧盟失败，中东欧国家的公民将表现出对欧盟的不满情绪。总之，中东欧国家加入欧盟的主要考虑是政治方面的。

到20世纪90年代中后期，随着入盟的可能性越来越明确，获取的有关欧盟和入盟的信息越来越多，人们对为什么要加入欧盟问题的思考逐渐增多。在这方面，波兰和捷克共和国进行的民意调查的结果大致可以代表整个中东欧国家的一般"民意"。

当被问及波兰是否赞成加入欧盟时，波兰人强调，加入欧盟是必然的，我们没有其他选择。我们不能加入独联体。一些人认为，加入欧盟是1989年以来波兰进行民主改革的后果。这种观点在工人中特别突出。所有被采访的人都谈到了加入欧盟的经济因素，即进入欧盟之后从欧盟获得的经济和财政援助。"加入欧盟会促进波兰的经济和改善财政状况"（教师）；"波兰经济将得到发展"（工人）；"加入欧盟将创造更好的机会"（退休人员）；"欧盟将帮助我们"（农民和退休人员）。退休人员和工人都强烈希望，加入欧盟会带来繁荣，尽管他们知道这不会立即实现，影响在长期内才能看到，但"我们希望情况会好起来，至少对我们的孩子要好一些"。许多接受调查的人认为，欧盟具有可能改变人们命运的神奇力量。在统一的欧洲内部，我们应该生活得更好，加入欧盟将解决我们的问题（退休人员）。

被调查的工人表示："欧共体标准将引导我们更好地工作，我们将不再制造低质量的产品。""我国政府必须遵守《公司法》，它（政府）不能再欺骗我们。"接受采访者也了解入盟必须付出的代价："如果我们想进入欧盟，就必须付出代价。"

对波兰入盟持积极态度的受访者大都强调，入盟不能操之过急。

农民们特别指出，在波兰加入经济上更加强大的欧盟之前，波兰应该首先发展其经济。"我们应该在5—10年内加入欧盟，以便波兰的经济能够发生必要的变化。"

在波兰，部分被调查者还将入盟同传播宗教联系起来。部分农民和学生表示，支持波兰在统一欧洲中的"使命"。一些人强调"波兰应该认为自身是传教士国家"，加入欧盟将推动欧洲的基督教化，启动文化和文明变化，如宗教和家庭生活与团结的价值观，献身和爱等。进入欧洲，我们将有机会展示一个国家以不同于西方的方式做一些事情；加入欧盟，我们可以改变某些东西。

几乎每一个受访者（特别是养老金领取者）都表示，他们对欧盟以及波兰加入欧盟的前景所知不多，希望得到更多的有关这方面的知识。一位教师称，人们赞成波兰加入欧盟，但是我们中的绝大多数不知道我们期待的是什么。媒体应该提供系列教育项目。这表明，社会意识落后于加入欧洲一体化进程所带来的迅速的社会变化。

总之，尽管波兰人一般都赞成加入欧盟，但是他们不十分清楚在加入欧盟的过程中会发生什么。他们的态度主要反映了不现实的期望或更加理想化的思想，更情感化，理性不足。

在捷克共和国，人们将欧盟主要视为一个经济组织。一般人认为，加入欧盟是捷克共和国的必然发展。成为欧盟的成员国将使捷克在经济上获益。一种典型的观点是，加入欧盟将改善其经济，将为其提供更多的就业机会（教师），"我们需要欧盟主要是经济原因，我们不像挪威那样能够待在欧盟之外"。学生们认为，"我们需要加入"；"欧盟就是欧洲"，谁不加入就意味着待在欧洲外面。

另外一些人表示，成为欧盟成员国将带来文明的利益。"（加入欧盟）我们将比较容易获得较高的发展水平……改善生活质量"（教师）。"加入欧盟将改善像我们这样穷国的面貌"（工人）。在捷克人看来，加入欧盟意味着超越过去，"我们需要欧盟，特别是在40年的共产主义生活之后"（学生）。

捷克工人还看到经济之外的利益：虽然"加入欧盟将解决我们的社会问题"。一般人的感觉是，在经济方面，加入欧盟是利大于弊，"加入欧盟将带来问题，特别是在农业和重工业方面"。

大体上讲，所有受访者都不认为入盟会立刻实现。教师的态度是，"我们不应该匆忙行事，我们应该在最恰当的时候入盟"。有人强调，捷克应该在入盟之前进一步发展经济。一个首要的任务是，要提高国家的劳动生产率（退休人员）。"让我们在我国的经济发展到更高的水平之后再加入欧盟吧"（工人）。尽管人们意识到入盟是一个渐进过程，但是依然有人强烈地批评说："联系国状态是尽早加入欧盟的替代。""如果我们在 90 年代初期加入了欧盟，而不仅仅是获得联系国地位，我们可能会做得更好。联系国地位使他们（欧盟）获益更多……我们已经成了欧洲的'香蕉共和国'。"工人也强调要"公平入盟"。"让我们在权利平等和利益对等的条件下入盟，而不是在他们（西方国家，欧盟）对我们发号施令的情况下入盟。"

总的来说，捷克人对加入欧盟的态度是现实的、积极的和理性的。捷克人对欧盟的情况了解较多。捷克人对加入欧盟的态度是建设性的，在预见到入盟的好处的同时也没有忽视其消极方面。

二　关于欧洲一体化的政治讨论

中东欧国家中有关欧洲一体化的政治讨论主要集中在加入欧盟的一般原则上，而不是成员的特定政策领域或社会集团的意义上。随着谈判的开始和执行欧盟标准的推进，讨论的内容发生了变化。处于加入欧盟不同阶段的中东欧候选国，关于欧盟政治讨论的激烈程度不同。对于与入盟标准尚有一段距离的国家来说，欧盟似乎离它们还很遥远，一体化进程不会对其中心政策领域立刻产生影响。因此，尽管有不少部长级或政府级的对话，但它们并未感受到准备开始谈判的压力。在罗马尼亚和保加利亚，公众对这一问题的讨论很少。由于一些利益集团或反对党的有组织的反对，这两国在很长时间里关于入盟的讨论一直停留在技术层面。而在波兰和捷克共和国，直到进行入盟谈判，公众才开始讨论一些特定的问题，其中包括国家同欧盟的关系问题。

对尚未处于入盟谈判阶段的国家来说，对欧洲一体化争议的程度因政治讨论的实质和范围的差异而各不相同。保加利亚、罗马尼亚和斯洛伐克在这方面显示出不同的趋向。在罗马尼亚，有关欧盟问题的

讨论很少，而加入北约的前景占据了欧洲一体化讨论的核心地位。在
1997年7月北约马德里首脑会议宣布第一批加入北约的名单之后，
罗马尼亚讨论的中心内容仍旧集中在北约问题上，尽管欧盟委员会公
布了对罗马尼亚申请的看法，并要求罗马尼亚更多地关注加入欧盟问
题。罗马尼亚国内有几个小党反对加入欧盟，但国内整个情绪是，必
须加入欧盟，认为那是国家未来历史的一部分，因而公众的支持率很
高。但是，公众对加入欧盟意义的讨论很少。这反映出这样一种情
况：在进行重大改革问题上存在较大的压力。

（一）保加利亚

关于入盟的讨论多于关于加入北约的讨论（尽管后来北约获得了
更多的注意）。公众对入盟几乎没有异议。讨论依旧停留在保加利亚
能否加入欧盟的问题上，但新闻媒体对保加利亚同欧盟关系的发展关
注较少。①虽然保加利亚政治领导人后来在入盟问题上取得了空前一
致。但是在一般水平上，对欧盟的认识仍是一个问题。欧盟的哥本哈
根入盟标准被用来作为支持改革的一般论据。1996—1997年经济危
机和选举新政府之后，由于国际货币基金组织提出的改革计划（包括
建立货币委员会），保加利亚国内在经济改革和宏观经济稳定方面出
现了少有的一致。转轨的关键问题包括：行政改革、私有化和结构改
造以及经济增长。在这些主要问题没有进展之前，保加利亚不会对入
盟条件的细节给予过多的关注，尽管货币委员会的一个要求是在
2001年达到《马斯特里赫特条约》规定的欧洲货币联盟标准（一些
人的错觉是，达到这一标准能够使保加利亚开始同欧盟进行谈判）。
在保加利亚，有关欧盟的一个热门话题是，保加利亚和罗马尼亚不在
欧盟的共同签证（即《申根协定》）名单上。因此，限制在欧盟内自
由旅游成为保加利亚和罗马尼亚同欧盟双边关系中的一个重要问题，
认为这是欧盟对保加利亚、罗马尼亚两国实行歧视政策。随着第一组
中东欧5国入盟谈判开始，对第二组国家加紧边境控制和实行签证制
度，有关这一问题的争议将会更大。

---

① K. Henderson（ed.），*Back to Europe: Central and Eastern Europe and the European U-nion*，Taylor & Francis，1998，p. 191.

（二）斯洛伐克

国内舆论不反对加入欧盟。在转轨初期，有关加入北约和欧盟的问题日益成为主要执政党和反对党（民主斯洛伐克运动）之间竞争的一部分。每一方都因斯洛伐克被排除在欧洲大西洋结构之外而谴责另一方。反对党批评梅恰尔总理的政策和非民主的实践，而政府声称被排除是因为反对党使外界对斯洛伐克抱有消极看法。反对党明显地比执政党更希望进行政治和经济改革以准备成为欧盟成员。入盟的条件在斯洛伐克讨论（或被理解）得不多，主要是因为各党派的精力主要集中在国内事务和党派之间的争斗上。但是，随着斯洛伐克被排除在第一轮谈判之外，以及捷克共和国和斯洛伐克在入盟进程上的差异不断增大，人们对入盟问题的讨论可能会进一步增多。

（三）波兰

波兰的受访者几乎都赞成欧洲是一个"松散的"国家联盟，而不是欧共体/欧洲联盟条约所规定的更紧密的联盟。一位教师表达的观点颇具代表性："我始终赞成保持多样性，那是欧洲的财富。""更紧密的欧洲"的概念被认为是不信任。但被调查的教师表示，"不让它发生"不是波兰受访者的典型观点。同样，农民也很少反对"更紧密的欧洲"，而是赞成"（民族）国家的欧洲"。一位受访者称："我赞成这样的统一欧洲：每个国家都有其主权。一些事情不是由布鲁塞尔或斯特拉斯堡来决定。这等于是过于紧密的一体化：单一货币和单一文化，建立单一欧洲国家……我支持另一种欧盟，即从大西洋到乌拉尔的欧洲，正像戴高乐将军所说的"。[①]

1998 年 3 月，波兰的工人和农民在华沙进行了第一次针对欧盟要求波兰进行不受欢迎的经济改革的示威游行。1998 年初，胶质、牛奶、钢铁企业改造和边境检查等都成为争论的问题。特别是欧盟要求加强波兰东部边境控制的做法，已经使"灰色经济"崩溃并招致抗议。几乎没有政治家公开否定加入欧盟的做法，但是人们开始讨论加入欧盟的意义问题。一些右翼政党开始更多地关注农业生产衰退的危

---

① Kucia Marek, "Public Opinion in Central Europe on EU Accession: The Czech Republic and Poland," *Journal Common Market Studies*, March 1999, p. 146.

险、廉价的进口商品、德国的文化和宗教影响等问题，认为波兰应该采取基于"欧洲现实主义"的基本态度，而不是纯粹政治的狂热。在受转轨影响较大的农民、退休金领取者、失业者等阶层中欧洲怀疑论颇为盛行。此外，同欧盟的贸易问题，特别是根据"欧洲协定"进行的农产品贸易问题，也是近年来波兰一直讨论的问题。

尽管绝大多数波兰人支持加入欧盟，但是波兰同欧盟关系中的摩擦似乎比任何一个申请国都多。在讨论其"入盟伙伴关系协定"时，波兰特别不满意，许多波兰人认为，这是欧盟强加的，不能同意。同时，波兰人对欧盟的"法尔计划"支出状况也不满意。这些摩擦部分地反映了这样一个事实：波兰是中东欧 10 个申请国中的最大国家，在很多方面它的问题更加复杂。一方面，这种摩擦削弱了欧盟委员会对波兰的信任，甚至认为同波兰打交道十分困难。另一方面，波兰对欧盟存在诸多误解，也缺乏对欧盟的理解。特别是同中东欧其他国家中的许多民众一样，许多波兰人不承认这样一个事实：入盟谈判的本质是单行道，波兰同欧盟讨价还价的余地有限。

（四）匈牙利

匈牙利政党和媒体对入盟问题的讨论不多。公民和政党在对外政策的总目标和匈牙利准备入盟问题上一致性很高。欧洲一体化是匈牙利议会中一致同意的少有的问题。但是，匈牙利社会党中的不同派别对有关入盟谈判的战略争论较多。此外，青年民主主义者联盟—匈牙利公民联盟领导人欧尔班声称，匈牙利在谈判中必须坚定不移，证明加入欧盟符合国家利益。只有极右和极左党派反对匈牙利加入欧盟。在议会中，小农党对一体化的各方面都表示怀疑。

（五）捷克共和国

在 1997 年夏天经济危机之前，人们对入盟和国家经济转轨的进程充满信心。加入北约和欧盟是捷克共和国政府的首要目标。中右的公民民主党领导人克劳斯激烈批评欧盟对中东欧候选国的政策。主要反对党（社会民主党）则对欧洲一体化持较为积极的态度。同其他申请国相比，捷克共和国反对党参加决策的机会较少，有关欧洲一体化的信息所知不多，这影响到人们对欧洲一体化细节的讨论。此外，极右翼的共和党公开反对加入欧盟，共产党人对欧洲一体化问题也心存疑虑。这两派人在 1996 年的投票中占 18%。

1997 年 12 月，克劳斯政府下台之后，捷克共和国国内出现了严重的经济和政治问题，这对捷克共和国公众的政治情绪，以及有关入盟问题的讨论内容影响很大。随着克劳斯的离任，捷克共和国对入盟问题反而显得更加积极，尽管在贸易领域捷克共和国和欧盟存在着冲突。由于经济和政治方面的困难，捷克人比以往更多地意识到需要进行大规模的结构改造。然而，一旦结构改造启动（必然会出现失业率上升的局面），它很可能会影响人们对欧盟的看法。在经济转轨下滑的时候，人们对入盟意义的疑问可能会增多。但是，人们也会看到，欧盟的财政转移将有助于捷克共和国经济的进一步发展。

在对欧盟的规模和性质的看法方面，同波兰人一样，捷克人更赞成建立松散的一体化而不是"更紧密的联盟"。比较具有典型意义的看法是，"我们应该在欧盟内部保存我们的主权地位"（学生）。"国家应该保存较多的主权，在欧洲联盟的中心布鲁塞尔作出的决策离我们太远"（工人）。人们担心欧盟过分的官僚化会带来害处（教师）。过去存在过足够紧密的联盟（经互会），欧洲主义同爱国情感发生了冲突。只有极少数人赞成更紧密的联盟。这些人认为："欧盟应该成为欧洲的美国，应该有共同的政府、军队、财政和外交政策。""德国的统一可以成为一体化的样板。"

（六）斯洛文尼亚

斯洛文尼亚各政党一般都支持加入欧盟，但是，由于斯洛文尼亚同意大利在有关第二次世界大战后遗留的财产赔偿和领土问题上的纠纷长期得不到解决①，使得斯洛文尼亚直到 1996 年才得以向欧盟递交入盟申请。因此，该国的入盟信心似乎不如其他四个申请国坚定，而且，斯洛文尼亚在向入盟标准靠拢方面进展缓慢。同其他申请国相比，政治精英对入盟更多的是持怀疑态度，在入盟后国家的地位和民族认同问题上更是如此。斯洛文尼亚在原南斯拉夫联邦境内的经历也

---

① 第一次世界大战之后，根据"巴黎条约"，斯洛文尼亚 1/3 的领土、伊斯特里亚、达尔马提亚被划分给意大利。在两次世界大战期间，意大利人（绝大多数来自意大利南部）在这块土地上定居。第二次世界大战之后，斯洛文尼亚同其他共和国组成了南斯拉夫联邦，由于担心共产主义和新南斯拉夫当局，许多意大利人离开了这里。

使斯洛文尼亚对它在欧盟未来的境遇平添了一份担心。斯洛文尼亚还担心外国人购买斯洛文尼亚的财产。

三　有关加入欧盟的消极方面

在波兰，许多受访者指出了入盟可能带来的诸多潜在危险。绝大多数人关注"经济崩溃"的可能性。农民指出，"入盟将破坏波兰的工业和农业经济"。波兰的一部分商业即将崩溃。学生认为，大型国有企业的功能会出现问题。一般的外国"竞争"和农业中的"进口廉价食品"将给波兰的相关行业带来威胁。还有人担心"西方公司的涌入会导致对某些行业的垄断和占领波兰的市场，甚至导致波兰对西方的经济依赖"。一些波兰人担心外国人将波兰买空、买空其土地和工业。波兰会变成"廉价劳动力市场"。许多波兰人担心，"波兰加入欧盟将使我们付出太高的代价"。一位退休工人说："波兰将面临一个长期的不平等时期。"①

几乎所有参与民意调查的人都提到了与加入欧洲经济一体化相关的社会问题。提到最多的是波兰将会出现较高的失业率。一些教师和农民提到了生活水平降低、收入差距拉大、较高的社会代价和社会福利变少等威胁。一些受访者还提到了外国的移民和波兰人向外移民问题。

波兰人认为，加入欧盟带来的第二个危险将是"失去文化和民族/种族认同"。但是，不同阶层对这一问题有不同的看法。"波兰的文化传统将不再有价值"（教师），"传统的天主教家庭生活将破裂"（农民）。波兰人会认为，他们更像欧洲人，这将使他们面临失去民族认同感的危险。绝大多数波兰人认为，一个现实的危险是，波兰将失去国家主权。另外一种担心是，"其他人将决定我们的事务"（农民）。"决定将在波兰之外做出"（教师）。"外国的政策同波兰的利益是相对立的"。

几乎所有受访的波兰人都显示出对波兰加入欧盟心理准备不足。缺乏准备似乎是由于缺乏对加入欧盟的本质和目标进行交流的后果。

---

①　Kucia Marek，"Public Opinion in Central Europe on EU Accession: The Czech Republic and Poland，" *Journal Common Market Studies*，Vol. 37，No. 1，March 1999，p. 149.

这种后果带来的危险是，民众将很容易被反对波兰加入欧盟的意见所左右，从而延缓入盟的速度。一个退休者说，需要掌握有关入盟更多的信息和知识……社会的期望值太高。人们不理解他们必须放弃许多习俗。除了缺乏知识之外，学生提出了在入盟之后的心理问题："波兰人在心理上缺乏宽容。所有人都表示，波兰法律向欧盟的共同法靠拢也存在困难。"

在波兰的受访者中，工人最不关心入盟问题。在受访者中，只有两人提出了失业和竞争的问题。

捷克人对加入欧盟所表现出来的担心比波兰人少。捷克人担心的主要是经济问题。几乎所有人都担心："我们的经济将遭受损失"。人们最担心的是"国内生产的破坏"。一种突出的看法是，捷克的农业和工业形势严峻，不能同欧盟成员国进行竞争。绝大多数人担心，欧盟成员国会借机向捷克市场扩张，担心进出口之间的不平衡和对农产品市场的保护逐渐减少。一些人担心，入盟之后，捷克可能会成为所谓的"香蕉共和国"，也就是说，捷克共和国将成为出售在西方市场不能销售的进口"廉价商品市场"。部分捷克人认为："他们需要我们的市场和廉价劳动力。"（教师）"他们对进入我们的市场更感兴趣。"（学生）结论是消极的，"我们缺乏有效的工具来防止不良后果的发生"。

同波兰人一样，很多捷克人担心入盟的成本太高。一种观点认为，"我们在财政上将支出更多"（教师）。这将使我们付出更多（退休人员）。入盟带来的其他问题包括社会问题（主要是失业）和消费主义盛行（工人）。[①]

同波兰人一样，捷克人也担心"失去国家主权"和"失去文化和种族/民族认同"。这种情感在教师和学生中间最强烈，在工人和退休人员中也有。典型的看法是，"我们将失去国家主权"，"但愿我们的国家不会消失"。

受访者还提到了捷克共和国在入盟之后产生的若干"外部问题"。

---

① Kucia Marek, "Public Opinion in Central Europe on EU Accession: The Czech Republic and Poland," *Journal Common Market Studies*, Vol. 37, No. 1, March 1999, p. 150.

这些问题主要涉及过去和现在同东方（特别是同俄罗斯）的关系（教师和退休人员）。退休人员特别关注德国的影响。

同时，许多捷克受访者并不担心入盟会给捷克带来问题。在 10 份问卷中有 3 份是空卷交回，而且人们并不热衷于回答问题。

四 未来有争议的问题

在入盟谈判开始之前，中东欧候选国中只有未进入议会的小党公开反对加入欧盟。1997 年 12 月，设在卢森堡的欧洲委员会公布了欧盟委员会对 10 个申请国的评价之后，这些国家开始就加入欧盟的意义问题进行讨论。随着申请国开始正式的入盟谈判，入盟谈判的内容和欧盟处理扩大进程的方式影响着政治讨论的广度和深度。在未能参加第一轮入盟谈判的国家里，讨论的中心问题仍旧是如何满足欧盟在"加入欧盟伙伴关系协定"中规定的入盟条件，以及欧盟对申请国的年度评审报告（它直接导致是否开始进行入盟谈判）。

随着入盟谈判的深入，当入盟将影响哪些政策领域和哪些阶层的问题明朗之后，有关的争论将更加激烈。另外，有关的争论将涉及更加广泛的问题，如国家利益和主权、入盟后的利弊以及未来发展同东方和西方联系的潜力等。此外，还将出现其他目前尚未讨论的潜在的敏感问题，如外国人是否可以自由购买财产问题。实现劳动力自由流动的过渡期也将成为争论的问题。在五个未能参加第一批入盟谈判的国家中，有关进一步改革及与欧盟的关系将成为国内讨论的重要内容。

第三节 政治家对扩大进程的看法

一 开始谈判的影响

扩大进程将在不同时期对申请国的内外政策带来影响。在入盟谈判开始之前，中东欧决策者的当务之急是关注欧盟对中东欧申请者的区别对待政策，中东欧申请国是否会被甩出扩大的进程。第二组中东欧五国决策者对《2000 年日程》中关于申请国的评价反应不一。拉脱维亚和立陶宛反应强烈，声称它们应该和其他申请国一道开始入盟谈判。而罗马尼亚和保加利亚则承认它们面临严重的经济问题，基本接受欧盟在评论中所提出的国情分析，但它们期望不要同第一批入盟谈判国家的距离越拉越远。斯洛伐克政府尽管在很大程度上因自身的政策和政治行动而被排除在第一批入盟谈判之外，但是依然表示渴望加入欧盟。

1997年7月，北约决定接纳波、匈、捷三国加入北约及其随后欧盟委员会宣布的建议，对中东欧候选国国内政治影响不大。但是，如果付出了改革的努力，而依然被排除在入盟谈判进程之外，某些国家就有可能出现政策回应。1998年3月底，欧盟开始同波兰、捷克、匈牙利、斯洛文尼亚和爱沙尼亚（及塞浦路斯）进行入盟谈判。同时，欧洲委员会继续对尚未被邀请参加入盟谈判的其他候选国进行年度评审，以显示东扩进程的包容性。欧盟的这种区别对待做法对中东欧候选国的国内政治影响不一。在斯洛伐克，政府批评欧盟的做法；拉脱维亚和立陶宛两国政府决定提供更多的国情材料以争取早日开始入盟谈判，同时批评欧盟区别对待的战略；罗马尼亚和保加利亚，由于将更多的精力集中在经济改革上，政府对欧盟决定的反应并不迅速。但是，如果它们的经济问题更加恶化，保加利亚、罗马尼亚两国则面临着这一困难：必须在采取欧盟"共同法"的同时处理经济问题。

欧盟的区别对待政策也会影响地区间关系。由于部分国家先期入盟，欧盟新的东部边界将在中东欧候选国之间造成分裂。例如，如果捷克和斯洛伐克之间的关税同盟瓦解，这两个申请国将在边界问题上引发紧张关系。第一组中东欧五国也关注双边关系问题。这些国家的决策者强调，欧盟在接纳第一组候选国之后要继续支持其他五国以及整个地区的改革。第一批入盟的中东欧五国也将支持其他五个候选国及早入盟。爱沙尼亚将支持另外两个波罗的海国家，波兰将支持立陶宛，捷克共和国将支持斯洛伐克，匈牙利将关心罗马尼亚和斯洛伐克。

二　对准备加入战略的看法

中东欧申请国政府和政治活动家对欧盟的"准备加入战略"一般持中立态度。这反映出他们在同欧盟的谈判中处于弱势，在很大程度上他们不得不接受一战略的单行道性质。鉴于目前东西欧工业品贸易中的很多限制已经被取消，最初对欧洲协定有关贸易限制的争论已逐渐退去。尽管中东欧国家依然强烈地认为，欧盟本来可以在进口中东欧国家农产品方面更慷慨一些。同欧盟贸易摩擦最多的两个国家（波兰和捷克共和国）担心本国开放得太快，但是处理支付平衡问题的选择受欧洲协定的制约。

总的来说，人们对"法尔计划"是欢迎的，但是，随着"法尔计划"的实施，对它的批评也越来越多。批评的主要方面是，"法尔计划"实施过程中的官僚化和僵化，以及给西方国家咨询员的报酬过多等。欧盟委员会在《2000 年议程》中提出，"法尔计划"将重新关注执行适合中东欧国家国情的基础设施投资。中东欧国家对"法尔计划"基金和欧盟向地中海国家在入盟之前和之后的基金之间的差异存在广泛的批评。此外，"法尔计划"以往主要是需求驱动的，但后来它是在伙伴关系框架内运作的，从这个意义上说，它主要由欧盟驱动。

在所有中东欧国家，人们对欧盟新近确立的同中东欧候选国进行"结构对话"的机制不感兴趣。认为它只是一个清谈馆，欧盟本身对它关注就不多。斯洛文尼亚对"结构对话"的关注比其他国家略多，因为它使用"结构对话"解决同意大利的争端。人们也对多边会晤提出评论，因为欧盟成员国的官员很少参加。尽管这种会晤增加了双方接触，但是这种讨论是象征性的，因为它不具备决策权。因此，尽管建立欧洲会议的倡议得到很多中东欧国家的支持，但人们关心的是"结构对话"的实质。

除了这些因素之外，许多评论家认为，欧盟的扩大战略需要一些新的因素。首先，欧盟需要认真履行其承诺，特别是对第二组 5 国的援助承诺；其次，如果哥本哈根标准是一般的条件，中东欧候选国需要更清晰的标准体系。商人的强烈愿望是，欧盟应该向中东欧国家提供更多的市场准入，特别是取消严格的农产品贸易保护条款。中东欧国家政府对取消农产品贸易限制的前景抱乐观态度。

一般来说，人们支持政府将加入欧盟作为对外政策的核心内容和首要的外交任务，支持本国政府提出的加入欧盟的口号和行动。

但是，从 20 世纪 90 年代初期到 90 年代中后期，中东欧国家民众对欧盟的看法发生了某些变化。在大多数候选国中，转轨初期公众对申请加入欧盟的支持率较高，以后逐步降低。这反映出候选国民众对欧盟的态度趋于实际，理性的成分多了一些，理想化的成分逐渐褪去。

但是，政治家对入盟的态度几乎是始终如一的。他们关注更多的是宏观问题。他们协调本国同欧盟的关系，注意在同欧盟的交往中适当表达公众的观点。

在 10 个候选国中，由于自身的政治和经济转轨与发展处于不同的阶段，在对欧盟的战略和观点上存在差异，即使发展水平相近的国家也存在差异。以波兰和捷克两国为例。波兰和捷克两国的教师、教授、工人、退休人员以及波兰的农民都支持本国进入欧盟。但是，这些人也表达了加入欧盟可能带来的潜在问题。捷克人对本国加入欧盟的态度基于对入盟问题有一个比较清醒的认识，基本上是理性的。波兰人对入盟的支持在很大程度上是情感的，基于很可能是不现实的预期。但是，波兰人承认，他们需要更多地了解波兰加入欧盟的信息。获得更多的信息有可能会使他们对入盟持更现实的看法，即从情感转向理性，从不现实向现实转变。捷克人似乎对本国入盟的了解多一些。但是依然期望知道得更多一些。然而，获得更多的信息是否会加强对本国入盟的支持尚不得而知。

第四节　巴尔干国家的欧洲化认知与差异

东欧国家政局发生变动后，所有巴尔干国家包括后来从南斯拉夫分裂出来的国家都把"回归欧洲"作为首要的外交政策。从目前的入盟进程看，巴尔干国家可以分为欧盟成员国（斯洛文尼亚、保加利亚、罗马尼亚和克罗地亚）、欧盟候选国（土耳其、马其顿、黑山、塞尔维亚和阿尔巴尼亚）和欧盟潜在候选国（波黑和科索沃①）三个

---

① 科索沃于 2008 年单方面宣布独立，中国尚未正式承认其独立，但不影响其作为一个实体进行研究。

类别。所有巴尔干国家加入欧盟的方向是既定的，但是进程很不相同。同样地，与政治、经济等领域的精英对加入欧盟之于本国的意义有所了解不同，"绝大多数公民对加入欧盟对本国的经济、社会乃至自身的日常生活意味着什么所知甚少。但是，获得公众对加入欧盟的支持对建立这一过程的合法性至关重要"①。实际上，在加入欧盟这一议题上，巴尔干各国民众的支持程度不一，而且随着时间的变动而发生着变化。前面对中东欧国家民众入盟态度的分析涵盖了巴尔干国家，这里不再赘述。

然而，一国政府的意志及其对入盟条件的接受程度也是考察巴尔干国家入盟进度的一个重要因素，甚至在一定程度上还对民众的态度起着导向作用。诚如一位美国学者所言，普通的民众对于欧盟是怎样运作的以及欧盟会给个人生活带来怎样的影响知之甚少。欧洲人还要经历很长的过程才能培养出他们属于欧盟的意识。这种对欧盟极大的无知使民主赤字问题长期困扰着民众，导致欧洲一体化的进程在很大程度上是由欧洲精英的价值规范而不是普通民众所推动的。②实际上，政府的态度在接受入盟的条件上具有决定性作用。

在东扩之前的历次扩大进程中，只要接受欧盟的规则和规章制度即共同法律成果，候选国就具备了入盟的基本条件。从一定意义上说，在西欧范围内的扩大只是"走过场"而已。③但东扩进程则完全不同，而且随着扩大的推进，"条件性"要求不断增多。先是1993年出台的哥本哈根政治、经济和法律三标准，后是1995年提出的马德里行政标准，再后来，扩大的条件又增加了地区合作、人权、核安全、少数民族权利以及司法改革（尤其是克罗地亚入盟要求）等。同时，欧盟所设定的"条件性"还依国别不同而有所差异。

从程序上看，扩大进程大致包括欧盟委员会对候选国的准备情况发表评论、启动谈判、结束谈判、签署和批准条约以及最终入盟等阶段。对于西巴尔干国家来说，签署《稳定与联系协议》非常重要，

---

① 参见朱晓中《中东欧与欧洲一体化》，社会科学文献出版社2002年版，第144页。

② 参见［美］霍华德·威亚尔达主编《全球化时代的欧洲政治》，陈玉刚等译，北京大学出版社2010年版，第388页。

③ 希腊花了20多年才加入欧共体不是反例，而是希腊国内政治的特殊情况所致。

它被视为获得候选国地位的前提。随后任何一个阶段的结束，都伴随着欧盟"条件性"战略的又一次运用，但每一阶段的结束并不意味着入盟日期的明确承诺。同时，欧盟每年都会出台一份进展评估报告，如果某个条件在下一年的报告中没有被提到，即可视该候选国已经充分满足了此条件。至于确切入盟日期的给予，并不完全取决于候选国的改革成效与谈判进展，但是，入盟确切日期的赋予与否则对候选国接受"条件性"的程度有着重要影响。

在入盟准备阶段，中东欧国家政府精英表现出了极高的入盟热情。匈牙利、波兰、斯洛伐克、罗马尼亚、拉脱维亚、爱沙尼亚、立陶宛、保加利亚、捷克和斯洛文尼亚在1994—1996年均递交了入盟申请。尽管当时这些申请既不会被欧盟加以严肃考虑，也不会影响欧盟扩张的速度和方向，但几乎所有国家的议会和精英都对申请予以高度支持。[①]在入盟谈判阶段，欧盟迟迟没有为首次东扩设定一个准确的时间表。有学者分析，通过分析2004年和2007年两次东扩的情况可以发现，如果入盟日期尚未确定，欧盟的条件限制将是相对有效的；一旦入盟日期确定，条件限制就不再是一种促进改革的有效工具；因此欧盟将尽可能缩短宣布入盟的日期和实际入盟日期之间的时段。[②]根据候选国在给定年份中被要求满足的条件与欧盟所有规定的条件之间的比例来计算条件限制强度，可以清晰地发现，第一批中东欧入盟国家在2003年、保加利亚和罗马尼亚在2004年，其条件限制强度下降得非常明显（见表9.3）。其原因在于这两个年份恰好欧盟向这两组国家提供了入盟的确切时间，倘若欧盟一再强调条件限制，甚至增加条件的数量，那必定会影响新成员入盟。事实上，斯洛文尼亚民众在本国获得入盟确切日期前后的支持率有巨大的反差，也在很大程度上反映了欧盟条件限制的缺陷。

---

① ［英］罗伯特·拜德勒克斯、伊恩·杰弗里斯：《东欧史》（下册），韩炯等译，东方出版中心2013年版，第935页。

② 参见鲁茉莉《对欧盟扩大过程中条件限制有效性的分析》，《复旦国际关系评论》2009年。

表9.3　　　　　　　　欧盟条件限制的强度　　　　　　　　　（%）

候选国	1997	1998	1999	2000	2001	2002	2003	1997—2003（平均）	2004
斯洛文尼亚	0.35	0.26	0.18	0.12	0.09	0.09	0.03	0.16	
匈牙利	0.29	0.26	0.21	0.18	0.09	0.09	0.06	0.17	
爱沙尼亚	0.26	0.24	0.24	0.15	0.12	0.09	0.09	0.17	
捷克	0.32	0.21	0.21	0.18	0.18	0.15	0.09	0.19	
立陶宛	0.38	0.32	0.26	0.21	0.15	0.12	0.06	0.21	
波兰	0.35	0.32	0.32	0.29	0.26	0.18	0.15	0.27	
斯洛伐克	0.47	0.44	0.35	0.26	0.21	0.15	0.15	0.28	
拉脱维亚	0.47	0.44	0.41	0.38	0.32	0.24	0.12	0.34	
保加利亚	0.41	0.41	0.35	0.29	0.26	0.26	0.21	0.31	0.09
罗马尼亚	0.47	0.41	0.41	0.35	0.32	0.26	0.15	0.34	0.06
中东欧八国平均	0.36	0.31	0.27	0.22	0.18	0.14	0.09	0.22	
中东欧十国平均	0.38	0.33	0.29	0.24	0.20	0.16	0.11	0.24	0.02

资料来源：Alain Marciano and Jean-Michel Josselin, eds., *Democracy, Freedom and Coercion: A Law and Economics Approach*, Cheltenham: Edward Elgar Publishing, 2007, p. 243.

欧盟十分注意尽可能缩短宣布入盟日期与实际入盟日期之间的时段，不愿过早就入盟日期做出承诺。即使这样，仍出现了保加利亚和罗马尼亚的例外。两国从入盟日期确定到谈判结束，其条件限制强度明显下降，反映在实际问题上是仍有一些领域未能达到欧盟要求。于是，欧盟专门为这两个国家设定了一个合作与确认机制（Cooperation and Verification Mechanism）。然而，该机制所约定的条件限制并没有完全发挥作用。通过后来欧盟对保加利亚与罗马尼亚加入申根区的多次否定来看，入盟后这两个国家在司法改革、反对腐败和有组织犯罪等领域并没有取得令欧盟满意的进展。而这也在一定程度上解释了当前欧盟在西巴尔干国家入盟候选国地位赋予、开启谈判等方面比较谨慎的原因。

这里有必要借用弗兰克·施米尔菲尼（Frank Schimmelfennig）等德国学者关于欧盟"条件性"战略的解释来继续进行深入的学理分

析。他们通过总结中东欧国家加入欧盟的经验指出，欧盟条件的确定性、给予回报的大小、回报的公信力以及目标国适应成本的大小是判断和衡量欧盟"条件性"战略成功与否的综合要素。① 所谓欧盟条件的确定性指的是欧盟所规定规则和条件的形式与明晰度。具有确定性的规则指的是规则规定的行为意义以及规则的约束力有清楚的而不是含糊的界定。因此，欧盟设置的规则和条件的确定性将增加候选国家实施规则的可能性。②在获得候选国地位后，着手进行的谈判体现了这种确定性。换言之，欧盟回报越大，目标国实施或推行欧盟规则的可能性就越大。对于候选国来说，加入欧盟就是最大的回报与激励。与欧盟给予回报紧密相关的是欧盟实施"条件性"战略的公信力。有学者指出："如果目标国家认为欧盟将'条件性'附属于其他的政治、战略或经济的考虑，那么，目标国家可能会期望在不满足条件的情况下获得回报，或者认为无论在什么情况下都不会得到回报。"③

一般来说，在目标国实施民主改革的成本计算上，"只要遵守欧盟规则，就可能导致改变现有政权，或对现有政府权力构成威胁，目标政府将不能成功地遵守规则。"④在扩大进程中，即使拥有入盟前景作为回报，一些中东欧国家在适应政治条件性方面也以国内实施民主规则环境的宽松为前提，施米尔菲尼就指出："有入盟前景的国家，如果该国的自由党在某一时刻恰好能够及时当政，那么，欧盟的政治条件性是有效地推动民主的很好机会。"⑤事实上，斯洛文尼亚、罗马尼亚等国入盟的步伐是在其国内自由民主党派获得执政地位后加

---

① Frank Schimmelfennig and Ulrich Sedelmeier, eds. , *The Europeanization of Central and Eastern Europe*, Ithaca and London: Cornell University Press, 2005.

② Ibid. , p. 12.

③ Ibid. , p. 15.

④ Frank Schimmelfennig, "European Regional Organizations, Political Conditionality, and Democratic Transformation in Eastern Europe," Paper prepared for Club of Madrid, IV General Assembly, Prague, November10 – 12, 2007, p. 12.

⑤ Frank Schimmelfennig, "European Neighborhood Policy: Political Conditionality and its Impact on Democracy in Non-Candidate Neighboring Countries," Paper prepared for the EUSA Ninth Biennial International Conference, Austin, March 31 – April 2, 2005, p. 11.

快的。①

从巴尔干国家对欧盟"条件性"的反应来说，很难将这些国家简单地分成顺从与不顺从两类，它们具有更加多样的类型，而且处于变动之中。保加利亚学者盖甘娜·努切娃（Gergana Noutcheva）的研究提供了另一种类似的观察思路。她以欧盟条件的合法性（投射到候选国国内）、执政当局的成本—收益考量以及欧盟施加影响的能力与意愿为变量对巴尔干国家政府层面顺从欧盟条件的程度进行了研究，指出当欧盟条件的合法性越高时，政府顺从的程度越高，加入欧盟只是时间的问题；当欧盟条件的合法性低时，顺从的程度取决于顺从的成本—收益；当欧盟条件的合法性低，同时顺从的成本又高，这时欧盟施加影响的能力与意愿就显得至关重要。②

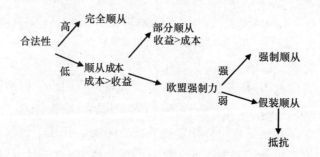

图 9.7　合法性、顺从成本、欧盟强力与顺从结果关系

资料来源：Gergana Noutcheva, *European Foreign Policy and the Challenges of Balkan Accession*: *Conditionality*, *Legitimacy and Compliance*（London；New York：Routledge, 2012），pp. 5 – 6.

从已经入盟的国家特别是中欧国家和波罗的海三国来看，它们对欧盟条件基本上是完全顺从的，但西巴尔干国家则处于变动之中，塞

---

① 2000 年 10 月，斯洛文尼亚自由党组阁上台，随后与欧盟的谈判加快。2004 年 11 月，罗马尼亚民主党组阁上台，12 月所有谈判基本结束。

② Gergana Noutcheva, *European Foreign Policy and the Challenges of Balkan Accession*：*Conditionality*, *Legitimacy and Compliance*, London；New York：Routledge, 2012, pp. 5 – 6.

尔维亚是一个典型的例子。在与黑山共为国家主体期间，塞尔维亚和黑山是抵抗欧盟的。近年来，随着民主政府的上台，它越来越表现出对欧盟的顺从。但是，塞尔维亚不承认科索沃的独立地位，这将会对欧盟"条件性"的顺从程度产生消极影响，并且有可能使其顺从而获得的收益有所缩减。波黑在对欧盟表示顺从的同时，因其主权、宪法的脆弱性等问题导致其对欧盟的顺从程度受到影响，① 因而属于部分顺从状态。只有黑山、马其顿基本处于完全顺从状态，但马其顿国名问题不能得到解决，也必然会影响其入盟进程。

从长远看，欧盟将一如既往地使用条件限制，这是使候选国达标的基本工具。从历次扩大的经验来看，欧盟还会增强条件限制的使用，增加条件的数量，并灵活运用条件限制的优先顺序。总体上看，出于入盟的需要，候选国基本上没有与欧盟就"条件性"进行讨价还价的空间和可能，它们只有在谈判过程中就如何消化"条件性"而进行的努力。同样，在未来西巴尔干国家的入盟进程中，欧盟不仅会重视入盟确切日期的赋予，也会强调谈判启动和完成的"基始标准"。

这样看来，巴尔干国家欧洲化的进程，既是一个与欧盟互动的问题，也是各国国内政治问题。在既定的入盟进程中，任何国家的任何一届政府都必须面对欧盟的"条件性"限制，双方围绕"条件性"产生的博弈及其结果与一体化进展是正相关的。在这个过程中，不少巴尔干国家都出现了怀疑欧洲、反对欧盟的政党，并对国内政治生活产生着影响。显然，欧洲一体化已经成为巴尔干各国政党长期较量的核心议题。

---

① Susan L. Woodward, "Compromised Sovereignty to Create Sovereignty: Is Dayton Bosnia a Futile Exercise or an Emerging Model?" in Stephen D. Krasner ed., *Problematic Sovereignty: Contested Rules and Political Possibilities*, New York: Columbia University Press, 2001, pp. 252 – 300.

第 三 编

中东欧国家入盟与欧洲一体化的
新阶段

第十章 中东欧国家入盟后的变化

随着欧盟的三次东扩，11 个中东欧国家已经加入其中。这些国家回归欧洲的历史使命已告完成。中东欧国家加入欧盟产生了两方面的变化。一方面，入盟国家在过去 10 年里各方面都发生了巨大变化，经济和社会都获得了长足的发展，持续的趋同使欧盟中的中东欧新成员国在很多领域逐渐缩小与老成员国的差距；另一方面，入盟亦非解决中东欧转型过程中所有问题的灵丹妙药，同时，入盟也给欧盟新成员国带来了新问题。转型中的问题与入盟后的这些新老问题已经成为中东欧国家（甚至欧盟）发展的困境。目前，中东欧国家所面临的困境涉及经济发展模式、政治发展和如何争取自身利益等方面的挑战。

第一节 需要新的经济增长模式

一 金融危机之前的增长模式

20 世纪 90 年代中期以来，争取早日加入欧盟是中东欧国家改革和转型的主要驱动力。这种愿望不仅从根本上影响了中东欧国家的制度建设和经济政策设计，同时也形成了基于欧洲经济一体化的增长模式。这种模式也被称为"追赶模式"，其基本特征是贸易自由化，承诺国际资本自由流动和金融市场对外开放。经济自由化和对外经济关系开放与趋同的经典过程同时发生。这种模式使中东欧国家开始以比其西欧邻国快得多的速度增长，2002—2008 年，它们的劳动生产率和收入水平持续提高和增长，较低的单位劳动成本和较高的人力资本贡献使中东欧国家能够更多地吸引外资。外资的进入又诱发了快速的技术转移，从而融入跨国生产网络。波兰、捷克、斯洛伐克、匈牙利还经历了自转型开始实施非工业化之后的重新工业化时期。与此同时，部分中东欧国家的工业和出口结构的质量大幅升级。

　　然而，金融危机中断了中东欧国家的高速增长进程，并对其经济产生了一系列严重影响。首先，金融危机导致私营部门去杠杆化。与其他新兴市场国家相比，中东欧地区一直因比其他新兴市场国家有着更大规模的资本流入而受益。在部分国家中，信贷增速过快导致大量私营部门负债。金融危机爆发后，西方国家向中东欧国家的净资本流入放缓或完全停止。由于获得信贷更加困难，私营部门开始去杠杆化。其次，家庭因自身债务或融资形势不乐观而发生改变。波罗的海三国、罗马尼亚、克罗地亚和匈牙利的家庭负债水平高，这也是金融危机向这一地区传导猛烈的重要原因之一。融资困难导致许多家庭将更多地依靠自身的收入来源，推高储蓄率，并被迫重新安排还贷。因为收入预期降低，部分家庭很可能经历了一个自愿去杠杆化的过程。最后，公共支出负担增加。危机期间，政府、金融机构和家庭的财政状况迅速恶化。低收入和低支出导致税收双向减少，继而使公共支出负担增加。此外，货币贬值还影响到公共债务在 GDP 中的比率。一些国家欠国际金融机构的债务有所增加。

　　金融危机和经济危机迫使中东欧国家寻找新的经济增长模式，以适应新的国际经济环境。新的经济增长模式是中东欧国家既有资产①、国家间发展差异和金融危机之后所面临的新形势三者结合的产物。它具有如下特征：第一，弱化对资本进口的依赖。这对严重依赖外资流入和经常账户及储蓄投资率严重失衡的国家十分重要，将消除导致持续的外部不平衡的因素，在一定情况下还意味着解决真实汇率严重失调问题。第二，鼓励提高家庭储蓄并将这些储蓄用于经济增长。通过增加财政激励或鼓励支持贸易部门净出口的方式补偿因家庭储蓄上升而导致的国内需求疲软。同时，经济增长的重启要求更有效的使用储

---

　　① 即欧盟成员国资格、候选国或申请加入欧盟国。这些制度层面的资产及其较高的人力资本和劳动生产率的追赶（危机之前业已存在的将继续存在），是中东欧国家实现新增长的基础。

蓄。第三，重启信贷并改善管理机制。政府减少信贷约束以支持私营部门恢复经济活动。同时，改善针对信贷增长和信贷配置的管理机制。这两个问题对复苏和避免新的资源错置和不平衡（危机前的情况）至关重要。第四，以长期的财政平衡为目标，部分调整公共支出计划旨在提高增长。改善支出结构（以教育和基础设施为重点），以提高增长为目标应成为政府的一个重要任务。第五，制定和推行"驱动增长"政策。制定和推行新的有关人力资本、新技术、产业和地区政策，以使这一地区重新成为对外资进入和跨国生产有吸引力的地区。这些政策对扭转非工业化进程和鼓励投资从非贸易部门更多地转向贸易部门的国家更加重要。第六，实行积极的移民政策。绝大多数中东欧国家要应对比西欧国家更为严重的老龄化问题。增加可利用劳动力和改善劳动力质量必须提上中东欧国家政策的议事日程。

除了上文所述的"追赶模式"外，中东欧国家经济增长还包括其他要素：第一，教育结构的改变，继而使"未来"劳动力技能结构发生变化；第二，部门和地区经济结构变化，虽然这意味着困难的适应过程，但导致更向前看的部门和地区增长类型的出现。

不同于中东欧国家，东南欧国家经历了较长时期的经济和政治动荡，因而它们开始新的经济增长时间大幅滞后。它们不得不面对旷日持久的工业生产下降的影响，继而加大了持续的贸易不平衡。这使得东南欧国家更易于遭受外部冲击的灾难性影响。

二　国家间发展模式的差异

在过去 10 年里，虽然中东欧国家和东南欧国家都取得了经济增长，但其发展存在着明显差异。差异主要表现在两个方面：贸易部门的发展和外资流入领域的不同。

在外贸方面：在持续的高速增长和追赶的同时，中东欧国家的外部政治状况得以改善。在过去 10 年里，波兰、捷克、斯洛伐克、斯洛文尼亚和匈牙利五国的出口结构不断改善，同主要贸易伙伴的贸易顺差不断增加。

同期，东南欧国家和波罗的海三国则出现贸易收支持续恶化，资本转移不足以弥补贸易赤字的状况，在金融危机爆发之前经常账户已开始恶化。这些国家贸易部门的虚弱状况始终没有得到改善。一个突出的问题是，这些国家转型初期开始的工业生产大幅度下降局面迟迟得不到恢复。这种状况要么是由于汇率机制的选择和与之相关的货币政策所致，要么是某些国家被"荷兰病"所困扰，即部分依赖在国外工作的客籍工人汇回的外汇，部分基于旅游业。这阻碍了规模和有竞争力的出口部门的发展。

在外资流入方面：在 2009 年之前，中东欧国家（斯洛文尼亚除外）经济增长的一个主要推力是大量外资的流入。但外资流入的领域存在着差异。四个中东欧国家中的外资集中在制造业（接近 40%，它们是贸易份额较高的部门）。波罗的海三国和多数东南欧国家不仅明显低于这个数值，而且外资在这些国家中大多涌入金融中介和不动产部门。外资在不同国家所发挥的作用不同。在中东欧国家，它支持建立起工业能力，推动贸易部门的发展和壮大；而在波罗的海三国和东南欧国家，外资活动对建立有竞争力的和足够规模的可贸易部门的贡献率低于中东欧国家。

另外，两组国家中的储蓄—投资的规模和特征也存在着差异。在这两组国家中，私营部门的储蓄—投资短缺，都需要由国外贷款加以补差。但在金融危机爆发之前波罗的海三国和东南欧国家净信贷的大量流入和私营部门储蓄—投资的较大缺口则表明，其货币政策和资本市场规则存在问题。

由此可见，中东欧和东南欧国家并非拥有共同的增长模式。中东欧国家相对成功，虽然也出现了政策错误，但这些国家绝大多数在危机之前已经建立起合理的和有竞争力的贸易部门，拥有可管理的经常账户和外资不断流入有增值价值的部门。而在东南欧国家，虽然它们在金融危机之前也取得了高增长，但贸易部门发展缓慢，而且在金融危机发生之前就出现了持续的外部不平衡。

三　金融危机对"新"增长模式形成的影响

金融危机对中东欧国家的经济产生了一系列严重的影响。首先，导致中东欧国家的私营部门去杠杆化。中东欧地区一直因比其他新兴市场国家更大规模的资本流入而受益。在部分国家中，信贷增速过快导致大量私营部门负债。金融危机产生的一个重要后果是，西方国家向中东欧国家的净资本流入放缓或完全停止。由于获得信贷更加困难，私营部门开始去杠杆化（de-leveraging）。①

人们普遍认为，金融危机之后的风险不会立刻恢复到危机前的水平。如果中期风险评估依然维持在较高水平上，就意味着信贷条件会比危机前苛刻。危机还带来了银行和家庭平衡状况的恶化，这也导致更谨慎的放贷和借贷行为。因此，转型和追赶型国家必须进行调整，以适应更困难的国内外融资环境。

其次，家庭因行为自身债务或融资形势不乐观而发生改变。在这方面，中东欧国家之间的行为差异较大。在波罗的海三国、罗马尼亚、克罗地亚和匈牙利，家庭负债水平高（这也是金融危机向这一地区传导猛烈的重要原因之一）。在阿尔巴尼亚、塞尔维亚和波兰，家庭负债水平一般，但是，货币贬值导致以外币结算的债务迅速上升。融资困难导致许多家庭将更多地依靠自身的收入来源，推动更高的储蓄率，并被迫重新安排还贷额度。因为较低的预期收入，其他家庭很可能会经历一个自愿去杠杆化的过程，以降低债务水平。

最后，公共支出负担增加。危机期间，中东欧国家的政府、金融机构和家庭的财政状况迅速恶化。低收入导致低支出，致使税收减少，继而使公共支出负担增加。此外，货币贬值还影响到公共债务在GDP中的比率。在一些国家，欠国际金融机构的债务有所增加。

金融危机和经济危机对中东欧国家的中期影响是：国内外融资条件趋于困难；家庭趋向高储蓄率和减债进程，公共债务状况恶化，改革公共支出计划的压力增加。

中东欧国家在设计新增长模式时还必须考虑外部条件的变化。其

---

① "杠杆化"指的是借债进行投资运营，以较少的本金获取高收益。这种模式在金融危机爆发前为不少企业和机构所采用，特别是投资银行。当资本市场向好时，这种模式带来的高收益使人们忽视了高风险的存在，待资本市场开始走下坡路时，杠杆效应的负面作用开始凸显，风险被迅速放大。对于杠杆使用过度的企业和机构来说，资产价格的上涨可以使它们轻松获得高额收益，而资本价格一旦下跌，亏损则会非常巨大，超过资本，从而迅速导致企业破产倒闭。金融危机爆发后，高"杠杆化"的风险开始为更多人所认识，企业和机构纷纷开始考虑"去杠杆化"，通过抛售资产等方式降低负债，逐渐把借债还上。这个过程造成了大多数资产价格如股票、债券、房地产的下跌。

一，欧洲出口市场萎靡不振。经济危机对未来发展道路预期的长期影响不仅对中东欧国家，而且对这一地区的主要出口市场，即西欧国家都有影响。

其二，危机之后，人们呼吁在国家、欧盟和全球层面上改革金融体制。金融体系的改革很可能会强化信贷扩张的资本基础，并授权管理当局对金融机构（特别是银行）的宏观稳定进行监督。这种管理上的强化将纠正中东欧国家所存在的信贷过热和领域不当，有效增加中东欧国家政府对跨境金融市场交易进行监督，从而保证中东欧国家增长的可持续性。

其三，对加入经货联盟实行新的差异化立场。2008 年金融危机给人带来的一个错觉是，没有加入欧元区的中东欧国家易受金融市场波动的冲击。因此，迅速加入欧元区有助于使未来成员国快速获得欧元区所提供的金融和货币稳定的支持。但欧元区内弥漫着另一种情绪：欧元区的任何迅速扩大都会增加整个欧元区的不稳定。经济危机和平衡问题很可能使欧盟制定更严格的加入经货联盟的标准。

四　"新"增长模式的特征

客观地说，新的经济增长模式是三者结合的产物，即中东欧国家既有资产、国家间发展差异和金融危机之后所面临的新形势。它们使得新的经济增长模式将具有如下特性：

第一，弱化对资本进口的依赖。降低资本进口（特别是净信贷部分）的方式有二：其一，降低私营部门的储蓄—投资比和巩固更长时期的财政收支；其二，提高贸易部门的竞争力以改善经常账户平衡状况。降低对净资本进口的依赖，这对严重依赖外资流入和经常账户及储蓄投资率严重失衡的国家十分重要。[①] 这将消除导致持续的外部不平衡的因素：在一定情况下还意味着要应对真实汇率严重失调的问题。即使在浮动汇率条件下，背离真实汇率的问题业已出现，这必然

---

① 储蓄—投资率不平衡的问题也与金融市场高度一体化的货币政策有关。在未来若干年内，中东欧地区将从欧盟预算里获得基金和转移支付，这可以在一定程度上弥补私营部门的资本短缺。

遇到两个问题：一个是名义汇率升值（对金融市场行为的压力增大；二是工资—劳动生产率动态平衡，这要求改善劳动力市场薪畴体系的安排。

第二，鼓励提高家庭储蓄并将这些储蓄用于经济增长。经济危机一个可能的后果是，在中期内，中东欧国家的家庭储蓄率上升。从长期来看，这种趋势应予鼓励，从国际比较的角度看，中东欧国家的家庭储蓄率偏低，低储蓄率也是许多国家发展严重不平衡的原因。然而，提高家庭储蓄率也会导致中期国内需求疲软的问题。这可以通过增加财政激励或鼓励支持贸易部门净出口的方式来补偿。因此，中期内将家庭储蓄率调高同财政政策有关。这也是私营部门应对资本流入更困难形势的措施。

当然，中东欧国家经济持续增长的重启要求更有效地使用储蓄。政策工具（支持中小企业的信贷、支持获得技能的信贷便利、培训和采用新技术、控制抵押放贷）可以用来确保储蓄流向支持经济的可持续增长和解决外部账户的主要缺陷。

第三，重启信贷并改善管理机制。一方面，在国家和国际银行紧缩和银行改革环境中对进程的预期是国家和欧盟层面上货币政策当局的最大挑战。另一方面，较长期的任务是改善针对信贷增长和信贷配置的管理机制。这两个问题对复苏和避免新的错置和不平衡（危机前的情况）至关重要。鉴于过去的经验教训，银行放贷应更多地转向企业而不是家庭。西欧国家经济复苏的关键是，信贷体系功能及时到位。因此，中东欧国家近期内的当务之急是，减少信贷约束以支持私营部门恢复经济活动。

第四，以长期的财政平衡为目标，部分调整公共支出计划旨在提高增长。危机导致中东欧国家的公共债务大幅度增加，虽然公共债务水平依然低于西欧的平均水平，但在危机之后，为这种债务融资更加困难。虽然关注可持续性至关重要，但财政激励计划必须考虑到短期内家庭储蓄率上升和出口困难的形势。因此，必须改善支出结构（以教育和基础设施为重点），以提高增长为目标。

第五，制定和推行"驱动增长"政策。鉴于加强贸易部门经济增长的重要性，中东欧国家政府制定和推行新的有关人力资本、采用新技术、产业和地区政策。这些政策对那些意欲扭转非工业化进程和鼓励投资从非贸易部门更多地转向贸易部门的国家更加重要。这些政策在一定程度上也是应对外资流入（金融危机之前曾是工业结构改造的主要推手）减少的措施。这些政策有助于使这一地区重新成为对外资进入和跨国生产具有吸引力的地区。这些政策的设计和实施应同欧盟委员会进行协调，以便它支持及时重启增长和可持续增长计划。

第六，开发积极的移民政策。绝大多数中东欧国家要应对比西欧国家更为严重的老龄化而带来的日益严峻的人口问题。增加可利用劳动力（活动人口和就业率）和改善劳动力质量必须提上中东欧国家政策的议事日程。作为长期以来一直是人口移出国家，中东欧国家必须学习成功的移民政策和提高人力资本的经验。

第二节　需要跨越政治发展的困境

一　民粹主义兴起和"向右转"

入盟后，部分中东欧新成员国出现明显的"改革疲劳症"，入盟之前的亲欧洲和亲改革共识正让位于"后欧洲主义"的沮丧。① 非自由主义情绪在社会中弥漫，民粹主义和极右势力进入主流政治。

民粹主义作为一种思潮正在越来越多的中东欧国家里蔓延，其共同特征是：第一，民粹主义者自称是反对腐败和无能的政治精英；第二，民粹主义者（不同程度地）反对自由民主的关键理念；第三，挑战转型时期的"自由主义共识"（市场经济改革，加入欧洲大西洋机构，保护少数民族权益）。中东欧民粹主义有四个载体：第一，它是一些政党渴望改善其政治地位和争取进入联合政府机会的一种动员战术；第二，它是一些政党的意识形态，并试图影响反对欧洲的左派或右派；第三，它是公共政治文化，反映公众的排外、超级民族主义、敌视市场经济、资本主义或反民主的情绪；第四，它是公众对加入欧盟后能否获得较好生活的一种实用主义考量工具。

---

① Kristina Mikulová，"'Post-Europeanism' in Central Europe?" 14 December 2006, http: //cepa. org/ced/view. aspx? record_ id = 68，2009 – 11 – 14.

中东欧的新民粹主义并不对民主或多数人法则构成挑战，也不企图禁止选举和实施独裁。它所反对的是当代民主的一些重要内涵，例如基于政党的代议制，对少数民族权益的保护，以及对国家主权的约束。根据不同的政治理念和行为，中东欧的民粹主义又大致分为"软"民粹主义和"硬"民粹主义。"软"民粹主义对现有代议制，特别是对现有的政党制度提出挑战。它鼓吹这样的观念：现有的政党都是腐败的，它们形成了卡特尔，背离了人民，过于意识形态化等。[①]"硬"民粹主义不仅挑战现有的代议制，而且挑战自由民主的某些基本原则，如保护个人和少数民族权益。[②]

由金融危机引发的全球经济危机爆发后，对经济的忧虑和对执政党克服金融危机和经济危机能力的质疑，导致部分选民将选票投给了处于政治边缘的某些右翼势力（政党），致使极端主义成为部分中东欧国家共同的政治现象。[③] 更重要的是，极端主义政党通过选民的支持，合法地进入了政治场所。这些趋势在匈牙利、保加利亚、斯洛伐克、拉脱维亚和立陶宛尤为突出。上述国家的一些共同点是：非主流政党在欧洲议会中的代表增多；金融危机导致失业率大幅上升；反犹情绪重新抬头；针对少数民族群体的暴力事件增加。部分极右翼政党还敌视欧盟和北约。

虽然中欧的右翼势力并不承认自身是法西斯主义，[④] 但是，右翼势力不断壮大所带来的危险是现实的。第一，经济危机使有害的民族主义同经济民粹主义和种族主义结合，右翼集团借机用散布它们的观点来吸引困惑和失望的选民。第二，极右势力可以利用新获得的声望

---

① "软"民粹主义政党主要有保加利亚希美昂二世的"民族运动"（NMSII）和包里索夫的"争取欧洲进步公民党"（GERB），"匈牙利青年民主主义者联盟"，斯洛伐克菲措领导的"方向党"。

② 最著名的是"自卫和波兰家庭联盟"。

③ Eva M. Blaszczynski & Peter B. Doran, "Central Europe's Emerging Far-Right," *CEPA Report*, No. 21, June 2009, http：//www. cepa. org/sites/default/files/documents/CEPA%20Report%20No. %2021%2C%20Central%20Europe%27s%20Emerging%20Far-Right. pdf.

④ 例如，匈牙利的"尤比克"不承认左翼和右翼的划分，只承认拥护全球化和反对全球化的政治力量，他们自称是爱国力量。参见 Leigh Phillips, "What's Behind Hungary's Far-Right Jobbik," April 20, 2010, http：//www. businessweek. com/print/globalbiz/content/apr2010/gb20100420_ 420459. htm, 2010 - 06 - 18。

和地位，将更温和的中右政党（甚至整个社会）推向右翼。① 未来，中右政党有可能选择极右的民粹主义情绪，以便吸引新的选民。第三，右翼政党在立法机构中立足，可以阻挠或削弱推进欧洲一体化或跨大西洋合作的立法。

民粹主义和极右翼势力的兴起是一个欧洲现象，但出现在中东欧有其独特的原因。首先，各党派失去共识。入盟后，由于各党派不再拥有入盟这样的共享目标，联合政府各党派之间的鸿沟因政见分歧而开始加大，温和的与亲欧洲的自由派政治家相继失势。② 其次，部分国家的党派或竞争对手之间互不妥协。部分国家的选举已演变为政治战争。竞选对手互为敌人，而不是受尊敬（或至少是宽容）的对手，以致在很多情况下难以在选举之后由竞争对手组成联合政府。这使得极端主义派别"趁火打劫"，进入联合政府。最后，欧盟没有调节（新）成员国政治发展的合法手段。由于欧盟自身的结构限制，欧盟不能对成员国的国内政治发展进行干预。中东欧国家基本满足了入盟政治条件，欧盟也没有施加政治压力的空间。

目前，民粹主义和极右翼尚未成为中东欧地区强大的政治力量，但人们担忧这一地区的民主正在"褪色"③，而且，经济和政治气候易于导致极端主义的发生和发展。中东欧政治形势"向右转"，也强化了人们对"新成员国是否准备好成为欧盟成员国的疑虑"，并使人们有理由担心欧盟继续扩大的前景。

二　双边关系困境：少数民族和边界之争

历史上，中东欧国家长期处于异族占领和压迫之下，一些国家或领土多次易手，这导致边界多次变更，遗留的领土和边界问题、境外少数民族问题较多。有些问题至今未决。其中，匈牙利和斯洛伐克之

---

① 如匈牙利执政的青年民主主义者联盟——基民盟。

② 如波兰的米莱尔、匈牙利的彼得·迈杰希以及捷克的弗拉基米尔·斯皮德拉。

③ Jacques Rupnik, "From Democracy Fatigue to Populist Backlash," *Journal of Democracy* , Vol. 18, No. 4, October 2007, pp. 17 – 25. http：//www. journalofdemocracy. org/sites/default/files/Rupnik-18 – 4. pdf .

间有关匈牙利族人问题，克罗地亚和斯洛文尼亚的海上边界争端引人注目。

自 1989 年以来，匈牙利族人问题一直是匈牙利同其周边国家关系中的一个重要问题。近年来，匈牙利和斯洛伐克在斯洛伐克匈牙利族人问题上龃龉不断。[①]

2009 年 6 月 30 日，斯洛伐克议会通过《语言法》修正案，要求优先使用国语斯洛伐克语，如果在公开场合使用非斯洛伐克语将被处以 100—5000 欧元罚金。匈牙利族人称，此法实际上视使用匈牙利语为犯罪。[②] 匈牙利总统索罗姆指责斯洛伐克"试图强迫同化"和违反人权。匈牙利议会议员称："斯洛伐克从其历史中清楚地知道，一种语言被排除在正式交流场合之外意味着什么。"[③] 但是，斯洛伐克政府宣称，该法本身并未妨碍使用少数民族语言。

2010 年 5 月 26 日，匈牙利议会通过给予居住在匈牙利之外的匈族人申请匈牙利公民权利的法案。申请公民的唯一条件是，其祖先是匈牙利人和掌握匈牙利语。匈牙利负责外交的国务秘书说："给予双重国籍是重建新中欧努力的一部分。"匈牙利副总理则宣称，双重国籍"创造了一个所有匈牙利族人的工具，以便匈牙利可以成为 1500 万匈牙利族人的国家"[④]。斯洛伐克对此反应强烈，认为匈牙利给予境外匈牙利族人公民权是对斯洛伐克国家安全的威胁。作为回应，斯洛伐克修改了自己的公民法，规定凡是在他国申请所在国国籍的斯洛伐克公民，都将被剥夺斯洛伐克国籍，以此限制双重国籍。

克罗地亚和斯洛文尼亚的海上边界争端也颇引人注目。1991 年

---

① 根据 2002 年斯洛伐克的人口统计，该国的匈牙利族人约为 52 万，占总人口的 9.5%，但讲匈牙利语的地区占斯洛伐克领土面积的 20%。

② "Slovakia Criminalises the Use of Hungarian," *The Economist*, 31, July 2009, www. economist. com/world/europe/displaystory. cfm? story_ id = 14140437, 2009－08－02.

③ "German MEP Slams Slovak Language Law," 10 July 2009, http：//www. euractiv. com/en/culture/german-mep-slams-slovak-language-law/article-183982, 2009－09－21.

④ "Hungary Accused of Meddling in Slovak Poll," 11 June 2010, http：//www. euractiv. com/en/enlargement/hungary-accused-meddling-slovak-poll-news-495126, 2010－08－22.

独立后，斯洛文尼亚在第一个划分与克罗地亚边界的草案中提议，以皮兰湾中心线划分两国海上边界。但在 1992 年 6 月 5 日，斯洛文尼亚宣布对整个皮兰湾拥有主权。其理论根据是《联合国海洋法公约》第 15 条第 2 段，即历史权利和对海洋的实际控制先于其他权利。斯洛文尼亚提出，作为南斯拉夫联邦一部分时它曾自由进入国际海域。不仅如此，1954—1991 年斯洛文尼亚警察一直控制着整个海湾。① 然而，克罗地亚认为，海上边境线应该由两国海岸等距离计算，法律根据是上述公约的第 15 条第 1 段。

2001 年 7 月 20 日，斯洛文尼亚和克罗地亚两国总理签署了解决两国所有边界争端的所谓"德尔诺夫舍克—拉昌协定"。根据这个协定，克罗地亚将获得皮兰湾大约 1/3 的水域以及同意大利接壤的海上边界，斯洛文尼亚则获得进入公海的走廊。② 斯洛文尼亚议会批准了该协议，但克罗地亚议会不仅没有批准该协议，而且批评拉昌简单地将有争议的地区划给了斯洛文尼亚。此后，两国的边界谈判因分歧较大而一直没有进展。2008 年 11 月 21 日，斯洛文尼亚总理帕霍尔表示，支持克罗地亚入盟，但不能接受克罗地亚在向欧盟提交的入盟文件中存在的歪曲两国有争议边界的内容。12 月 19 日，斯洛文尼亚外长宣布冻结克罗地亚的入盟谈判。③ 2009 年下半年，两国边界谈判出现转机。7 月 31 日，两国总理同意以符合两国利益的方式解决边界争端。9 月 11 日，两国总理在卢布尔雅那会晤，双方同意解决边界争端的谈判将在欧盟主持下进行。9 月 29 日，斯洛文尼亚议会欧盟事务委员会一致同意解除对克罗地亚入盟谈判长达 10 个月的封锁。11 月 4 日，克罗地亚和斯洛文尼亚两国在瑞典首都斯德哥尔摩签署了由欧盟仲裁的解决边界争端的协议。克罗地亚议会批准了该协议，

---

① Avbelj M. & Letnar Černič J. "The Conundrum of the Piran Bay: Slovenia v. Croatia," *Journal of International Law & Policy*, No. 6, 2007. http://www.pennjil.com/jilp/5 – 1_ Cernic_ Jernej_ Letnar. pdf. 2010 – 06 – 04.

② 而一些学者认为，这样的解决方案违背领海和邻近地区的公约。

③ 到 2009 年 6 月 24 日，斯洛文尼亚使得克罗地亚的入盟谈判第 14 章不能结束或不能开始，"Slovenia Blocks Croatia's EU Progress," 2009 – 06 – 24. http://www.balkaninsight.com/en/main/news/20472/, 2010 – 09 – 02。

2010 年 3 月 23 日，斯洛文尼亚宪法法院也认定该协议符合斯洛文尼亚宪法。但是，斯洛文尼亚反对党、海洋法专家和著名知识分子都对该协议提出强烈批评，认为协议不足以使仲裁法庭在保障斯洛文尼亚权益的情况下进行裁决。① 2010 年 6 月 6 日，斯洛文尼亚就此举行全民公决，51.5% 的人赞成政府提出的由国际仲裁法庭做出最终判决的决定。②

在民粹主义（以及右转）渐成风气的今天，理性处理民族和边界问题不仅是对相关国家的一大挑战，也是欧盟亟须认真思考和应对的重大问题。

第三节　需要应对新的安全困境

一　新的安全困境

随着越来越多的中东欧国家加入北约和欧盟，传统安全已经不再是困扰这些国家的主要问题。但是，它们又面临着新的安全困境。第一，经济上日益强大的俄罗斯试图重返中东欧地区。第二，能源问题对国家安全的影响日益增大。第三，国际恐怖主义、有组织犯罪、治理不力和所谓"流氓国家"的威胁。

近年来，俄罗斯通过"能源外交"和对中东欧国家实行差异化政策，部分地恢复了对中东欧地区的影响。与此同时，随着俄罗斯国内政治趋向保守，俄罗斯与西方关系趋于恶化，特别是俄格战争以及美国"重启"同俄罗斯关系并降低对中东欧地区的关注，使诸多中东欧国家重新对自己的安全忧心忡忡。2009 年 7 月 16 日，中东欧国家 22 位原政要和外交人士联名致信给美国总统奥巴马，呼吁美国持续关注中东欧地区的安全问题，列举了忽视中东欧地区可能产生的严重

---

① Žiga Turk, "A Sceptical View of the Slovenia-Croatia Arbitration Agreement," 31 May 2010; http://www.euractiv.com/en/enlargement/sceptical-view-slovenia-croatia-arbitration-agreement-analysis-494699, 2010 – 09 – 02; "Slovenian Referendum on Border Agreement with Croatia" 27 May 2010, http://www.eubusiness.com/news-eu/slovenia-croatia.3wj, 2010 – 09 – 02.

② Darren Mara, "Poll Results Show 'Yes' Vote on Slovenia-Croatia Border Deal," *AFP/Reuters*, 07.06.2010, http://www.dw-world.de/dw/article/0,, 5656796, 00.html, 2010 – 07 – 27.

政治后果。① 出乎中东欧国家意料的是，奥巴马政府以宣布改变在中欧部署导弹防御系统的决定来回应中东欧国家的《公开信》。② 这是20 年来美国第一次降低同中东欧国家关系的水平，以求俄罗斯在美国关切的重大国际问题上进行合作。③ 因此，同年 10 月，美国的 32 位外交事务专家联名上书奥巴马总统，敦促奥巴马政府重申对中东欧国家的承诺，改善同捷克和波兰等国的防务关系，以表明美国介入的深度和诚意。④ 11 月 4 日，波兰外长西科尔斯基在华盛顿称，中东欧国家需要可信的硬安全担保和军事存在。2010 年 3 月，波兰国防部部长克里赫表示，希望北约的资产和基础设施在成员国之间均衡分配。

2013 年乌克兰危机的爆发，特别是 2014 年克里米亚归入俄罗斯版图，进一步加剧了波兰和波罗的海三国等部分中东欧国家的安全担忧。

在能源安全方面，除了罗马尼亚和波兰之外，绝大多数中东欧国家自身不生产天然气，严重依赖俄罗斯的天然气供给（见表 10.1）。2009 年 1 月，俄罗斯切断了向乌克兰输气的供气管线，使中东欧国家感到了能源安全的紧迫性。⑤ 2010 年 2 月，维谢格拉德集团国家在

---

① 有关近年来中东欧和美国关系变化的讨论可参阅朱晓中《2009 从公开信看"新欧洲"与美国关系的新变化》，吴恩远主编：《俄罗斯东欧中亚发展报告 2010》，社科文献出版社 2010 年版，第 210—221 页。

② Barack Obama, "Statement on Missile Defense," September 18, 2009, http：//www. realclearworld. com/articles/2009/09/18/statement_ on_ missile_ defense_ 97177. html, 2009 - 12 - 31.

③ A. Wess Mitchell and Ted Reinert, eds., "U. S. -Central European Relations in the Age of Obama," *CEPA Report*, No. 22, July 2009, http：//www. cepa. org/publications/view. aspx? record_ id = 114, 2009 - 07 - 31.

④ "Experts Urge Obama to Recommit to Central Europe," Oct. 02 2009, http：// www. foreignpolicyi. org/node/12879, 2010 - 04 - 12.

⑤ 2008 年，中东欧国家对俄罗斯原油和天然气的依赖程度如下：斯洛伐克分别为100% 和 100%，匈牙利分别为 99% 和 98%，保加利亚分别为 71% 和 100%，捷克分别为67% 和 78%，波兰分别为 93% 和 89.6%，罗马尼亚分别为 36% 和 100%，斯洛文尼亚分别为 0 和 48%，立陶宛分别为 97.6% 和 100%，爱沙尼亚分别为 0 和 100%，拉脱维亚分别为0 和 100%，详见 "Market Observatory for energy," European Commission, DG Energy 7/07/2010, http：//ec. europa. eu/energy/observatory/eu_ 27_ info/eu_ 27_ info_ en. htm, 2010 - 09 - 04.

匈牙利首都布达佩斯举行能源安全首脑会议，希望欧盟尽快制定外部能源（安全）政策，以减少对俄罗斯能源供给的依赖。

2013 年底爆发的乌克兰危机进一步加剧了中东欧国家对未来能源供给安全的担忧。[①] 为保持稳定的天然气供给，以免受"俄乌斗气"的影响，保加利亚、塞尔维亚、匈牙利、斯洛文尼亚、克罗地亚等国同俄罗斯在南溪管道项目上进行合作。[②] 在依赖俄罗斯天然气进口的同时，部分中东欧国家也同俄罗斯进行能源合作。塞尔维亚、匈牙利、捷克和斯洛伐克等国同俄罗斯进行能源生产和存储合作。波兰、捷克和斯洛伐克是俄罗斯向其他欧洲国家输送天然气的过境国家。

表 10.1　　　　　中东欧国家对俄罗斯天然气的进口依赖程度

国家	天然气进口依赖率（%）	天然气进口中俄罗斯的份额（%）	俄罗斯天然气在消费中的比例（%）
斯洛文尼亚	100	60.2	60.2
斯洛伐克	98.4	83.5	82.2
捷克	98.0	58.6	57.5
保加利亚	97.7	100	83.3
匈牙利	78.2	100	78.2
波兰	72.0	81.3	58.6
克罗地亚	34.5	–	–
罗马尼亚	24.3	100	24.3

资料来源："Russian Gas Supplies to Europe: The Likelihood, and Potential Impact, of An Interruption in Gas Transit via Ukraine," http://gpf-europe.com/upload/iblock/c52/egf_ energy_ special_ contribution_ pdf. pdf.

---

① Energy Security in Central and Eastern Europe and the Operations of Russian state-owned Energy Enterprises, June 22, 2015, http://irsec-hub.org/download/docs/437_ 259-joint-study-executive-summary. pdf.

② 2014 年 12 月 1 日，普京在访问土耳其时正式宣布俄罗斯放弃南溪项目，因为"我们至今没有获得保加利亚的许可，俄罗斯在这种条件下无法继续实施该项目"。同日，俄罗斯天然气工业公司和土耳其能源公司 Botas 签署备忘录，建设一条经由土耳其的海底管道，天然气输送能力为每年 630 亿立方米，与南溪项目的计划输送能力相同。

　　能源安全的另一个方面体现在核能领域。目前，中东欧国家与俄罗斯还在核能领域进行合作。目前，捷克、斯洛伐克、匈牙利、保加利亚、罗马尼亚、斯洛文尼亚、克罗地亚七个欧洲国家拥有核电站。根据欧盟的减排计划，① 中东欧国家必须减少传统能源，特别是煤炭的使用量，增加清洁能源的使用量。为此，中东欧国家考虑建设/扩大和升级现有的核电设施。除了罗马尼亚使用加拿大设计的重水反应堆之外，另外六个拥有核电站的中东欧国家都使用苏联/俄罗斯设计的水—水高能反应堆。这就使得俄罗斯在中东欧国家核电站改造、升级或新建核电站过程中具有技术与核燃料方面的双重优势。此外，俄罗斯允诺提供优惠信贷、给项目所在国创造就业岗位、项目工程本土化等，使其在中东欧国家的核电项目竞标中具有竞争优势。

　　在军事方面，乌克兰危机爆发后，中东欧国家采取了多项措施来提升自身的安全性。第一，宣布增加国防预算，以加快军事现代化的步伐。波兰宣布在近期内将国防预算从占 GDP 的 1.9% 提升至2.4%，提供 4 架米格－29 飞机，在波罗的海上空进行巡逻。匈牙利宣布从 2016—2022 年，将国防预算从占 GDP 的 0.8% 增加到 1.39%，扩大北约在匈牙利的空军基地，于 2015—2018 年派战斗机在波罗的海上空巡航。捷克政府表示，到 2020 年，国防预算将从目前占 GDP的 1.1% 提升到 1.4%，同时派鹰狮战斗机参加波罗的海上空的巡航，并将派出 150 人和运输直升机参加北约的快速反应部队。斯洛伐克计划到 2020 年将军费从现在占 GDP 的 1.1% 增加到 1.6%，在国内建立一个军事后勤中心，参加北约在波兰什切青的指挥中心。② 第二，2014 年 7 月 22 日，在波兰首都华沙举行了波罗的海国家、维谢格拉

---

　　① 欧盟计划到 2030 年温室气体排放量在 1990 年基础上减少40%，可再生能源在能源使用总量中的比重至少提升至 27%，能源使用效率至少提升 27%。EU Commission, 2030 Framework for Climate and Energy Policies, http：//ec. europa. eu/clima/policies/2030/index_ en. htm.

　　② András Rácz, Divided stands the Visegrad? *FIIA Briefing Paper* 158, June 2014 http：//www. fiia. fi/en/publication/428/divided_ stands_ the_ visegrad/ last accessed on 6 September 2014.

德集团、保加利亚和罗马尼亚总统会晤，讨论在当年 9 月参加北约秋季峰会时采取共同立场的问题以及乌克兰当前的局势。第三，参加 2015 年 6 月北约在波罗的海和波兰举行的代号为"军刀出击—2015"的大规模军事演习，以展示北约在波罗的海国家快速重新部署部队的能力，以应对盟友可能受到的威胁。①

2015 年 2 月 5 日，在布鲁塞尔举行的北约成员国国防部部长会议决定，在保加利亚、爱沙尼亚、拉脱维亚、立陶宛、波兰和罗马尼亚首都成立六大指挥和控制部门，以在紧急情况下提高北约快速反应部队的抵达速度。同时，北约还将在波兰成立新的东北部地区总部，在罗马尼亚成立较小规模的东南地区总部②。

近年来，中东欧国家有组织犯罪也呈上升趋势。捷克和匈牙利已经成为国际犯罪集团协调、联络的中心，并以此为跳板，向欧盟心脏地区渗透。入盟之后，匈牙利有组织犯罪集团数量大幅增加，成了全球色情资料、走私香烟的中心。匈牙利有组织犯罪集团的人员多为前安全部门人员和黑市从业人员，同地方当局保持着"良好的关系"，犯罪活动已经控制了当地 GDP 的 20% 以上。捷克有近百个有组织犯罪集团，成员近 3000 人，辅助人员有 5000 人。其中，30 个已经"升级"为国际黑手党。由于同德国有着较长的边境线，捷克成为走私物品和贩卖人口的热点地区，如旅游城市卡罗维发利已经成为"俄国城"。斯洛伐克约有 50 个有组织犯罪集团，近 700 名成员，多是科索沃阿族人、乌克兰人、俄国人和格鲁吉亚人。首都布拉迪斯拉伐是阿族人的地盘，专门从事非法"卖淫"活动，年收入在 5000 万欧元以上。③ 目前，捷克、匈牙利和斯洛伐克已成为"毒品游"和"性旅游"的"理想国"，有组织犯罪集团因此获得大量黑色资本。

---

① "北约在中东欧展开军演 外媒：针对俄意图明显"，《参考消息》2015 年 6 月 6 日，http：//www. szzbt. com/a/2015/0606/084974. html。

② 《北约快速反应部队将扩至 3 万　东欧 6 国设指挥部门》，中国新闻网，2015 - 02 - 06，http：//news. qq. com/a/20150206/040829. htm 。

③ Ioannis Michaletos and Marketa Hanakova, "Organized crime in Central Europe," 08 - Jan-2010，http：//www. worldsecuritynetwork. com/showArticle3. cfm? article _ id = 18168&topicID = 55, 2010 - 08 - 29.

中东欧国家的有组织犯罪集团发展迅速有两个主要原因：一是这些国家处于欧洲的交通要道；二是欧盟内部没有边界控制。捷克内务部的一份秘密报告称，这些有组织犯罪集团的最终目的是渗透到所在国的政治和经济生活中去。目前，这些国家的安全部门同美国联邦调查局和中央情报局合作，共同打击有组织犯罪。

二　地缘政治困境：两难选择

冷战后，中东欧的地缘政治不再因处于东西方之间而被界定；加入北约和欧盟之后，中东欧的地缘政治也不再因处于德国和俄罗斯之间而被界定。[①] 不过，如今的中东欧国家却因欧洲和美国这两个竞争性关系而左右为难。它们拒绝在两者之间进行选择，而是主张一种综合的"欧洲—大西洋主义"。"欧洲—大西洋主义"的含义多少与单纯的大西洋主义有所不同，它试图用一组不同于北美的价值观、社会经济模式和对国际关系的态度来界定欧洲。[②] 中东欧国家认为，欧洲和美国均属西方共同体，两者拥有绝大部分相同的价值观、许多类似的经历、绝大多数相同的利益。冷战的经历强化了中东欧对西方的认同。对中东欧人而言，地缘政治变化有时也是一个价值观的选择过程。

在当今管理国际体系的三种方式（霸权、集体安全或多边主义、力量平衡）中，中东欧国家不介意霸权，但担忧力量平衡。中东欧人默认由新帝国填充旧帝国遗留下来的真空。欧盟被视为一个帝国的替代物，推行经济一体化，而美（帝）国提供安全。这些新帝国的作用相互补充，而不是相互矛盾。在"西方"体系中，"新""老"欧洲的两分法显然不当。中东欧国家今后是否会再追随美国从事海外军事冒险是个未知数。当然，作为北约的新成员国，许多中东欧国家在世界各地积极参与维和，对北约有着强烈的承诺。但是，中东欧国家

---

① "New Geopolitics of Central and Eastern Europe: Between European Union and United States," Proceedings of the Conference Organized by the Stefan Batory Foundation 2004, www. batory. org. pl/doc/geopolityka. pdf, 2005 – 05 – 01.

② 欧洲人认为，欧洲区别于美国的地方是，政教分离和世俗化，建立福利国家，进行枪支管理，废除死刑，崇尚国际法。

对国际机构又有着某种矛盾的态度：既要参与其中，又不希望在组织之外的地区进行太多干预，不想过于打破世界现状。这一地区没有新保守主义用武力推广民主的想法。

此外，对强权的不同理解也影响到欧盟新老成员国对俄罗斯的态度和交往方式。中东欧国家高度关注俄罗斯国内政治发展，对其试图恢复势力范围十分警惕。同时，它们希望越来越多的独联体国家走向"民主"，最终成为"欧洲"的一员。为此，中东欧国家希望欧盟成为继美国之后的另一个"民主输出者"，并制定专门针对独联体国家的政策。①

长期以来，欧盟的小成员国实际上没有属于自己的外交政策。只要英国、法国和德国达成一致，那便是欧盟的共同政策。然而，新成员国希望在欧盟形成和执行外交政策时有它们的声音，而不希望自己和欧盟被大国所控制。因此，它们不喜欢"法—德硬核欧洲"的概念。中东欧国家的政治和思维传统提供了理解其理念和行为的基础，但这并未使其很好地适应冷战后的新两难处境。英国著名欧洲问题专家戈登·阿什认为，庆祝欧盟扩大的最好方式不是谈论过去，而是看看美国、欧洲和中东欧在未来可以合作做什么？这或许是中东欧地缘政治要应对的真正挑战。

第四节　需要保护在欧洲的利益

一　中东欧国家在欧洲的利益

入盟后，随着欧洲一体化范围的不断扩大，程度日益加深，中东欧国家在欧洲的利益不断增多。但如何界定欧盟东扩10年之后中东欧国家在欧（盟）洲的新利益，以及如何将这些机会转变为实实在在的影响力，也是中东欧国家面临的新挑战。

---

① 在波兰和瑞典的推动下，2009年5月7日，欧盟27国代表和来自乌克兰、白俄罗斯、摩尔多瓦、亚美尼亚、格鲁吉亚和阿塞拜疆6国的政府首脑或代表在捷克首都布拉格举行首脑会议，就欧盟同这6个国家建立伙伴关系达成一致。"Joint Declaration of the Prague Eastern Partnership Summit," http://www.consilium.europa.eu/uedocs/cms_data/docs/pressdata/en/er/107589.pdf, 2009 – 05 – 08.

中东欧国家在欧洲的利益主要表现在三个领域：政治、经济和战略。

在政治领域中的利益有三个层次：

1. 防止出现"双速欧洲"。2008 年以来，全球金融危机，特别是欧元区主权债务危机对中东欧国家产生了直接威胁：随着欧洲增长和稳定公约的出现，曾一直被抵制的"双速欧洲"再次浮出水面。① 捷克和波兰都坚持在最高决策层有代表，不希望它们的影响力被排他性的组织所限制②，虽然经济稳定对新老成员国都同样重要，但是中东欧国家十分不喜欢政治排他性。③

2. 保持欧盟理事会轮值主席国的作用。2009 年上半年，捷克担任了欧盟轮值主席国。2011 年，匈牙利和波兰分别担任欧盟轮值主席国。对中东欧国家而言，轮值主席国是一个给欧盟留下印象，同时在其他成员国那里建立声望的重要机制。在捷克担任轮值主席国期间，通过了欧盟的东方伙伴关系计划，匈牙利在其任期内大力推动欧盟的多瑙河战略，波兰则关注能源安全。

3. 支持欧盟设立负责外交和安全政策事务的高级代表：欧盟的共同安全和外交政策一直被批评为太缓慢和迟钝。为解决这一问题，《里斯本条约》设立了外交部长（高级代表）一职。波兰等中东欧国家支持欧盟设立外长职位，希冀以此推动欧盟的共同安全与防务政策。

在经济领域的利益主要表现在两个方面：

1. 保护欧盟的凝聚政策：2007—2013 年，波兰是中东欧国家最大的净领取国。在拨付给中东欧国家总额 2430 亿欧元的欧盟基金中，

---

① Valentina Pop, "Sarkozy Pushes for Two-Speed Europe," *EUobserver*, November 10, 2011. http：//euobserver. com/institutional/114236.

② George Parker, Peter Spiegel and Joshua Chaffin, "Cameron Warned Against two-speed Europe," *Financial Times*, February 15, 2011. http：//www. ft. com/cms/s/76a5c874-38a5-11e0-959c-00144feabdc0, Authorised = false. html？_ i_ location = http% 3A% 2F% 2Fwww. ft. com% 2Fcms% 2Fs% 2F0% 2F76a5c874-38a5-11e0-959c-00144feabdc0. html% 3Fsiteedition% 3Duk& siteedition = uk&_ i_ referer = #axzzlRRYJaV7K.

③ See for Example：Honor Mahony, "Non-Euro Countries Fight for a Place at the Decision Making Table," *EU Observer*, September 12, 2011. http：//euobserver. com/economic/113585.

波兰获得了 1200 亿欧元①，2009—2015 年，欧盟的基金约占波兰 GDP 的 3.3%。② 捷克获得欧盟基金 366 亿欧元，名列第二。③ 但在欧盟财政整体紧缩的情况下，结构基金的这种扩张趋势（2007 年以来翻了一番）已经成问题。2010 年 2 月，英国、法国、德国、荷兰和芬兰联合致信欧盟委员会，敦促削减开支，卡梅伦甚至要求冻结预算，在未来预算年度期间抑制通胀率。④ 虽然联合致信被驳回，但是在中东欧成员国中引起了恐惧。在波兰担任欧盟轮值主席国期间，它散发了一份战略报告，要求保护欧盟的凝聚基金。⑤

2. 进一步放开欧洲市场：自从加入欧盟之后，中东欧国家一直寻求保持欧盟共同市场的开放性，因为它们从欧盟内部的货物和人员自由流动中获得了巨大的好处。中东欧国家继续支持法国称之为的盎格鲁—撒克逊模式的自由市场经济，支持欧盟委员会防止和反对保护主义的措施。欧盟市场自由是经济竞技场的均衡器，是中东欧国家过去 20 年里经济呈爆发式增长的因素。虽然金融危机一度中断了部分国家的经济增长过程，但这些国家的经济增长已重新启动。⑥ 部分中东欧国家的生活水平已经超过了欧盟平均水平，例如布拉格和布拉迪斯拉发已经成为欧盟人均最富裕的城市之一。⑦

---

① Simon Taylor, "Poland Biggest Beneficiary of EU Funds," *European Voice*, September 29, 2010. http：//www. europeanvoice. com/article/2010/09/poland-biggest-beneficiary-of-eu-funds/69010. aspx；"EU Funds and the EIB", *Bankwatch*, http：//bit. ly/vybB0R.

② "Economic Survey of Poland, 2010," OECD Policy Brief, April 2010. http：//www. oecd. org/poland/economicsurveyofpoland2010preparingforeuroadoption. htm.

③ "Resources for the Czech Republic 2007－2013," CWE. http：//www. esfcr. eu/europe-an-social-fund-in-the-czech-republic.

④ "State's Budget Freeze Risks More EU Wrangling," Reuters, December 18, 2010. ht-tp：//www. reuters. com/article/2010/12/18/us-france-eu-budget-idUSTRE6BH0KI20101218.

⑤ Andrew Rettman, "Polish Diplomats Instructed to Defend EU Cohesion,"*EUobserver*, August 19, 2010. http：//euobserver. com/economic/30646.

⑥ Marcin Piatkowski, "Post-Crisis Prospects and a New Growth Model for the EU-10," Center for*European Policy Analysis Report* No. 33, April 1, 2011. http：//www. cepa. org/sites/default/files/documents/CEPA% 20Report% 20No. % 2033% 2C% 20Post-Crisis% 20Prospects% 20and% 20a% 20New% 20Growth% 20Model. pdf.

⑦ Andrew Rettman, "Prague, Bratislava Richer than Most Old EU States,"*EU Observer*, February 25, 2011. http：//euobserver. com/regions/31873.

在战略领域的利益包括三个方面：

1. 管理俄罗斯。对许多中东欧国家而言，2008 年的格鲁吉亚战争清晰地表明了俄罗斯使用武力确保其跨境利益的能力和决心。在俄罗斯行动的同时，西方的反应较弱。① 同时，美国在 2009 年重启与俄罗斯的关系，德国同俄罗斯签署北溪输气管线协议，绕开了中东欧地区。法国同俄罗斯签署出售 4 艘"西北风"级两栖攻击舰的协定。这些都强化了中东欧国家的安全担忧。

中东欧国家对俄罗斯将奉行务实的政策，加强欧盟与俄罗斯之间的合作，同时也不断表达其对保护人权和传媒自由、支持俄罗斯公民社会和不遵守欧盟的能源宪章和欧洲市场标准的主张②。虽然中东欧国家承认现代化的俄罗斯符合西方的利益，但它们认为，法—德经济利益会继续压倒中东欧国家的政治和安全担忧。

2. 维持战略性东方政策：跨大西洋共同体一直试图支持欧盟基金向南涉及地中海盆地国家及更多支持关注后苏联地区国家之间的平衡。欧洲东部边界的稳定对中东欧国家至关重要。波兰和瑞典联合驱动的东方伙伴关系试图使后苏联地区在经济上和政治上，进而在战略上更接近欧洲。在乌克兰民主向后退和 2010 年白俄罗斯总统选举之后改革向后退的同时，"阿拉伯之春"促使法国和欧盟南部成员国要求欧盟更多地关注北非，要求欧洲邻国政策实施大幅度转向。③ 绝大多数中东欧国家不希望靠牺牲东方伙伴关系的利益而转向南方。

3. 保持欧洲大西洋空间的真实性：中东欧国家强烈依靠北约来

---

① Ronald D. Asmus, "Shattered Confidence in Europe," *The Washington Post*, September 19, 2009. http：//www. washingtonpost. com/wp-dyn/content/article/2009/09/18/AR2009091803046. html）; Andrew Michta, "Central Europe and NATO: Still Married but in Need of Counseling," *Center for European Policy Analysis Report*, No. 29, December 2009. http://www. cepa. org/sites/default/files/documents/CEPA%20Report%20No. %2029,%20Central%20Europe%20and%20NATO. pdf.

② David Král, "Central Europe and the United States 2020: Time to Rethink the Common Agenda," in Building the New Normal: U. S. -Central European Relations 2010 – 2020, Center for European Policy Analysis, May 2011 http://cepa. org/sites/default/files/documents/CEPA,%20Building%20the%20New%20Normal,%20May%202011. pdf .

③ Andrew Rettman, "France and Spain Call to Shift EU Funds from East to South," *EUobserver*, February 21, 2011. http：//euobserver. com/news/31843.

提供硬安全担保，依靠欧盟的政治影响力保持经济稳定增长。而最近的事件以两种方式挑战了这些机构：金融危机影响了这一地区的资源基础；格鲁吉亚战争引发了对老成员国因扩大疲劳症而造成的欧洲未完成状态的质疑。最近北约已不大可能再行扩大，欧盟在克罗地亚加入之后也不会再次扩大。金融危机严重影响到大西洋联盟—中东欧安全的基石——财政预算。虽然北约和欧盟的扩大是这一地区的特别要求，而且保持着经济增长的潜力，同时它也是中东欧国家进一步疏离东欧危机的灰色地区。为此，保持同美国的联系和美国在欧洲的存在具有重大意义。

二　中东欧国家获取利益的战略

为了实现其在欧洲的利益，中东欧国家采取了若干有针对性的战略。这些战略包括建立地区联盟、同老成员国结成特定联盟、提出特殊倡议、整合各种地区的能源倡议、深化地区防务合作、主导邻国政策和影响欧洲议会六个方面。

地区联盟：中东欧最著名的地区联盟首推维谢格拉德集团。目前，该集团关注能源安全，寻求欧盟对外行动局人事安排的地理平衡，秉持积极参与欧盟的就业增长战略的立场，后哥本哈根气候变化政策和救助希腊问题。2011 年，该集团推动欧盟对白俄罗斯的制裁，要求欧盟近邻政策加入人权条款，并和德国一道发表有关东方伙伴关系的联合声明。① 2014 年 3 月 14 日，维谢格拉德集团在华沙签署协议，共同组建战斗部队。②

另一个地区集团是波罗的海三国—北海邻国联盟。波罗的海—北海八国讨论了地区经济和外交政策问题。③ 波罗的海—北海六国商议在欧盟中的共同立场问题，北海委员会和波罗的海大会进行议会

① Robert Kron, "The Visegrád Group Revival: Time for Washington to Take Notice?" *Issue Brief*, No. 111: *Center for European Policy Analysis*, May 3, 2010. http://www.cepa.org/content/issue-brief-no-111-visegr％C3％A1d-group-revival-time-washington-take-notice-0.

② 该部队共计 3000 人，波兰贡献 1200 人。它是欧盟未来快速反应部队的一部分。The Visegrád common defense group to be formed by 2016, http://www.warsawvoice.pl/WVpage/pages/article.php/23962/news.

③ 波罗的海—北海八国包括波罗的海三国、丹麦、挪威、瑞典、芬兰、冰岛。

合作。① 英国前首相卡梅伦赞扬北海—波罗的海八国是整个欧盟的模式，并启动了英国—北海—波罗的海首脑会晤，推动共同目标的达成。②

特定联盟：受某些共同的、特定利益的驱动，中东欧成员国试图在欧盟内部建立某种联盟。2011 年 2 月，维谢格拉德集团在欧盟总部散发非正式信件，提出欧盟对外行动局的人事安排应该反映地理平衡，否则维谢格拉德集团国家将不参与欧盟的外交政策。包括奥地利、波罗的海三国、保加利亚、塞浦路斯、希腊、马耳他、葡萄牙、罗马尼亚和斯洛文尼亚 11 国支持这一要求。③

同老成员国结成特定联盟：在欧盟内部，中东欧国家的提议能否成功，在很大程度上取决于同老成员国（特别是法国、德国和英国）的关系。目前，绝大多数中东欧国家学习如何同老成员国合作，以推动国家和地区问题的解决。2008 年，波兰和瑞典说服德国，使得东方伙伴关系得以出台。

整合各种地区的能源倡议：除了继续推动共同能源政策和使南方走廊的上游来源多元化外，中东欧国家还应该整合它们的地区能源网络。一个选择是，通过连接波兰和克罗地亚之间液化天然气终端的内部管线来贯通能源南北走廊。目前，波兰和捷克之间的连接已经启动，匈牙利和克罗地亚之间的互联管线建设启动得更早一些。④ 波兰发现页岩气是能源来源多元化的另一种选择。通过整合波兰页岩气和捷克核能投资，维谢格拉德集团国家可以建立小型地区能源市场，这

---

① 波罗的海—北海六国是指波罗的海三国、丹麦、芬兰和瑞典。

② Robert Hutton, "Cameron Sees UK's Nordic-Baltic Alliance Setting Path for EU," *Bloomberg*, January 19, 2011. http://www.bloomberg.com/news/2011-01-20/cameron-sees-u-k-s-nordic-baltic-alliance-setting-growth-path-for-europe.html.

③ Ryszarda Formuszewicz and Jakub Kumoch, "The Practice of Appointing the Heads of EU Delegations in the Wake of Council Decision on the European External Action Service," Polish Institute of International Affairs, August 2010, https://www.pism.pl/files/?id_plik=3087.

④ "Polish-Czech Gas Interconnector Goes Online," *The News.pl*, September 14, 2011. http://www.thenews.pl/1/12/Artykul/55074, PolishCzech-gas-interconnector-goes-online. "A Croatian-Hungarian Gas Interconnector has been Put into Operation," Center for Eastern Studies, August 10, 2011 http://www.osw.waw.pl/en/publikacje/analyses/2011-08-10/a-croatian-hungarian-gas-interconnector-has-been-put-operation.

是平衡过分依赖外部资源的措施之一，而且可以提供未来欧洲范围能源网络的基础。

影响欧洲议会：过去，中东欧新成员国对欧洲议会功能了解得较少，参加欧洲议会选举的投票率低。如今，中东欧新成员国意识到，欧洲议会可以成为推动中东欧国家在欧盟中利益的工具。在波兰人布泽克担任欧洲议会议长时，欧洲议会公开支持波兰轮值主席国的政策优先，广泛认同中东欧的许多目标，包括进一步东扩、能源安全、改革共同农业政策，同俄罗斯建立务实的关系，推行新的经济治理方式，抵御双速欧洲概念等。① 此外，越来越多来自中东欧新成员国的欧洲议会议员为国家利益而不是为政党利益投票。②

深化地区防务合作：波兰担任欧盟轮值主席国期间制定了重新推动欧盟的共同安全与防务政策。维持可信的和高度戒备的能力将要求更多的分担和聪明的政治与财政投资。而抵消不断增高成本的方式之一是提升中东欧地区防务合作水平。中东欧国家在这方面已经显示出某些积极的迹象。维谢格拉德集团宣布成立战斗营。按照捷克和斯洛伐克的设想，维谢格拉德集团国家应该建立一体化的防务市场，并将其扩大到保加利亚和罗马尼亚。这将有利于共同采购，以及情报和设备共享。同时，继续追求在欧盟层面上获得可信军事潜力的整体目标。

主导邻国政策：中东欧成员国是东方伙伴关系的驱动力。在新的欧洲邻国政策架构中，"改革越多获得越多"的原则被重新制度化，这不仅事关政治制度，也事关公民社会。此外，中东欧成员国可以在欧洲民主基金会之外推动欧盟邻国的改革。

---

① "European Parliament Ally of Polish Presidency," Prezydencia 2011, June 21, 2011. https://www.premier.gov.pl/en/news/news/european-parliament-ally-of-polish-presidency.html Ralitsa Kovacheva, "Buzek: European Commission is our Economic Government," *EUinside*, Brussels, October 23, 2011. http://www.euinside.eu/en/news/jerzy-buzek-the-european-commission-is-our-economic-government.

② 在2009年7月14日和2011年7月14日进行了欧洲议会投票，在总共2365票中，按国家而不是按政党划界投票的情况如下：斯洛伐克236票、立陶宛188票、波兰151票、匈牙利106票。相反，法国只有55票、德国52票、英国36票。

综上所述，目前，中东欧国家在战略、政治和思想上正更多地介入欧洲的未来。大多数中东欧国家已实现了回归欧洲的梦想。自从第二次世界大战结束以来，中东欧国家第一次有可能完全参与欧洲大陆事务。在未来10年里，中东欧国家的任务是，利用不断增加的自信和在欧洲机构中获得的影响来在欧盟事务中发挥更大的作用。

欧盟目前处于发展的关键时期，扩大后的欧盟需要对自身进行多方面调整（结构和政策），以应对新形势和新挑战。作为欧盟新成员国，中东欧国家同样面临着调整、适应和融入欧盟的过程。中东欧国家加入欧盟，给欧盟带来了新的气象。如使欧盟积极介入乌克兰橙色革命、提出东方伙伴关系倡议、推进（输出）民主和维护人权、敦促欧洲大西洋两岸的协调与合作。与此同时，它也以某种方式给欧盟带来了新问题和新挑战，如双边争执、民粹主义和极右势力兴起、少数民族问题、治理倒退，以及经济脆弱性。①

应该指出，中东欧成员国面临的困境，部分是中东欧国家发展中的问题，部分是欧盟结构和政策的副产品，部分是欧洲大西洋关系纠结所致，部分源于中东欧国家同美国双边关系的变化。有关各方均应正视各自的问题，厘清原因，找出应对困境的方式和方法。唯此，中东欧成员国才能找到其在欧盟中的真正位置②，实现真正的政治稳定

---

① 在金融/经济危机风暴中，欧盟老成员国中没有一个国家的政府因为经济下降而垮台，但中东欧成员国有一半国家的政府因为经济困境而下台。David T. Armitage, Jr., "Europe's Return: The Impact of the EU's Newest Members," *CEPA Report*, No. 27, November 2009, http: //www. cepa. org/publications/view. aspx? record_ id = 122 , 2009 - 12 - 06.

② 目前，因幅员、人口、资源和政治抱负的差异，中东欧成员国在欧盟内扮演着不同角色：（1）寻求发挥影响，波兰凭借其幅员、资源和政治意志，试图充当中东欧成员国的领头羊。因其人口与西班牙相若，是中东欧10国中唯一参与G6（法国、德国、意大利、西班牙和英国）的国家。在图斯克担任波兰总理之后，波兰以更积极的态度对待欧盟。波兰也迫使法国在欧盟气候变化协定问题上妥协。波兰原总理布泽克担任欧洲议会议长，也将增强波兰人在欧盟机构中的影响力。（2）试图发挥影响但却无能为力。罗马尼亚一直动员欧盟对黑海地区和摩尔多瓦多加关注，但它在欧盟成员国和欧盟委员会中缺少威信。捷克一直试图引导欧盟的能源政策，推动古巴的民主，但一直为其小气而狭隘的国内政治所阻碍。（3）随大流。匈牙利对欧盟决策形成过程没有兴趣。它主要关注国内经济和政治挑战。即使在担任欧盟轮值主席国时，斯洛文尼亚关注的能源问题也只是简单地维持现状和避免出错，而不是推动新的政策倡议。

和迎来经济上的黄金年代。只有欧盟继续前行，欧洲—大西洋关系才能构筑在健康的基础上。

为实现更大的目标，中东欧国家必须通过改善战略和强有力的政治意志继续减少妨碍合作的障碍。在关注地区最重要问题的同时，避免被欧盟一体化所抛弃。如果中东欧国家不能克服这些障碍，就将会丧失得来不易的影响力和参与能力，而这有可能损害整个欧洲的利益。

第十一章　中东欧国家入盟与欧盟制度改革

冷战结束后，中东欧国家纷纷要求"回归欧洲"。出于地缘政治和经济利益的现实考虑，欧盟的表现也相当积极，把向中东欧国家扩张视为实现大欧洲梦想的跨世纪战略。欧盟认为，东扩不仅有利于巩固中东欧1989年以来推行的政治和经济转型，使欧盟感到更加安全，而且能为欧盟各国将来的繁荣创造条件。但是，欧盟此次扩大与以往四次（1973年英国、爱尔兰、丹麦加入；1981年希腊加入；1985年西班牙、葡萄牙加入；1995年奥地利、瑞典、芬兰加入）有很大的区别，前四次扩大是在西方经济和政治体系之内进行的，而这次东扩的大多数国家是前社会主义国家，经济发展水平普遍较低，且数量众多。由于成员国数量激增，利益差异及矛盾加大，如果没有一个更加有效的机构体制，则极有可能导致欧盟"消化不良"，甚至陷入瘫痪。而原有机构体制已有的弊端又使这一问题显得更加突出。在此背景之下，欧盟为应对中东欧国家的入盟，进行了一系列改革。

第一节　东扩前的欧盟

为了更好地了解欧盟为应对东扩在各个政策领域、各个机构中所进行的改革，回顾一下东扩之前的欧盟历史是非常必要的。

欧盟的名称自1993年《马斯特里赫特条约》生效起开始使用，全称为"欧洲联盟"，简称"欧盟"。欧盟是一个经常被人误解的概念。原来欧盟实际上是由三个不同机构，在新的政策领域不断被赋予新的职能、组建新的附属机构，最终在1992年被《马斯特里赫特条约》改组形成的。即使在 1992 年以后，欧盟的各个政策领域、对应的各个机构仍进行着不断调整。不同的政策领域、不同的职能、不同的机构共同形成了欧盟几种不同的决策机制。中东欧新成员国在 2004—2007 年加入欧盟时，欧盟决策机制的自我调整仍在不断进行之中。

这里所研究的欧盟改革主要涉及两个方面：一是欧盟机构进行表决时的计票方法，特别是部长理事会中的计票方法；二是决策程序，即在决策的过程中，欧洲议会到底参与到何种程度。

一　三大共同体与"共同体"表决模式

（一）三大共同体

欧盟的前身是成立于 1952 年的"欧洲煤钢共同体"（European Coal and Steel Community，ECSC），成立于 1957 年的"欧洲经济共同体"（European Economic Community，EEC）和"欧洲原子能共同体"（European Atomic Energy Community，EAEC 或 Euratom）这三个共同体。这三个共同体共享成员国，奠定了欧盟组织机构和决策方式的基础。

1. "欧洲煤钢共同体"

其目的是统一协调成员国之间的煤炭和钢铁生产、定价、销售，特别是要协调德国和法国这两个第二次世界大战中的敌对国的煤、钢等战略物资的生产和使用，以期控制德国再次酝酿战争的物质实力。欧洲煤钢共同体在成立之初就设立了四个管理机构：

第一，最高当局（High Authority），实际上是最高行政机构，由各成员国指派人员担任其委员，但各委员在执行欧洲煤钢共同体的决议时，不受指派国的指令，其决策体现了欧洲一体化的整体要求。它也是后来"欧盟委员会"的前身。

第二，特别理事会（Special Council），由各成员国有关的部长组成，其决策体现出各成员国的国家利益，特别是各成员国行政部门的政策诉求。它也是后来的"部长理事会"的前身。

第三，共同大会（Common Assembly），由各成员国的议会派议员参加。但其具体组织形式不是按国别划分，而是按政治色彩划分的，即通常划分为左、中、右党团，每个色彩的党团里包括各成员国议会中相近政治色彩的党派。它也是后来"欧洲议会"的前身。

第四，法院（Court of Justice），由各国派遣法官，但其裁判的法律依据是三大共同体具有法律性质的文件，而不是某成员国的法律。

2. 欧洲原子能共同体

其目的是统一协调民用核技术的开发和利用。

3. 欧洲经济共同体

其目的是组建一个欧洲共同市场（Common Market），也称内部市场（Internal Market）或单一市场（Single Market）。这一市场的最终目的是要在内部实现四种经济要素，即商品、服务、资金、劳动力的自由流动；同时，在外部形成关税同盟。按照"四个自由"的要求，欧洲经济共同体各成员国之间要逐步取消关税、签证等阻碍经济要素自由流动的保护措施。

这三个机构依据1965年签署的《合并条约》（Merger Treaty），自1967年起合并成相关的机构，成为"一套班子，三块牌子"的机构。其英文统称为European Communities，中文因无法直接表述英语中的复数概念，仍称之为"欧洲共同体"，简称"欧共体"。

三大共同体涉及的均为贸易、工业等领域的问题，它们在决策过程中使用的表决计票方法是"共同体模式"。

（二）"共同体"表决模式

从"欧洲煤钢共同体"开始，三大共同体的初衷就是要统一协调这三大共同体所涉及的领域的政策，即成员国要向三大共同体的中央机构转移部分主权，由这一超国家的中央机构根据欧洲一体化的总体要求，代替各成员国政府在相关领域进行决策。这在一定程度上是一种"少数服从多数"的表决计票制度。

具体而言，在欧洲一体化的早期，只有由各成员国部长组成的"特别理事会"（后来的"部长理事会"）才拥有对各项提案的决策权。各成员国根据人口等因素在"特别理事会"里拥有一定的票数，亦即在总票数中占有一定的权重。在"共同体"决策模式下，只要当表示赞成的成员国的票数占一定比例，同时再满足一些其他条件，这一议案就能获得通过，全体成员国都需执行。这就是"特定多数制"（Qualified majority voting，QMV）的表决计票方式。

表11.1　欧盟东扩之前各成员国在"特别理事会"（后为"部长理事会"）的票数

	1957—1973	1973—1979	1979—1985	1985—1995	1995—2003
法国	4	10			
德国	4	10			
意大利	4	10			
比利时	2	5	维持不变	维持不变	维持不变
荷兰	2	5			
卢森堡	1	2			
英国		10			
丹麦		3			
爱尔兰		3			
希腊			5		
西班牙				8	
葡萄牙				5	
瑞典					4
芬兰					3
奥地利					4
总票数	17	58	63	76	89

资料来源：根据 M. Donald Hancock，*Politics in Western Europe*（Chatham House Publishers，Inc.，1993）pp. 474 – 480 内容汇总而成。

欧盟东扩大之前（1995 年 2003 年），在部长理事会中取得"特定多数"的要求是：若议案由欧盟委员会提出，须达到62票；若议案由欧盟委员会之外的其他有关方面提出，则须达到62票且涵盖至少10个成员国。

二　三大共同体以外的政策领域和"全体一致"表决模式

随着经济的一体化，各成员国在与经济有关的非经济领域的合作也开始日益密切。但由于三大共同体本身有着明确的职能定位，特别是有着明确的表决计票方式，并不能马上把其他领域，特别是涉及各成员国政治主权等重大国家利益领域的决策也纳入进来，因此这些与经济相关的非经济职能，就独立于三大共同体之外而逐步创立起来。

（一）共同体之外的四大政策领域

1. 警察执法合作

20世纪70年代，国际恐怖主义开始兴起，使欧共体各国深感警察的执法合作应该加强，于是当时的欧共体设立了"特莱维机制"（TREVI），即一个松散的政府间合作网，以加强各成员国的司法部和内政部的合作。

2. 取消签证

欧共体所推动的"四大自由"中的劳动力自由流动，实际上要求各成员国之间取消签证。这涉及行政、司法、内政、安全等众多部门的一系列复杂合作。1985年，各成员国签署《申根协定》（Schengen Treaty），开始了签证互免的进程。

3. 外交关系

自20世纪70年代起，在欧共体各部长定期会晤的基础之上，各成员国元首或首脑也开始了定期会晤，以讨论欧洲一体化的整体方向，对欧共体的工作给出政治指导，其中也包括如何为欧洲的一体化营造一个适宜的国际环境。各成员国的合作开始涉及对外关系，特别是在外交方面深化合作。依据1986年签署的《单一欧洲法案》（Single European Act），各成员国成立了"欧洲政治合作机制"（European Political Cooperation，EPC）。

4. 军事、安全、国防合作

欧洲一体化各参与国在这一领域加强合作的背景是，一方面，包括政治和外交在内的一体化过程必然会涉及对欧洲国家来说格外重要的对外军事合作，特别是与北约的关系；另一方面，随着冷战的结束，欧洲原本一些被掩盖的矛盾冲突迅速显现出来，特别是前南斯拉夫解体，巴尔干地区出现了大规模的战乱和人道主义灾难，严重威胁到欧盟成员国的安全形势。因此欧盟各成员国的领导人，开始寻求地区军事和安全保障。依据1998年圣马洛峰会的精神，由英法两国牵头，欧盟开始着手将20世纪50年代成立军事组织"西欧联盟"

（West European Union）的职能，进而是组织机构和物质力量都吸收进欧盟中来。

（二）"全体一致"表决模式

在一体化过程中，上述这些领域，以及经济社会领域中一些特殊的领域，如社会保障等，涉及各成员国的重大利益，非常敏感，如果以"共同体"表决模式，按少数服从多数的原则，有些成员国在不同意议案的情况下将很难执行。因此，参与欧洲一体化的各国引入了"政府间"性质的"全体一致"表决计票模式，即在"部长理事会"中实行全体同意，一票否决的制度。

三　《马斯特里赫特条约》对欧洲一体化政策领域的整合

《马斯特里赫特条约》的正式名称为《欧洲联盟条约》（Treaty on European Union，TEU）。

三大共同体成员国于 1992 年签订的《马斯特里赫特条约》是欧洲一体化历史上的里程碑。此前三大共同体的政策职能和决策机制，与共同体外的多种政策职能和决策方式在《马斯特里赫特条约》中被加以整合。整合之后的国际组织即为欧洲联盟。

在《马斯特里赫特条约》中，原来一体化过程中所涉及的大部分政策领域被整合成三大领域，即三大支柱（pillars），对应着两种不同的表决计票模式。

（一）第一支柱：原三大共同体的政策职能

三大共同体的政策职能被整合成一个"支柱"。但是，三大共同体仍然存在。

欧盟成立后，原来属于"共同体"表决计票方式的，仍然按该方式进行决策，没有改变。

（二）第二支柱："欧洲政治合作机制"

原来由"欧洲政治合作机制"（EPC）负责的对外关系领域，被整合为"第二支柱"，更名为"共同外交与安全政策"领域（Common Foreign and Security Policy，CFSP）。

其进行决策表决时，仍采用"全体一致模式"进行表决计票。

（三）第三支柱：执法合作

原来由"特莱维机制"负责的警察和执法合作，被整合为"第三支柱"，更名为"司法与内务"事务领域（Justice and Home Affairs，JHA）。

其进行决策表决时，仍采用"全体一致模式"进行表决计票。

除上述三个"支柱"之外，还存在着若干仍在欧盟之外的政策领域。例如，在《马斯特里赫特条约》中，"申根协定"所涉及的成员国互免签证问题和由"西欧联盟"负责的军事职能，仍未被整合进欧盟的职权范围之内。

四　《阿姆斯特丹条约》对欧洲一体化政策领域的整合

1997 年，在阿姆斯特丹召开的欧盟各成员国政府间会议，是欧盟成立之后的第一次条约修订会议，对欧盟的政策领域和表决计票模式都做出了进一步改革。

（一）第一支柱："共同体"领域

1."共同体"领域的扩展

第一，原先不在欧盟范围之内的《申根协定》，即成员国签证互免政策，进入了欧盟的政策领域，并开始受"欧洲共同体"管辖，逐步按"共同体"模式进行表决计票。

第二，原来的第三支柱，即"司法与内务"领域的部分权限也转归"欧洲共同体"管辖，开始按"共同体"模式进行表决计票。

（二）第二支柱："共同外交与安全政策"领域

《阿姆斯特丹条约》决定建立"欧洲安全与防务政策"（European Secutiry and Defence Policy），提升欧盟的军事能力。上文已述，自 1998 年起，欧盟开始逐步吸收"西欧联盟"的职能、机构。欧盟在这一领域的表决计票模式仍为"全体一致"模式。

（三）第三支柱："司法与内务"领域

《马斯特里赫特条约》之后的"司法与内务"领域的一部分内容转归第一支柱管辖后，剩下的部分被更名为"刑事领域的警察与司法合作"（Police and Judicial Co-operation in Criminal Matters，PJCC）。表决计票模式仍为"全体一致"模式。

第二节 欧盟东扩与欧盟改革

冷战结束之后，当时的欧洲一体化进程经过了四十多年的发展，到 1997 年的《阿姆斯特丹条约》，已经形成了一套独特的决策机制，但也产生了一系列复杂难解的问题。东扩无疑将会加剧这些问题。这使得欧盟不得不对自身的组织机构和决策方式进行改革。

一 欧盟东扩前的主要问题

由于欧盟在东扩前已有 15 个成员国，且在很多问题上需要全体成员国一致同意才能实施，因此，决策效率问题以及如何兼顾效率与公平的问题，是欧盟面临的最主要问题。这主要表现在以下几个方面：

一是欧盟委员会的规模。欧盟委员会是欧盟的主要执行机构，负责欧盟的日常事务。东扩前，委员会共由 20 人组成（其中，英国、法国、德国、意大利和西班牙各有两名代表，其他国家各有一位代表）。如果按照一国至少一名代表推算，则欧盟东扩后，委员会的成员有可能会达到三十多人，这势必造成人浮于事，很难保证工作效率。

二是欧盟理事会表决权分配问题。作为欧盟最主要的决策机构，欧盟理事会的表决方式有一致通过和多数通过两种方式。一致通过意味着每个成员国都有否决权，多数通过又分为简单多数和特定多数。简单多数是指每个成员国一国一票，过半即可通过，而特定有效多数采用加权票数，各个成员国的加权票数不同（英、法、德意 10 票，其余成员国 3—8 票不等，共 87 票，满 62 票为通过）。欧盟东扩后如何分配表决权，做到既照顾小国利益又能使大国同意，将是一个非常棘手的问题。

三是否决权的适用范围。在原有的决策机制下，欧盟在进行重大问题决策时需要一致通过，常因一国使用否决权而难以通过决策，导致决策效率低，严重阻碍了一体化进程。如果不予以改革，则欧盟扩大后势必将陷入"议而不决"的尴尬境地。

在面临欧盟历史上最大规模的扩大时，欧盟的机构改革已迫在眉睫。

二　欧盟改革的三个阶段

为了解决上述问题，欧盟从 20 世纪 90 年代末至 21 世纪第一个十年的时间里，酝酿了三次重要改革，其中的《尼斯条约》和《里斯本条约》获得了通过，进入了实施阶段，而《欧盟宪法条约》则遭到了部分成员国的否决，以流产告终。

（一）《尼斯条约》

2000 年 12 月，欧盟首脑会议在法国尼斯城召开，其核心议题是机构改革。经过艰苦的谈判磋商，与会各国达成一致意见，并签订《尼斯条约》，其主要内容有以下四个方面：

一是在欧盟委员会规模上，尼斯会议决定，从 2004 年产生的欧盟委员会开始，实行一国一委员制度；当成员国扩大至 27 个之后，将在轮换体系的基础上实行委员数额少于每个国家一名委员的规则。

二是对现有成员国及申请国未来在以多数表决制进行决策时所拥有的表决票进行重新分配，其中法、德、英、意大利各 29 票，西班牙、波兰各 27 票，罗马尼亚 15 票，荷兰 13 票，希腊、捷克、比利时、匈牙利、葡萄牙各 12 票，瑞典、保加利亚、奥地利各 10 票，斯洛伐克、丹麦、芬兰、爱尔兰、立陶宛各 7 票，拉脱维亚、斯洛文尼亚、爱沙尼亚、塞浦路斯和卢森堡各 4 票，马耳他 3 票，共 345 票。有效特定多数票的标准，在议案由欧盟委员会提出的情况下为超过一半的成员国，74% 的票数，以及涵盖 62% 欧盟总人口的支持；在议案由欧盟委员会以外的其他有关方面提出时，为达到 2/3 成员国、74%，以及涵盖 62% 欧盟总人口的支持。

三是扩大"特定多数制"表决计票模式适用的政策领域，在环境、交通等二十多个领域放弃一致通过表决制；

四是强化合作。只要有 8 个成员国同意，就可以在某一领域开展"强化合作"，即先行推进某些一体化措施。

《尼斯条约》在 2002 年 12 月底之前陆续被各国批准并正式生效，为欧盟的东扩奠定了基础。塞浦路斯、匈牙利、捷克、爱沙尼亚、拉脱维亚、立陶宛、马耳他、波兰、斯洛伐克和斯洛文尼亚等10国在2004年5月1日加入欧盟，2007年7月1日保加利亚、罗马尼亚加入欧盟，欧盟成员国达到27个。

在《尼斯条约》的谈判过程中，大国和小国实际上进行了某种利益交换。一方面，德、法、英、意等大国在欧盟委员会中各让出了一个席位，使得以小国为主的中东欧新成员国也能获得一个欧盟委员的席位。另一方面，在部长理事会的特定多数制计票方式上，大国则获得了一定补偿，特别是波兰，以不到德国一半的人口，获得了仅次于德国的票数，在欧盟里取得了较高的政治地位。如何保住这一地位，也成为后来波兰与老成员国进行博弈的重点。

（二）《欧盟宪法条约》

继《尼斯条约》之后，2001年12月5日，欧盟在比利时莱肯（Laeken）会议上通过了《莱肯宣言》，决定开始制定"欧盟宪法"，并成立了制宪筹备委员会。制宪工作从2002年2月开始，至2004年6月18日，欧盟25个成员国在比利时首都布鲁塞尔举行首脑会议，通过了《欧盟宪法条约》草案的最终文本。同年10月29日，欧盟25个成员国的领导人在罗马签署了《欧盟宪法条约》。它不仅巩固了《尼斯条约》机构的改革的成果，又在提高欧盟的民主程度和行为能力方面取得了新进展。

由于《欧盟宪法条约》将取代当时欧盟得以建立和运行的若干个条约，事关重大，因此必须在欧盟全部成员国根据其本国法律规定，通过全民公决或议会投票方式批准后方能生效。如果该条约按计划获得所有成员国和欧洲议会的批准，那么其本应于2006年11月1日生效。虽然《欧盟宪法条约》最终未能生效，但它实际上体现了欧盟改革的方向，后来的《里斯本条约》仍继承了其大部分条款，因此仍有必要对其进行考察。

《欧盟宪法条约》是根据欧盟发展的新情况，对其基础条约进行的一次重新整理汇编，并改革了原有的部分内容。宪法条约文本里约有80%的内容是重复或重新表述现有条约规定，是对欧盟现有条约的继承，只有20%左右的内容是创新性规定，但是，正是这些内容对欧盟的决策方式和机构设置等进行了重大变革。

《欧盟宪法条约》引入了几项措施，旨在增加了欧盟中央机构的权力。这对欧盟在日益复杂的内部和外部环境中提高决策效率，将有着显而易见的促进作用。

一是赋予欧盟以法律人格。《欧盟宪法条约》规定，联盟应具有法人资格。欧盟能够以自己的名义与第三国及国际组织缔结协议，并在国内或国际法院提起诉讼。此前，欧盟并不具有法人资格，欧洲一体化机构参与国际活动，都是通过欧洲共同体的法人资格来实现的。

二是改革决策表决机制。《欧盟宪法条约》取消了二十多个领域过去的"一票否决制"，代之以"特定多数制"的表决计票模式，从而减少了因为个别国家的不同意见而使欧盟的决策过程停滞不前的情况。

在《欧盟宪法条约》中，特定多数制指：如果议案由欧盟委员会或欧盟外长提出，则须同时具备55%的票数，65%的欧盟人口这三个条件；如果议案不是由欧盟委员会或欧盟外长提出，则须达到72%的票数和65%的欧盟人口。

三是机构改革，设立欧盟理事会主席，以代替现行的半年轮值主席国制度，任期为两年半，可以连任一届。同时，设立欧盟外长（Union Minister for Foreign Affairs），外长同时兼任欧盟委员会副主席。这一职位实际上欧盟原来负责外交与安全政策的高级代表与欧盟委员会外交委员这两个职务的合并。

四是改革欧洲委员会现行组成方式和运行制度，由单一组成制变为双层制。条约规定，欧洲委员会应由一个主席团组成，包括其主席、联盟外交部长/副主席、根据等时轮流制度在成员国中遴选的十三名欧盟委员。以上委员享有表决权，是为第一层。除此之外，欧洲委员会主席应从其他成员国人士中，委任无投票权的委员，是为第二层。

除提高欧盟的决策效率之外，《欧盟宪法条约》还采取了一定措施，以增强其决策的民主性。这主要体现在欧洲议会权力的扩大。条约规定，欧盟委员会主席、欧盟外长，及所有欧盟委员会成员的人选均需通过议会的批准。议会还将在包括预算在内的绝大多数领域与部长理事会共同制定立法。

欧盟各国领导人虽然在相互妥协基础上通过的宪法条约文本兼顾了各方利益并正式签署了宪法条约，但这不可能是一个令各方完全满意的结果。特别是，欧盟将在更多的政策领域以有效多数制进行表决计票，成员国丧失了一票否决权，这也就意味着成员国向欧盟中央机构让渡了更多的主权。这不但使《欧盟宪法条约》在欧洲怀疑主义具有重要影响的英国、波兰等国遇到了巨大阻力，而且在法国等欧洲一体化的主要推动国中也受到了质疑。

2005 年五、六月间，法国和荷兰分别在全民公决中否决了《欧洲宪法条约》。随后，英国、葡萄牙、丹麦、瑞典、波兰、芬兰等国相继表示推迟批准进程。2005 年 6 月 16 日，欧盟首脑会议一致决定推迟批准《条约》的最后期限。这时，欧盟各成员国国对该条约的支持意愿都在下降，这一版本的宪法已几乎不可能再获得获得通过了。欧盟制定宪法性条约的努力归于失败。

（三）《里斯本条约》

《欧盟宪法条约》的批准进程终止后，欧盟领导人号召各成员国进行一次为期两年的反思。为推动欧盟制宪进程，2007 年 6 月，欧盟首脑会议在布鲁塞尔决定以一部新条约取代已经失败的《欧盟宪法条约》，新条约不是涵盖欧盟所有既有法律的一部新法律，而是对创建"欧洲经济共同体"的《罗马条约》和建立"欧洲联盟"的《马斯特里赫特条约》进行修改增补，正式名称为《修改 < 欧洲联盟条约 > 和 < 欧洲共同体条约 > 之里斯本条约》（Treaty of Lisbon Amending the Treaty on European Union and the Treaty Establishing the European Community）。总体来看，新条约除删去了带有宪法意味的内容，如更改其"宪法条约"名称、删去欧盟盟旗、盟歌等内容外，大体保持了《欧盟宪法条约》的实质性内容，一方面引入更多的有效多数制表决计票机制，提高决策效率，另一方面提高欧洲议会权力，增加决策的民主性；另外，新条约还增强了成员国议会在欧盟决策中的话语权。

2007 年 10 月 19 日，欧盟非正式首脑会议在葡萄牙首都里斯本通过了《里斯本条约》。同年 12 月 13 日，欧盟成员国领导人在里斯本签署《里斯本条约》，随后交由各成员国批准，预计于 2009 年 1 月生效。匈牙利国会 2007 年 12 月 17 日投票通过了《里斯本条约》，成为首个批准该条约的欧盟成员国。2009 年 10 月 2 日，爱尔兰选民在第二次公投中以 67.1% 的支持票通过了《里斯本条约》；11 月，捷克批准该条约。《里斯本条约》于 2009 年 12 月 1 日生效。

第三节　《里斯本条约》之后的欧盟运作机制

《里斯本条约》是欧盟发展历史上的又一座里程碑。它是在国际局势深刻变革和欧盟东扩的背景下制定的，它的实施也对中东欧成员国在欧盟中的作用产生重大的影响。

一　欧盟的表决计票模式和决策流程

2009 年 11 月，《里斯本条约》生效。其在欧盟的决策过程方面，主要涉及两个问题，即表决的计票方式和欧盟各机构在表决流程中的角色。

（一）计票方式

在计票方式上，如前文所述，根据政策领域的不同，欧盟有两种表决计票方式：“共同体”模式（即以“特定多数制”的形式出现的“少数服从多数制”）和“政府间”模式（即“一票否决制”或“全体一致制”）。“特定多数制”是一种主要在部长理事会中使用的计票方式。

由于全体一致制的实现需要更多地协调、游说工作，因此耗时较多，特别是在涉及到一些成员国的重大利益关切时，有时甚至是无法达成的；而特定多数制可以在计票时忽略掉反对票，因此较容易达成协议，效率较高。随着欧洲一体化的深入，越来越多的表决需要采用特定多数制进行，这在《里斯本条约》中已得到了体现。

在艰苦的磋商之后，《里斯本条约》沿用了《尼斯条约》的国家权重和计算方法，其特定多数制是指：如果议案由欧盟委员会或欧盟外长提出，则须同时具备 55% 的票数，65% 的欧盟人口这三个条件；如果议案不是由欧盟委员会或欧盟外长提出，则须达到 72% 的票数和 65% 的欧盟人口。

（二）表决流程

随着欧洲一体化的不断发展，成员国向欧盟中央机构转移的主权也越来越多。如何防止出现欧盟中央机构权力过大，如何对欧盟中央机构实施监督，如何使欧盟的决策更加民主，成为欧洲一体化中的重大问题。在解决这些问题的过程中，如何使欧洲议会发挥更大的作用成为关键。因此，欧盟根据不同的政策领域，设计出了两种不同的表决流程，即"普通决策模式"和"特殊决策模式"。

1. 普通决策程序（Ordinary procedure）

在《里斯本条约》以前，这也被称为"共同决策程序"（co-decision）。

普通决策程序的流程如下：

第一步，由欧盟委员会根据欧洲一体化的需要撰写提案的草案，并抄送欧盟经济和社会委员会及欧盟地区委员会征求意见，但其意见无强制性。

第二步，欧盟委员会将提案交由欧洲议会一读，如欧洲议会无修改，则交部长理事会一读；如再无异议，则议案通过。如欧洲议会对议案做了修改（amendments），则将修改稿退回欧盟委员会，欧盟委员会对欧洲议会的修改稿给出意见（opinion），然后一并交部长理事会。部长理事会一读，如无异议，则通过；如部长理事会不同意欧洲议会的修改，则给出立场（position），然后一并退回欧盟委员会。

第三步，欧盟委员会对部长理事会的立场再次给出意见（opinion），其后一并交欧洲议会二读。如欧洲议会同意部长理事会的立场，则议案通过。如欧洲议会以简单多数票方式否决了部长理事会的意见，则议案被否决。如以简单多数票方式通过了对部长理事会立场的修改，则一并再次退回欧盟委员会。

第四步，欧盟委员会对欧洲议会的修改再次给出意见，然后一并交部长理事会三读。如部长理事会无异议，则议案通过。如部长理事会对欧洲议会的修改有异议，则需召集由欧盟委员会、部长理事会、欧洲议会共同组成的协调委员会。

第五步，协调委员会的工作是：（1）若无法形成结论，则议案被否决。（2）若可以形成结论，但欧洲议会和部长理事会对文件文本不能达成共识，则议案被否决。（3）若可以形成共识和共同文本，且在欧洲议会经简单多数通过，并在部长理事会经有效多数通过，则议案通过。①

目前，欧盟的大部分政策领域均采用这一决策程序。

2. 特殊决策程序（Special procedures）

特殊决策程序分为几种类型。②

（1）咨询程序（Consultation procedure）

在咨询程序中，同样需要欧洲议会和部长理事会对欧盟委员会所提出的议案进行审议。但与"普通决策程序"的区别是，欧洲议会的意见是没有强制性的，因此欧盟委员会既不需要针对欧洲议会的意见进行回应，部长理事会在审议欧盟委员会的该议案时，也可以不予参考。

欧洲议会在"咨询程序"中只能起比较小的作用。但是，欧洲议会给出意见是一个必需的程序，也就是说，欧洲议会可以通过拖延给出意见的时间，而在客观上使得该项议案被延宕。

目前，这一决策程序的使用已经比较有限。

（2）同意程序（Consent procedure）

在《里斯本条约》之前，"同意程序"的英文名称为 Assent procedure。

在"同意程序"中，同样需要欧洲议会和部长理事会对欧盟委员会所提出的议案进行审议。但与"普通程序"和"咨询程序"不同的是：一方面，欧洲议会只能对议案表示赞同或者反对，而不能对议案提出修改；另一方面，欧洲议会的态度是具有约束力的，也就是说，如果欧洲议会对某项议案投票反对，那么该议案将直接被欧盟否决。

目前，关于吸收新成员国、给予非成员国以"联系国"身份、现有成员国退出欧盟等问题，适用此种决策程序。另外，欧盟与非成员国或其他国际组织所签署的协议中要求成立一个联合委员会，欧盟是

---

① TFEU. art. 283 – 294.

② Ibid.

否要加入《欧洲人权和基本权利自由》（European Convention on Human Rights and Fundamental Freedoms），以及会对欧盟整体预算产生重大影响的国际条约，也要依据"同意程序"进行表决。[①]

目前，大部分由欧盟"共同外交与安全"政策管辖的领域，还是采用本决策方式。

应该说，《里斯本条约》通过之后，由欧盟中央机构负责的政策领域增加了，在更多的领域引入了"特定多数制"表决计票模式，使部长理事会的表决有所简化，但由于增加了欧洲议会否决议案的可能性，因此欧盟决策的效率到底会发生如何变化，仍是一个复杂的问题。

另外，《欧盟宪法条约》和《里斯本条约》都曾经提出的缩减欧盟理事会人数的改革并没有施行。欧盟理事会于2013年5月22日做出决定，在欧盟成员国达到30个之前，仍然维持每个成员国公民担任一名欧盟委员的现有模式。

二　成员国向欧盟中央机构的主权转移

根据《里斯本条约》的规定，欧盟中央机构（主要是欧盟理事会）和各成员国，在各个政策领域的分工大体如下。

（一）欧盟独享权限的领域

1. 关税同盟。

2. 竞争和反垄断问题。

3. 欧元区的货币政策。

4. 在"共同渔业"政策下的海洋生物多样性保护。

5. 共同贸易政策。

6. 签署部分领域内的国际条约。

（二）欧盟和成员国分享权限的领域

1. 当欧盟执行了该权限时，成员国便不再享有权限的领域：共同市场；社会政策；经济、社会、区域的均衡发展；农业政策和渔业

[①]　Procedure for the adoption of international agreements http：//europa. eu/legislation_ summaries/institutional_ affairs/decisionmaking_ process/l14532_ en. htm.

政策（海洋生物多样性保护问题除外）；环境政策；消费者保护；运输政策；跨欧洲网络建设；能源政策；自由、安全和司法政策；卫生政策（限条约规定的领域）。某种程度上，共同外交与安全政策的权限划分，也属于这一类型。

2. 欧盟和成员国可以同时具有权限，但首先要保证欧盟权限的政策领域：科研、科技、空间技术；"发展政策"；人道主义援助。

3. 欧盟对各成员国政策进行协调的政策领域：经济、就业和社会政策协调。

（三）欧盟对各成员国的政策进行支持、补充的政策领域

卫生政策（条约规定之外的领域）；工业政策；文化政策；旅游政策；教育、青年、体育、培训政策；灾害防控；各成员国的行政合作。

三　欧盟决策的执行机制

在欧盟的有关条约制定完成，并获得各成员国批准生效后，就会出现这些条约如何转化为实际可执行的规定的问题。欧盟中央机构在履行这些条约时，会先由欧盟委员会提出议案的动议，议案在获得通过以后，就具备了法律效力，但其实现的形式有所不同。

（一）欧盟的政令

欧盟的政令指通过"一般决策程序"或"特殊决策程序"，由欧盟委员会提出，经部长理事会和欧洲议会表决通过的法律文件，包括条例、指令以及决定。

级别最高的是"条例"（regulation）。条例实际上就是在全欧盟境内立即生效的法律，效用最广，同时对所有成员国的各种机构均有效，既包括政府，也包括非政府组织和商业组织。欧盟条例本身就是各成员国在国内诉讼中的审判依据。

其次是"指令"（directive）。指令并不是立即生效的法律，而且只针对成员国政府当局，其本身也不是各成员国在国内诉讼中的审判依据。各成员国应根据本国的立法程序，按照欧盟指令的要求，制定相应的国内法，并在一定时间之后开始执行。欧盟给予成员国诠释该指令的余地。

最后是"决定"（decision）。决定并不针对所有成员国，只对当事人有效。这一当事人可以是政府机构，也可以是非政府机构或商业组织。

从实践上看，由于大部分经济领域为欧盟独享的权限，欧盟可以自行制定政策，自行执行，因此其政令形式也多以"条例"为主。但当涉及"共同外交与安全"和"刑事领域的警察与司法合作"领域时，则其多为"指令"的形式，即无法对各成员国的执行细节做统一的规定。

（二）欧盟法院的判例

需要指出的是，由欧洲委员会提出动议，报送欧洲议会和部长理事会审议的议案，并不是具有法律效力的欧盟文件的唯一来源。除上述"普通决策程序"和"特殊决策程序"外，还有其他几种决策程序，涉及其他的欧盟机构。其中最重要的是欧洲法院（Court of Justice）的判例（case law），尤其是在欧盟政策本身简单明确，但执行起来有大量细节需要完善的领域更是如此。可以说，欧盟大部分以"共同体"模式进行决策的领域，都存在着大量的此类判例。其判决对所针对案件本身直接生效，并会直接影响欧洲法院以后对同类案件的判决，各成员国的法院一般也会引用欧洲法院在同类案件中的判决，因此，这些判例是欧盟中央机构和成员国进行决策时的重要依据。但是，欧洲法院目前对欧盟"共同外交与安全"政策是没有权限的，因此由这一领域引发，并在对外经济关系上有所体现的有关决策，在其"共同外交与安全"的决策阶段，欧洲法院是不涉及的。

（三）开放协调方式

在一些政策领域中，尽管欧盟委员会都有专门的委员负责，但一般没有制定法规进行管辖的权力，而是通过一种所谓的"开放协调方式"（open method of coordination，OMC）来促进各成员国对政策的执行。这种"开放协调方式"是由欧盟委员会制定本期（一般是一年）的政策目标，各成员国根据这一目标进行执行，最后通过各成员国之间的"互评"，一方面提供成功经验，另一方面对受评成员国的执行状况进行监督。在就业、教育等领域，OMC 是欧盟发挥作用的主要方式。

由于在"开放协调方式"中，欧盟机构主要只负责制定目标和对各国的方案提出意见，缺乏实际的强制力，因此"开放协调方式"往往难以保证政策的执行效果。各成员国在经济和政治上所面临的情况不同，对很多政策的态度也不同，执行的力度也不尽一致。

应该说，开放协调方式地位的提升，是与欧盟在就业、科技、社会保障等领域所面临的日益增大的挑战有着直接关系的；而这些挑战中很多是直接与中东欧新成员国社会发展水平较低、抵御经济风险能力较差有着直接关系的。随着欧盟内外环境的不断变化，开放协调方式将是一种越来越受到各方重视的实现欧盟职能的方式。在欧盟提出"建设一个有竞争力的欧洲"的口号下，"开放协调方式"将会发挥越来越重要的作用。

四　"民主赤字"问题

由于在《里斯本条约》（及此前的《欧盟宪法条约》）之前，一方面，由各成员国的纳税人为欧盟运作贡献了大量资金，但另一方面，欧盟的主要决策机构为部长理事会，它由各国行政当局派员组成，并无各成员国选民的直接参与；欧盟的主要行政机构欧盟委员会则不但由各国行政当局派员组成，而且理论上完全不受成员国任何机构的约束；由各成员国选民直接选出的欧洲议会在大多数问题上只能参与"咨询程序"，而没有实质性的决策权。因此，从制度设计而言，各成员国选民和纳税人并无直接途径对欧盟的资金和各项运作进行监督，欧盟决策的合法性或民主性就成为一个问题，即所谓"民主赤字"问题。中东欧新成员国的经济水平普遍较低，对欧盟的资金贡献较少、资金获取较多；同时，中东欧成员国中的波兰和捷克自入盟以来一直具有某种欧洲怀疑主义倾向，而匈牙利则在近年来经常表现出一些有违欧盟基本理念的行为，成为"拿了钱"，却"不听话"的国家，因此中东欧新成员国往往是"民主赤字"问题所谈论的焦点之一。

解决民主赤字的方法，一个方向是削减欧盟的权力，另一个方向是加强欧盟机构的选民参与性。应该说，第二种方式与推动欧洲一体化的过程更为相符。具体来说，一方面，由于欧洲议会自 1979 年起即为各成员国选民直接选举，具有较强的代议性质，因此《里斯本条约》大大扩大了欧洲议会的决策权，即"普通决策程序"适用的领域大大增加了，特别是在预算等带有全局性和事关资金运作领域的权力大大增加。

另一方面，由于在另一个决策机构，即部长理事会中，"有效多数制"的表决计票模式适用范围大大扩展，这意味着将有更多的成员国将不得不在"少数服从多数"的原则下被动接受一些欧盟的法案，因此由直接代表各成员国选民的欧洲议会与部长理事会进行"共同决策"（co-decision），实际上是为部长理事会中以"特定多数制"通过的议案提供一个得以再思考、修正、表决的机会。尽管这可能使决策过程更加冗长，但在理论上却使得决策性质更加民主，是克服"民主赤字"的一种设计。

综上所述，欧盟在冷战结束之后，一方面迎来了前所未有的机遇，特别是国际形势的缓和与《马斯特里赫特条约》的签订使欧洲一体化大大地推进了；另一方面，中东欧的战略真空、前南斯拉夫地区的战乱也向欧盟提出了严峻的挑战。欧盟正是在这样一种机遇与挑战并存的背景下做出东扩决定的。欧盟东扩既是对既有问题的一种解决方案，同时又不可避免地会带来新的问题。为了应对互相交织的各种新老问题，欧盟必然要对自身进行深刻的改革。而在全球一体化程度空前加强，国际格局变化加速的 21 世纪，欧盟的上一轮改革还没有完全落实，新的形势又提出了新的问题。这正是欧盟为什么会在2000—2007 年密集出台《尼斯条约》《欧盟宪法条约》《里斯本条约》等一系列重大条约的原因。其中，《尼斯条约》主要针对的是欧盟东扩所带来的欧盟决策效率问题，而后两个条约则要在加强 10 个中东欧新成员国参与欧洲一体化进程的同时，不得不把提升欧盟竞争力、扩大欧盟的国际影响力也考虑进来。

欧盟自 2000 年以来出台的这三个成文的条约，两次进入实施阶段的改革，都将重点放在了两个领域：一是改革欧盟组织机构；二是改革欧盟的决策方式，尤其是以更多的"特定多数制"表决计票模式代替"全体一致制"表决计票模式，以及以"普通决策程序"代替"特殊决策程序"。这两方面的改革都有着共同的目的,即一方面提高决策的效率,另一方面提升决策的民主程度。但理论和经验都告诉我们,决策效率和民主程度之间往往存在着矛盾,欧盟的这三个条约、两轮改革也不能例外。欧盟进行的欧洲一体化事业史无前例,欧盟如何应对所面临的矛盾和问题也没有现成的答案。2009 年以来的欧元区主权债务危机,以及 2011 年以来的难民问题和恐怖主义问题,2016 年的英国脱欧和民粹主义兴起,都是对欧盟改革成果的检验。目前看来,形势仍不明朗。欧洲一体化是大势所趋,不会终止,但拥有 28 个成员国的欧盟未来将如何发展,仍需观察。

第十二章 中东欧国家入盟后欧盟内部的
利益分歧及其影响

随着 2004 年 5 月 1 日、2007 年 1 月 1 日和 2013 年 7 月 1 日欧盟的三次扩大，11 个中东欧国家实现了"回归欧洲"的战略目标，欧盟成员国的数量从原先的 15 个增加到 28 个。欧盟由此成为世界多极化格局中重要的一极以及世界最大的经济体之一，与此同时，它面临着因扩大而带来的新的制度挑战和政治、经济、文化等方面的问题。欧盟的人口增加了 20% 左右，然而国内生产总值却只增长了 5% 左右。而且，在加入欧盟的 11 个中东欧国家中，只有波兰①和罗马尼亚②称得上是中等偏上和中等国家，其他都是小国家。成员国的增多，特别是经济水平较为落后、国土面积和人口规模较小的国家数量增多，致使欧盟内部大国与小国之间的力量平衡发生了向小国的倾斜。而经济水平、地缘政治环境、历史经验和执政党政治主张的差异性增强，则造成欧盟成员国利益诉求的多样化趋势加剧，从而对欧盟内部团结和欧洲一体化的深化带来挑战。

第一节 中东欧国家入盟后的利益诉求及其
对欧盟的影响力

尽管在 2004 年 5 月 1 日欧盟第一次东扩的日子里，欧洲大陆弥漫着喜悦和荣耀的气氛，欧盟老成员国的领导人纷纷发表公开声明，

---

① 国土面积 31. 26 万平方公里，至 2016 年 11 月人口总数为 3843 万。
② 国土面积 23. 84 万平方公里，至 2016 年 7 月人口总数为 2222 万。

表示欢迎欧盟东扩，称这一事件是"目标明确和坚持不懈的努力战胜了历史遗产的结果"，这一天是"伟大的日子"，但在兴奋的同时，老成员国的政治精英和普通民众都对一批中东欧国家加入欧盟充满了担忧。在他们眼中，中东欧新成员国是坚决将其既得利益置于欧洲福祉之上的自私自利的国家，它们有可能在欧盟高度重视国家的主权，对愈益紧密合作的联盟思想持反对态度。① 在关于《欧盟宪法条约草案》的讨论过程中，中东欧地区最大的国家波兰努力维护国家利益的表现更加强化了他们对中东欧新成员国的判断。在中东欧国家入盟后，它们确实有着与欧盟老成员国不同的利益诉求和维护利益的方式，从而加强了欧盟内部的多样性和差异性，增添了欧盟决策程序的复杂性。

一　中东欧新成员国的利益诉求

（一）重视国家的安全与稳定

在中东欧新成员国尤其是波兰和波罗的海三国拉脱维亚、爱沙尼亚、立陶宛的外交政策中，安全政策和战略考量发挥了重要的作用。上述四国对国家的安全与稳定问题特别敏感和关注，这与它们不良的历史记忆和所处的地理位置或者说地缘政治环境密不可分。这些国家以其独特的方式评估所面临的风险，并且积极寻求安全保障。它们外交政策的两个突出特点是：努力加强跨大西洋联系和与美国的同盟关系、对俄罗斯持悲观态度并视其为潜在的安全威胁，也就是国家不稳定的来源。其他一些欧盟新成员国也持相似的立场，从而影响到它们外交政策优先方向的确立和对欧盟共同外交与安全政策的立场。中东欧新成员国普遍对欧盟加强军事能力和执行安全政策的行动力持怀疑态度，反对欧盟在军事上意欲摆脱对美国的依赖。中东欧新成员国并不完全拒绝欧盟的共同安全和防务政策，它们不仅不打算阻止欧盟防务一体化，而且希望以建设性的姿态参与进来，具体表现为它们愿意

---

① Kai-Olaf Lang, "Rozšiřující se Unie-fragmentovaná Evropa?" 22. 02. 2015, http://www. naseevropa. cz/portal/port _ data. nsf/0/37e99fe4f3ee04bfc1256fb00045243d? OpenDocument.

为欧洲快速反应部队和欧盟战斗部队的建立做出贡献。当然，它们支持欧盟防务一体化有两个先决条件：第一，不能破坏跨大西洋联系，强调北约应该在欧盟的安全政策问题上发挥首要的作用。由此可见，中东欧新成员国将其安全与防务的重心放在北约上。第二，共同防务和安全政策以及与此相关的项目应该向欧盟所有成员国开放。总之，中东欧新成员国希望欧盟在加强安全认同的过程中不要发生歧视性行为，也不要撕裂跨大西洋联系。

在欧盟的外交和安全政策领域，中东欧新成员国的另一个利益关切点是欧盟外部边界的稳定。它们在致力于促使俄罗斯对其安全的威胁愈益减少的同时，也关心后苏联空间所面临的俄罗斯新扩张主义趋势。因此，它们支持地处欧盟与俄罗斯之间的那些国家，特别是乌克兰加强主权和加快改革进程，这一点最突出地表现在波兰的外交政策上。波兰认为，独立和亲西方的乌克兰是防范俄罗斯扩张的最佳保证。因此，波兰不仅参与乌克兰的"橙色革命"，而且努力参与"欧洲睦邻政策"的形成。波兰努力使该政策成为其近邻实现稳定化和其东部边界保持地缘政治多元化的工具。由于地处欧盟的东部边缘，中东欧新成员国除了重视"欧洲睦邻政策"的制定以外，还希望通过欧盟机构组织与俄罗斯的对话，而不是由欧盟的一些大国如法国、德国和意大利来主导与俄罗斯的对话。它们非常担心形成法国—德国—俄罗斯三角，因此希望把美国拉进欧盟东部边界事务的处理中来，以平衡欧盟大国对俄罗斯采取的不坚决态度。

由于欧盟新成员国高度关注欧盟外部边界和俄罗斯，它们与一些欧盟老成员国的利益诉求发生冲突。比如，欧盟老成员国西班牙和法国主要关注地中海地区，它们无论在战略—军事或者经济—能源等方面都没有像中东欧新成员国那样感受到较强的来自俄罗斯的威胁，故在"欧盟睦邻政策"的形成上与中东欧新成员国的主张不一致。

（二）强调经济发展和财政收益

与欧盟老成员国相比，中东欧新成员国经济上明显落后。在加入欧盟前的经济转型过程中，来自欧盟老成员国的外国直接投资成为中东欧国家进行经济转型的主要推动力。这些外国的直接投资帮助中东欧国家创造了新的就业机会，提高了当地企业的竞争力，加快了经济结构的重组。随着经营环境的改善，中东欧国家吸引到了越来越多的外国直接投资。在欧盟东扩前，欧盟还通过"法尔计划"、农业改革支持工具、环境和交通改善支持工具等财政援助计划促使中东欧入盟候选国的经济发展取得进步，减少了与欧盟的差距。另外，来自欧盟凝聚基金的援助促进了中东欧候选国较为贫困地区的发展。在入盟前谈判过程中一旦出现矛盾，中东欧候选国拥护欧盟扩大的人士就常常宣扬入盟的经济和财政收益。为了获得民众对加入欧盟的支持，中东欧候选国的政治精英也不断描绘关于入盟后经济和财政前景的美好设想。这一切促使中东欧新成员国的政治精英和民众热切期待入盟能带给他们经济繁荣，加快本国经济追赶西欧发达国家的步伐。

为了获得在经济领域的竞争优势，中东欧新成员国决心通过当地的激励措施和取消欧盟对民族国家市场调控措施（比如在单一市场框架内欧盟关于服务领域的方针政策）来平衡自己在资本、基础设施等领域的弱势地位。另外，不少中东欧新成员国倾向于英美的市场经济模式，反感欧洲大陆的社会市场经济模式。它们的税率水平较低，遭到欧盟一些老成员国的指责，认为中东欧新成员国使用不公平手段，如过于降低公司税以引诱西欧公司进入，从而使西欧国家的经济形势恶化，已成熟的社会市场经济模式遭到破坏。对于德国和法国敦促欧盟成员国之间协调税收政策，中东欧一些新成员国持保留态度。

中东欧新成员国还希望得到来自欧盟的大量转移支付，以保障自己财政净收入者的地位。这些国家的政治精英期望从欧盟中期财政预算方案中获得更多的财政补贴，一再坚持保留财政团结原则，视它为欧洲价值观体系的基石。

（三）关心政治制度设计

在加入欧盟前，多数中东欧国家对正在进行的欧洲一体化进程一直兴趣不大，更没有对一体化中的政治联合进行过实质性的讨论。只有捷克人经常就这一议题进行讨论，这主要得益于长期担任捷克总统、总理和议长之职的瓦茨拉夫·克劳斯及长期成为其执政联盟主体的公民民主党所持有的欧洲现实主义或欧洲怀疑主义倾向。在波兰，人们谈论欧洲一体化的未来形态时主要与围绕欧盟宪法条约而发生的冲突有关，他们首先关注的是欧盟内部的表决程序。最后还是《欧盟宪法条约草案》和政府间会议迫使欧盟联系国负责欧洲事务的领导人形成了他们对欧洲一体化的态度，并努力在欧盟层面上捍卫本国的利益。

在欧盟的制度结构问题上，中东欧新成员国希望欧盟的建构应该遵循以下原则：第一，平等原则。中东欧新成员国中小国居多，它们希望能够保障自己在与大的成员国关系中的地位。因此，在欧盟委员会的人员构成问题上，它们要求一个成员国有一个委员；在欧盟理事会决策方式上，它们要求实行双重多数表决机制，即一项决议要有55％的成员国支持，而且这些国家能代表欧盟总人口的65％，才可以在理事会内获得通过。第二，避免形成"多速欧洲"。中东欧新成员国主要反对具有歧视性的或者不是向所有成员国开放的合作形式。比如在欧盟安全与防务政策框架内的所谓"结构化合作"问题上，《欧盟宪法条约》规定了一般准入条件，对成员国军事能力提出了较为严格的标准：每个参与国必须在2007年以前准备好一支战斗部队，它能够在30天内部署行动以应对危机局势。一些中东欧新成员国坚持，应该以透明的方式保障合作，应该允许成员国陆续加入合作中来，而且欧盟部长理事会应该参与这一合作框架内的日常活动。

由于多数中东欧新成员国对德国和法国在欧盟内的霸权地位感到不满和担忧，它们主张通过加强成员国之间的相互沟通和能够代表它们利益的欧盟机构（首先是欧盟委员会），制衡欧盟内重量级大国。

随着中东欧新成员国的加入，在欧盟新、老成员国之间出现了一些利益分歧。而且，新成员国是一个异质化程度较高的集团，在许多欧盟共同政策问题上表现出不同的利益诉求。因此，中东欧新成员国增添了欧盟内部决策过程的复杂性。

二 中东欧新成员国在欧盟的影响力方面存在差异

在入盟谈判过程中，中东欧国家就对欧盟老成员国的斤斤计较和保守态度深感失望，它们对入盟条约中对老成员国加以保护的条款也感到不满，但它们最终接受了这种不对称的安排。如此经历的后果是，不少中东欧国家在加入欧盟后的初期难以改变消极接受来自欧盟的政策或指令的状况。随着时间的推移，中东欧新成员国在欧盟内维护自身利益的能力有所提高，愈益理解欧盟的决策进程，并且努力去影响这一进程。

只有充分认识到形成联盟和寻求共识的重要性，才能理解欧盟决策进程的制度复杂性。政治联盟的形态由主要参与者及其利益诉求来确定，而联盟的形成和解体是依据正在磋商的议题。成员国结成联盟能够在谈判过程中发挥重要作用，当然，达成共识常常不是在正式谈判的过程中，而是在外交部长和欧盟委员会委员会晤以外的场合里。迄今为止，中东欧新成员国很少在欧盟内形成一个密切合作的整体，原因有以下三个方面：第一，欧盟政策的形成和制定并不仅仅与地理因素有关，还与政治意识形态（在政治光谱上的左翼或右翼定义）、对经济的态度（自由主义或社会市场经济）以及成员国规模的大小等因素有关。第二，中东欧国家在历史、文化、政治和经济等方面有着明显的差异，难以在欧盟事务上采取统一立场。在它们中间形成了维谢格拉德集团（由捷克、斯洛伐克、波兰和匈牙利组成）、波罗的海三国（由拉脱维亚、爱沙尼亚和立陶宛组成，有时加上波兰）和黑海集团（由保加利亚、罗马尼亚组成）。第三，中东欧新成员国逐渐意识到，如果要在欧盟框架内取得成功，还需要与老成员国以及欧盟的一些机构特别是欧盟委员会合作。①

中东欧新成员国在努力维护本国利益的过程中存在一个大问题，即它们的行政能力有限而且缺乏处理欧洲事务的经验。中东欧新成员国具有欧盟经验和外交技能的专业人才不多，在常驻欧盟代表机构的工作人员数量有限，而欧盟许多政策是由常驻代表委员会或者欧盟委员会的工作组制定的。在 11 个中东欧新成员国中，捷克、斯洛伐克、斯洛文尼亚、克罗地亚、拉脱维亚、立陶宛和爱沙尼亚独立时间不长，除了捷克以外，其他国家几乎都需要从头开始建设自己的管理和官僚体系。中东欧新成员国需要较长的时间按照欧盟的标准重组自己的部委、提高外交能力和培养技术官僚。

由于国家实力和政治抱负不同，中东欧新成员国在欧盟的影响力

---

① David T. Armitag, Velký návrat do Evropy: Dopady posledních dvou rozšíření EU pohledem Američana, 3. 11. 2010, http: //www. revuepolitika. cz/clanky/1261/velky-navrat-do-evropy.

也就存在差异，它们大致可以分为三类：第一类国家是努力对欧盟的事务发挥影响力；第二类国家是虽然有如此政治抱负却没有相应的实力；第三类国家则满足于欧盟内部达成的共识。

波兰无疑属于第一类国家。它是中东欧新成员国中最大的国家，也有着成为中东欧新成员国领导者的政治抱负。它的人口与西班牙相当，在欧盟理事会拥有与西班牙相同的表决权。它也是中东欧新成员国中唯一进入 G6 集团（由欧盟内 6 个主要国家法国、德国、意大利、西班牙、英国和波兰组成）的国家。波兰希望在欧盟内发出自己的声音、展示自己的存在价值，它既积极倡导、宣传欧盟的政策，也反对、阻挠欧盟的政策，两种截然不同的态度与欧盟商讨的议题以及政府的政治主张有关。自 2007 年 11 月图斯克政府上台执政后，波兰改变了以前强调国家意识和民族主义思想的卡钦斯基政府对欧盟采取的怀疑态度，与德国及其他欧盟老成员国一起努力深化欧盟与乌克兰的关系，迫使法国在欧盟气候一揽子计划问题上妥协，竭力推动建立欧洲能源联盟。而在卡钦斯基政府执政期间，波兰获得"捣乱的"和"复杂的"国家的声誉，原因是它阻碍欧盟已经达成的在对俄罗斯关系问题上的共识，而且反对《欧盟宪法条约草案》，要求给予波兰更大的表决权。随着波兰入盟后不断实施改革，经济稳定增长，它成为欧盟框架内在国际金融危机和欧元区债务危机期间依然保持经济正增长的唯一国家，政治上不断推动欧洲一体化进程。波兰在欧盟的影响力不断增长，其中一个表现是波兰前总理布泽克当选为欧洲议会第一任主席，以及波兰前总理图斯克 2014 年 12 月担任欧盟理事会主席。2015 年 10 月议会大选后，在野 8 年的法律与公正党重新上台执政，因修订《宪法法院法》和《公共媒体法》引起欧盟机构强烈反应，欧盟委员会决定审查其遵守民主规则的情况。近两年，波兰在欧盟的声誉和影响力呈下降趋势。

在小的中东欧新成员国中，匈牙利近几年来积极对欧盟事务发挥影响力。在入盟后最初几年中，匈牙利集中精力应对国内的经济和政治挑战，对欧盟决策进程不感兴趣。由于有能力通过商谈达成共识和找到妥协之道，斯洛文尼亚一度在欧盟层面声誉较好，只是后来它因与克罗地亚之间的冲突问题而阻止克罗地亚加入欧盟，在欧盟的形象遭到破坏。立陶宛在波罗的海三国中表现最为积极，一直对欧盟与俄罗斯合作持怀疑态度，不怕独自站在多数成员国的对立面。

罗马尼亚属于第二类国家。罗马尼亚是中东欧新成员国中第二大国家，它试图动员欧盟更多地关注黑海事务和摩尔达瓦，但它无论在欧盟成员国还是在欧盟委员会那里都缺乏诚信。罗马尼亚在2007年和保加利亚一起加入欧盟，入盟后两国在腐败和有组织犯罪等方面依然存在着严重问题，从而消极地影响到它们在欧盟老成员国领导人那里的形象以及欧盟委员会对它们的态度。2006年，欧盟委员会设立了合作和监督机制，以保障这两个国家完成在司法、腐败和打击有组织犯罪等领域的改革。然而，欧盟委员会对两国在上述领域取得的进步一直持不信任态度，认为许多重要措施的实行都是外部压力的结果，变化的持久性和不可逆转性依然值得怀疑。罗马尼亚和保加利亚被邀入盟首先是基于政治方面的原因，没有完成一些领域的改革以完全满足欧盟成员国的资格条件，故它们在融入欧洲一体化进程的某些方面还存在局限性。

在2009年上半年担任欧盟轮值主席国期间以及在这之前的准备阶段，捷克也表现出积极影响欧盟事务的姿态。它试图影响欧盟的能源政策和支持古巴的民主化进程，但其较为强烈的欧洲怀疑主义情结和国内政党争斗导致政府提前下台，损害了它在欧盟的公信力和影响力。

其他多数中东欧新成员国都属于第三类国家。值得指出的是，一些欧盟新成员国在不同时期的表现不太一样。比如斯洛伐克，它在加入欧盟后相当长一段时间里努力与欧盟大国的立场保持一致，在中东欧国家中第二个加入欧元区，但在难民危机问题上与欧盟大国意见相左，而且态度强硬。

三　中东欧新成员国对欧盟决策过程的影响

中东欧国家加入欧盟后，欧盟成员国的数量急剧增加，在欧盟成员国之间达成共识也就更加困难，而达成共识是欧盟决策过程框架内优选的协议方式。与技术问题相比，在政治问题上达成共识要复杂得多，因为政治问题相对敏感。当然，在欧盟东扩前，欧盟老成员国之间也很难就政治问题达成共识。欧盟东扩后的这种变化凸显了轮值主席国和欧盟委员会的作用，它们必须找到折衷的解决方案。

参与欧盟决策过程的国家增多，也给各个国家的代表之间进行正式和非正式的联系增添了困难，在 15 个成员国之间建立联系显然比在 28 个成员国之间建立联系容易。已经建立起来的联系首先可以用于结成有着共同利益的联盟和集团。

随着参与谈判的人员增加以及谈判的难度加大，欧盟东扩后开始出现许多在幕后磋商的例子，也就是说，在欧盟委员会的工作组或常驻代表委员会的正式会谈以外的场合进行协商。在欧盟东扩前，多数会谈在会议室进行。欧盟东扩后情形发生变化的原因是，当 27 个国家的代表参与到辩论和讨论中来的时候，会谈的过程和结果就难以管理和控制了，更难以在制度环境下达成协议。在通常情况下，有 28 国代表参加的圆桌会议会持续很长时间。因此，多数讨论在正式会谈以外的非正式会面、电话联络或双边协议的框架内进行。换言之，当无法在会议桌前形成政策的时候，非正式的决策机制就变得比正式决策机制更为重要。这样，会谈前的准备工作和形成观点与利益相同的集团就很重要。

在如此变化了的决策机制内，欧盟新、老成员国在努力实现自己的利益诉求时采取的手段也存在差异，主要表现为以下三个方面：第一，由于一些中东欧新成员国对欧盟的游戏规则不熟悉，它们在欧盟决策进程框架内对正式规则尤其是非正式规则掌握不好，运用起来效果就比较差。中东欧新成员国把欧盟决策机制理解为多边机制，就像是零和游戏的合作，游戏者有输有赢，一方所赢正是另一方所输，而游戏的总和永远为零。第二，中东欧新成员国首先关注自身的民族国家利益，常常不考虑欧洲层面的利益。也就是说，它们更多地在民族国家利益框架内考虑问题，而不是在欧盟整体利益框架内考虑问题。这其中的根源是中东欧新成员国试图在欧盟框架内捍卫它们的权利，不愿意受到来自欧盟老成员国的歧视性待遇。只是它们做这些的时候不太灵活巧妙，一味地表明自己强硬的态度，却不知道适时妥协。而如果要继续推进欧洲一体化进程，妥协的文化就很重要。虽然老成员国首先关注的也是自己的民族国家利益，但它们是从欧盟的角度来看

本国利益的，是用欧洲视野的论据来支持自己的利益诉求的。简言
之，它们会用"将对整个欧洲有利"这样的论据来支持自己的提议。
正因为如此，它们常常能够赢得辩论。中东欧新成员国缺乏具有欧洲
视野的论据来支撑自己的论点，结果可想而知。比如，斯洛文尼亚与
克罗地亚存在双边纠纷，它为了本国的利益而阻止克罗地亚加入欧
盟。它采取这一步骤的后果是改变了欧盟其他成员国对它的认知，它
们感到意外和震惊。谁也没想到，斯洛文尼亚会利用否决权来阻碍其
邻国入盟。另外，中东欧新成员国在涉及本国利益的领域表现得比较
积极，而在那些没有特别利益诉求的领域，其态度就会很消极。第
三，中东欧新成员国的外交家从国内中央政府那里接到非常严格的指
令，从而限制了他们在谈判过程中进行妥协的可能性。中东欧新成员
国的政府比老成员国的政府更多地监督本国常驻欧盟机构的代表，给
他们发布的指令灵活度很低，有时会导致谈判受阻，使欧盟决策过程
拉长。① 随着时间的推移，中东欧新成员国逐渐意识到在实现自己的
利益诉求时所采取手段的局限性，为了赢得谈判，它们开始慢慢地改
变自己在欧盟决策进程中的行为方式。

第二节　欧盟东扩后折射欧盟内部利益分歧的事件及其影响

经过三次东扩，欧盟成员国数量增加了将近一倍。由于新入盟国
家都是中小国家，从而显著改变了欧盟内部的力量对比。欧盟各成员
国经济发展水平参差不齐，历史、文化和社会背景各异，致使它们在
许多问题上的立场因各自利益诉求存在差异而不尽相同。大国之间、
老成员国与新成员国之间、大国与中小国家之间的矛盾和分歧交织在
一起，对欧盟的凝聚力和欧盟的前途与命运带来挑战，这突出表现在
欧盟宪法危机和难民危机事件上。

---

① Matúš Mišík, Good Partners Make Good Relationships: The Perception of the New Member States of the EU, In Mezinárodní vztahy 4/2014, https: //mv. iir. cz/article/download/1295/1343.

一　欧盟宪法危机

（一）危机的过程

为了使欧盟扩大后能够有效运作，欧盟成员国一致认为，有必要制定一部新的欧盟宪法，以保证欧洲一体化进程的顺利进行。2001年12月，欧盟首脑会议通过《拉肯宣言》，决定组建制宪筹备委员会，为欧盟制定一部类似一个国家大法的宪法条约。2003年6月，酝酿一年多的欧盟首部宪法条约草案出台，它给欧盟政治一体化的加速改革带来了可喜的进步。但是，在同年12月举行的欧盟布鲁塞尔首脑会议上，被视为未来大欧洲统一梦想奠基石的《欧盟宪法条约草案》遭到波兰和西班牙的强烈反对而未被通过。

《欧盟宪法条约草案》对欧盟已有条约做出了重大修改，特别是在表决机制问题上，大幅度修改了《尼斯条约》的有关规定，做出了有利于欧盟人口大国的调整，从而遭到波兰和西班牙的强烈抵制。根据《尼斯条约》，波兰和西班牙拥有与德国、法国、英国和意大利等人口大国相当的表决权，而根据《欧盟宪法条约草案》，波兰和西班牙对欧盟决策的影响力大大减少。2001年3月通过的《尼斯条约·东扩议定书》是欧盟大国对中小国做出一定让步的产物。在欧盟委员会中，人口8200万、贡献25%欧盟财政的德国在欧盟决策过程中和人口不足4000万、入盟三年内即能享受欧盟200亿欧元财政补贴的波兰拥有相差无几的票数。①

对于未能将人口因素转化为表决要素，以增加法德"引擎"在欧盟事务中的决定权，两个大国心有不甘。于是，它们抓住制宪的机会设法扭转《尼斯条约》的既成事实。《欧盟宪法条约草案》提出的"双重多数表决机制"使波兰和西班牙丧失了在2000年尼斯峰会上好不容易争取来的大国地位，两国因此奋力反击，特别是独立意识和政治抱负愈益增强的波兰不愿意在加入欧盟后沦为"二等公民"。围绕着《欧盟宪法条约草案》，以德法为代表的欧盟大国作为既得利益者

---

① 刘超：《制宪失败的肇端》，2003年12月17日，http://www.people.com.cn/GB/guandian/8213/8309/28296/2251306.html。

不愿放弃既得利益，以波兰、西班牙为代表的中小国家作为抱负未酬者不愿放弃利益诉求，双方均以国家利益最大化作为在欧盟内谈判博弈的根本准则。大国与中小国家之间相互冲突的利益诉求迫使欧盟制宪进程受阻。

2004 年 6 月 18 日，经过漫长而艰苦的讨价还价，欧盟 25 个成员国在布鲁塞尔首脑会议上一致通过了《欧盟宪法条约草案》的最终文本。草案妥协文本采纳了一些中小国家的建议，将"有效多数表决机制"的门槛提升至代表 55% 的成员国和 65% 的欧盟民众。同年 10 月 29 日，欧盟 25 国领导人在罗马峰会上签署了《欧盟宪法条约》，计划在获得所有成员国和欧洲议会的批准后于 2006 年 11 月 1 日正式生效。

截至 2005 年 5 月 29 日，已有立陶宛、匈牙利、斯洛文尼亚、西班牙、意大利、希腊、斯洛伐克、奥地利和德国 9 个欧盟成员国批准了《欧盟宪法条约》。但在 5 月 29 日和 6 月 1 日，法国和荷兰的全民公决先后否决了《欧盟宪法条约》。法国是欧盟大国，而荷兰也是欧盟的创始国，参加了欧盟所有一体化领域，这两个国家否决《欧盟宪法条约》的"多米诺骨牌效应"与日俱增，首先是英国搁置了原定的公投计划，紧接着在卢森堡、葡萄牙、丹麦、捷克和爱尔兰，甚至在一致支持欧洲一体化的德国，反对《欧盟宪法条约》的民众数量呈上升趋势。一旦否决《欧盟宪法条约》的成员国达到 6 个，该条约就会夭折。2005 年 6 月 17 日举行的欧盟首脑峰会做出决定：暂停各个成员国对《欧盟宪法条约》的批准程序，并相应延长该条约的批准期限。时任欧盟轮值主席国的卢森堡首相容克表示，欧盟要给予所有成员国和民众至少一年的时间进行对话、讨论和反思。

直至 2007 年 6 月 23 日，欧盟 27 国首脑在布鲁塞尔峰会上就替代《欧盟宪法条约》的新条约草案达成协议，欧盟制宪进程重新启动。同年 10 月 19 日，欧盟 27 国首脑在里斯本峰会上通过了欧盟新的"简化版"宪法条约——《里斯本条约》。同年 12 月 13 日，欧盟成员国首脑签署了《里斯本条约》。至此，欧盟终于走出了历时两年多的宪法危机。

（二）危机的原因

制定欧盟宪法是欧洲政治一体化的必经之路，是欧盟东扩催生的重要成果。《欧盟宪法条约》文本基本上反映了欧洲政治精英的主流理念，是欧盟新老成员国利益诉求妥协调和的结晶，可以成为欧盟东扩后实施欧洲区域共同治理兼具宪法性和国际条约双重特征的一份史无前例的法律文件。① 然而，《欧盟宪法条约》意味着成员国需要让渡更多的主权给欧盟，这涉及各个成员国的利益。随着欧盟的扩大，欧盟大国之间、新老成员国之间以及欧盟大国与中小国家之间的利益分歧凸显，成为欧盟制宪进程陷入困境的根本原因。

1. 欧盟大国争夺欧洲一体化的主导权

在欧盟东扩前，欧盟内部就存在法国、德国和英国三个大国争夺欧洲一体化建设主导权的斗争。在欧盟东扩后，在美国对欧盟采取"分而治之"策略的推动下，英国与法国和德国之间的对立更为严重。

法国、德国和英国处于欧洲的不同位置，因而形成了不同的地缘政治心理，并追求地缘政治利益最大化。法国是"欧洲主义"的倡导者，致力于把欧盟建设成为国际舞台上一个重要的角色，在政治、经济和防务等方面独立于美国。英国是大西洋主义者，希望欧盟与美国保持密切联系。德国的立场处于法国和英国之间，既希望欧洲发展独立的外交与防务，又不希望割裂跨大西洋的政治合作关系。在欧洲联合模式问题上，法、德主张成员国让渡一部分国家主权以促进联合的联邦模式，而英国主张实行以成员国之间平权合作关系为基础的邦联模式。在经济社会发展模式上，法国主张"社会欧洲"，英国则坚持"自由主义欧洲"。在欧盟的发展目标上，法、德希望欧盟最终建成一个政治联盟，英国则认为欧盟作为单一欧洲市场就已足够。英国的欧洲政策长期以不参加欧洲政治联盟和反对法德两国"轴心"作用为主线。在法国和荷兰否决《欧盟宪法条约》后，英国乘机采取不合作态度。英国有美国在背后撑腰，得到了一些新成员国的支持，经济形势也比法国和德国更为乐观，它企

① 伍贻康：《欧盟将在分歧和争论中得到发展》，《欧洲研究》2005 年第 5 期。

图利用欧洲制宪进程受挫的机会，从法、德手中争夺欧洲一体化的主导权，以便按照自己的意愿重塑欧盟。作为欧盟"发动机"的法、德面临经济发展不利的问题，而且在很多问题上也存在分歧。比如，法国主张欧盟先深化再扩大，德国则主张扩大和深化并举。法国人担心欧盟东扩带来的经济和社会问题会影响到自己的生活水平与社会稳定，德国人则注重欧盟东扩的安全利益和经济利益。在对美关系问题上，两国的立场也不一致（前文已经提到）。另外，法国人还担忧中东欧国家入盟后与德国的关系更为密切，从而影响自己在欧盟的地位。作为欧洲一体化的"三驾马车"存在如此深刻的利益分歧，自然不利于欧洲一体化的继续推进。

2. 新老成员国之间的利益分歧

2004年，欧盟东扩是有史以来规模最大的一次扩大，不仅改变了其原有的秩序和格局，而且欧盟东扩之时恰逢不少欧盟老成员国正在进行痛苦的结构改造，出现了经济增长乏力、失业人口居高不下的问题。这些老成员国认为，低成本商品的涌入、廉价劳动力自由流动带来的压力、日益加重的非法移民和偷渡问题、对欧盟基金的贡献加大等，都是中东欧国家入盟带来的结果，因而对中东欧新成员国产生了不满情绪。而新成员国虽然在入盟后经济上继续保持高速增长，从欧洲单一市场欧盟基金、出口增长和外资流入中得到实惠，但仍然与它们对入盟寄予的极高期望值相距甚远，而且欧盟的一些规定使它们产生了欧洲"二等公民"的屈辱感。比如，中东欧国家的农民从欧盟基金中得到的财政补贴只达到老成员国农民的1/4，至少两年之内它们不能加入《申根协定》，至少6年之内其公民不能在绝大多数老成员国内工作。加之，成员国激增使得在欧盟内寻求协调一致变得愈益困难。新老成员国在一系列问题上的观点相左，比如改革欧盟财政、允许劳动力自由流动、改革税收政策和对俄罗斯政策等，分歧难以消除。于是，在新老成员国中间都出现了"扩大疲劳症"，失望和不满与日俱增，对推进一体化的热情逐渐减弱。①

由于部分老成员国不能适应欧盟东扩给欧盟及其成员国带来的必

---

① 丁原洪：《陷入危机的欧盟》，《国际问题研究》2005年第5期。

要改革，认为《欧盟宪法条约》中规定的一些改革措施损害了本国的利益。[1] 法国人否决《欧盟宪法条约》的一个重要理由是，欧盟东扩使大量涌入的中东欧廉价劳动力抢占了老成员国民众的工作岗位。法国人还担心，中东欧新成员国与英美联合，以竞争更加激烈的自由主义经济模式代替欧盟传统的社会经济模式，使其社会保障体系受到破坏。荷兰否决《欧盟宪法条约》的一个关键原因是对移民和劳动力自由流动充满担忧。

另外，新成员国对欧盟长期战略目标缺乏认同，它们加入欧盟主要是为了寻求经济利益，在军事和安全上，它们倚重北约和美国的保护。在伊拉克战争问题上，中东欧国家支持美国而使欧洲分裂。罗马尼亚和保加利亚与美国签署在其领土上建立军事基地的协议，以及波兰和捷克同意美国在其境内部署导弹防御系统，都没有与欧盟协商。这一切也加深了欧盟老成员国对新成员国的不满与反感。[2]

3. 欧盟大国与中小国家之间的利益之争

欧盟老成员国中的芬兰、瑞典、丹麦和爱尔兰等国家与中东欧新成员国都属于欧盟内的中小国家。它们虽然以"小矮人"自嘲，但在主权平等和利益分配问题上毫不让步，不甘心成为欧盟内的"二等公民"。在欧盟宪法危机过程中，位居欧盟第六大国位置的波兰以中小成员国利益的代表与大国较量，挑战大国的权威，表达了中小国家强烈的民族自尊心和要求平等参与欧盟事务的愿望。《欧盟宪法条约草案》对《尼斯条约》作了一定的修改，使德国在表决机制中的分量从 8.5% 增加到 17%，法国从 8.5% 增加到 12%，匈牙利和捷克则从 3.5% 下降到 2%，立陶宛从 2% 下降到 0.7%。中小国家在欧盟表决机制中的影响力大为减少。波兰坚决反对将"双重多数表决制"和成员国人口数量挂钩，多次威胁要动用否决票，被欧盟大国视为"制造麻烦的国家"。在 2007 年欧盟制宪进程重启后，波兰依然坚持要求就表决机制问题重新进行谈判，提出以"平方根"机制代替

---

[1]　朱晓中：《中东欧国家入盟两年：成果和影响》，《俄罗斯东欧中亚国家发展报告 (2006)》，社会科学文献出版社 2007 年版，第 120 页。

[2]　赵亚东：《〈欧盟宪法条约〉背后的分歧》，《学习时报》2007 年 7 月 2 日第 2 版。

"有效多数"表决机制，以使德国的影响力明显减弱，中小国家则拥有更多的"话语权"。后来在政府间谈判过程中，德国总理默克尔建议引进自由退出机制，并给予了波兰一定的特殊待遇，波兰才最终做出了妥协。

波兰公开表示对法国和德国主导欧盟局面的担心，提出一旦法德首脑会谈的内容涉及欧盟其他成员国，就应该让这些国家也参与进来。它还反对欧盟大国提出的关于"双速欧洲"的设想，避免力量较弱、发展较慢的国家在两种速度的欧洲一体化进程中被边缘化。波兰的立场得到欧盟其他中小国家的支持。①

在欧盟委员会人员构成上，中小国总体上倾向于一个强有力的欧盟委员会，但同时强调各国都应该拥有委员会中的表决权；大国则希望成立一个更高效的委员会，认为每个成员国有一名委员会成员对大国不公平。无论是欧盟大国还是中小国家，都不愿意放弃对欧盟委员会主席人选的控制权。

（三）危机的影响

《欧盟宪法条约》是欧洲联合史上第一次以宪法形式拟订的公约，是欧盟从经济共同体走向政治共同体的关键一步。在欧盟制宪进程被搁置两年多后，最终经过激烈的讨论和一些成员国的妥协，通过了为各方所认同、兼顾欧洲一体化现实发展需要的多边条约——《里斯本条约》，该条约努力通过调整实现欧盟超国家权力与成员国主权之间的平衡，重新确定了欧盟内部的权力结构和秩序。欧盟宪法危机对欧洲一体化进程产生了两个方面的影响。

1. 对欧盟扩大的影响

尽管 2007 年 1 月 1 日，罗马尼亚和保加利亚如期加入欧盟，但欧盟宪法危机依然对欧盟扩大产生了消极影响，特别是土耳其、西巴尔干国家和欧盟东部邻国加入欧盟的希望大大下降。欧盟老成员国的民众对欧盟的不满与 2004 年欧盟历史上最大的一次东扩有很大的关联。欧盟此前的扩大都是在西方市场经济体制和议会民主政治体制框

---

① 金钊：《要么尼斯，要么死亡：波兰反对欧洲宪法有关条款》，《人民日报》2003年 12 月 18 日。

架内进行的，而2004年加入欧盟的8个中东欧成员国都是在1989年剧变后才开始多重转型进程的前社会主义国家。这些新成员国不仅有着与老成员国不同的历史经验、政治文化和利益诉求，而且经济发展水平明显落后。10个欧盟新成员国的人均国内生产总值仅为欧盟老成员国平均值的46%。陷入经济困境的老成员国的民众不愿意面对欧盟东扩后出现的新问题：廉价劳动力和商品涌入、非法移民增加、大量财政补贴流出，它们把新成员国看作其前进道路上的包袱。欧盟老成员国尤其担心人口众多的伊斯兰国家土耳其加入欧盟，来自穆斯林国家的移民已经引发了一系列社会问题。基于以上种种担忧，欧盟老成员国的许多民众希望欧盟放慢扩大的步伐，他们在《欧盟宪法条约》问题上表明了自己的态度。为了不使土耳其和西巴尔干国家的"向欧盟靠拢"进程逆转或倒退，欧盟不会向它们关上大门，但公众的反对会延缓这些国家加入欧盟的进程。至于欧盟东部邻国乌克兰、白俄罗斯和摩尔多瓦的入盟希望则更为渺茫。

2. 对欧洲一体化深化的影响

《里斯本条约》在较大程度上保留了《欧盟宪法条约》的核心内容，肯定了《欧盟宪法条约》的改革方向，为扩大后欧盟的有效运作以及加强欧盟的国际地位提供了制度基础。然而，欧盟宪法危机暴露出的欧盟成员国在欧洲一体化的许多根本性问题上存在分歧，如政府间主义与超国家主义、经济一体化与政治一体化、社会模式的选择等，难以弥合。超国家主义与政府间主义是欧盟内部长期争论的议题，在欧盟东扩后，不少欧盟老成员国的民众愈益怀疑欧盟机构的决策，愈益关注民族国家主权。在法国、荷兰和捷克，许多民众反对欧盟实现政治一体化，主张欧盟向国家间组织的方向转变，以自由市场为取向。在欧盟的社会模式问题上，欧盟成员国分为坚持自由主义欧洲和社会欧洲的两派。上述分歧持久存在，不仅会影响欧盟的凝聚力，还会影响欧盟的发展方向，其中一个可能性是欧洲一体化向弹性一体化方向发展。①

---

① 程卫东：《导读〈里斯本条约〉：由来、内容及其影响》，http：//ies. cass. cn/Article/cbw/ozfl/201410/9167. asp。

《里斯本条约》坚持加强"强化合作",坚持在敏感的安全和防务政策领域引入"持续有组织性合作",标志着在未来欧洲一体化进程中,由"先锋国家"组成的"双速欧洲"将可能驶上正式的轨道。确实,随着欧盟成员国数量和利益分歧的不断增多,"双速欧洲"不仅意味着更多的选择性,还意味着赋予欧盟更大的灵活性和行动能力。但是,这种容纳共性与个性的一体化模式会严重削弱欧盟的凝聚力,并使其作为一个整体的力量大大下降。

二　难民危机

(一)　新成员国与老成员国之间的利益分歧

难民危机是欧盟自存在以来面临的最严重的危机之一,它暴露了欧盟的许多问题。从 2010 年底爆发"阿拉伯之春"后,数量激增的难民或是经济移民从中东、非洲和亚洲等地经地中海及巴尔干半岛进入欧盟国家寻求居留,其中多数来自叙利亚、阿富汗和厄立特里亚。2014 年,有 28 万多移民以非正规途径进入欧盟。根据国际移民组织的估计,截至 11 月下旬,2015 年抵达欧洲的难民人数已经达到 85万。大量难民的流入为欧盟带来了巨大的行政管理和政治压力。在如何应对难民危机问题上,欧盟新成员国与老成员国之间出现了很大的分歧,似乎难民危机把统一的欧洲分裂开来。争执双方各执己见,欧盟团结的原则再次受到挑战。

难民主要经希腊、马其顿、塞尔维亚、匈牙利或克罗地亚、斯洛文尼亚进入西欧,特别是德国和瑞典。面对难民的大批涌入,老成员国和新成员国的态度截然不同。2015 年 8 月,德国政府宣布暂停执行《都柏林规则》,停止遣返已进入德国的难民至他们第一个进入的签约国,德国将直接处理其庇护申请。2015 年 9 月,德国政府宣称在未来数年里有能力每年接收 50 万名难民,加上"德国人欢迎难民"的新闻报道在世界各地广泛流传,吸引了更多难民涌入德国。德国对难民采取积极态度,既源于对难民的同情,也基于这样一种认识:难民是对国内劳动力市场和社会的补充,可以抵消人口老化和出生率下降带来的消极影响,它自信能够解决难民融入当地社会的问题。德国对难民实行"门户开放"政策引起中东欧新成员国的强烈反应。匈牙利总理欧尔班甚至表示，难民问题不是欧洲问题而是德国问题。匈牙利采取强硬措施阻止难民入境，不仅在它与塞尔维亚、克罗地亚、罗马尼亚和斯洛文尼亚边界架设铁丝网围栏，而且出动警察以武力对付试图进入匈牙利境内的难民。保加利亚也在其东南部边境加建了长达130公里的有刺铁丝围网，以阻止偷渡者从土耳其陆上边境进入。"维谢格拉德集团"其他三个国家捷克、斯洛伐克和波兰对难民问题同样持消极态度，视难民为其民族生存的威胁，只愿意在自愿原则基础上帮助难民。斯洛伐克总理菲措指出，斯洛伐克都解决不了境内罗姆人融入社会的问题，更不用说穆斯林难民融入社会的问题了。

在如何解决难民问题上，老成员国主张采取集体应对措施，强调控制难民流动是当务之急，支持欧盟委员会提出的强制性配额安置方案。一些新成员国则希望欧盟从源头上解决难民危机，公开拒绝强制性的难民配额。2015年9月17日，欧洲议会以372票赞成、124票反对、54票弃权通过将12万名难民分配到欧盟成员国的计划。9月22日，欧盟内务部长会议以多数表决方式通过了12万名难民的分派方案，匈牙利、捷克、斯洛伐克和罗马尼亚投了反对票。德国、法国和奥地利等欧盟老成员国严厉批评上述四国拒绝难民强制性配额安置方案，认为它们缺乏与欧盟其他国家以及难民的团结互助精神。德国总理默克尔对欧盟一些新成员国拒绝强制性配额安置方案感到不理解和失望，认为难民危机是欧盟所有成员国面临的共同挑战，应该一起应对。法国外长法比尤斯称中东欧新成员国否决难民强制性配额安置方案是可耻行为。一些欧盟老成员国领导人还提出要减少对这些新成员国的财政补贴，以此作为制裁它们的手段。

面对老成员国的批评态度，新成员国予以回击，认为老成员国没有权利指责其他国家，只要解决好自己国内的难民问题就可以了，不要干涉他国事务。斯洛伐克总理菲措称，欧盟以多数表决方式通过难民强制性配额安置方案是无力在此问题上达成共识的表现，在他担任总理期间斯洛伐克不会实施该方案，斯洛伐克已做好准备就此问题诉诸欧洲法院。①菲措还批评欧盟机构不作为，认为如果欧洲的民主体制不能对难民问题给出明确和理智的答案，法西斯主义和极端主义倾向的力量就会给出答案。② 匈牙利总理欧尔班则提出这样的质疑：关闭边境还是让欧洲无辜民众面临生命危险更为人道？他认为，欧盟在难民危机问题上软弱无能、优柔寡断和陷入瘫痪，虽然老成员国一直强调移民是件好的事情，但事实并非如此；欧盟不应该不加管制地放进来大量的难民，民族迁移会带来恐怖威胁、犯罪并将使欧洲的文化和传统受到威胁；西欧国家强行规定新成员国应该和谁一起生活，并向移民发放邀请，但这解决不了问题，相反促使社会压力加大，还威胁到申根制度的存在。欧尔班呼吁欧盟采取新的难民政策，不仅应该保护欧盟的外部边界、文化和经济利益，而且应该给予民众更多的影响欧盟决策的权力。③

（二）利益分歧的影响

1. 欧盟内部的团结受到损害

欧盟早些时候就清醒地认识到，由于它地理上临近局势动荡的北非和近东，成员国的安全与稳定会受到不利影响。在"阿拉伯之春"事件爆发后，欧盟就开始讨论如何应对这一地区的危机。然而，在随后的几年中，欧盟却眼看着难民危机不断发展。大规模的难民涌入欧洲的原因之一，就是欧盟成员国长期不能在国际政治领域采取一致行动。也有欧洲分析家认为，欧盟在对叙利亚、伊拉克和北非冲突问题上没能成功地采取一致态度，间接导致地中海地区移民潮的形成，并最终发展成为难民危机。难民危机不仅威胁到欧盟的稳定、安全和团结，而且可能造成欧盟的碎片化。欧盟成员国因利益分歧而在难民危机问题上立场相左，各不妥协，集中体现在强制性配额安置方案的通

---

① ČTK, SITA, *Fico*: *Diktát odmietame*, *kvóty nebude Slovensko rešpektovat'*, 22. 09. 2015, http：//spravy. pravda. sk/domace/clanok/368428-fico-povinne-kvoty-slovensko-nebude-respekto-vat/.

② Jana Petrovó, *Visegrádská skupina*: *spor mezi starou a novou Evropou pokračuje*, 03. 09. 2015, http：//cz. sputniknews. com/nazory/20150903/1047734. html.

③ SITA, *Orbán*: *Do Európy nemožno nekontrolovane vpúšt'at' masy l'udí*, 16. 11. 2015, ht-tp：//spravy. pravda. sk/svet/clanok/374063-orban-do-europy-nemozno-nekontrolovane-vpustat-masy-ludi/.

过上。

来自布鲁塞尔知名智库——欧洲政策中心的分析家安德烈·赫米索娃认为，欧盟采用特定多数而不是协商一致的方式通过难民强制性配额安置方案这样重要的决定，有可能极大地损害欧盟成员国之间的凝聚力和对话；关于申请避难者数量的决定对中东欧国家来说是一个非常敏感的问题，关乎它们的主权。①

捷克总理索博特卡也承认，难民强制性配额安置方案对一些欧盟老成员国和新成员国都造成了一定的伤害，不利于欧盟的团结，把欧盟分裂为两个部分。

尽管欧盟逐渐提出了一些解决难民危机的措施，但新老成员国之间的不团结和关系紧张随处可见。2015 年 11 月初，斯洛文尼亚政府宣布在其与克罗地亚交界处架设有刺铁丝围网。12 月 2 日，斯洛伐克向欧洲法院递交诉讼状，反对欧盟按照配额强制分摊难民。次日，匈牙利也向欧洲法院递交了诉讼状。欧尔班总理认为，难民强制性配额安置方案促使欧洲的恐怖主义威胁扩大化。

至 2015 年 12 月初，难民强制性配额安置方案执行缓慢，只强制分配了大约 160 名难民。波兰前总理、现任欧盟理事会主席的图斯克12 月 2 日表示，难民强制性配额安置方案在欧盟内得不到支持，应该严格"门户开放"政策。② 他的讲话随即遭到德国政界人士的批评。欧盟成员国在难民危机问题上不团结，显然不利于尽快、尽好地解决这一危机。

2. 欧盟加强制度建设的紧迫性增强

尽管欧盟意识到，在寻求有效解决难民危机问题的方法时，需要所有成员国采取一致行动和紧密合作，但欧盟 28 个成员国依然没能在移民政策问题上协调立场，而形成统一的移民政策大概是解决目前难民危机的最有效途径。

---

① ČTK, SITA, *EÚ presadila kvóty. Pol'sko sa ku krajinám V4 nakoniec nepridalo*, 22. 09. 2015, http：//spravy. pravda. sk/svet/clanok/368411-ministri-eu-schvalili-kvoty-na-prerozde-lenie-120-tisic-utecencov/? sc = art-368428.

② ČTK, *Ute čenecká kríza: Viditel'né napätie a nejednotnost' v únii*, 3. 12. 2015, http：// spravy. pravda. sk/svet/clanok/375819-tusk-za-postoj-k-uteceneckej-krize-celi-v-nemecku-kritike/.

2009 年《里斯本条约》重申了欧盟坦佩雷峰会的结论：欧盟应该制定共同的移民政策。在"阿拉伯之春"事件、乌克兰危机、叙利亚和北非冲突相继爆发后，出现了成千上万的难民，欧盟形成有效的共同移民政策的需求增强。但欧盟在外交政策领域难以协调成员国的立场，是人所共知的长期存在的问题。欧盟成员国一直不愿意在共同外交与安全政策方面放弃自己的部分主权和民族国家利益，更愿意按照自己的方式解决问题。换言之，一旦涉及民族国家主权问题，欧盟很难达成 28 个成员国的协商共识。

如果欧盟解决不了难民危机，其后果就会从国家蔓延到地区和国际层面。因此，符合欧盟成员国国家利益的做法应该是尽快找到解决危机的途径，即便需要它们让渡部分国家主权至超国家层面并建立保障协调欧盟外交和安全政策的体制机制。只有建立了这样的机制，欧盟才能成功地应对当前和未来的挑战。①

3. 欧盟面临一系列安全威胁

首先，因成员国意见不一致而使难民危机长久得不到妥善解决，将引发人道主义危机，促使恐怖主义活动和有组织犯罪增多，带来非法偷渡移民和走私，致使难民主要目的国（德国和瑞典）和一些过境国（希腊、意大利和匈牙利）的经济负担加重。

其次，欧盟无力解决难民危机的一个最严重后果是社会混乱。几乎每次危机都会促使极端主义和激进主义势力抬头。一旦被难民危机困扰的欧洲民众看到本国领导人没有办法解决这个难题，就会感觉到处于一种无政府状态，从而催生一些消极的社会现象，如伊斯兰恐惧症、仇外心理以及民粹主义、欧洲怀疑主义和右翼极端主义的影响上升等，这对欧盟的稳定和凝聚力是明显的威胁，而且有可能威胁到欧盟的存在。

最后，欧洲可能长久面临伊斯兰恐怖主义威胁。伊斯兰国和激进的伊斯兰组织通常瞄准生活在西方国家的穆斯林移民的第二代和第三代人，目的在于尽可能解放忍受认同危机痛苦的年轻一代穆斯林。他

---

① Lucie Švejdová, *Čas pro změnu? Migrační krize obnažila problémy EU*, 2.11.2015, http://www.iir.cz/article/cas-pro-zmenu-migracni-krize-obnazila-problemy-eu.

们感觉与西方国家的社会疏离，这在很大程度上是由于移民和社会融合进程失败而造成的。如果欧盟现在不能尽快尽好地控制移民进程并且做好难民融入当地社会的工作，就可能在欧盟内出现向伊斯兰极端主义靠拢的第二代和第三代穆斯林，这将给欧洲大陆的安全带来严峻挑战。①

---

① Lucie Švejdová, *Čas pro změnu? Migrační krize obnažila problémy EU*, 2. 11. 2015, http://www. iir. cz/article/cas-pro-zmenu-migracni-krize-obnazila-problemy-eu.

参考文献

［澳］科伊乔·佩特科夫：《戈尔巴乔夫现象——改革年代：苏联东欧与中国》，葛志强译，社会科学文献出版社 2001 年版。

［奥］赫尔穆特—克拉默、维德兰—日希奇：《科索沃问题》，中央编译出版社 2007 年版。

［保］亚历山大·利洛夫：《文明的对话：世界地缘政治大趋势》，社会科学文献出版社 2007 年版。

［比］热若尔·罗兰：《转型与经济学》，张帆译，经济科学出版社 2002 年版。

［比］布鲁诺·考彼尔斯特、宋新宁编：《欧洲化与冲突解决：关于欧洲边缘地带的个案研究》，法律出版社 2006 年版。

［比］尤利·德沃伊斯特等：《欧洲一体化进程——欧盟的决策与对外关系》，王浦劬、门镜译，中国人民大学出版社 2007 年版。

［波］格泽戈尔兹·W. 科勒德克：《从休克到治疗——后社会主义转轨的政治经济》，上海远东出版社 2000 年版。

［波］格·科沃德科：《全球化与后社会主义国家大预测》，郭增鳞译，世界知识出版社 2003 年版。

［波］米沃什：《被禁锢的头脑》，乌兰、易丽君译，广西师范大学出版社 2013 年版。

［波］雅努什·罗利茨基：《中断的十年——盖莱克答记者问》，于欣、鲁海、萍如译，世界知识出版社 1992 年版。

陈乐民：《20 世纪的欧洲》，生活·读书·新知三联书店 2007 年版。

陈乐民：《东欧剧变与欧洲重建》，世界知识出版社 1991 年版。

陈乐民：《"欧洲观念"的历史哲学》，东方出版社 1988 年版。

陈乐民：《西方外交思想史》，中国社会科学出版社 1995 年版。

陈乐民、周弘：《欧洲文明扩张史》，东方出版中心 1999 年版。

陈平陵：《从"布拉格之春"到东欧剧变：评介、回忆、思考》，世界知识出版社 2010 年版。

［丹］奥勒·诺格德：《经济制度与民主改革：原苏东国家的转型比较分析》，孙友晋译，上海世纪出版集团 2007 年版。

［德］汉斯·莫德罗：《我眼中的改革》，马细谱、余志和、赵雪林译，中央编译出版社 2012 年版。

［德］斯宾格勒：《西方的没落》（上、下卷），齐世荣、田农等译，商务印书馆 1992 年版。

［德］尤尔根·哈贝马斯：《旧欧洲·新欧洲·核心欧洲》，邓伯宸译，中央编译出版社 2010 年版。

卡尔·波兰尼：《当代政治与经济的起源》，社会科学文献出版社 2013 年版。

［法］埃德加·莫兰：《反思欧洲》，齐小曼译，三联书店 2005 年版。

［法］法布里斯·拉哈：《欧洲一体化史 1945—2004》，彭姝祎、陈志锐译，中国社会科学出版社 2005 年版。

［法］基佐：《欧洲文明史》，程洪逵译，商务印书馆 1998 年版。

［法］马太·杜甘：《国家的比较》，文强译，中国社会科学出版社 2009 年版。

［法］雅克·伯莱尔：《欧洲书简》，郭安定译，三联书店 2004 年版。

［法］弗朗索瓦·巴富瓦尔：《从"休克"到重建：东欧的社会转型与全球化——欧洲化》，陆象淦、王淑英译，中国社会科学出版社 2010 年版。

高歌：《东欧国家的政治转轨》，世界知识出版社 2004 年版。

高歌：《东欧两国议会》，中国财政经济出版社 2005 年版。

郭翠萍：《捷克斯洛伐克的改革岁月》，中国社会出版社 2013 年版。

郭洁：《悲剧与困惑——纳吉与 20 世纪 50 年代的匈牙利》，国际教科文出版社 2007 年版。

郭增麟：《波兰独立之路》，北京图书馆出版社 1998 年版。

郝承敦：《苏南冲突研究》，学林出版社 2007 年版。

郝时远：《帝国霸权与巴尔干"火药桶"——从南斯拉夫的历史解读科索沃的现实》，社会科学文献出版社 1999 年版。

［荷］伊恩·布鲁玛等：《西方主义：敌人眼中的西方》，张鹏译，金城出版社 2010 年版。

侯凤菁：《燃烧的多瑙河：匈牙利 1956 年事件真相》，新华出版社 2009 年版。

［黑山］巴托·托马舍维奇：《生死巴尔干》，新华出版社 2002 年版。

胡舶：《冷战阴影下的匈牙利事件：大国的应策与互动》，中国社会科学出版社 2004 年版。

黄宏、谷松主编：《东欧剧变与执政党建设》，红旗出版社 1991 年版。

姜琦、张月明：《东欧三十五年》，华东师范大学出版社 1986 年版。

蒋锐：《东欧人民民主道路》，山东人民出版社 2002 年版。

阚思静：《卡达尔与匈牙利》，世界知识出版社 1993 年版。

阚思静、刘邦义主编：《东欧演变的历史思考》，当代世界出版社 1997 年版。

姜琦、张月明：《悲剧悄悄来临——东欧政治大地震的征兆》，上海人民出版社 2001 年版。

金雁：《再望苏联解体 20 年：从"东欧"到"新欧洲"》，北京大学出版社 2011 年版。

金雁、秦晖：《十年沧桑——东欧诸国的经济社会转轨与思想变迁》，上海三联书店 2004 年版。

康春林：《世界战争起源新论：东欧与两场世界大战》，社会科学文献出版社 2003 年版。

孔寒冰：《东欧史》，上海人民出版社 2010 年版。

孔田平：《东欧经济改革之路——经济转轨与制度变迁》，广东人民出版社 2003 年版。

李静杰总主编：《十年巨变·中东欧卷》，中共党史出版社 2004 年版。

李肇忠：《近代西欧民族主义》，人民出版社 2011 年版。

刘铁生：《波兰风雷》，世界知识出版社 2001 年版。

刘彦顺：《波兰十月风暴》，世界知识出版社 2008 年版。

刘祖熙：《波兰通史》，商务印书馆 2006 年版。

刘祖熙主编：《多元与冲突：俄罗斯中东欧文明之路》，人民出版社
　　2011 年版。

刘祖熙主编：《东欧剧变的根源与教训》，东方出版社 1995 年版。

刘祖熙：《夏日堂文集》，人民出版社 2007 年版。

刘祖熙、刘邦义：《波兰战后的三次危机》，世界知识出版社 1992
　　年版。

马细谱：《巴尔干纷争》，北京大学出版社 1999 年版。

马细谱主编：《战后东欧——改革与危机》，中国劳动出版社 1991
　　年版。

［南］《巴尔干：既非和平区，又非火药桶》，商务印书馆 1982 年版。

［美］巴林顿·摩尔：《专制与民主的社会起源》，王茁、顾洁译，上
　　海译文出版社 2013 年版。

［美］彼得·卡赞斯坦主编：《世界政治中的文明》，秦亚青译，上海
　　世纪出版集团 2011 年版。

［美］查尔斯·蒂利：《欧洲的抗争与民主（1650—2000）》，陈周旺、
　　李辉、熊易寒译，世纪出版集团 2008 年版。

［美］戴维·卡莱欧：《欧洲的未来》，冯绍雷等译，上海人民出版社
　　2003 年版。

［美］弗朗西斯·福山：《历史的终结及最后之人》，黄胜强、许铭原
　　译，中国社会科学出版社 2003 年版。

［美］弗朗西斯·福山：《国家构建：21 世纪的国家治理与世界秩
　　序》，黄胜强、许铭原译，中国社会科学出版社 2007 年版。

［美］弗雷德里克·努斯鲍姆：《现代欧洲经济制度史》，罗礼平、秦
　　传安译，上海财经大学出版社 2012 年版。

［美］汉娜·阿伦特：《极权主义的起源》，林骧华译，三联书店 2008
　　年版。

［美］亨廷顿：《第三波——20 世纪后期民主化浪潮》，刘军宁译，上
　　海三联书店 1998 年版。

［美］胡安·林茨：《民主转型与巩固的问题：南欧、南美和后共产

主义欧洲》，孙龙等译，浙江人民出版社 2008 年版。

［美］霍华德·威亚尔达主编：《非西方发展理论——地区模式与全球趋势》，董正华、昝涛、郑振清译，北京大学出版社 2006 年版。

［美］霍华德·威亚尔达主编：《民主与民主化比较研究》，榕远译，北京大学出版社 2004 年版。

［美］霍华德·维亚达尔主编：《全球化时代的欧洲政治》，陈玉等译，北京大学出版社 2010 年版。

［美］加布里埃尔·杰克逊：《文明与野蛮：20 世纪欧洲史》，余昌楷、李佳译，东方出版社 2010 年版。

［美］吉尔·伊亚尔等：《无须资本家打造资本主义——后共产主义中欧的阶级形成和精英斗争》，吕鹏译，社会科学文献出版社 2008 年版。

［美］杰克·戈登斯通：《为什么是欧洲?》，关永强译，浙江大学出版社 2010 年版。

［美］杰里米·里夫金：《欧洲梦——21 世纪人类发展的新梦想》，杨治宜译，重庆出版集团 2006 年版。

［美］科马克·勃里恩：《帝国衰亡史》，邵志军译，现代出版社 2013 年版。

［美］罗宾·温克：《牛津欧洲史》1—4 卷，吴舒屏、张良福等译，吉林出版集团 2009 年版。

［美］迈克尔·赫克特：《遏制民族主义》，韩召颖译，中国人民大学出版社 2012 年版。

［美］帕尔默等：《现代世界史》1—5 卷，孙福生、陈少衡、董正华译，世界图书出版公司 2010—2011 年版。

［美］热拉尔·罗兰主编：《私有化：成功与失败》，张宏胜、于淼、孙琪等译，中国人民大学出版社 2013 年版。

［美］塞缪尔·亨廷顿：《文明的冲突与世界秩序的重建》，周琪、刘绯、张立平、王圆译，新华出版社 2002 年版。

［美］斯蒂芬·费希尔—盖拉蒂编：《东欧各国共产党》，张月明等译，东方出版社 1986 年版。

［美］斯蒂芬·海哥德：《民主化转型的政治经济分析》，张大军译，

社会科学文献出版社 2008 年版。

［美］T. R. 里德：《欧罗巴共和国》，宋爱群、尉红池、张蕾译，华东师范大学出版社 2008 年版。

［美］特里萨·拉科夫斯基—哈姆斯通、安德鲁·捷尔吉主编：《东欧共产主义》，林穗芳译，黑龙江人民出版社 1984 年版。

［美］托尼·朱特：《战后欧洲史》（上、下册），林骧华、唐敏译，新星出版社 2010 年版。

［美］约翰·吉林汉姆：《设计新欧洲》，王远河译，山东大学出版社 2008 年版。

［美］约翰·卡罗尔：《西方文化的衰落》，叶安宁译，新星出版社 2007 年版。

［美］约翰·多恩伯格：《东欧——共产主义的万花筒》，柯国淳、楼小燕译，黑龙江人民出版社 1984 年版。

［美］亚当·普沃斯基：《民主与市场——东欧与拉丁美洲的政治经济改革》，包雅钧、刘忠瑞、胡元梓译，北京大学出版社 2005 年版。

［美］亚历山大·格申克龙：《经济落后的历史透视》，张凤林译，商务印书馆 2012 年版。

［美］伊·沃勒斯坦：《现代世界体系》1—3 卷，罗荣渠译，高等教育出版社 1998 年版。

［美］薛君度主编：《转型中的中东欧》，人民出版社 2002 年版。

［美］约翰·霍普克罗夫特等：《全球化的负面影响：东欧国家的民族资本被剥夺》，佟宪国译，经济管理出版社 2004 年版。

［美］威廉·R·科勒：《20 世纪的世界：1900 年以来的国际关系与世界格局》，王宝泉译，群言出版社 2010 年版。

［美］沃尔特·拉菲伯尔：《美国、俄国和冷战》，牛可、翟韬、张静译，世界图书出版公司 2011 年版。

［美］兹·布热津斯基：《大失败——二十世纪共产主义的兴亡》，军事科学院外国军事研究部译，军事科学出版社 1989 年版。

［日］猪口孝等主编：《变动中的民主》，林猛等译，吉林人民出版社 1999 年版。

沈志华主编：《冷战时期苏联与东欧的关系》，北京大学出版社 2006
　　年版。

沈志华编：《斯大林与铁托——苏南冲突的起因及其结果》，广西师范
　　大学出版社 2002 年版。

世界知识出版社编：《东欧六国纵横》，世界知识出版社 1990 年版。

孙敬亭：《转轨与入盟——中东欧政党政治剖析》，中国文史出版社
　　2006 年版。

王洪起：《 "山鹰之国" 亲历》，新华出版社 2009 年版。

王瑜：《东欧共产党：倒下的多米诺骨牌》，红旗出版社 2005 年版。

王仲田、商金海编著：《历史剧变——社会主义的挫折及其教训》，山
　　东人民出版社 1993 年版。

杨烨、〔捷〕梅耶斯特克主编：《欧盟一体化：结构变迁与对外政
　　策》，华东师范大学出版社 2009 年版。

杨烨、王志连：《漂浮不定的东欧》，三联书店（香港）有限公司
　　1993 年版。

杨友孙：《波兰演变的美国因素探析》，中国文史出版社 2005 年版。

杨友孙：《欧盟东扩与制度互动——从一个入盟的标准说起》，世界知
　　识出版社 2008 年版。

杨元恪、陈刚主编：《1989 年以来东欧、中亚政党嬗变》，中共中央
　　党校出版社 1993 年版。

叶书宗、刘明华：《回眸 "布拉格之春"》，社会科学文献出版社 2001
　　年版。

〔以〕艾森斯塔德：《大革命与现代文明》，刘圣中译，上海世纪集团
　　出版社 2012 年版。

〔意〕艾伯特·马蒂内利：《全球现代化——重思现代性事业》，李国
　　武译，商务印书馆 2010 年版。

〔意〕克罗齐：《十九世纪欧洲史》，田时纲译，中国社会科学出版社
　　2005 年版。

〔意〕萨尔沃·马斯泰罗内：《欧洲民主史——从孟德斯鸠到凯尔
　　森》，黄华光译，社会科学文献出版社 1994 年版。

〔意〕玛丽娅·格拉齐亚：《欧洲统一 贤哲之梦》，陈宝顺译，世界

知识出版社 2004 年版。

余志和、马细谱：《从国王到总理：保加利亚末代国王沉浮》，东方出版社 2003 年版。

〔英〕艾伦·帕尔默：《夹缝中的六国——维也纳会议以来的中东欧历史》，于亚伦译，商务印书馆 1997 年版。

〔英〕艾瑞克·霍布斯鲍姆：《革命的年代 1789—1848》，王章辉等译，江苏人民出版社 1999 年版。

〔英〕艾瑞克·霍布斯鲍姆：《资本的年代 1848—1875》，张晓华等译，江苏人民出版社 1999 年版。

〔英〕艾瑞克·霍布斯邦：《帝国的年代 1875—1914》，江苏人民出版社 1999 年版。

〔英〕艾瑞克·霍布斯邦：《极端的年代 1914—1991》（上、下），郑明萱译，江苏人民出版社 1999 年版。

〔英〕本·福凯斯：《东欧共产主义的兴衰》，张金鉴译，中央编译出版社 1998 年版。

〔英〕卡尔·布兰尼：《大转型：我们时代的政治与经济起源》，刘阳、冯钢译，浙江人民出版社 2007 年版。

〔英〕罗伯特·拜德勒克斯等：《东欧史》（上、下），韩炯译，中国出版集团 2013 年版。

〔英〕马克·马佐尔：《巴尔干：被误解的"欧洲火药库"》，刘会梁译，天津人民出版社 2007 年版。

〔英〕梅格纳德·德赛：《马克思的复仇——资本主义的复苏和苏联集权社会主义的灭亡》，王澄清译，中国人民大学出版社 2006 年版。

〔英〕桑德拉·哈尔伯林：《现代欧洲的战争与社会转型》，唐皇凤、武小凯译，凤凰出版传媒集团 2010 年版。

〔英〕威廉·乌斯怀特：《大转型的社会理论》，吕鹏等译，北京大学出版社 2011 年版。

〔西班牙〕圣地亚哥·加奥纳·弗拉加：《欧洲一体化进程——过去与现在》，朱伦、邓颖洁译，社会科学文献出版社 2009 年版。

〔匈〕贝拉·戈雷什科维奇：《抗议与忍耐：东欧与拉美转型之比

较》，张大军译，广西师范大学出版社 1998 年版。

［匈］雅诺什·科尔奈：《社会主义体制——共产主义政治经济学》，张安译，中央编译出版社 2007 年版 。

［匈］雅诺什·科尔奈：《后社会主义转轨的思索》，肖梦译，吉林人民出版社 2011 年版。

徐鹏堂编：《嬗变：访谈中国前驻东欧八国大使》，中共党史出版社 2010 年版。

苑洁主编：《后社会主义》，中央编译出版社 2007 年版。

张蕴岭主编：《欧洲剧变与世界格局》，社会科学文献出版社 1999 年版。

张月明：《民主社会主义在东欧》，上海人民出版社 1999 年版。

张月明、姜琦：《政坛 10 年风云——俄罗斯与东欧国家政党研究》，上海社会科学院出版社 2005 年版。

赵乃斌、汪丽敏主编：《南斯拉夫的变迁》，广东人民出版社 2002 年版。

赵乃斌、朱晓中主编：《东欧经济大转轨》，中国经济出版社 1995 年版。

周旭东：《夹缝中的罗马尼亚：20 世纪 30 年代罗马尼亚外交政策研究》，中国社会科学出版社 2003 年版。

朱晓中：《中东欧与欧洲一体化》，社会科学文献出版社 2002 年版 。

Ainius Lasas. *European Union and NATO Expansion*：*Central and Eastern Europe*. Palgrave Macmillan，2010.

Alan Mayhew. *Recreating Europe*：*The European Union's Policy towards Central and Eastern Europe*. Cambridge University Press，1998.

Alberto Quadrio Curzio & Marco Fortis（eds.）. *The EU and the Economics of the Eastern European Enlargement*. Physica-Verlag，Berlin，2008.

Alexander Woll & Harald Wydra. *Democracy and Myth in Russia and Eastern Europe*. Routledge，2008.

Andrew C. Janos. *Eastern and Central Europe in the Modern Europe*. Stanford University Press，California，2000.

Andrew Cottey，*East-Central Europe after the Cold War*：*Poland*，*the Czech*

Republic, *Slovakia and Hungary in Search of Security*. Macmillan Press Ltd. , 1995.

Andrew H. Dawson & Rick Fawn (eds.). *The Changing Geopolitics of Eastern Europe*. Frank Cass, 2002.

Anders Åslund & Marek Dabrowski (eds.) . *Europe after Enlargement*. Cambridge University Press 2007.

AttilaÁgh. *Emerging Democracies in East Central Europe and the Balkans*, Edward Elgar Publishing Limited, 1998.

Barbara Törnquist-plewa, Niklas Bernsand & Eleonora Narvselius (eds.). *Beyond Transition—Memory and Identity Narratives in Eastern and Central Europe 2015*, Centre For European Studies at Lund University, 2015.

Barbara Tornquist-Plewa & Sanimir Resic. *The Balkans in Focus*: *Cultural Boundaries in Europe*. Nordic Academic Press, 2003.

Barry Turner. *Central Europe Profiled*: *Essential Facts on Society*, *Business*, *and Politics in Central Europe* (Statesman's Yearbook Factbook) , Palgrave Macmillan (September 2, 2000) .

Bernd J. Fischer. *Balkan Strongmen*: *Dictators and Authoritarian Rulers of South-Eastern Europe* (*Central Europe Studies*) , Purdue University Press 2007.

Beverly Crawford (ed.). *Market*, *States*, *and Democracy*: *The Political Economy of Post-Communist Transformation*. Westview Press, 1995.

Biskupski, M. B. B (ed.). *Ideology*, *Politics and Diplomacy in East Central Europe*. University Rochester Press, 2003.

Bob Deacon & Paul Stubbs (eds.). *Social Policy and International Interventions in South East Europe*. Edward Elgar Pub, December 7, 2007.

Brad K. Blitz (ed.). *War and Change in the Balkans*. Cambridge University Press, 2006.

Bruno Dallago. *Transformation and European Integration*: *The Local Dimension* (*Studies in Economic Transition*) . Palgrave Macmillan; annotated edition 2006.

Christopher G. A. Bryant & Edmund Mokrzycki (eds.) . *The New Great*

Transformation? Change and Continuity in East-Central Europe. Routledge, 1994.

Claire Gordon, Marko Kmezic, Jasmina Opardija, *Stagnation and Drift in the Western Balkans (Interdisciplinary Studies on Central and Eastern Europe)*. Peter Lang AG. 2013.

Claus Offe. *Varieties of Transition: The Eastern European and East German Experience.* Polity Press, 1996.

David S. Mason. *Revolution and Transition in East-Central Europe.* Westview Press, 1996.

David Stark & Laszlo Bruszt. *Postsocialist Pathways: Transforming Politics and Property in East Central Europe.* Cambridge University Press, 1998.

David S. Mason. *Revolution in East-Central Europe: The Rise and Fall of Communist and the Cold War.* Westview Press, 1992.

David W. P. Lewis. *The Road to Europe: History, Institutions and Prospects of European Integration, 1945 – 1993.* Peter Lang Publishing Inc. , 1993.

Detlef Pollack, Jörg Jacobs, Olaf Müller, Gert Pickel (eds.). *Political Culture in Post-Communist Europe: Attitudes in New Democracies*, Ashgate Publishing Limited, 2003.

Dimitar Bechev. *Constructing South East Europe: The Politics of Balkan Regional Cooperation* (St. Antony's) . Palgrave Macmillan 2011.

Dimitris N. Chryssochoou. *Theorizing European Integration.* Second edition. Routledge, 2009.

Dušan I. Bjelic. *Balkan as Metaphor: Between Globalization and Fragmentation.* The MIT Press, 2005.

EBRD, Transition Report, 2016 – 2017, Transition For All: Equal Opportunities in an Unequal World, 2016.

Erik Berglof. 25 Years of Transition: Convergence Outlook, EBRD, 2014.

EU, 2016 Communication on EU Enlargement Policy, COM (2016) 715 final, Brussels, 9. 11. 2016.

EU's Reports on Progress in Bulgaria and Romania, under the Cooperation and Verification Mechanism 2007 – 2017.

Finn Laursen （ed. ）. EU Enlargement Current Challenges and Strategic Choices. Peter Lang, Brussels 2013.

Frank Schimmelfennig （ed. ）. *The Europeanization of Central and Eastern Europe* （*Cornell Studies in Political Economy*） . Cornell University Press, 1 edition 2005.

Frank Schimmelfennig & Ulrich Sedelmeier （eds. ）. *The Politics of European Union Enlargement*, Palgrave 2005.

François Bafoil. *Emerging Capitalism in Central Europe and Southeast Asia.* Palgrave 2014.

Geoffrey Pridham. *Designing Democracy EU Enlargement and Regime Change in Post-Communist Europe.* Palgrave 2005.

Geoffrey Pridham, Eric Herring, George Sanford. *Building Democracy? The International Dimension of Democratization in Eastern Europe.* Leicester University Press, 1994.

Geoffrey Swain & Nigel Swain. *Eastern Europe Since 1945.* Palgrave Macmillan, 2003.

Georg Brunner. *Nationality Problems and Minority Conflicts in Eastern Europe.* Bertelsmann Foundation Publishers, 1996.

George Vassiloiu （ed. ）. *The Accession Story.* Oxford University Press, 2007.

Gerard Delanty & Chris Rumford. *Rethinking Europe, Social Theory and the Implications of Europeanization.* Routledge 2005.

Grigore Pop-Eleches, *From Economic Crisis to Reform*: *IMF Programs in Latin America and Eastern Europe.* Princeton: Princeton University Press, 2008.

Grzegorz Gorzelak, Éva Ehrlich, Lubomir Faltan, Michal Illner （eds. ）. *Central Europe in Transition*: *Towards EU Membership.* "Scholar" Publishing House, 2001.

Hans Mouritzen & Anders Wivel （eds. ）. *The Geopolitics of Euro-Atlantic Integration.* Routledge, 2005.

Heinz-Gerhard Haupt & Jürgen Kocka （eds. ）. *Comparative and Transna-

tional History: *Central European Approaches and New Perspectives*. Berghahn Books New York and Oxford, 2009.

Helene Sjursen (ed.). *Questioning EU Enlargement-Europe in Search of Identity*. Routledge 2006.

Henri Vogt. *Between Utopia and Disillusionment*, *A Narrative of Political Transformation of EE*. Berhhahn Books, 2005 .

Ian Jeffries & Alin Teodorescu. Problems of Economic and Political Transformation in the Balkans. Routledge 1999.

James Roaf, Ruben Atoyan, Bikas Joshi, Krzysztof Krogulski and an IMF Staff Team. 25 Years of Transition Post-Communist Europe and the IMF, IMF, October 2014.

Ivan T. Berend, *From the Soviet Bloc to the European Union*: *The Economic and Social Transformation of Central and Eastern Europe since 1973*. Cambridge University Press, 2009.

Ivan T. Berend. *Central and Eastern Europe*, *1944 – 1993*, *Detour from the periphery to the periphery*. Cambridge University Press 1998.

James Headley. *Russia and the Balkans*. Hurst & Company, London, 2008.

James Hughes, Gwendolyn Sasse and Clare Gordon. *Europeanization and Regionalization in the EU's Enlargement to Central and Eastern Europe. The Myth of Conditionality*, Palgrave, 2005.

James Pettifer & Miranda Vickers. "The Albanian Question, Reshaping the Balkans. " I. B. TAURIS, Janos Matyas Kovacs & Violetta Zentai (ed.). *Capitalism from Outside? Economic Cultures in Eastern Europe after 1989*, Central European University Press, Budapest-New York, 2009.

Joanna Kaminska. *Poland and EU Enlargement Foreign Policy in Transformation*, Palgrave, 2014.

John S. Dryzek & Leslie Templeman Holmes. *Post-Communist Democratization Political Discourses across Thirteen Countries*. Cambridge University Press, 2002.

John Lampe. *Balkans into Southern Europe 1914 – 2014*, Palgrave Mcmillian, Second editin, 2006.

John McGarry & Michael Keating (eds.). *European Integration and the Nationalities Questions*. Routledge 2006.

Neil Nugent (ed.). *European Union Enlargement*. Palgrave, 2004.

Jonathan Shepard. *Emergent Elites and Byzantium in the Balkans and East-Central Europe*. Ashgate Variorum 2011.

Karen Dawisha & Bruce Parrott (eds.). *The Consolidation of Democracy in East-Central Europe*. Cambridge University Press, 1997.

Kate Transchel. *The Breakup of Yugoslavia*, *Conflict in the Balkans*. Chelsea House Publisher, 2007.

Klaus Liebscher et al. (eds.). European Economic Integration and SEE, Edward Elgar Publishing Limited, 2005.

Kerry Longhurst & Marcin Zaborowsk. *The New Atlantist*, *Poland's Foreign and Security Policy Priorities*. Blackwell Publishing, 2007.

Lajos Bokros, *Accidental Occidental*: *Economics and Culture of Transition in Mitteleuropa*, *the Baltic and the Balkan Area*. Central European University Press, 2012.

Lavinia Stan. *Transitional Justice in Eastern Europe and the Former Soviet Union*: *Reckoning with the Communist Past*. London: Routledge, 2008; Lavinia Stan, Transitional Justice in Post-Communist Romania: The Politics of Memory, Cambridge: Cambridge University Press, 2014.

Lajos Bokros & Attila Agh. *Emerging Democracies in East Central Europe and the Balkans* (Studies of Communism in Transition), Edward Elgar Pub. 1999.

Lévesque, Jacques. The Enigma of 1989: The USSR and the Liberation of Eastern Europe. Berkeley: University of California Press, 1997.

Cernat, Lucian. *Europeanization*, *Varieties of Capitalism*, *and Economic Performance in Central and Eastern Europe*. Palgrave, 2006.

Marc Maresceau (ed.). *Enlarging the European Union*: *Relations between the EU and Central and Eastern Europe*. Addison Wesley Longman Inc, 1997.

Mark Biondich. *The Balkans*: *Revolution*, *War*, *and Political Violence since 1878* (Zones of Violence). Oxford University Press, USA 2011.

Mark Mazower, *The Balkans*: *A Short History(Modern Library Chronicles)*. Modern Library, 2002.

Martin A. Smith & Graham Timmins. *Building a Bigger Europe*, *EU and NATO Enlargement in Comparative Perspective*. Ashgate Publishing Ltd, 2000.

Maruska Svasek. *Post Socialism*, *Politics and Emotions in CEE*. Berhhahn Books, 2006.

Máté Szabó (ed.). The Challenge of Europeanization in the Region: East Central Europe, Hungarian Political Science Association and the Institute for Political Sciences of the Hungarian Academy of Sciences, 1996.

Metta Spencer (ed.). *Separatism*. Rowman & Littlefield Publishers Inc. , 1998 .

Michael A. Innes (ed.). *Bosnian Security after Dayton*. Routledge, 2006.

Michael Mcfaul. *Post-Communist Politics*: *Democratic Prospects in Russia and Eastern Europe*. The Center for Strategic and International Studies, Washington, D. C. 1993.

Michael Waller, Bruno Coppieters and Kris Derchouwer (eds.). *Social Democracy in a Post-Communist Europe*. Frank Cass and Company Limited, 1994.

Misha Glenny. *The Fall of Yugoslavia*: *The Third Balkan War*. Penguin Books; Revised edition 1996.

Michael Baun & Dan Marek (eds.). *The New Member States and the European Union Foreign Policy and Europeanization*. Routledge, 2013.

Michael Dauderstädt, André Gerrits, György G. Márkus. Troubled Transition: Social Democracy in East Central Europe, Friedrich Ebert Stiftung, Wiardi Beckman Stichting, Alfred Mozer Stichting, 1999.

Michael G. Roskin. *The Rebirth of East Europe*. Prentice-Hall, Inc, 1991.

Michal Kopeček. *Past in the Making*, *Historical Revisionism in Central Europe after 1989*. CEU Press, Budapest and New York 2008.

Michal Kopeček & Piotr Wciślik（eds.）. *Thinking through transition, Liberal Democracy, Authoritarian Pasts, and Intellectual History in East Central Europe After 1989*, CEU Press, Budapest-New York, 2015.

Monika Nalepa. *Skeletons in the Closet: Transitional Justice in Post-Communist Europe.* Cambridge: Cambridge University Press, 2010.

Nebojsa Popov. *The Road to War in Serbia: Trauma and Catharsis.* Central European University Press, 2000.

Oto Potluka et al.（eds.）. Impact of EU Cohesion Policy in Central Europe. Leipziger Universitätsverlag GmbH, 2016.

Padraic Kenney. *A Carnival of Revolution: Central Europe 1989.* Princeton University Press, 2003.

Pal Kolsto（ed.）. *Math and Boundaries in SEE.* Hurst & Company, London 2005.

Panayiotis Getimis & Grigoris Kafkalas（eds.）. Overcoming Fragmentation in SEE, Ashgate, 2007.

Paul G. Lewis（ed.）. Party Structure and Organization in East-Central Europe. Edward Elgar Publishing Ltd, 1996.

Paul Taylor. *The End of European Integration Anti-europeanism Examined.* Routledge, 2008.

Peter Coffey. *The Future of Europe.* Edward Elgar Publishing Limited, 1995.

Peter Van Ham, *The EC, Eastern Europe and European Unity Discord. Collaboration and Integration since 1947.* Pinter Publisher, 1993.

Peter Vermeersch. *The Romani Movement（CEE）.* Berhhahn Books, 2006.

Rachel A. Epstein. *In Pursuit of Liberalism: International Institutions in Postcommunist Europe.* Baltimore, MD: Johns Hopkins University Press, 2008.

Reiner Martin & Adalbert Winkler. *Real Convergence in Central, Eastern and South-Eastern Europe.* Palgrave Macmillan, 2009.

Olivera Simic & Zala Volcic（eds.）, *Transitional Justice and Civil Society in the Balkans.* Springer, 2013.

Richard C. Hall. The Modern Balkans: A History, Reaktion Books, 1st

UK Edition 1st Printing edition 2011.

Radoslaw Zubek. *Core Executive and Europeanization in Central Europe.* Palgrave, 2008.

Robert Bideleux & Ian Jeffries. *A History of Eastern Europe.* Routledge, second edition 2007.

Robert Bideleux & Ian Jeffries. *The Balkans: A Post-Communist History.* Routledge, New edition 2006.

Robert Legvold (ed.). *Russian Foreign Policy in the 21st Century and the Shadow of the Past.* Columbia University Press, 2007.

Robin Okey. *The Demise of Communist East Europe—1989 in Context.* Arnold, UK 2004.

Roger E. Kanet (ed.) . *New Security Enviroment, The impact on Russia CEE.* Ashgate, 2005.

Ronald H. Linden and Pavel Cernoch. *Norms and Nannies: The Impact of International Organizations on the Central and East European States.* New York: Rowman & Littlefield Publishers, 2002.

Sabrina P. Ramet. *Central and Southeast European Politics since 1989.* Cambridge University Press, 1 edition (March 31, 2010) .

Roumen Daskalov, Rumen Daskalov and R. Daskalov. *The Making of a Nation in the Balkans: Historiography of the Bulgarian Revival.* Central European University Press (June 2004).

Saleh M. Nsouli. *A Decade of Transition: An Overview of the Achievements and Challenges.* IMF, 2001.

Sanjay Kathuria (ed.). *Western Balkan Integration with the EU: An Agenda for Trade and Growth.* World Bank Publications (June 10, 2008).

Sharon L. Wolchik (ed.). Jane L. Curry. *Central and East European Politics: From Communism to Democracy.* Rowman & Littlefield Publishers (November 16, 2010).

Stanislav J. Kirschbaum (ed.). *Central European History and the EU, the Meaning of Europe,* Palgrave, 2007.

Stanislav J. Kirschbaum (ed.) . *Historical Reflections on Central Eu-*

rope. St. Martins's Press, 1999.

Stephen White (ed.). *Developments in CEE Politics*, No. 5. Duke University Press, 2013.

Sten Berglund, Frank H. Aarebrot, Henri Vogt, Georgi Karasimeonov. *Challenges to Democracy Eastern Europe Ten Years after the Collapse of Communism*. Edward Elgar, 2001.

Steve Wood. *Germany and East-Central Europe*. Ashgate, 2004.

Susanne Jungerstam-Mulders (ed.). *Post-Communist EU Member States Parties and Party Systems*. Ashgate, 2006.

Teresa Rakowska-Harmstone and Piotr Dutkiewicz (eds.). *New Europe: The Impact of the First Decade*, Vol. 1, *Trends and Prospects*, *Institute of Political Studies Polish Academy of Sciences*. Collegium Civitas Press, Warsaw, 2006.

Terry Cox (ed.). *Reflections on* 1989 *in Eastern Europe*. Routledge, 2013.

Tomas Kavaliauskas. *Transformations in Central Europe between 1989 and 2012: Geopolitical, Cultural, and Socioeconomic Shifts*. Lexington Books; 1 edition 2012.

Tomasz Mickiewicz. *Economics of Institutional Change, Central and Eastern Europe Revisited*. second edtion, Palgrave, 2010.

Thomas Premer (ed.). *Religion and the Conceptual Boundary in CEE*. Palgrave, 2008.

Thomas S. Szayna. *Ethnic Conflict in Central Europe and the Balkans: A Framework and U.S. Policy Options*. RAND Corporation; 1st edition 1995.

Vladimir Tismaneanu (ed.). *The Revolutions of 1989*, Routledge, 1999.

Wade Jacoby. *The Enlargement of the European Union and NATO Ordering from the Menu in Central Europe*. Cambridge University Press, 2004.